A OBRIGATORIEDADE DE CONTRATAR NO DIREITO ANTITRUSTE

Revisão: Lucilia Maria Brolio Gonçalves

Diagramação: Paula Loreto

Capa: Paula Loreto

Gonçalves, Priscila Brolio
A obrigatoriedade de contratar no direito antitruste. /
Priscila Brolio Gonçalves. São Paulo: Singular, 2010.

284 p.

ISBN: 978-85-86626-51-7

1. Direito da concorrência. 2. Responsabilidade contratual.
3. Contratos. 5. Direito Antitruste. 4. Concorrência. I. Título.

CDU: 339.137:34 CDD: 343.810721

Editora Singular

55 11 3862-1242

singular@editorasingular.com.br

www.editorasingular.com.br

Priscila Brolio Gonçalves

A obrigatoriedade de contratar no direito antitruste

EDITORA SINGULAR

Dedico este livro à memória do amigo e professor
Luis Fernando Schuartz.

Notas da autora

Este trabalho é uma versão revista e atualizada da tese de doutorado defendida em 13 maio de 2008, na Faculdade de Direito da Universidade São Paulo, perante banca examinadora composta pelos ilustres professores Calixto Salomão Filho, Celso Campilongo, Ronaldo Porto Macedo Junior, Luis Fernando Schuartz e Arthur Barrionuevo Filho.

A autora agradece ao seu orientador, Professor Calixto Salomão Filho, bem como ao Professor Celso Campilongo e demais integrantes da banca examinadora, cujas críticas e contribuições foram muito importantes para o aprimoramento de algumas discussões contidas no trabalho.

Agradece, ainda, à Profa. Paula Forgioni, integrante da banca de qualificação, ao Prof. Giorgio Monti, seu orientador durante período de pesquisa junto ao grupo de doutoramento em direito na London School of Economics, e aos Profs. Fabio Nusdeo, Fabio Konder Comparato, Elizabeth Farina e Ari Marcelo Sólon, pelos ensinamentos e incentivos multidisciplinares.

Dentre todos aqueles que contribuíram nas várias fases do longo projeto, revendo, corrigindo, enviando textos, atualizando, comentando, criticando e provocando reflexão, a autora agradece a sua mãe Lucilia Gonçalves, bem como a André Marques Gilberto, Luis Fernando Schuartz (in memoriam), Karin Klempp Franco, Mariana Duarte Garcia de Lacerda, Olavo Zago Chinaglia, Vivian Anne Fraga, Filipe Tavares e Alexandre Schulz. Agradece, também, a Ana Carolina Zoricic, que trabalhou com afinco e competência em outras tarefas, permitido que à autora sobrasse tempo para a necessária revisão da tese e sua transformação em livro.

Finalmente, a autora agradece a seu pai Walter Vicioni Gonçalves, a Paula Loreto e a José Carlos Busto, que esperou pacientemente pela revisão do trabalho.

Prefácio

O direito antitruste vive uma indiscutível crise. Um misto de desesperança filosófica e pobreza de inovação permeia o setor há décadas.

A desesperança filosófica vem da crença de que na verdade o poder econômico deve ser promovido. Já tive oportunidade de descrever essa marcha da aceitação alhures[1].

Do ponto de vista aplicativo, onde a inovação deveria aparecer, a situação é também bastante grave. Três são as possíveis razões. Em primeiro lugar, a invasão do setor por dogmas, muitas vezes ideológicos. Se desde a idade média o dogmatismo vem servindo de limite à extensão criativa do direito, não é de surpreender que o mesmo ocorra no direito antitruste. A sobrevivência e contínua influência de escolas envelhecidas como a de Chicago (e muitas das teorias autodenominadas "pós-Chicago") se justifica em boa parte pela crença nesses dogmas.

De outro lado (e essa é a segunda razão), também é verdade que as concepções opostas, intervencionistas, do antitruste raramente se sustentam em sólida teoria, na maioria dos casos baseiam-se em profissões de fé pura e simples nas virtudes da concorrência.

Finalmente, o direito antitruste é a sede por excelência das análises jurídico-econômicas. Ali surgiram e dali se difundiram. A conseqüência é que o setor se aproveita das virtudes desse método mas padece também de seus problemas. Apesar da interdisciplinariedade ser indiscutivelmente saudável, juristas e economistas continuam a conviver com dogmas diversos. Análises matemáticas são desconsideradas por juristas (que na maioria das vezes – e mesmo quando as repetem - não as compreendem) e discussões de valores continuam a não ecoar nos ouvidos do economista.

Tudo somado leva a teoria e prática empedernida e pouco aberta à inovação. Para uma renovação criativa do antitruste várias ferramentas são necessárias. Uma delas (mas não a única) é a crença não em amplas reconstruções da realidade econômico-jurídica dos mercados, mas sim em estudos específicos de cada instituto. Nesse sentido, o estudo meticuloso da Doutora Priscila Brolio Gonçalves sobre a recusa de contratar destaca-se. A autora, na análise de um tema específico, soube aliar a profundidade da pesquisa jurídica a um particular cuidado na análise da jurisprudência pátria, exercício raro em nossa literatura jurídica. O trabalho representa contribuição digna de nota e estudo para os pesquisadores e interessados na área.

Calixto Salomão Filho

---

[1] Crfr. F. K. Comparato, C. Salomão Filho, O poder de controle na sociedade anônima, Rio de Janeiro, Editora Forense, 2005, em especial a "Introdução do co-autor – Poder econômico: a marcha da aceitação".

"... o direito antitruste nada mais é do que um conjunto de normas organizadas de forma sistemática, direcionadas à tutela da ordem econômica e baseadas em determinados valores (eleitos pelos legisladores constitucional e infraconstitucional), justificando, por vezes, e observados certos critérios, a intervenção do Estado nas relações privadas entre os agentes econômicos, de modo a direcionar as atividades da empresa e os contratos delas decorrentes, para que eles não se furtem ao preenchimento ou alcance de sua função social. (...) [N]ão existe contradição entre a função social do contrato e direito da concorrência. Muito ao contrário: a aplicação do direito da concorrência é um dos instrumentos pelos quais a função social do contrato pode ser concretamente realizada" (Primeira Parte, item II.3).

Índice

Introdução

A importância do direito da concorrência vem aumentando gradualmente no cenário nacional desde a abertura da economia no início da década de 1990. Não apenas a preocupação do Estado com o assunto cresceu – as autoridades de defesa da concorrência já sinalizaram claramente a intenção de controlar as estruturas no mercado e de punir condutas anticompetitivas com rigor –, como também as empresas passaram a dar maior atenção às normas antitruste no país, inclusive buscando utilizá-las como instrumento para a tutela de seus interesses.

Com as privatizações realizadas às vésperas da virada do milênio, aliás, a concorrência foi introduzida em diversos setores antes monopolizados, e mais agentes econômicos passaram a necessitar da legislação antitruste, cuja aplicabilidade abrange praticamente todas as indústrias.

Muito embora a produção doutrinária na área do direito concorrencial tenha aumentado significativamente, ainda são escassos os textos dedicados à análise abrangente de certas condutas restritivas.

Este trabalho tem por objetivo examinar a *obrigatoriedade de contratar* como instrumento de repressão ao abuso de poder econômico. Mais precisamente, pretende-se avaliar em que condições é legítima a intervenção do Estado, por intermédio das autoridades (administrativas e judiciais) competentes em matéria de concorrência, determinando que o agente econômico, *contra a sua vontade e como sanção pela prática de uma conduta anticompetitiva*, negocie com terceiros, ou ajustando os termos do contrato para que se torne viável.

A análise recai exclusivamente sobre as práticas conhecidas como "recusas de contratar" ou "recusas de negociar", ou seja, não abarca a obrigatoriedade de contratar que possa advir do controle de estruturas (ou "concentrações")[1], quando muito, abordada marginalmente. A imposição de um contrato a outrem também pode constituir infração antitruste, mas esse assunto não é abordado aqui.

Justamente por constituir uma limitação ao princípio constitucional da liberdade de iniciativa (que tem *status* de liberdade econômica fundamental e constitui

[1] A tradicional classificação entre o controle dos comportamentos e o controle das estruturas é adotada por Calixto SALOMÃO FILHO. Nas palavras do autor, *"o primeiro tipo de controle visa a regulamentar e sancionar o chamado abuso do poder econômico, em suas mais variadas formas"*, enquanto que o segundo tipo, que só recentemente passou a ser objeto de preocupação do legislador brasileiro, refere-se à necessidade de autorização no que diz respeito à formação de estruturas que possam *"vir a gozar de poder de mercado"* (*Direito concorrencial: as estruturas*. São Paulo: Malheiros, 1998, p. 13). A lei brasileira de defesa da concorrência (Lei 8.884/94) encampa os dois aspectos, sendo que o controle de condutas está previsto nos arts. 15 a 53, cabendo ao art. 20 a tipificação das práticas ofensivas à ordem econômica.

um dos pilares da ordem econômica) e à sua maior expressão na esfera privada, a faculdade de celebrar ou não um contrato[2], a obrigatoriedade de contratar como sanção constitui tema complexo e polêmico.

O problema pode ser parcialmente solucionado com a adoção de concepções de liberdade de iniciativa e de contrato que não se alinham com os pressupostos da ideologia liberal. Procuramos demonstrar, nos Capítulos I e II da Primeira Parte, que é justamente esse o caso do ordenamento jurídico pátrio. Nesse contexto, o direito da concorrência, longe de constituir uma restrição à livre atuação dos agentes econômicos no sistema de mercado, mostra-se necessário e salutar para a continuidade desse sistema.

A concorrência é uma garantia institucional no ordenamento brasileiro e a aplicação da legislação concorrencial, que tem por objetivo prevenir e reprimir o abuso do poder econômico, é uma forma de viabilizar a função social da propriedade, da empresa e do contrato (Cap. II da Primeira Parte).

Preenchidas as condições pertinentes, é perfeitamente justificável, portanto, a intervenção do Estado nas relações privadas entre os agentes econômicos, por meio do direito concorrencial, de modo a direcionar as atividades da empresa e os contratos delas decorrentes, para que estes não se furtem ao preenchimento ou alcance de sua função social.

Ainda assim, na prática, não é fácil caracterizar a negativa (ou recusa) de contratar que afronta a legislação da concorrência e enseja a obrigatoriedade de contratar com fulcro no diploma antitruste, distinguindo-a de comportamentos que não têm aptidão para produzir efeitos anticompetitivos, e que se configuram, portanto, legítimos. Os limites entre as duas situações podem ser muito tênues nos casos concretos.

Procuramos, ao longo desse trabalho, enfrentar a questão e estabelecer parâmetros gerais para orientar a análise concorrencial das recusas de contratar, em suas diversas modalidades.

Cabe ressaltar, para que não subsistam dúvidas sobre o objeto de nossa análise, que a obrigatoriedade de contratar não decorre exclusivamente do direito antitruste, podendo resultar de inúmeras outras situações que, todavia, não serão tratadas neste trabalho.

Nesse contexto, é particularmente importante distinguir entre "abuso do poder econômico", cuja prevenção e repressão orienta a legislação antitruste brasileira, e "abuso do poder contratual" (ou "abuso de dependência econômica"), que não é coibido pela lei antitruste em nosso país, embora possa ser objeto de outras normas integrantes do ordenamento pátrio.

---

[2] Calixto SALOMÃO FILHO. *Direito concorrencial: as condutas*. São Paulo, Malheiros, 2003, p. 233.

Assim, é preciso ter claros os princípios que orientam a atividade econômica e que justificam a aplicação do direito da concorrência no Brasil, para que se possa separar, com critério, as práticas que constituem infração à ordem econômica daquelas que, embora possam servir de fundamento para lides privadas (e eventualmente para outras ordens de questionamentos), são irrelevantes para o direito antitruste.

A Primeira Parte deste trabalho encontra-se voltada para esse fim. Além de estabelecer premissas necessárias, adotadas ao longo de todo o texto, a respeito de liberdade de iniciativa e liberdade contratual, ali é que se discutem quais são os *interesses institucionais* afetados pela celebração do contrato, ou pela recusa de fazê-lo, por parte de um *agente com poder econômico*.

No Capítulo I analisamos as relações entre liberdade de iniciativa e direito econômico. São apresentados conceitos relevantes adotados no restante do trabalho, destacando-se o da própria liberdade de iniciativa e o de direito econômico, passando pelos valores especificamente associados ao direito da concorrência no Brasil, culminando com a posição adotada no trabalho sobre a sistemática dessa legislação no país. Ao final do capítulo, esboçamos parâmetros gerais para a análise das recusas de contratar, no contexto de um direito concorrencial voltado para a prevenção e repressão do abuso do poder econômico.

No Capítulo II analisamos diferentes noções de contrato, contrapondo liberdade de contratar e dirigismo contratual e introduzindo a noção de função social. Para encerrá-lo, examinamos a relação entre os interesses institucionais tutelados pelo direito da concorrência, de um lado, e a aplicação da função social do contrato, de outro, no ordenamento jurídico brasileiro.

Na Segunda Parte, analisamos as situações que ensejam a obrigatoriedade de contratar fundada no direito concorrencial, ou seja, as diversas modalidades de *recusa de contratar*, visando conferir-lhes tratamento sistemático.

No Capítulo I delimitamos que tipos de recusa de contratar são objeto deste trabalho, após discorrermos sobre diversas classificações para essa modalidade de prática.

Nos Capítulos II e III, discutimos, respectivamente, as recusas verticais e horizontais, com ênfase sobre o direito comparado europeu e norte-americano, culminando, no que concerne exclusivamente às recusas verticais, com as conclusões exaradas em relatório da OCDE sobre o assunto, publicado em 2009. Ainda no que se refere às recusas de contratar verticais, fica claro que as relações de distribuição respondem por parcela substancial dos casos controvertidos. No entanto, não tratamos da recusa de contratar envolvendo apenas etapas intermediárias da cadeia produtiva, mas também de condutas que afetam diretamente os consumidores finais de bens ou serviços, e relações que não contam com a intermediação de distribuidores.

No Capítulo IV abordamos as recusas de contratar horizontais e verticais na legislação brasileira, bem como a doutrina e precedentes relevantes sobre o tema.

Finalmente, na Conclusão (Capítulo V), exaltamos os méritos do sistema concorrencial brasileiro relativamente aos sistemas comparados que foram objeto de exame, com ênfase sobre a abordagem outorgada às recusas de contratar, e apresentamos proposta de tratamento uniforme para essas condutas no Brasil, observando os princípios que orientaram a promulgação da Lei 8.884/94 e as funções sociais da empresa e do contrato (remetendo à Parte I do trabalho). O Capítulo é encerrado com uma breve discussão sobre a obrigatoriedade de contratar e outros remédios para a recusa.

PARTE I

AS LIBERDADES DE INICIATIVA E DE CONTRATO E O DIREITO DA CONCORRÊNCIA

I – A liberdade de iniciativa e o direito da concorrência

I.1. A concepção de liberdade de iniciativa adotada neste trabalho

Seria imprudente analisar a obrigatoriedade de contratar quando imposta pela legislação concorrencial sem antes tratar da liberdade de iniciativa, princípio constitucional expresso no *caput* do art. 170 da Magna Carta brasileira de 1988. Isso porque existe, à primeira vista, manifesta contraposição entre ambas as idéias. Como admitir que um agente, no gozo de sua liberdade de iniciativa econômica, possa vir a ser licitamente compelido a com outrem celebrar contrato?

O objetivo deste capítulo inicial é demonstrar que a obrigatoriedade de contratar é compatível com a liberdade de iniciativa, o que, aliás, não representa novidade. A noção de liberdade de iniciativa aqui adotada como premissa explica inteiramente tal circunstância. Com efeito, tem-se adiante evidenciado que o conflito entre atuação ou intervenção estatal[3], em suas diversas modalidades[4], de um lado, e autonomia privada, de outro, é apenas apa-

[3] Alguns autores criticam o uso da expressão "intervenção estatal", preferindo empregar simplesmente os termos "atuação" ou "presença" do Estado na economia, sob a justificativa de que "intervenção" ou "intervencionismo", quando associados às atividades do Estado, trazem consigo um ranço liberal, por remeter à idéia de "intromissão" e estarem associados a um caráter transitório. Nesse sentido, Fábio Konder COMPARATO (Regime constitucional do controle de preços no mercado. In: *Direito público: estudo e pareceres*, São Paulo, Saraiva, 1996, p. 101) e Fábio NUSDEO (ao distinguir entre a atuação do Estado como *"mero interventor"* e a sua presença como *"agente habitual"*, *Curso de economia: introdução ao direito econômico*. 3 ed., São Paulo: RT, 2001, p. 1165). Eros R. GRAU diverge, afirmando que *"intervir é atuar em área de outrem"* e que o Estado, quando atua no domínio econômico, área de titularidade do setor privado, pratica, sim, intervenção (*A ordem econômica da Constituição de 1988*, 8 ed., revista e atualizada. São Paulo: Malheiros, 2003, pp. 63, 82-83 e 126). No presente trabalho utilizamos "intervenção" como sinônimo de "atuação", sem qualquer conotação crítica às atividades do Estado.

[4] Há três formas de intervenção do Estado na economia, segundo a classificação adotada por Eros R. GRAU (*A ordem econômica*, cit., pp. 126-129): *(i)* direta (o Estado atua com as vestes de empreendedor, ou seja, como agente econômico, em regime de monopólio ou de concorrência); *(ii)* indireta por direção (*"o Estado exerce pressão sobre a economia, estabelecendo mecanismos e normas de comportamento compulsório"* para os particulares, inclusive por meio de leis cogentes que estabelecem restrições à liberdade dos particulares, como a legislação antitruste); e *(iii)* indireta por indução (o Estado cria estímulos, incentivos ou ônus para determinadas condutas ou atividades, indicando ao setor privado como proceder, sem, no entanto, proibir ou determinar práticas - v.g., tarifas com vistas a coibir a importação de certos produtos, incentivos fiscais para determinadas atividades, realização de obras ou serviços de infra-estrutura como incentivo para investimentos privados em determinadas regiões). Além das situações descritas como intervenção, Eros R. GRAU ressalta que o Estado também atua por meio da prestação dos serviços públicos.

rente, desaparecendo quando se adota uma concepção mais instrumental de liberdade de iniciativa, menos associada à ideologia que justificou o seu surgimento.

É certo que, analisado em uma perspectiva histórica, o nascimento do princípio da liberdade de iniciativa encontra-se a serviço da chamada "ordem liberal" (vide item I.2 adiante), devendo ser compreendido não apenas como um dos pilares básicos da economia de mercado e do modo de produção capitalista, mas também como importante contraponto ao regime anterior que ajudou a sobrepujar[5].

Os tempos mudaram, mas o fato é que, ainda hoje, a liberdade de iniciativa é freqüentemente invocada para justificar pretensões de imunidade, por parte de indivíduos e organizações, à legislação em vigor ou à atuação da Administração Pública (direta ou indireta, em todas as suas esferas).

No entanto, ao contrário do que às vezes parece ser o senso comum, a liberdade de iniciativa não constitui direito subjetivo público[6] ou natural, absoluto e indiscriminadamente oponível a terceiros (inclusive e principalmente ao Poder Público). A expressão pode ser sinônima de "autonomia privada", mas não se confunde com "autodeterminação".

Enquanto a autodeterminação "*assinala o poder de cada indivíduo gerir livremente a sua esfera de interesses*" e de orientar a própria vida de acordo com as suas preferências (representando, portanto, um valor absoluto da pessoa humana), a autonomia privada é "*um processo de ordenação que faculta a livre constituição e modelação de relações jurídicas pelos sujeitos que nelas participam*", e tem lugar sempre que e apenas quando "*o ordenamento (...) se abstenha de fixar, de forma impositiva, as regras a que devem obedecer as relações sociais, deixando essa tarefa à livre decisão dos que nelas intervêm...*"[7]

---

[5] José Afonso da SILVA (*Curso de direito constitucional positivo*, 16 ed. São Paulo: Malheiros, 1999. pp. 767-768). O autor explica que a liberdade de iniciativa surgiu "*como um aspecto da luta dos agentes econômicos para libertar-se dos vínculos que sobre eles recaíam por herança, seja do período feudal, seja dos princípios do mercantilismo. No início, e durante o século passado até a Primeira Grande Guerra (1914-1918), a liberdade de iniciativa econômica significava garantia aos proprietários da possibilidade de usar e trocar seus bens; garantia, portanto, do caráter absoluto da propriedade; garantia de autonomia jurídica e, por isso, garantia aos sujeitos da possibilidade de regular suas relações do modo que tivessem por mais conveniente; garantia a cada um para desenvolver livremente a atividade escolhida*".

[6] Fábio Konder COMPARATO assinala que a caracterização da liberdade de iniciativa como liberdade propriamente dita, e não como direito subjetivo público, assume particular importância prática no meio empresarial brasileiro, "*tradicionalmente inclinado à obtenção de privilégios, estímulos e subvenções*" (Regime constitucional, cit., pp. 99-115, grifos nossos).

[7] Joaquim de Souza RIBEIRO. *O problema do contrato: as cláusulas contratuais gerais e o princípio da liberdade contratual*. Coimbra: Almedina, 1999, p. 21-22.

A liberdade de iniciativa econômica, nesse contexto, corresponde a um espaço de atuação livre e autônoma do indivíduo (ou empresa), sendo certo que, por exigência da própria coexistência humana em sociedade, *tal espaço é delimitado conforme o ordenamento* (ou quadro legal, como preferem alguns autores)[8].

Não se está sustentando que a liberdade no seu sentido mais amplo pode ser limitada sem qualquer critério, como ocorre em certos regimes extremistas ou antidemocráticos. Existem direitos inerentes aos seres humanos que não devem ser suprimidos em nenhuma hipótese, e que, por essa razão, podem até ser chamados "direitos naturais"[9]. O que se defende é que essa lógica não se aplica à liberdade na esfera econômica, regida pela idéia de autonomia privada, e não de autodeterminação, como apresentada acima.

Observa-se, ainda, que, no campo econômico, a despeito de sua justificativa histórica, *a liberdade jamais foi absoluta*, nem mesmo por ocasião do seu nascimento.

O princípio da liberdade de iniciativa econômica, originariamente postulado no édito de Turgot[10], de 09 de fevereiro de 1776, foi acolhido no Decreto d'Allarde, editado na França em março de 1791, já com algumas limitações. O art. 7º do referido Decreto, que preconizava o fim das corporacões de ofício, apregoava que as pessoas seriam livres para realizar qualquer negócio ou exercer a profissão, arte ou ofício que lhes aprouvesse, *desde que* estivessem munidas de uma patente, pagassem as taxas exigíveis e se sujeitassem aos regulamentos de polícia existentes. Meses depois, a Lei Le Chapelier, em junho de 1791, proibiu todas as espécies de corporações, mantendo as ressalvas contidas no Decreto d'Allarde.

Assim, mesmo no liberalismo nascente, a concepção de um Estado inteiramen-

[8] Em monografia sobre o assuto, FERRI defende que a autonomia privada resulta da lei: *"el concepto de autonomía privada sólo puede ser aceptado y utilizado si se lo formula en términos jurídicos precisos. Entendido como libertad natural o moral de querer o de determinarse de un modo o de otro, es un dato de la realidad que constituye sólo un presupuesto, un antecedente de la fenomenologia jurídica. (...) La autonomía privada nos es expresión de una mera licitud o facultad, sino manifestación del poder de crear, dentro de los límites establecidos por la ley, normas jurídicas. ¿Intereses privados? El campo donde actúa la autonomía privada es justamente de los intereses privados, y los intereses privados vienem determinados por la vía de exclusión: son todos aquellos intereses cuya tutela no asume por sí, ni impone a otros, el Estado."* (*La autonomia*. Madrid: Editorial Revista de Derecho Privado, 1969, cit., pp. 6-7). No mesmo sentido: José Afonso da SILVA. *Curso*, cit., p. 768.

[9] Vide, nesse sentido, Randy E. BARNETT (*The structure of liberty: justice and the rule of law.* Oxford: University Press, 2007) e Fábio Konder COMPARATO (*Ética: direito, moral e religião no mundo moderno*. São Paulo: Cia das Letras, 2006; *Afirmação histórica dos direitos humanos*. São Paulo: Saraiva, 4 ed., 2005). Porém, não trataremos da questão neste trabalho.

[10] Economista e político francês, entusiasta do liberalismo econômico, Turgot foi ministro na França de 1774 a 1776, quando apresentou ao Conselho do rei seis éditos, dois dos quais muitos importantes, propondo a supressão da corvéia real e das corporações de ofício.

te omisso corresponde apenas a um tipo ideal[11].

Em outras palavras, a idéia de uma "liberdade de iniciativa" amplíssima, ilimitada e associada a um mercado disciplinado exclusivamente por uma "mão invisível" (ou por "leis econômicas naturais")[12], é inteiramente teórica e ideológica. Aqueles que defendem a completa "retirada" do Estado do campo da atividade econômica ou o fazem ingenuamente ou a serviço de interesses (i.e., imunidades e privilégios) que preferem ocultar sob o discurso político[13].

Atualmente, no panorama *"de uma Constituição preocupada com a realização da justiça social (o fim condiciona os meios)"*, a liberdade de iniciativa "*não pode significar mais do que 'liberdade de desenvolvimento da empresa* no quadro estabelecido pelo poder público, *e, portanto, possibilidade de gozar das facilidades e* necessidade de submeter-se às limitações postas pelo mesmo'. *É legítima, quando exercida no interesse da justiça social. Será ilegítima, quando exercida com o objetivo de puro lucro e realização pessoal do empresário*"[14].

---

[11] Eros Roberto GRAU. *A ordem econômica*, cit, p. 183 (nossos grifos). A respeito, vide, ainda, Karl POLANYI, um dos principais teóricos do século XX, que, ao estudar os fenômenos que levaram ao nascimento do capitalismo na Inglaterra (seu berço), defende que este sistema sempre esteve ligado à intensa participação do Estado no domínio econômico. Nas palavras do autor, *"a engrenagem de mercados num sistema auto-regulável de tremendo poder não foi o resultado de qualquer tendência inerente aos mercados em direção à excrescência, e sim o efeito de estimulantes altamente artificiais administrados ao corpo social, a fim de fazer frente a uma situação criada pelo fenômeno não menos artificial da máquina"* (*A grande transformação: as origens da nossa época.* 8 ed. Rio de Janeiro: Campus, 2000, p. 78). No mesmo sentido, Hugh COLLINS pondera que o mercado depende da lei, e que não há tensão entre mercado (como sinônimo do modo de produção capitalista) e os institutos que caracterizam o *Welfare State* (*The modern law of contract*, 2 ed. London: Butterworths, 1993, p. 3, 26-27).

[12] Adam SMITH. *The wealth of nations*. New York, The Modern Library, 2000.

[13] Natalino IRTI observa que não existem leis naturais de natureza econômica. Todas as normas são artificiais e advêm de decisões políticas (e, portanto, ideológicas). Para ele, o apelo à "naturalidade" (inclusive das "leis de mercado") dissimula o objetivo de negação de uma norma (existente ou futura) ou o interesse em uma norma com outro conteúdo. Assim, o apelo às "leis naturais" terá sempre uma função conservadora (ou seja, opõe-se a "naturalidade" da lei antiga à nova norma que se pretende editar) ou progressista (opõe-se a "naturalidade" à norma antiga, com vistas à obtenção de uma norma nova). Desse modo, segundo IRTI, a idéia de "mercado livre" como "mercado sem normas" nasce do interesse de se abolir *certas* normas. Aliás, assim como ocorre com o "direito natural", o recurso à tecnocracia (ou seja, a habilidades técnicas, alegadamente neutras) para solucionar os conflitos também esconde propósitos políticos (Teoria generale del diritto e problema del mercato. In: *L´ordine giuridico del mercato.* 4 ed. Roma: Editori Laterza, 2003, pp. 9-14).

[14] José Afonso da SILVA. *Curso,* cit., p. 768.

Cabe ressaltar que a compreensão de liberdade de iniciativa ora proposta alinha-se perfeitamente à denominada *visão construtivista do mercado*, que consiste na negação de sua existência como "fenômeno natural" e na sua compreensão como uma construção racional, política e jurídica, das autoridades e do legislador, a partir da livre concorrência[15].

Posição semelhante é adotada por Eros Roberto GRAU, que vislumbra no princípio da liberdade de iniciativa dupla face: *(i)* a liberdade de comércio e indústria (que envolve a faculdade de explorar uma atividade econômica a título privado e a não sujeição a qualquer restrição estatal, *senão em virtude de lei*) e *(ii)* a liberdade de concorrência (que envolve a faculdade de conquistar a clientela, desde que não através de concorrência desleal, a proibição de formas de atuação que mitigariam a concorrência e a neutralidade do Estado diante do fenômeno concorrencial, em igualdade de condições com concorrentes)[16].

É esta concepção de liberdade de iniciativa, voltada à perseguição de um fim maior (a promoção de justiça social), e que tem a proteção da concorrência como

---

[15] Marthe TORRE-SCHAUB. Essai *sur la construction juridique de la catégorie de marche*. Paris: LGDJ, 2002, pp. 1-14. No mesmo sentido, Hugh COLLINS (*The modern law*, cit.) fundamenta seus ensinamentos sobre a teoria contemporânea dos contratos na *common law* na premissa de que a existência do mercado depende da lei. Para maiores detalhes a respeito dos principais significados da expressão "mercado", vide Maria Rosaria FERRARESE (*Diritto e mercato*. Torino: G. Giappiachelli, 1992, pp. 17-76), destacando-se a idéia de mercado como instituição (instrumento eficaz e duradouro de organização das relações sociais e dos recursos), muito próxima da visão construtivista, já que, para sobreviver, a instituição "mercado" precisa de proteção externa, função que cabe tradicionalmente ao Direito.

[16] *A ordem econômica*, cit., pp. 184-185. Fábio Konder COMPARATO também atribui duplo sentido à *expressão "liberdade de iniciativa"*, sendo um deles, que o autor chama de *"liberdade de acesso ao mercado"*, de garantia de livre criação ou fundação de empresas (à luz do art. 170, par. único, da Constituição Federal), vedados os monopólios públicos quando não especificamente declarados no texto constitucional, e o outro de *"liberdade de atuação e permanência no mercado"*, ou seja, livre atuação das empresas já criadas, vedadas práticas privadas que importem na eliminação de concorrentes (à luz do art. 173, §4º, da Constituição) e também a interferência estatal abusiva, que resulte na *"impossibilidade prática de continuidade da atuação de certas empresas no mercado"*. O autor assevera que "[a] *supressão da liberdade empresarial, porém, não se confunde, de modo algum, com as restrições de natureza pública ao exercício dessa liberdade, as quais visem à realização dos valores ou finalidade superiores, igualmente expressos como mandamentos constitucionais. A Constituição, com efeito, declara que a ordem econômica deve assentar-se, conjuntamente, na livre iniciativa e na valorização do trabalho humano. E assinala que o objetivo global e último dessa ordenação consiste em 'assegurar a todos existência digna, conforme os ditames da justiça social' (art. 170, caput). É em função desse objetivo último de realização da justiça social que devem ser compreendidos e harmonizados os demais princípios expressos no art. 170 ...*" (Regime constitucional, cit., pp. 101-103).

pilar – e não como limite – que será adotada ao longo do presente trabalho. Nesse contexto, a obrigatoriedade de contratar estabelecida pelo direito concorrencial não deve causar espanto. A livre-concorrência deixa de ser vista como simples política pública (que pode ou não ser implementada, conforme os objetivos dos diferentes governos e as convicções pessoais dos aplicadores da lei, sempre transitórios), passando a ser encarada, necessariamente, como o regime estabelecido para a ordem econômica na Constituição brasileira. Voltaremos a esse aspecto ao analisarmos os fundamentos e objetivos do direito da concorrência no país (itens I.4 e I.5.2).

I.2. A evolução histórica das limitações ao princípio da liberdade de iniciativa e o nascimento do direito econômico

Embora jamais tenha sido incondicional e absoluta, já que, como bem posto por Eros GRAU, *"atuação no domínio econômico o Estado sempre desenvolveu"*, é evidente que a liberdade de iniciativa contempla limitações maiores ou menores de acordo com o período histórico e com a localidade estudada (e seu sistema jurídico), de modo que não se pode afastar a sua historicidade.

A partir do segundo quarto do século XX, as limitações impostas à liberdade de iniciativa passaram a receber tratamento sistematizado, dando origem ao que conhecemos como direito econômico.

O que marca o nascimento desse ramo do direito é a crescente atuação do Estado, de forma sistemática, *"a partir de renovadas motivações e mediante a dinamização de instrumentos mais efetivos"*, em áreas antes predominantemente atribuídas aos particulares. Até o momento neoconcorrencial ou intervencionista, as atribuições do Estado estavam mais ligadas à produção do direito e à segurança, limitando-se a sua interferência na economia praticamente à defesa da propriedade, essencial ao modo de produção capitalista[17].

Pode-se, portanto, distinguir *dois períodos referentes à atuação do Estado na economia*: no primeiro deles, prevaleceu a chamada "ordem liberal", que teve como marco inicial o ano de 1776 – correspondente, *na política*, à independência americana; *na economia*, à publicação da "Riqueza das Nações", de Adam SMITH; *no direito*, à edição do Décret d'Allarde (na França); e *na tecnologia*, à aplicação do princípio da máquina a vapor à movimentação de teares, propiciando a mecanização da indústria têxtil – e que perdurou por cerca de 150 (cento e cinqüenta) anos, até a grande Depressão de 1929, quando o então Presidente dos Estados Unidos, Franklin D. Roosevelt, propôs o New Deal; no segundo, iniciado em 1930, predominaram os sistemas econômicos contemporâneos[18].

---

[17] *A ordem econômica*, cit., pp. 14-15.

[18] Fábio NUSDEO. *Curso*, cit., pp. 124-137 e 200-224 . A respeito, vide, ainda Paulo BONAVIDES. *Do Estado liberal ao Estado social*. São Paulo: Saraiva, 1961.

A diferença ideológica entre esses dois períodos reside basicamente na separação ou não entre o sistema político e o sistema econômico.

A ordem liberal propunha que tais sistemas fossem segregados (o que, como visto, é utópico), encarregando-se o Estado das decisões políticas, enquanto que o mercado cuidaria das decisões econômicas. Desse modo, o papel proposto para o Estado na ordem liberal era o mínimo necessário, qual seja dar condições para o mercado atuar, cabendo aos agentes econômicos decidir sobre a utilização dos recursos escassos da sociedade. As principais características da ordem econômica liberal são: *(i)* Constituições clássicas (ou Constituições-garantia), que previam apenas os direitos básicos dos cidadãos, protegendo-os inclusive contra o Estado; e *(ii)* a codificação do direito privado na Europa Continental (visando instrumentalizar o mercado, assegurando a sua estrutura), concomitantemente a um direito administrativo tímido, de caráter pretoriano. *Não é por acaso que a tradicional dicotomia entre direito público e direito privado teve origem no contexto da ideologia liberal.*

Já *nos sistemas econômicos contemporâneos, o Estado é chamado a atuar de forma constante e sistemática.* Surgem as constituições programas (ou socialdemocratas), bem como novos ramos do Direito, voltados para setores específicos da atividade econômica. A lei passa a ser interpretada de maneira funcional e finalística, abrindo espaço para a idéia de função social (da propriedade e do contrato), aspectos analisados no item II.3 infra.

Não há como negar, portanto, que a situação que vivenciamos atualmente, marcada pela intensa atuação do Estado na economia, diverge substancialmente daquela que marcou o período "liberal". De garantidor do direito de propriedade e provedor da segurança, o Estado acabou passando a ator econômico. Pergunta-se, então, como foi que ocorreu essa transformação.

Fábio K. COMPARATO afirma, categoricamente, que o direito econômico nasce com a Primeira Guerra Mundial, que representa de fato o fim do século XIX e a superação de uma certa concepção clássica da guerra e da economia. A guerra, *"até então uma atividade marginal, que interessava alguns grupos sociais por tradição ou profissão, e que podia se desenvolver paralelamente às outras atividades da nação"*, assumiu, a partir de 1914, proporções sociais e totalitárias, submetendo *"a seus fins todas as classes sociais, sem exceção"*, de modo, que, doravante, *"em período bélico, todas as funções do Estado são monopolizadas pelo conflito armado"*.

Por seu turno, diante da constatação de que a guerra *"não se ganha somente nas frentes de combate, mas também e sobretudo nos campos, nas usinas, nas fábricas e nos laboratórios"*, a economia transformou-se por completo sob a ação do novo fenômeno bélico. O Estado não podia permanecer *"indiferente a evolução das atividades econômicas ou as decisões dos agentes da economia privada"*, devendo, *"submetê-los antes de tudo às exigências da guerra"*. Com isso, a atividade econômica passou a ser objeto de "*regulamentação abundante, estrita e minuciosa*", que em pouco tempo transformou o direito patrimonial clássico, "*abolindo princípios, deformando institutos e confundindo fronteiras*"[19].

Depois da Primeira Guerra, outros fenômenos – a crise de deflação e de superprodução de 1929, a Segunda Guerra, a reconstrução que lhe sucedeu, a corrida armamentista, o movimento de concentração do poder econômico nos países industrializados e a política de desenvolvimento no 'Terceiro Mundo' – vieram apenas confirmar a necessidade de um aparato jurídico disciplinando a atividade econômica, tendo sempre em conta os novos objetivos que apareciam[20].

Daí a observação de Fábio NUSDEO, no sentido de que o Estado retirou-se da vida econômica pela "porta da frente" na ordem econômica liberal, retornando pela "porta dos fundos" nos sistemas contemporâneos[21].

Em suma, ressalvada a historicidade da liberdade de iniciativa, o direito econômico aparece de forma inequívoca com a Primeira Grande Guerra, e se consolida, principalmente, na década de 1930, com o *New Deal* norte-americano, firmando-se de forma definitiva e irreversível. Analisamos, a seguir, o papel do direito econômico hoje, bem como que relação tem ele com a obrigatoriedade de contratar no direito brasileiro da concorrência.

---

[19] *O indispensável direito econômico. In: Ensaios e pareceres de direito empresarial.* Rio de Janeiro: Forense, 1978, pp. 455-459.

[20] Para maiores detalhes sobre leis e atos que marcaram a gradativa atuação do Estado na economia, no Brasil e em outros países, vide Eros Roberto GRAU. *A ordem econômica*, cit., pp. 19-20.

[21] "*Escorraçado da economia pelos postulados do liberalismo, o poder público dele saiu pela porta da frente, mas acabou por reingressar gradualmente pela porta dos fundos, isto é, esse reingresso não foi sistemático, nem sempre conscientemente desejado, mas fruto de uma necessidade incontornável, à falta de qualquer outra alternativa para lidar com os apontados problemas*" (*Curso*, cit., p. 164).

I.3. Publicização do direito, microssistemas e o papel do direito econômico hoje

O direito público vem atuando de forma progressiva e crescente na esfera de relações historicamente caracterizadas como privadas. Segundo Vicente RÁO, a tendência de "*publicização*" do direito, decorrente da necessidade cada vez maior da intervenção do Estado na esfera do direito privado, acarretando a sua redução, acentua "*as dificuldades crescentes que se antepõem a qualquer tentativa de distinção perfeita entre esses dois ramos do direito objetivo*"[22].

E é bom que seja assim, na medida em que, conforme já observado por Calixto SALOMÃO FILHO, "*... um direito metodologicamente compartimentado entre público e privado, não está apto a regular e imprimir a sociedade rumos e valores sociais capazes de substituir ou ao menos complementar parcialmente a ineficiência do Estado*"[23].

A superação da tradicional dicotomia entre Direito Público e Privado – que inicialmente esteve associada ao fenômeno da decodificação do Direito Privado e da multiplicação das "leis excepcionais", gradativamente substituídas por leis especiais (já que deixaram de ter caráter de exceção ou transitoriedade) – permitiu a consolidação das leis especiais em "microssistemas", expressão utilizada por Natalino IRTI para designar os corpos orgânicos de normas, dedicados de forma permanente à disciplina de certas categorias de relações jurídicas, dotados de lógica e autonomia próprias, e voltados para a tutela de valores específicos[24].

São inúmeros os exemplos dos microssistemas que existem hoje. No Brasil, partindo-se sempre da Constituição Federal da República, as relações de consumo são tuteladas pelo Código de Proteção e Defesa do Consumidor (Lei 8.078/90), as relações de concorrência entre agentes nos diversos mercados e as práticas envolvendo empresas detentoras de poder econômico são disciplinadas no diploma antitruste (Lei 8.884/94), a legislação ambiental tutela as relações dos agentes econômicos com o meio, etc. Merecem destaque, ainda, as legislações sobre mercado de capitais e diplomas disciplinando mercados objeto de regulamentação específica (telecomunicações, energia, gás e petróleo, etc.).

Muito embora o Direito não possa ser compartimentado em subconjuntos estanques, autônomos e completamente independentes de normas que não conversam entre si, a noção de microssistemas contribui para orientar o intérprete sobre que procedimentos adotar para a obtenção de soluções adequadas aos casos concretos, já que não se deve aplicar a um determinado microssistema a lógica e os valores de outro. Não faria sentido, por exemplo, aplicar a legislação trabalhista e seus princípios às relações (genuínas) entre uma empresa e seus representantes comerciais, as-

---

[22] *O direito e a vida dos direitos.* 5 ed., atual. São Paulo, RT, 1999, p. 226.

[23] Direito empresarial público. *RDM*, v. 112, out./dez. 1998, p. 17-18.

[24] *L'età della decodificazzione.* Milano: Giuffrè, 1999, pp. 38-39.

sim como não teria lógica aplicar aos contratos atípicos de distribuição a legislação que tutela os representantes[25].

Assim, ao discutirmos os limites da intervenção estatal e os parâmetros para a aplicação do direito econômico na sociedade brasileira contemporânea não podemos perder de vista os valores perseguidos pelo microssistema em questão, tampouco as ferramentas escolhidas pelos legisladores (constituintes ou ordinários) para a obtenção dos fins almejados por aquele conjunto específico de normas. Tudo isso sem olvidarmos da necessidade de adequação entre meios e fins, que decorre da aplicação do postulado da proporcionalidade (vide item I.5.5 adiante).

O direito econômico hoje não persegue um único objetivo, absoluto e universal[26]. Não está voltado, por exemplo, apenas para corrigir as denominadas falhas de mercado[27] e

---

[25] Nesse sentido, por ocasião da entrada em vigor do Novo Código Civil, Paula FORGIONI alertou para os perigos associados à "consumerização" dos contratos comerciais, por meio da utilização de princípios inerentes às relações de consumo na interpretação de contratos entre empresários (A interpretação dos negócios empresariais no novo Código Civil brasileiro, *RDM*, n. 130, p. 7-38, abril-junho 2003). No que concerne ao direito antitruste, o tema é abordado por Luis Fernando SCHUARTZ, em art. de maior amplitude, onde o jurista discute a importância da identificação dos chamados "argumentos antitruste", ou seja, a necessidade de se definir *"aquilo que está fora e o que está dentro do jogo, vale dizer: se,* independentemente de seu valor de verdade, *um dado argumento* qualifica-se, em princípio, *como argumento antitruste - ou se é algo a ser sumariamente descartado, na melhor das hipóteses como erro escusável de alguém menos avisado".* (Haverá lugar digno para o 'jurídico' na teoria e prática do direito antitruste? *Revista do IBRAC,* São Paulo, v. 13, n. 2, p. 153-182, 2006).

[26] São diversas as escolas de pensamento que se propõem contribuir para a discussão sobre os objetivos do direito econômico (e do próprio Direito, em última instância), e inúmeras as suas variações. As premissas da chamada "escola de Chicago" – que prescreve a eficiência econômica como o fim a ser perseguido pelo sistema jurídico e apregoa a desregulação dos diversos setores da economia –, por exemplo, continuam influenciando a aplicação e a interpretação do direito antitruste, não só nos Estados Unidos, mas no mundo inteiro (para maiores detalhes, vide William E. KOVACIC e Carl SHAPIRO. Antitrust policy: a century of economic and legal thinking. *Journal of economic perspectives,* v. 14, n. 1, Winter 2000, p. 53; e Stephen ROSS. *Principles of antitrust law,* Westbury: The Foundation Press Inc., 1993, pp. 1-2).

[27] Na sintética lição de Fábio NUSDEO, falhas de mercado correspondem a situações nas quais os pressupostos de funcionamento do mercado não se fazem presentes (tornando-o não operacional), sendo 5 as principais: *(i)* problemas relacionados à mobilidade dos fatores; *(ii)* problemas relacionados ao acesso às informações (assimetria); *(iii)* concentração econômica; *(iv)* externalidades (positivas ou negativas); e *(v)* problemas quanto ao suprimento de bens coletivos (falhas de incentivo) (*Curso,* cit., p. 166). Algumas teorias sobre a regulação estatal sustentam que esta teria sido criada *"em resposta a uma demanda do público por correção de práticas de mercado ineficientes ou não eqüitativas",* ou seja, falhas de mercado (Richard POSNER, Theories of economic regulation, 1974, trad. port. Maria-

para maximizar a eficiência econômica[28]. Além das considerações sobre tempo e local, que traduzem a já comentada historicidade do direito econômico, há que se observar os objetivos do microssistema específico (v.g., o direito antitruste), a sua racionalidade e modo de atuação.

Por um lado é muito mais fácil – e por isso mais atraente – buscar uma única explicação para fenômenos complexos. Esse subterfúgio nos permitiria confortavelmente fugir dos conflitos a que inexoravelmente nos leva a existência, no mesmo ordenamento, de diversos microssistemas tutelando valores múltiplos. Por outro, a comodidade far-nos-ia ignorar a realidade e abandonar à própria sorte a tutela de interesses legítimos – ainda que difusos ou minoritários –, que dependem completa ou majoritariamente da atuação estatal.

No Brasil, Calixto SALOMÃO FILHO defende claramente que o direito econômico resguarda múltiplos interesses. Ao tratar da regulação em sentido amplo, o autor assevera que os fundamentos apresentados por diversas escolas de pensamento são demasiadamente limitados e reducionistas, e propõe a convivência entre valores econômicos e sociais, reconhececendo que a preponderância de uns sobre outros varia conforme a natureza do setor regulado[29].

Da mesma forma, Sérgio Varella BRUNA sustenta que o debate sobre regulação é um debate sobre valores, os quais, no entanto, não podem ser considerados verdadeiros ou falsos, de modo que a questão sobre a legitimidade do processo administrativo não é passível de solução definitiva ou *ad hoc*[30].

---

na Mota Prado. In: Paulo MATTOS e outros, *Regulação econômica e democracia: o debate norte-americano*. São Paulo: Editora 34, 2004, p. 49-80; vide, ainda, George PRIEST. The origins of utility regulation and the "theories of regulation debate". *The Journal of Law and Economics*, v. XXXVI, n. 1, abr. 1993, p. 289). Ou seja, reconhecendo que, em alguns setores da economia, a "mão invisível" do mercado não é suficiente para beneficiar consumidores e garantir o bem-estar social, admite-se excepcionalmente a necessidade de intervenção estatal.

[28] Eficiência econômica é uma expressão com diversos significados. Pode ser sinônima de "eficiência alocativa", ou "ótimo de Pareto", correspondendo à situação em que não é possível melhorar a posição de alguém sem que isso implique a piora da posição de outrem. Nesse contexto, uma situação eficiente é aquela relativamente a qual não há alternativas superiores, encontrando-se os recursos alocados da melhor forma possível (Mário POSSAS. *Concorrência schumpeteriana*. In: David KUPFER e Lisa HASENCLEVER. *Economia Industrial: fundamentos teóricos e práticas no Brasil*. Rio de Janeiro: Elsevier, 2002, p. 415-429). Em outras situações, encontra-se relacionada à idéia de redução de custos (geralmente custos variáveis). Também pode ser associada ao aumento da inovação de uma empresa, indústria ou sociedade (eficiência dinâmica). Neste trabalho, ela é empregada em mais de uma acepção, especificada no contexto.

[29] *Regulação da atividade econômica: princípios e fundamentos jurídicos*. São Paulo: Malheiros, 2001.

[30] *Agências reguladoras*, cit., pp. 61 e ss.

Posição similar é defendida por Floriano Peixoto de Azevedo MARQUES NETO. O autor discute os fenômenos da globalização econômica e da fragmentação social[31] (decorrente da multiplicação dos grupos de interesses) – principais processos que interfeririam nos vetores do Estado contemporâneo, levando-o à crise –, bem como da já mencionada decadência da dicotomia "público-privado". Conclui que a noção de interesse público não é universal, absoluta ou singular, devendo ser entendida, pelo contrário, como histórica, relativa e heterogênea. Nas suas palavras, *"a noção de homogeneidade do interesse público tem que dar lugar à idéia de heterogeneidade de interesses públicos"*.

Não há a pretensão, portanto, de definir *a priori* em que situações existe interesse público, justificando a atuação do Estado por meio do direito econômico. Daí o emprego, no plural, da expressão "interesses públicos" no trabalho de MARQUES NETO.

No entanto, a pluralidade dos valores tutelados pelo direito econômico e a indeterminação prévia do que é interesse público não devem implicar *"maior tolerância frente aos interesses privados, que se imiscuem e pervertem o funcionamento da máquina pública, favorecendo a indevida apropriação privada dos bens e dos serviços públicos"*, tampouco que se deve tratar com menos repulsa ou censura o agente público que, ilicitamente, utiliza sua posição para *"fazer prevalecer interesse particularístico, em detrimento da coletividade ou mesmo em prejuízo dos interesses de outros eventuais particulares, menos agraciados pelo interesse ou simpatia de dado gestor*[32].

---

[31] O autor denomina "fragmentação social" o *"fenômeno, cada vez mais crescente, da emergência de atores sociais e políticos coletivos que refogem à estrutura básica quer da institucionalidade estatal, quer dos mecanismos de representação política próprios da Modernidade. (....) A multiplicação das demandas sociais desatendidas leva aqueles indivíduos, inicialmente organizados socialmente para reivindicar seus interesses, a fortalecer e ampliar seus mecanismos de organização de modo a pressionar o Estado para, num contexto de escassez de recursos, terem suas expectativas seletivamente atendidas. Esta pressão mostra-se triplamente desafiadora do Estado, pois as demandas se apresentam (a) crescentes, em face do contínuo aumento das expectativas sociais, (b) gradualmente mais complexas e contraditórias e (c) apontam para a impotência do Estado em responder a elas, quer por exigüidade de recursos, quer por inadequação de fluxos e procedimentos."* (*Regulação estatal e interesses públicos*. São Paulo: Malheiros, 2002, pp. 116-117). Mais adiante, MARQUES NETO observa que "[c]*omo – mormente num quadro de saturação das demandas sociais e escassez de recursos públicos para o seu atendimento – o acolhimento dos interesses de alguns grupos coloca-se como excludente ao processamento dos interesses de outros, emerge um processo de fracionamento da idéia de universalidade ou de homogeneidade do interesse social."* (p. 120). Esse contexto é ainda mais grave quando atentamos para o fato de que alguns grupos, por natureza, não têm condições de se organizar e pressionar o Estado no sentido de que as suas demandas (geralmente essenciais) sejam satisfeitas. Falamos de populações miseráveis, que sequer participam do processo eleitoral.

[32] MARQUES NETO. *Regulação estatal*, cit., p. 151.

MARQUES NETO prega enfaticamente a *republicização* do Estado, em detrimento tanto de um papel restritivo e liberal quanto da *"perspectiva tautológica do Estado Intervencionista (a partir da qual o poder político foi instrumentalizado para o atingimento das necessidades supletivas e compensatórias do regime capitalista)"*.

Nesse contexto, a intervenção do Estado deve ser pautada por radical transparência (o que implica permanente interlocução com os diversos atores sociais), e orientar-se para a tutela e viabilização das necessidades *"daqueles que não encontram guarida em espaços institucionais de representação e mediação de interesses"*[33]. Em outras palavras, devem-se criar mecanismos para que a esfera econômica influencie menos a esfera política, e incentivos para que ocorra o inverso (a esfera política seja capaz de disciplinar a esfera econômica, com vistas à inclusão social e ao acesso pelo menos a bens e serviços essenciais).

Não é difícil perceber a importância que assume o Direito nesse contexto, em especial o direito econômico. Calixto SALOMÃO FILHO propõe que o Direito, paradigma de estabilidade cuja transformação geralmente decorre de revolução (nos moldes do que ocorreu na Rússia, na França e nos EUA), seja responsável por permitir a modificação radical de uma sociedade. Para tanto, porém, é necessário desvinculá-lo do determinismo econômico e estabelecer objetivos ético-valorativos a serem perseguidos, que sejam próprios daquele Estado ou nação[34].

Na seqüência, veremos que, no Brasil, o microssistema do direito da concorrência, justamente porque concebido para *"prevenir e reprimir"* o abuso do poder econômico e por se encontrar dotado das ferramentas para tanto, tem muito a contribuir para a melhoria da sociedade, por meio de maior inclusão social.

---

[33] *Regulação estatal*, pp. 164, 179, 183 e 188. No mesmo sentido, Calixto SALOMÃO FILHO prega a participação dos vários grupos sociais afetados pela prestação de um determinado serviço na elaboração das normas (regulamentação) atinentes ao mesmo, etapa necessária no processo de difusão de conhecimento econômico que, para o autor, deve ser capitaneado pelo Direito (Direito como instrumento de transformação social e econômica, *RDPE*, ano 1, n.1, pp. 15-44, jan-mar. 2003).

[34] Direito como instrumento, cit. O autor aduz, por exemplo, que o direito econômico deve perseguir os objetivos de difundir conhecimento e de estabecer liberdade de escolha para os indivíduos no campo econômico, o que fica muito prejudicado em situações de grande concentração de poder econômico (vide item I.5.2 infra).

I.4. Objetivos específicos do direito da concorrência

A exemplo do que ocorre com o direito econômico, parece ser infindável a discussão em torno dos objetivos do microssistema do direito da concorrência[35]. No entanto, novamente não se pode perder de vista que tal conjunto de normas desempenha diferentes funções, dependendo do sistema jurídico e do momento histórico em questão.

Compartilhamos do entendimento de que não existe uma visão abstrata das finalidades do direito da concorrência, posto que as suas normas dependem de premissas assumidas sobre mercados e governo, ou seja, dependem da política econômica em vigor em uma determinada época e em um determinado local[36].

---

[35] O debate mais conhecido nessa seara envolve as Escolas de Harvard e de Chicago. Os adeptos da primeira defendem que a economia deve ser governada pelo livre mercado e a concorrência deve ser buscada como um fim em si mesmo, evitando-se que particulares venham a restringi-la. Nesse contexto, a legislação de defesa da concorrência visa garantir que o mercado será mantido livre, sem regulação administrativa (regulação em sentido estrito). Existe, ainda, preocupação com o número de agentes econômicos e com a pulverização do mercado, não de forma absoluta, mas de modo a garantir uma concorrência viável (*workable competition*). Na síntese de Lúcia Helena SALGADO, a Escola de Harvard interpreta a legislação de defesa da concorrência conjugando elementos de eficiência econômica – relacionada à preponderância de empresas individuais, locais e pequenas no mercado – e liberdade. Há, em suma, uma preocupação com a dispersão do poder econômico, evitando-se, porém, privilegiar objetivos populistas (*A economia política da ação antitruste*. São Paulo: Singular, pp. 16-17). A respeito, vide, ainda, ARREDA e KAPLOW (*Antitrust analysis: problems, text, cases*. 4 ed. Boston: Little, Brown and Company, p. 45); Michael S. JACOBS (An essay on the normative foundations of antitrust economics, *North Carolina Law review*, v. 74, p. 119-266, 1995-1996); Paula A. FORGIONI (*Os fundamentos do antitruste*. São Paulo: RT, 1998, pp. 156-157); e José Inácio Gonzaga FRANCESCHINI. *Introdução ao direito da concorrência*. São Paulo: Malheiros, 1996, p. 17. A Escola de Chicago, por seu turno, elege como único interesse tutelado o bem-estar do consumidor (ligado à idéia de promoção de eficiência alocativa). Esta seria a sua maior arbitrariedade, segundo Calixto SALOMÃO FILHO, que contrapõe a esse posicionamento o pensamento da denominada Escola Ordo-Liberal de Freiburg, nascida na década de 30, na Alemanha, como reação aos fracassos econômicos da República de Weimar e crítica à concepção econômica nazista que começava a ser aplicada. A crítica ordo-liberal a Chicago está fundada em dois pontos: *(i)* os pressupostos econômicos da definição de bem-estar do consumidor são meramente teóricos, insuscetíveis de ocorrer na realidade, e *(ii)* o direito concorrencial não admite a atribuição de qualquer tipo de objetivo econômico pré-determinado, já que *"nem todos os seus efeitos podem ser previstos e os desejáveis selecionados, de modo a orientar a feitura e aplicação da lei"* (*Direito concorrencial: as estruturas*, cit., pp. 21-30). Sobre os ordo-liberais, vide também Richard WHISH (*Competition law*. 5 ed. Oxford: Oxford University Press, 2005, p. 19-20).

[36] Nesse sentido, vide Richard WHISH (*Competition law*, cit., p. 17-23). Vide, ainda, S. ROSS. *Principles*, cit., p. 1.

Nos Estados Unidos, por exemplo, a alternância entre períodos de maior ou menor aplicação (*enforcement*) das leis antitruste – sob nítida influência de elementos de natureza político-ideológica ou macroeconômica - e a ênfase dada ao combate a determinadas práticas ou à fiscalização de certos setores da economia levaram alguns doutrinadores a caracterizar os movimentos do direito concorrencial norte-americano como "pendulares"[37].

Embora menos sujeita a oscilações com base em políticas governamentais, a União Européia também adota uma visão instrumental do direito da concorrência. Na época da assinatura do Tratado de Roma, as normas de defesa da concorrência tinham o objetivo de auxiliar na formação do mercado comum europeu[38]. Hoje, as mesmas

---

[37] Nesse sentido: Robert PITOFSKY. Antitrust at the turn of the twenty-first century: a view from the middle. *Saint John's Law Review*, v. 76, p. 583-586, 2002; Timothy J. MURIS. How history can inform practice in modern U.S. competition policy. *Law and Economics Working Paper Series.* George Mason University School of Law, 2004; e Eleanor M. FOX e Lawrence A. SULLIVAN. Antitrust retrospective and prospective: where are we coming from? Where are we going? *New York University Law Review*, v. 62, p. 936-988, 1987. Merecem destaque, ainda, arts. discutindo ou prevendo a orientação do direito antitruste norte-americano após a mudança de controle no Congresso e, mais recentemente, na Era Obama: Makan DELRAHIM. Oversight and overwork: what the change in the control of Congress means for antitrust enforcement and policy. *Antitrust*, v. 21, n. 2, p. 17-20, Spring 2007; Andrea AGATHOKLIS. In their own words: predicting enforcement under Varney and Leibowitz. *Antitrust*, v. 23, n. 3, p. 5-13, Summer 2009; Administration plans to strengthen antitrust rules. *The New York Times*.11.maio.2009. William KOVACIC, por seu turno, resume e analisa criticamente doutrina "do movimento pendular", enfatizando a continuidade e a evolução em vários aspectos da política antitruste norte-americana (The modern evolution of U.S. competition policy enforcement norms. *Antitrust law journal*, v. 71, p. 377-478, 2003).

[38] Segundo Lucia Helena SALGADO, a política de concorrência européia perseguia três objetivos: *(i)* a manutenção do mercado comum, de modo que a supressão de barreiras aduaneiras e restrições quantitativas no comércio entre os países membros não fosse neutralizada pela recriação doméstica de barreiras, por parte das empresas, através de acordos e práticas concertadas; *(ii)* o impedimento do abuso de poder econômico, que poderia atentar contra a pluralidade na composição dos mercados; e *(iii)* o respeito ao princípio da eqüidade econômica, ou seja, a preservação da igualdade de oportunidades dos agentes econômicos. (As políticas de concorrência [ou antitruste]: um panorama da experiência mundial e sua atualidade para o Brasil. *Série Texto para Discussão*, n. 264. Instituto de Pesquisa Econômica Aplicada, Brasília, 1992, p. 14. Richard WHISH (*Competition law*, cit., p. 20-21) comenta que o objetivo de proteção do mercado comum por meio da legislação concorrencial tem efeitos positivos (v.g., encorajar o comércio entre os Estados-membros) e negativos (v.g., cartéis formados em um determinado Estado podem afetar todo o mercado comum). Não há dúvidas, de qualquer forma, de que a legislação concorrencial muito contribuiu para a criação e a consolidação de um mercado comum na Europa. Segundo a imprensa local, *"the European Commision has successfully opened up markets and broken monopolies in many areas such as telecoms and aviation, and is currently attempting to ta-*

normas que exerceram um papel fundamental na criação desse mercado têm a finalidade de consolidá-lo e mantê-lo. Aliás, como bem observado por Richard WHISH, o ingresso de dez novos países na União Européia em 2004 implica na continuidade desse objetivo como determinante no direito europeu da concorrência[39].

Nesse contexto, a idéia de que o direito concorrencial se encontra voltado exclusivamente para o incremento da eficiência econômica (seja ela alocativa, produtiva ou dinânima) e do bem-estar dos consumidores, embora predominante e amplamente disseminada, também corresponde a uma visão parcial e ideológica, que pode vir a ser substituída.

Exemplo disso é que nos Estados Unidos, pátria da escola de Chicago, as normas de defesa da concorrência já foram – e em alguns casos continuam sendo - associadas a valores como a distribuição de oportunidades, o controle da concentração do poder político e social, a lealdade nas práticas comerciais e a estabilização econômica[40].

---

ckle national energy giants across Europe" (SARKOZY scraps competition clause from new Treaty. *Spiegel Online International.* 22 jun. 2007).

[39] *Competition law*, cit., p. 51. Vale mencionar, por outro lado, que, por insistência do governo francês, uma referência à concorrência nas premissas do novo Tratado europeu foi eliminada, causando grande polêmica sobre o significado de tal movimento. A respeito, vide: SARKOZY, cit., G. PARKER, T. BUCK e B. BENOIT (Key clause dropped from draft EU treaty. *The Financial Times.* Bruxelas, 21 jun. 2007) e B. WATERFIELD e G. JONES. Blair outmanoeuvred by Sarkozy on Treaty. *Daily Telegraph.* Bruxelas, 23 jun. 2007). Muito embora a expressão "concorrência livre e não distorcida" conste de diversas passagens dos textos legais da União Européia, a sua exclusão do rol de objetivos da UE (onde estava inserida desde 1957) foi interpretada pelas autoridades comunitárias de defesa da concorrência como uma abertura para políticas protecionistas (inclusive auxílios estatais) e como um obstáculo à capacidade de persecução efetiva dos cartéis na Europa. Os objetivos do Tratado geralmente são invocados como fundamento pelas cortes européias em suas decisões.

[40] P. ARREDA e L. KAPLOW, *Antitrust analysis*, cit., p. 28-30. Por sua vez, S. ROSS assinala que, desde o *Sherman Act*, surgiram, de modo mais nítido, quatro objetivos relacionados ao direito antitruste nos Estados Unidos: a promoção de eficiência alocativa (Escola de Chicago); a transferência de riqueza (proteção dos consumidores contra a exploração por monopólios e cartéis, evitando a concentração desproporcional de riqueza nas mãos desses últimos); a proteção "jeffersoniana" de pequenos negócios independentes; e a dispersão "madisoniana" do poder econômico (*Principles*, cit., pp. 3-8). Segundo o autor, a proteção "jeffersoniana" de pequenos negócios remete ao lema "oportunidades iguais para todos", defendido por Thomas Jefferson no final do século XIX, buscando privilegiar os pequenos negócios, em detrimento das grandes concentrações. Essa teoria, malgrado não leve em conta as reduções de custos oriundas de economias de escala, é aplicada, ainda hoje, pelas Cortes norte-americanas em alguns casos. Note-se que para os adeptos de Chicago, o Estado deve auxiliar pequenas empresas independentes com subsídios e outros meios diretos, e não através do direito antitruste. Por seu turno, a dispersão "madisoniana"

O momento atual na Europa também é bastante ilustrativo, mas pela razão oposta. Contradizendo o quanto destacado por alguns doutrinadores ao associar o direito antitruste no continente europeu a valores mais formalistas e distantes da chamada lógica econômica[41], hoje diversas reformas da legislação concorrencial têm declaradamente o objetivo de racionalizar a aplicação das normas, no sentido de dar mais espaço à análise econômica (leia-se, ao raciocínio de custo-benefício voltado para a promoção da eficiência) e de consolidar a posição de que o bem-estar dos consumidores é o fim último a ser perseguido. Ainda assim, alguns países membros continuam interpretando o Tratado de Roma (à luz do qual suas legislações nacionais foram moldadas após a reforma iniciada no início dos anos 2000) de modo mais formalista, sem aparentemente levar em conta os interesses mais imediatos do consumidor[42].

Em trabalho conjunto, o Banco Mundial e a OCDE contrapõem à doutrina que considera como único propósito das normas de defesa da concorrência a maximização da eficiência econômica correntes que consideram que o direito concorrencial tutela múltiplos valores, consoante as necessidades, a cultura, a história e as instituições de uma determinada sociedade. Entre esses valores, são citadas a proteção a pequenos negócios, a preservação da livre iniciativa e a manutenção da lealdade e honestidade nas práticas comerciais. Menciona-se, ainda, objetivos transitórios, como é o caso do controle da inflação, da integração regional e do controle do emprego[43].

---

do poder econômico refere-se a outro objetivo não econômico da política antitruste, sustentado por James Madison, que consiste no combate ao poder econômico em si mesmo, como forma de garantir o bom funcionamento do mercado. Richard S. MARKOVITS, por seu turno, enxerga com ceticismo todos esses objetivos (Antitrust alternatives to delegalization. In: Gunther TEUBNER (ed.). *Juridification of social spheres: a comparative analysis in the areas of labor, corporate antitrust and social welfare law.* Berlim, New York: Walter de Gruyter, 1987, p. 332-369).

[41] Maria Rosaria FERRARESE, por exemplo, afirmou que no velho continente a relação entre Direito e eficiência é estranha à mentalidade jurídica, habituada a considerar o Direito essencialmente segundo os cânones do normativismo e, portanto, dentro de uma ótica predominantemente política, também relacionada à questão do controle social. A autora compartilha da proposta "ambiciosa" (porém, "não impossível", nas suas palavras) de CALABRESI, que sugere integrar à análise econômica do Direito, entre outras, teorias filosóficas e econômicas de distribuição e o estudo científico dos valores (*Diritto e mercato*, cit., p. 440).

[42] No início de 2009, as autoridades antitruste portuguesas suspenderam campanha promocional em que uma operadora de TV a Cabo (ZON) distribuía ingressos para que seus assinantes frequentassem salas de cinema do mesmo grupo. Na mesma época, a Microsoft foi condenada pelas autoridades alemãs e concordou em pagar multa pela fixação de preços de revenda, combinada com seu principal revendedor naquele país.

[43] *A framework for the design and implementation of competition law and policy*. Washington-Paris, 1999, p. 4.

Conclui-se, portanto, que as normas de defesa da concorrência podem servir a vários propósitos. Cada sociedade, através do seu respectivo sistema jurídico (de acordo com o momento histórico e conjuntural), faz uma escolha de quais valores serão tutelados por essa legislação. Da mesma forma, aos intérpretes e aplicadores da lei, na esfera administrativa ou judicial, compete solucionar os possíveis conflitos entre esses valores, segundo os ditames do próprio ordenamento.

No Brasil, a livre concorrência foi erigida a princípio constitucional[44], figurando entre os fundamentos da ordem econômica, e tem por objetivo último "*assegurar a todos existência digna conforme os ditames da justiça social*" (CF, art. 170)[45].

É justamente por figurar no rol do art. 170 da Carta Magna que a livre concorrência pode ser vista, no Brasil contemporâneo, como "*garantia sistêmca ou institucional*"[46], o que significa dizer que não se confunde com outros instrumentos de política pública na área econômica (regionais, setoriais ou temporários), ainda que muitas vezes possa servir a essa finalidade, bem como que as autoridades não têm discricionariedade quanto à aplicação das normas materiais da Lei 8.884/94 (as suas decisões são vinculadas), exceção feita às situações previstas na própria Lei.

---

[44] Para maiores detalhes sobre a evolução histórica do princípio constitucional da livre concorrência e tutela de sua proteção, vide: Tércio Sampaio FERRAZ JUNIOR. Lei de defesa da concorrência: origem histórica e base constitucional. *Arquivos do Ministério da Justiça*, Brasília, v. 45, n. 180, p. 175-185, jul./dez. 1992; Luiz Olavo BAPTISTA. Origens do direito da concorrência. *Revista da Faculdade de Direito da Universidade São Paulo*, São Paulo, n. 91, p. 3-26, janeiro/dezembro 1996; e João Bosco Leopoldino da FONSECA. *Direito Econômico*. 2 ed. Rio de Janeiro: Forense, 1998.

[45] A esse respeito, Luis Fernando SCHUARTZ (O direito da concorrência e seus fundamentos: racionalidade e legitimidade na aplicação da Lei 8884/94. *RDM*, n. 117, p. 57-86, jan./mar. 2000) observa, em primeiro lugar, que os poderes públicos têm o dever de, "*preservando a estrutura normativa básica do sistema capitalista, influenciar a sua trajetória tendo em vista a realização de justiça social*". Essa diretriz, no entanto, não é suficiente, por ser demasiado abstrata, para solucionar os problemas específicos relacionados à interpretação e aplicação do direito da concorrência no país. Aliás, assinala o autor, sequer se sabe, teoricamente, se um estado social justo é, ou não, realizável sob condições de uma economia capitalista moderna, e se o direito concorrencial é capaz de lidar com problemas distributivos. Richard S. MARKOVITS, por exemplo, entende que não (*Antitrust alternatives*, cit.). No sentido contrário: J. S. METCALFE, R. RAMLOGAN e E. UYARRA. Economic development and the competitive process. *Centre on regulation and competition Working Paper Series*, Paper n. 36, University of Manchester, dez. 2002. Esse impasse, porém, ao contrário do que se poderia imaginar, não exclui o dever do Estado no sentido de, nas palavras de SCHUARTZ, definir e implementar ao menos *tentativas* de realizar a justiça social através da instrumentalização do direito da concorrência.

[46] Calixto SALOMÃO FILHO (*Regulação*, cit., p. 131).

Nesse contexto, a não-aplicação da legislação de defesa da concorrência somente se justifica nos casos de conflito com outros dispositivos constitucionais tutelando a ordem econômica e, em última instância, a justiça social.

O legislador constituinte de 1988 encampou no art. 170 diversos valores, cujo fim maior é a promoção de justiça social.

Segundo Calixto SALOMÃO FILHO, entre os vários princípios previstos no art. 170 da Constituição Federal, alguns dos quais podem entrar em conflito com os demais, destacam-se três que se sobrepõem, quais sejam a valorização do trabalho humano, a livre iniciativa e a busca da justiça social, sendo os dois primeiros fundamentos e o terceiro, objetivo da ordem econômica. Segundo o autor, mesmo entre esses princípios fundamentais é possível o conflito, sendo certo que *"medidas objetivando a justiça social podem não ser compatíveis com a livre iniciativa e vice-versa"*, prevalecendo *"o princípio mais diretamente afetado pela medida específica em análise"* [47].

A tarefa do intérprete torna-se menos árdua em se adotando a idéia de liberdade de iniciativa proposta no item I.1 retro, segundo a qual este princípio se subordina à obtenção de justiça social.

A dificuldade persiste, porém, quanto a interpretar concretamente tais preceitos e aplicá-los às hipóteses de recusa de contratar, objeto desse trabalho. O capítulo busca traçar algumas diretrizes nesse sentido, demonstrando que o direito da concorrência no Brasil está histórica e constitucionalmente ligado ao combate ao abuso do poder econômico, devendo, portanto, ser instrumentalizado tendo em vista esse objetivo, perfeitamente coerente com a idéia de promoção de justiça social. A presença de poder, desse modo, torna-se imprescindível na aplicação do direito antitruste, conforme exposto a seguir, e representa papel fundamental na compreensão da obrigatoriedade de contratar quando utilizada como remédio concorrencial.

---

[47] *Regulação*, cit., pp. 131-132.

I.5. O direito da concorrência como instrumento de prevenção e repressão ao abuso do poder econômico

I.5.1. Considerações preliminares sobre o poder. O poder econômico

O poder é um dado da realidade e, no campo econômico, constitui regra, não exceção[48].

A concentração do poder econômico acentuou-se de maneira geral a partir da revolução industrial, que veio demonstrar que a riqueza em si é menos importante que a sua efetiva disposição no ciclo produtivo. Em outras palavras, na economia moderna, a questão fundamental não é a titularidade da riqueza, mas o controle sobre ela, devendo ser assim interpretada a tese marxista sobre a concentração do capital, que *"não designa (...) coisas ou bens, nem mesmo uma relação de propriedade, mas uma manifestação de poder"*[49].

---

[48] Fábio Konder COMPARATO e Calixto SALOMÃO FILHO. *O poder de controle na sociedade anônima,* 4 ed., Rio de Janeiro, Forense, 2005, *passim*. No mesmo sentido, Sérgio Varella BRUNA constata que o poder econômico é um fator estrutural (*O poder econômico e a conceituação do abuso em seu exercício.* São Paulo, RT, 2001, p. 171). Não pretendemos, no estreito escopo do presente trabalho, analisar pormenorizadamente o que é poder. Basta, para fins didáticos, estabelecer ou refutar certas distinções entre a noção de poder e outras manifestações sociais. Fábio Konder COMPARATO assinala que, na teoria política moderna, o poder distingue-se da influência determinante (tradução moderna do velho conceito de autoridade), pela falta de coerção que caracteriza esta última (Sociedade e poder. In: Fábio Konder COMPARATO, Calixto SALOMÃO FILHO, *O poder de controle,* cit., pp. XV-XVII, prólogo). Tanto Hannah ARENDT (*Da violência,* tradução de Maria Claudia Drummond Trindade. Brasília, Ed. Universidade de Brasília, 1985) quanto Niklas LUHMANN (*Poder,* tradução de Martine Creusot de Rezende Martins. Brasília, Ed. Universidade de Brasília, 1985) adotam concepções genéricas de poder (entendido como qualquer forma de coerção individual) e o diferenciam da força (em ARENDT, violência), pois esta prescinde da adesão voluntária dos sujeitos que submete. É bastante ilustrativo do pensamento de H. ARENDT o seguinte trecho: *"o domínio pela pura violência (...) advém onde o poder está sendo perdido"* (p. 42). No entanto, para COMPARATO (Sociedade e poder, cit.), a distinção *"entre poder jurídico e força fática é sempre transitória e anormal. Em regra, força e poder se combinam e se exaltam, mutuamente"*. Calixto SALOMÃO FILHO é ainda mais enfático, concluindo que ARENDT e LUHMAN, embora tenham tratado especialmente do poder político (e não do poder econômico), são condescendentes relativamente ao fenômeno (Poder econômico: a marcha da aceitação. In: Fábio Konder COMPARATO e Calixto SALOMÃO FILHO, *O poder de controle,* cit., pp. 3-23, introdução do co-autor).

[49] Fábio K. COMPARATO. Sociedade e Poder, cit. No Manifesto do Partido Comunista (In: Karl MARX e Friedrich ENGELS, *Obras Escolhidas,* v. 1, São Paulo, Editora Alfa-Omega, pp. 21-47), MARX identifica o poder econômico como causa de exploração do trabalho e da dignidade humana e fonte de desigualdades sociais, cada vez mais acentuadas.

No Brasil, a concentração do poder na esfera econômica existe desde a época da colonização, com a adoção do modelo de monoculturas agrícolas em grandes propriedades rurais, que não passavam de monopólios, e o estabelecimento de uma reserva de mercado para os produtos brasileiros na Europa. O fenômeno também se exacerbou com a industrialização (capitalismo industrial), na medida em que os únicos empreendedores nacionais com acesso a crédito (e, portanto, em condições de financiar o nascimento da indústria) eram os próprios agricultores oligopolistas (especialmente de café na Região Sudeste), alguns dos quais posteriormente se tornaram banqueiros[50].

Além da concentração de poder na origem (monoculturas agrícolas latifundiárias), o processo de industrialização (tardia) no Brasil também foi marcado pelo protecionismo estatal (e.g., as políticas de proteção aos cafeicultores), incentivando a cartelização na maioria, senão em todos os setores, e criando situações similares às de monopólio.

A aceitação do poder como fato social, no entanto, não deve implicar excessiva tolerância do Estado (e das autoridades) relativamente à forma como é exercido e tampouco à sua exacerbada concentração. Nas palavras de Calixto SALOMÃO FILHO, inspiradas na filosofia de HEGEL e KANT, *"o poder (econômico), ainda que presente, não é imanente"*[51], de modo que o seu exercício deve ser, sim, coibido em determinadas situações, inclusive, quando necessário, por meio de medidas estruturais.

Em outras palavras, dada a existência do poder econômico e a sua tendência à concentração, há que se lidar com as suas conseqüências. Isso significa que há situações em que o Estado deve intervir, a fim de coibir manifestações nocivas de poder econômico na sociedade. Uma das formas que o legislador constitucional elegeu para tal finalidade foi o direito da concorrência. *"O poder econômico é o elemento constitutivo do direito concorrencial. É da existência do primeiro que se cria a necessidade de presença do último"*[52].

Desse aspecto trataremos na seqüência.

---

[50] Para maiores detalhes, vide Celso FURTADO. *Formação econômica do Brasil*. 32 ed. São Paulo: Companhia Editorial Nacional, 2003.

[51] Poder econômico: a marcha da aceitação, cit.

[52] Calixto SALOMÃO FILHO, Recusa de contratar: disciplina jurídica. In: *Regulação e concorrência: estudos e pareceres*, São Paulo, Malheiros, 2002, pp. 137-150.

I.5.2. Poder econômico e direito concorrencial: uma relação histórica. O sistema do abuso no Brasil.

Além de prejudicar a livre concorrência, o exercício do poder econômico pode limitar a liberdade de iniciativa dos agentes (quando é capaz de criar barreiras à entrada de concorrentes), falsear informações sobre o mercado e criar centros políticos de poder paralelo, influenciando a atividade normativa. A preocupação institucional com a concorrência, que fez nascer o direito antitruste, implica tornar ilícita a dominação do mercado (quando não fundada na maior eficiência do agente econômico) e aplicar critérios rígidos e formalistas de verificação dos ilícitos concorrenciais, ao menos para os agentes com poder econômico[53].

Daí a preocupação das legislações de defesa da concorrência relativamente ao poder econômico.

Tanto nos Estados Unidos quanto na Europa, pode-se afirmar que a legislação antitruste surge originalmente com este propósito primordial.

Nos EUA, a preocupação inicial do Congresso Nacional foi com o poder dos monopólios e seus efeitos sobre a concorrência (levando à promulgação do *Sherman Act* em 1890), em seguida ocupando-se da lealdade na competição (*Clayton Act*, 1914).

Charles ROWLEY e Anne RATHBONE discutem justamente o mito criado nos anos 70 nos Estados Unidos, associando a criação do Sherman Act à busca de maior eficiência econômica e à correção de falhas de mercado. Os autores demonstram, ao analisar as posições políticas e os discursos que antecederam a aprovação do Sherman Act, que o referido diploma tinha como principal escopo a proteção dos concorrentes de menor porte (pequenos negócios, cuja situação financeira se tornara difícil por conta da atuação de grandes empresas ou trustes), ainda que, no curto prazo, tal proteção resultasse em prejuízo para os consumidores e menor eficiência econômica. Os autores salientam que, em virtude de pressões e incentivos políticos, essa tendência continua permeando a atuação das autoridades antitruste norte-americanas ainda hoje, a despeito de muitos autores invariavelmente enxergarem a busca da eficiência como fim maior da atuação de cortes e autoridades administrativas. O mesmo teria ocorrido com o Clayton Act e com o Federal Trade Commission Act de 1914, ambos configurando respostas legislativas a pressões de grupos de interesses específicos[54].

---

[53] Calixto SALOMÃO FILHO, Recusa de contratar, cit.

[54] *Political economy of antitrust*. In: Manfred NEWMANN e Jürgen WEIGAND, *The international handbook of competition*, Cheltenham-Northamptom, Edward Elgar, 2004, pp. 173-209. No mesmo sentido, SALOMÃO FILHO aduz que "*nos primeiros momentos de aplicação do* Sherman Act *norte-americano, (...) o ilícito central é a monopolização dos mercados e a única regra da razão admitida é aquela que exclui de certos ilícitos os agentes*

Na Europa, parece existir uma verdadeira presunção no sentido de que os mercados não funcionam bem, havendo necessidade de intervenção de autoridades regulatórias *stricto sensu* e antitruste, a fim de garantir a liberdade de iniciativa e a concorrência, contra os monopólios, oligopólios e empresas dominantes[55].

Vale observar que tanto nos Estados Unidos quanto na Europa, a legislação antitruste não se encontra *exclusivamente* voltada para o combate à formação e ao exercício do poder econômico, embora essa seja umas das preocupações principais. Nos Estados Unidos, o próprio Sherman Act proíbe práticas restritivas (ainda que não adotadas por agentes detentores de posição dominante), mas suas normas foram posteriormente relativizadas com o advento da denominada regra da razão[56], que pressupõe uma análise, ainda que superficial, de poder de mer-

---

sem poder econômico nos mercados. Nesse momento inicial, os monopólios são sujeitos a verdadeiro código de conduta, a exemplo de uma regulação econômica. O seu descumprimento pode levar até à divisão das referidas empresas é o que ocorre, exemplificativamente com a Standard Oil *no início do século)*" (Recusa de contratar, cit., p. 138).

[55] Essa observação é feita em tom de crítica ao longo do art. de Marcel CANOY, Patrick REY e Eric VAN DAMME, *Dominance and monopolization*. In: Manfred NEWMANN e Jürgen WEIGAND, *The international handbook*, cit., pp. 210-289. O texto aborda as semelhanças e as diferenças entre os sistemas europeu (abuso de posição dominante) e norte-americano (monopolização). Basicamente, na Europa, adota-se a idéia de responsabilidade especial de empresas com poder econômico, sendo vedado o denominado abuso de poder (art. 102 do Tratado de Roma), inclusive na forma de preços chamados "excessivos". Nos EUA, embora a idéia de responsabilidade especial não seja estranha, o legislador trabalha com os conceitos de monopolização e tentativa de monopolização, alheios à idéia de abuso e mais afetos à noção de *graus de poder*. A exploração "regular" do poder de monopólio (ou seja, os lucros de monopólio) não é considerada ilícita nos EUA, não havendo que se falar em preços abusivos por lá. Em ambas as jurisdições, no entanto, e a despeito do que dispõem os respectivos textos legais, as autoridades hesitam em controlar preços, preferindo soluções estruturais para o problema da dominância. Os autores preferem claramente o sistema antitruste adotado nos Estados Unidos. Voltaremos às especificidades do direito antitruste na Europa e nos EUA, especialmente no que se refere ao combate ao exercício de poder econômico, ao abordarmos a recusa de contratar (Caps. II e III da Segunda Parte).

[56] Conforme bem sintetizado por Calixto SALOMÃO FILHO, "*a expressão 'regra da razão' talvez possa ser incluída entre as mais citadas e, também, entre as menos compreendidas da literatura jurídica*", sendo certo que "*a sua origem responde por muitas dessas incompreensões*" (*Direito concorrencial: as estruturas*, cit., pp. 141-142). A regra da razão foi aplicada pela primeira vez em 1911, pela Suprema Corte norte-americana, no caso *Standard Oil Co. v. United States* (221 U.S. 65 [1911]). Naquele precedente, o Juiz WHITE considerou que não é qualquer eliminação da concorrência que deve ser considerada ilícita, mas apenas as restrições desarrazoadas (*unreasonable*). A abordagem *per se*, que vinha sendo adotada até então, implicava o julgamento de todas as práticas (acordos, contratos, etc.) com base no seu efeito potencialmente prejudicial à concorrência. Assim, a acusação precisava de-

cado. Além disso, o Clayton Act (também atingido posteriormente pela regra da razão) considera diversas condutas ilícitas, independentemente do *status* da empresa praticante.

Na Europa, o art. 101 do Tratado de Roma (§1) trata de práticas ilícitas, entre as quais acordos entre empresas, decisões de associações e práticas concertadas que tenham por objeto ou efeito a fixação de preços de compra ou de venda de produtos, a limitação da produção ou a divisão do mercado, consideradas incompatíveis com o mercado comum independentemente do *status* do agente econômico envolvido.

O próprio texto legal, no entanto, estabelece válvulas de escape (art. 101, §3), ao dispor que tais práticas poderão ser autorizadas se contribuírem para a melhoria da produção ou da distribuição de produtos, ou para a promoção do progresso técnico, desde que *(i)* os consumidores sejam contemplados com uma fatia justa dos benefícios alcançados, bem como que *(ii)* não sejam adotadas restrições que não sejam indispensáveis à obtenção dos benefícios visados e *(iii)* não haja eliminação da concorrência relativamente à parcela substancial dos produtos em questão. Tais dispositivos permitem a interpretação, adotada em diversas decisões e regulamentos da Comissão e das Cortes Européias, no sentido de que, via de regra, empresas sem poder econômico não têm capacidade de restringir a concorrência.

A sistemática do art. 101 é bem explicada por Richard WHISH, com base na sua interpretação da jurisprudência da Comissão Européia e das cortes naquela

---

monstrar às cortes apenas que a prática ocorrera, ficando a defesa desprovida de qualquer argumento sustentável. A justificativa para essa abordagem repousa na presunção de que determinadas práticas afetam negativamente a concorrência, não havendo necessidade de um estudo mais aprofundado do mercado em questão, aumentando os custos da investigação. A regra da razão veio modificar esse critério de julgamento em alguns casos, de modo que as condutas não integrantes da categoria dos ilícitos *per se* passaram a ser analisadas levando em consideração não os *efeitos presumidos* sobre a concorrência, mas o *intento* da parte (a ser aferido objetivamente) e os *prováveis efeitos anticompetitivos* sobre o mercado. Uma nova conotação da regra da razão tem como marco inicial a decisão da Suprema Corte norte-americana no caso *Continental T.V. Inc. v. GTE Sylvania Inc.*, no final da década de 70. Nesse precedente, a regra da razão foi definida como o método em que o intérprete leva em consideração todas as circunstâncias do caso, a fim de decidir se uma determinada prática configura-se ou não como uma restrição desarrazoada à concorrência. As cortes passaram, então, a resumir a regra da razão em termos de distribuição de ônus da prova, adotando o seguinte procedimento: *i)* a acusação tem o ônus de provar que uma determinada conduta causou ou pode causar substanciais efeitos adversos sobre a concorrência, *ii)* demonstrado isso, a defesa passa a ter o ônus da prova a respeito de efeitos pró-competitivos da referida prática, *iii)* logrando êxito a defesa, o ônus da prova retorna para a acusação, a quem incumbe, dessa vez, demonstrar que a restrição em pauta não é razoavelmente necessária para se atingir os tais objetivos ou efeitos pró-competitivos, *iv)* o ultimo passo é o balanço dos efeitos pró e anticompetitivos. A avaliação de poder de mercado entra na etapa 'i'.

jurisdição. O autor esclarece que o próprio Tratado de Roma elegeu práticas que têm por *objeto* restringir ou eliminar a concorrência (por exemplo, a fixação horizontal de preços), independentemente dos seus efeitos. Nessas situações, as partes não podem defender-se simplesmente por meio da alegação de que seu comportamento qualitativamente não é capaz de gerar efeitos anticompetitivos, embora teoricamente ainda possam alegar que a conduta se encontra excepcionada por preencher os requisitos do art. 101, §3, ou que não afeta o comércio entre os Estados-membros da União Européia[57]. Por outro lado, se a lei não estabelece *a priori* que o objeto de determinada prática é anticompetitivo, há que se demonstrar que efeitos negativos provavelmente dela adviriam em algum mercado relevante, o que acaba exigindo a demonstração do exercício de algum grau de poder pelas empresas investigadas.

Assim, na prática, muitas condutas dependem do exercício de poder econômico para que se caracterize a sua ilicitude à luz do art. 101 do Tratado de Roma.

Ainda no que tange ao direito europeu da concorrência, o art. 102 do Tratado *exige a existência de posição dominante para que se configurem as infrações ali previstas,* entre elas a recusa de contratar como manifestação de dominância.

A respeito do assunto, é muito interessante a posição sustentada por Giorgio MONTI, ao propor a redução do escopo de aplicação do art. 102 do Tratado de Roma, estabelecendo-se um percentual fictício apenas para fins de enquadramento legal dos agentes econômicos, uma vez que a maioria das condutas anticompetitivas já se encontra "coberta" pelo art. 101 do Tratado de Roma, que trata das infrações que, em princípio, independem da existência de poder, mas que, como visto, em sua maioria não passam ao largo de uma análise (ainda que superficial) do status do agente que as adota.

O autor entende que o art. 101 já amplia de maneira suficiente o escopo de aplicação do direito da concorrência na Europa, tornando o art. 102 praticamente desnecessário. Assim, a aplicabilidade do último poderia ficar restrita às hipóteses em que as condutas dos agentes econômicos, embora não se enquadrem em nenhuma das hipóteses do art. 101, têm o condão (potencial) de causar dano ao mercado europeu (em virtude, justamente, da posição dominante da empresa que a adota)[58]. Voltaremos a esse assunto ao discutirmos a recusa de contratar na legislação européia de defesa da concorrência.

---

[57] *"The parties, for example, to a price fixing agreement, cannot argue that the fixing of prices does not restrict competition, the parties can defend the practice only by proving, in a particular case, that it satisfies the criteria of Article 81 (3). However, it is open for them to argue that, in a quantitative sense, their agreement does not appreciably affect competition or affect trade between member States, because their position in the market is so weak; conceptually this is different matter from arguing that the practice of price fixing is not restrictive of competition"* (*Competition law*, cit., p. 111).

[58] The concept of dominance in article 82. *European Competition Journal*, v. 2, julho 2006. A mesma abordagem é proposta por ROUSSEVA, ao tratar de restrições verticais (vide nota 270).

No Brasil, o art. 173, § 4º, da Constituição Federal dispõe que *"a lei reprimirá o abuso do poder econômico, que vise à dominação dos mercados, à eliminação da concorrência e ao aumento arbitrário dos lucros"*.

Dispositivo semelhante, estabelecendo a *repressão do abuso do poder econômico*, já constava do art. 148 da Constituição Federal de 1946, regulamentado com a edição da Lei 4.137, de 10 de setembro de 1962[59].

Desse modo, parece-nos clara a opção do legislador constitucional, desde 1946, pela adoção de normas concorrenciais voltadas para combater o abuso do poder econômico, muito embora a concorrência só tenha sido alçada a princípio da ordem econômica na Constituição de 1967. Ou seja, assim como o objetivo das normas de concorrência na União Européia está associado à viabilização e à manutenção do mercado comum, no Brasil, as mesmas normas dirigem-se ao controle do poder, de modo a realizar a sua função social (como veremos mais adiante, no Cap. II.3 da Primeira Parte).

E não poderia ser diferente, já que a concentração do poder econômico, e a sua utilização em detrimento de outrem (em última instância da própria sociedade), está ligada a diversos problemas estruturais no Brasil, constituindo uma das causas históricas para o subdesenvolvimento[60].

Assim, *só se pode admitir que a lei ordinária disponha sobre a repressão de atos e comportamentos praticados por agentes que detenham poder econômico*, devendo ser assim interpretada a Lei 8.884/94 (ou qualquer outra que a substitua, à luz do art. 173, 4º, da Constituição Federal). O poder econômico é pressuposto para a caracterização de ilícito concorrencial.

Entendemos que empresas não detentoras de poder econômico não são capazes de dominar mercados e de eliminar a concorrência, em nenhuma hipótese. Ou seja, o art. 173, 4º, da Constituição Federal não limita o escopo do art. 170, apenas o esclarece, já que empresas sem poder econômico não possuem obrigações concorrenciais especiais à luz da Magna Carta e, ainda que possam violar outros princípios da ordem econômica, não têm capacidade para ferir a liberdade de

---

[59] A despeito disso, a repressão do abuso do poder econômico por meio de diplomas concorrenciais somente se tornou mais efetiva a partir de 1991 (com o início da desregulamentação dos preços) e, principalmente em 1994, com a promulgação da Lei 8.884/94. Até então, prevaleceu forte controle direto de preços pelo governo brasileiro, privilegiando-se legislações alegadamente voltadas para a proteção da economia popular, que deixavam pouco espaço para a aplicação do direito antitruste. A respeito do assunto, vide Pedro DUTRA. Preços e polícia. *Revista do IBRAC,* São Paulo, v. 4, n. 4, p. 15-20, 1997, e Gesner OLIVEIRA. *Concorrência,* cit., p. 4-5. Um resumo do tema também consta de Priscila B. GONÇALVES (*Fixação e sugestão de preços de revenda em contratos de distribuição: análise dos aspectos concorrenciais.* São Paulo: Singular, 2002, p. 272-278).

[60] Nesse sentido, Celso FURTADO. *Formação econômica,* cit., *passim.*

concorrência. Na ausência de poder, qualquer tentativa de dominação ou eliminação da concorrência por parte de um agente econômico resulta ineficaz, sendo disciplinada pelo próprio mercado ou coibida por meio de outros microssistemas. Se houver êxito, certamente a avaliação da existência de poder pelas autoridades é que foi feita de maneira equivocada (a esse respeito, vide item 1.5.3 abaixo).

Analisando os precedentes administrativos do CADE desde 1994, infere-se que o órgão compartilha do entendimento no sentido de que agentes não detentores de poder econômico não têm aptidão para praticar infrações concorrenciais, pois seus atos jamais gerariam efeitos prejudiciais ao mercado. Existem, evidentemente, posições dissonantes, mas a maioria esmagadora das decisões alinha-se à regra[61].

Calixto SALOMÃO FILHO diverge dessa posição. O professor entende que o direito concorrencial não se resume à regulação do poder econômico no mercado; mesmo em sistemas em que se garanta a existência de concorrência, é preciso garantir que as forças de mercado concorram lealmente.

Nesse contexto, o professor identifica três tipos de condutas nos arts. 20 e 21 da Lei 8.884/94: *(i)* aquelas que podem levar à dominação de mercados (ou seja, o poder é resultado, e não pressuposto para o ilícito, por exemplo, acordos entre concorrentes sobre preços e quantidades produzidas); *(ii)* aquelas que dependem da prévia existência de poder para configurar ilícito (ou seja, o poder é pressuposto); e *(iii)* aquelas que não dependem de poder (v.g., limitação ou falseamento da concorrência).

---

[61] Nesse sentido, destacamos trechos esclarecedores de algumas decisões: "*... a correta exegese da lei de defesa da concorrência pressupõe a presença de poder de mercado para que seja possível seu abuso*" (voto do Conselheiro Arthur BARRIONUEVO FILHO nos autos da Representação nº 147/93, em que figurava como Representante o Departamento de Assuntos de Segurança Pública da Secretaria de Polícia Federal e como Representada a Escola de Formação de Vigilantes Tiradentes); "[a]*s condutas previstas no art. 20 e 21 da Lei (...) só podem produzir efeitos nocivos ao mercado, quando os agentes que as praticarem detiverem posição dominante ou poderio econômico significativo. Não há que se falar em prática restritiva da concorrência empreendida por quem não detém parcela significativa de mercado ou poder econômico insuficiente para atuar de forma predatória em um espaço econômico.*" (voto do Conselheiro Leônidas R. XAUSA nos autos do Processo Administrativo nº 41/92, em que figurava como Representante a Associação das Empresas de Engenharia e Arquitetura para Centro de Processamento de Dados e como Representada a IBM do Brasil S/A); "*cabe ressaltar que a coletividade, verdadeira titular dos bens jurídicos tutelados pela lei antitruste, não foi prejudicada pela conduta dos supermercados, por estes não possuírem posição dominante da qual pudessem abusar, eliminando, desta forma, seus supostos rivais, não ocorreu qualquer prejuízo a concorrência*" (voto proferido pelo Conselheiro Ronaldo Porto MACEDO JUNIOR nos autos do Processo Administrativo nº. 08000.021183/96-70, em que figurava como Representante o Sindicato da Indústria de Panificação e Confeitarias de São Paulo e como Representados Supermercado Ourinhos Bx Ltda., Supermercado Bergamini Ltda. e Supermercado Center Máster Ltda).

Insistimos, porém, na idéia de que por determinação constitucional, não é possível definir ilícitos concorrenciais na ausência de poder, ou seja, instituir uma sistemática semelhante àquela adotada pelo art. 101, §1, do Tratado de Roma relativamente às restrições graves, conhecidas como *hardcore* (como os cartéis).

O art. 20 da Lei 8.884/94 deve ser lido em consonância com o que dispõe o art. 173, §4º, da Carta Magna. A expressão "que vise à", no texto constitucional, não remete à intenção (subjetiva) do agente, e sim à potencialidade lesiva da conduta, devendo ser coibidas apenas as práticas que coloquem em risco o bem jurídico tutelado pelo ordenamento, como se verá a seguir. Nesse contexto, temos que a melhor exegese para o 'caput' do art. 20, que identifica as infrações concorrenciais como as que *"tenham por objeto ou efeito, ainda que não alcançados"* as provisões contidas nos seus incisos I a IV (limitar ou falsear a concorrência, dominar mercados, abusar da posição dominante ou aumentar arbitrariamente os lucros[62]) é aquela que afasta a ilicitude da conduta quando os efeitos forem inalcançáveis.

Em outras palavras, as infrações à lei concorrencial podem ser de dois tipos:

(i) de objeto ilícito *e* passíveis de alcançar efeitos negativos (ainda que estes não tenham sido verificados), e

(ii) que tenham causado efeitos anticompetitivos, independentemente de seu objeto.

O termo objeto, desse modo, deve ser compreendido como sinônimo de objetivo (aspecto que não passou despercebido a Calixto SALOMÃO FILHO, por exemplo), o que não significa dizer que o 'animus' do agente deve ser subjetivamente perscrutado no caso concreto, mas simplesmente que a conduta em questão não possui, objetivamente, outra justificativa que não a produção dos efeitos previstos em um ou mais incisos do art. 20[63]. Caso contrário, toda e qualquer operação de aquisição de um concorrente, por exemplo, poderia ser considerada como de objeto ilícito.

Para ilustrar, empresas concorrentes que venham a celebrar um acordo para fixar conjuntamente os preços dos seus produtos realizam um ato de objeto ilícito, desde que sejam detentoras de poder econômico, pois a conduta em questão não

[62] Em dissertação de Mestrado, discutimos a suficiência de apenas um dos incisos, justamente o primeiro, que trata da limitação ou falseamento da concorrência, para caracterizar um ilícito concorrencial, na sistemática adotada pela legislação brasileira. (*Fixação e sugestão*, cit., p. 293 e ss.) Continuamos convencidos de que este inciso engloba todos os demais, mas a redação atual do art. 20 da Lei 8.884/94 é reproduzida no Substitutivo ao Projeto de Lei 3937/2004, que tramita no Senado Federal por ocasião da conclusão deste trabalho.

[63] "*Os efeitos das condutas são, no texto constitucional, os objetivos visados pelo ato abusivo. O ilícito configura-se na presença do objetivo de atingir aquelas conseqüências econômicas. Como já visto, por outro lado, a existência desse objetivo só pode ser admitida quando há ao menos a possibilidade de produção de efeitos anticoncorrenciais*" (Calixto SALOMÃO FILHO, *Direito concorrencial: as condutas*, cit., p. 110).

tem (na esmagadora maioria das vezes) nenhuma justificativa plausível que divirja das explicações mais óbvias (eliminação à concorrência, dominação de mercado e apuração de lucros arbitrários). Assim, ainda que não sejam produzidos efeitos, a conduta é punível pela potencialidade lesiva, podendo a análise concorrencial para fins de condenação na esfera administrativa limitar-se à avaliação da existência de poder e à prova dos fatos, ou incluir apenas uma avaliação simplificada sobre a potencialidade lesiva. Os efeitos somente teriam que ser avaliados em maior detalhe para fins de fixação de pena.

Já um contrato com cláusula de exclusividade geralmente apresenta inúmeras justificativas lícitas (ou seja, não constitui, via de regra, conduta de objeto ilícito, ao contrátrio do acordo de fixação de preços do exemplo acima), e somente será anticompetitivo se, após aprofundada análise de possíveis prejuízos e justificativas, a conclusão for no sentido de que gera ou tem potencial para criar efeitos negativos.

Na doutrina e na jurisprudência estrangeiras essa distinção também existe: de um lado, encontram-se as chamadas 'naked restraints' (de objeto anticompetitivo), de outro, estão as chamadas 'ancillary restraints' (que podem ou não gerar efeitos anticompetitivos). Transportando os conceitos para o direito brasileiro, acreditamos que o poder é indispensável em ambas para que haja condenação.

Por sua vez, comportamentos não passíveis de gerar efeitos nocivos - entre outras razões, porque seus autores são desprovidos (individual ou coletivamente) de poder econômico -, devem ser considerados atípicos, a exemplo do que ocorre na esfera criminal. *"O crime"*, ensina Anibal BRUNO, *"define-se materialmente como a* lesão *ou* ameaça *a um bem jurídico tutelado pela lei penal. Todo o ato para penetrar nesta zona de ilicitude e ser punível como crime precisa pelo menos constituir-se um* perigo direto *para o bem penalmente tutelado* (...)"[64]. Essa linha de raciocínio já orientou decisões no CADE – acertadamente, a nosso ver - , embora ainda seja incipiente e, até o momento, minoritária[65].

Poder-se-ia indagar se tal orientação teria o condão de frustar o objetivo de aplicar extensivamente o direito da concorrência como instrumento de diluição do poder e de promoção de justiça social, ou reduzir a sua importância no combate aos problemas associados a tais objetivos.

---

[64] *Direito penal, tomo 2.* 4 ed. Rio de Janeiro: Forense, 1984, p. 233.

[65] Vide, por exemplo, o voto do Conselheiro Ricardo CUEVA nos autos do Processo Administrativo n. 08012.009088/1999-48, que buscava apurar a existência de um boicote (ou tentativa de boicote) aos produtores e distribuidores de medicamentos genéricos por parte de integrantes da indústria farmacêutica. O Conselheiro, que relatou o caso e teve sua opinião acompanhada por Luis Carlos Delorme PRADO, concluiu que a conduta, apesar de ser moralmente reprovável, não guardava nexo causal com *"a potencialidade de lesão ao direito da concorrência"*, já que não foi demonstrado que *"pudesse por em perigo os bens jurídicos"* tutelados pela Lei 8.884/94.

Giorgio MONTI, por exemplo, entende que se uma jurisdição acredita na efetividade da política de defesa da concorrência e deseja aplicá-la com rigor para atingir certos objetivos (como a manutenção de um mercado comum europeu, por exemplo), o legislador deve adotar infrações *per se* (ou definir aquelas que têm *objeto* anticompetitivo, como no caso do art. 101 do Tratado de Roma), independentemente da existência de poder, já que tal procedimento torna mais fácil a persecução e punição de certas condutas, reduzindo o conteúdo das defesas possíveis e, conseqüentemente, os períodos e custos associados às investigações. Trata-se, certamente, de uma abordagem mais pragmática e, em grande medida, mais transparente do que o sistema de repressão ao abuso adotado no Brasil, já que autoridades e agentes econômicos sabem, de antemão, o que é permitido e o que não é. Outra alternativa é a adoção de um sistema misto, como na Europa, conjugando infrações de *objeto* anticompetitivo (ou seja, condutas que em nenhuma hipótese serão toleradas naquela jurisdição) com a idéia (residual) de abuso para comportamentos dúbios, cujos efeitos sobre o mercado são mais difíceis de definir de antemão como lícitos ou ilícitos.

Tudo decorre, em última instância, de uma escolha política para o ordenamento jurídico. Já vimos que o mercado necessita do Estado para funcionar, mas sabemos também que o grau necessário de intervenção estatal varia conforme o sistema e seus respectivos objetivos. O Estado não pode "retirar-se do domínio econômico", mas pode limitar-se à prática de certas atividades e ser explicitamente excluído de outras. Assim, se um determinado sistema de mercado acredita plenamente na capacidade de a iniciativa privada orientar-se para os objetivos estabelecidos para a ordem econômica e social, não há necessidade de estabelecer uma legislação concorrencial ou, caso ela seja instituída, pode ser mais condescendente com certas práticas (já que estas seriam transitórias e, na maioria das vezes, naturalmente eliminadas, sem qualquer intervenção estatal ou com uma intervenção mínima). Por outro lado, se não há confiança nos mecanismos do mercado para se atingir as finalidades perseguidas, o esperado é que a legislação concorrencial seja bastante rígida.

No Brasil, a Constituição Federal sugere que a economia de mercado, por si só, não é capaz de promover justiça social, mas que pode chegar a essa finalidade com o auxílio de uma legislação que previna e reprima o abuso do poder econômico, entre outras ferramentas. O legislador constitucional foi contraditório, evidentemente, ao reconhecer tal fato e, ao mesmo tempo, aceitar o exercício do poder econômico (proibindo apenas o "abuso", cuja aferição nos casos concretos é notoriamente trabalhosa e complexa, dificultando a implementação do direito concorrencial). Talvez a Magna Carta de 1988 devesse ter sido mais clara e autorizado a adoção de infrações *per se* à ordem econômica. Não o fez, todavia.

Analisando-se a questão a fundo, entretanto, verifica-se que a interpretação por nós proposta (que exclui a aplicação do diploma antitruste a empresas não detentoras de poder econômico) com base na leitura conjugada dos arts. 170 e 173 da Magna Carta, não implica, necessariamente, estreitar a aplicabilidade do direito antitruste neste país. Isso porque, como contrapartida de um eventual estreitamento decorrente da exclusão constitucional de condutas ilícitas *per se*, é perfeitamente possível, e desejável, conferir à expressão "poder econômico" um significado mais abrangente. Esse aspecto é abordado abaixo.

I.5.3. Poder econômico versus poder de elevar preços: critérios de identificação do poder no mercado

Mais importante do que definir "o que é poder" é compreender como ele se manifesta[66].

No âmbito do direito concorrencial, o poder econômico manifesta-se como *poder no mercado* (aqui entendido como "espaço ideal onde se dá a concorrência").

Isso significa que a definição do mercado relevante é etapa importante para a aferição do exercício do poder econômico para fins da aplicação do direito antitruste.

A delimitação do mercado relevante é obtida por meio das definições dos mercados de produto e geográfico envolvidos. Seguindo a definição utilizada pelo CADE, um mercado relevante de produto "*compreende todos os produtos/serviços considerados substituíveis entre si pelo consumidor devido às suas características, preços e utilização. Um mercado relevante de produto pode eventualmente ser composto por um certo número de produtos/serviços que apresentam características físicas, técnicas ou de comercialização que recomendem o agrupamento.*" (Anexo V, item 1.6.1, que subsistiu à Resolução 15/98, revogada pelo Novo Regimento Interno do CADE).

Por seu turno, o mercado relevante geográfico compreende "*a área em que as empresas ofertam e procuram produtos/serviços em condições de concorrência suficientemente homogêneas em termos de preços, preferências dos consumidores, características dos produtos/serviços*" (Anexo V, item 1.6.2, da mesma Resolução mencionada acima)[67].

Conforme consta do item 2.1, do Anexo II, parte B da Resolução 20/99 do CADE (também revogada pelo novo Regimento, porém com a manutenção dos seus anexos), "*a possibilidade de substituição constitui a variável chave na identificação do mercado relevante, uma vez que a livre concorrência depende da possibilidade do*

[66] Calixto SALOMÃO FILHO. *Direito concorrencial: as estruturas*, cit. No mesmo sentido, Betrand de JOUVENEL, *Du pouvoir: histoire naturelle de sa croissance*, Paris, Union Parisienne d' Imprimeries, 1975, pp. 29-38.

[67] Em resumo, segundo os ensinamentos de Sérgio Varella BRUNA, "*a dimensão geográfica do mercado relevante é, ordinariamente, questão intimamente ligada aos custos de transporte e distribuição*" (*O poder econômico*, cit., p. 94).

exercício de escolha por parte dos consumidores. Assim, um mercado relevante, em sua dimensão produto, compreende todos os produtos ou serviços considerados substituíveis entre si pelo consumidor devido às duas características, preços e utilização. Por sua vez, em sua dimensão geográfica, um mercado relevante compreende a área em que as empresas ofertam e procuram produtos/serviços em condições de concorrência suficientemente homogêneas em termos de preços, preferências dos consumidores e características dos produtos e serviços".

Segundo a teoria econômica, a definição de mercado relevante deve ser feita segundo o chamado "teste do monopolista hipotético", que consiste em simular um pequeno, porém significativo (entre 5 e 15%) e não transitório aumento de preços de um produto (via de regra, um aumento mantido por 1 ano) e verificar seus efeitos sobre a lucratividade do agente econômico que o fornece. Tal lucratividade dependerá da substituição do produto pelo lado da demanda (percentual de consumidores que trocam o produto por outro) ou pelo lado da oferta (outras empresas que passam a abastecer o mercado, diante das perspectivas de lucro econômico).

Partindo do menor grupo de produtos e área geográfica possíveis, o que aconteceria se a empresa produtora (monopolista hipotético) aumentasse os seus preços em 10%? Se o aumento de preços não é lucrativo, acrescentam-se aos produtos os seus substitutos próximos (ou, à região, a área próxima), e assim por diante, até que o aumento seja lucrativo. Quando ficar caracterizado um aumento lucrativo, tem-se o mercado relevante de produto e geográfico.

O teste do monopolista hipotético apresenta vários problemas[68].

Em primeiro lugar, definir o que é um "pequeno, porém significativo aumento de preços" é uma etapa que acaba ficando sob discricionariedade (ou, até mesmo, arbitrariedade) do aplicador do teste. Os resultados, evidentemente, podem variar conforme o percentual aplicado, gerando o alargamento ou a restrição indevidos do mercado relevante (de produto ou geográfico).

Em segundo lugar, existe uma dificuldade de aplicar o teste com relação a bens intermediários, ou seja, aqueles que não são vendidos diretamente aos consumidores finais (sendo utilizados integralmente no processo produtivo). Isso porque aumentos dos preços desses produtos são geralmente repassados para as etapas seguintes da cadeia produtiva, tornando certos aumentos lucrativos ainda que o fornecedor não seja um monopolista hipotético (isto é, ainda que haja produtos ou áreas geográficas substitutos no caso concreto).

Em terceiro lugar, o teste deve ser feito sobre o preço competitivo do produto; porém, em muitos mercados, já existe poder econômico sendo exercido, gerando distorções no teste (essa distorção é conhecida como "falácia do celofane").

---

[68] A esse respeito, vide Paul GEROSKI e Rachel GRIFFITH, *Identifying antitrust markets*. In: Manfred NEWMANN e Jürgen WEIGAND, *The international handbook*, cit., pp. 290-303.

Por último, o teste não leva em consideração empresas que atuam em diversos mercados (co-relacionados entre si) e que podem "alavancar" o poder de um para o outro, fazendo-o de diversas formas (inclusive por meio de ameaças explícitas ou veladas de retaliação, quando seus concorrentes são os mesmos em diversos mercados)[69].

A despeito de tais objeções, não confiamos na existência de critérios mais adequados ou mais precisos do que o teste do monopolista hipotético para definir mercados relevantes.

Algumas abordagens menos econômicas ou mais pragmáticas do direito da concorrência propõem a dispensa dessa etapa, ou a sua simplificação. Nos casos de fixação horizontal de preços, por exemplo, prática geralmente condenada como infração *per se*, bastaria verificar se as empresas participantes do acordo concorrem entre si em alguma medida (ainda que seus produtos tenham diferenciação). Assim, temos que é possível, efetivamente, simplificar a definição do(s) mercado(s) relevante(s) ou adotar análises baseadas em múltiplas possibilidades (i.e., quando todas as definições mais prováveis de mercado conduzem à existência de poder) ou na hipótese mais conservadora (para jurisdições que optaram por uma aplicação rígida do direito da concorrência). No entanto, não consideramos recomendável ignorar integralmente esta fase da análise antitruste, pois, como veremos, os efeitos (positivos ou negativos) de uma prática sempre se projetam sobre um ou mais mercados.

Identificado o mercado relevante, passa-se à identificação do poder de mercado.

Para os neoclássicos, poder no mercado é o poder de aumentar preços para maximizar o lucro (comportamento racional-maximizador dos agentes econômicos). Se o poder econômico não está sendo exercido no sentido da racionalidade monopolista (maximização de lucros), ele não existe.

Contudo, a proposição neoclássica de poder de mercado afigura-se excessivamente restritiva, limitando-se à variável preço e à habilidade de aumentá-lo, aspecto que, ademais, é difícil de avaliar.

Acreditamos que o poder pode manifestar-se – e, portanto, ser observado – de forma mais abrangente do que aquela sugerida pela Escola de Chicago.

Com efeito, poder de mercado não se verifica apenas com base na capacidade de elevar preços. Muitas vezes, mede-se o poder de mercado pela capacidade de implementar condutas anticompetitivas, pela capacidade de manter preços pre-

---

[69] As autoridades antitruste, principalmente européias, vêm manifestando preocupação com essa questão. No campo do controle de fusões, por exemplo, não apenas as operações envolvendo mercados verticalmente integrados, mas também as fusões conglomeradas vêm sendo objeto de atenção.

datórios por certo período de tempo, pela capacidade de coordenação (no caso dos oligopólios), pela capacidade de alavancagem de poder (não há poder em um mercado, mas ele pode ser transferido de outro), pelo controle sobre o nível de inovação da indústria, etc.

Na Europa, o poder de mercado (ou poder econômico) é tratado como sinônimo de dominância, definida nos documentos oficiais da Comissão Européia como *"a habilidade de uma empresa comportar-se independentemente de seus concorrentes, clientes, fornecedores e, em última instância, do consumidor"*[70]. *"Empresas dominantes detendo tal poder de mercado podem fixar preços acima dos níveis competitivos"*, mas não só. Elas podem também "*vender produtos de qualidade inferior ou reduzir a sua taxa de inovação a níveis inferiores àqueles que existiriam em mercados competitivos*", entre outras coisas[71].

Os critérios europeus para a identificação da dominância fundam-se em dois paradigmas do Tribunal de Justiça da União Européia, *United Brands* e *Hoffman/La Roche*. Entre 2005 e 2009, houve controvérsias sobre a intenção da Comissão Européia no sentido de pautar a sua própria política em critérios diferentes, na medida em que o *Discussion Paper* sobre a aplicação do art. 102 do Tratado de Roma, disponibilizado em 2005 pela Comissão, ora referia-se à dominância como "comportamento independente" (remetendo, inclusive, aos precedentes que deram origem a tal posição, bem como ao caso *GE/Honeywell*, mais recen-

---

[70] *"Dominance is a position of economic strength enjoyed by an undertaking which enables it to prevent effective competition being maintained on the relevant market by affording it the power to behave to an appreciable extent independently of its competitors, its customers and ultimately of the consumers"* (DG Competition Discussion Paper on the application of Article 82 of the Treaty to exclusionary abuses, item 20).

[71] Marcel CANOY, Patrick REY e Eric VAN DAMME, Dominance and monopolization, cit., p. 222. Sérgio Varella BRUNA igualmente esclarece que posição dominante é aquela que confere ao seu detentor *"quantidade substancial de poder econômico ou de mercado, a ponto de que possa ele exercer influência determinante sobre a concorrência, principalmente no que se refere ao processo de formação dos preços, quer atuando sobre o volume da oferta, quer sobre o da procura, e que lhe proporcione elevado grau de independência em relação aos demais agentes econômicos do mercado relevante"* (*O poder econômico*, cit. p. 115). No mesmo sentido, Neide Teresinha MALARD esclarece que "[o] *poder de mercado ou a posição dominante de uma empresa costumava ser aferida em termos de sua participação relativa no mercado*", sendo certo, no entanto, que, "[a]*tualmente, em todos os sistemas jurídicos, a participação relativa é apenas um dentre os vários fatores a serem considerados na verificação do poder econômico de uma empresa. Os demais dizem respeito à estrutura e ao desempenho do mercado e à conduta das empresas que dele participam. Adota-se, assim, uma noção relativa de dominação e não mais absoluta. A participação relativa é o ponto de partida da avaliação, e não de chegada, pois pode subestimar o impacto concorrencial futuro"* (voto proferido nos autos do Pedido de Reapreciação do Ato de Concentração nº 16/94, em que figurava como Requerente a Siderúrgica Laisa S.A., do Grupo Gerdau).

te), ora como sinômino de poder de elevar preços[72]. Da leitura do *Discussion Paper*, no entanto, não se pode depreender tal intenção, que, se aceita pelos tribunais, teria como conseqüência a redução do escopo de aplicação do art. 102 do Tratado de Roma. Ao divulgar, em dezembro de 2008, a Comunicação 864/2009, contendo "Orientação sobre as prioridades da Comissão na aplicação do art. 102.º do Tratado CE a comportamentos de exclusão abusivos por parte de empresas em posição dominante", após 3 (três) anos de debate em torno do Discussion Paper, a Comissão deixou claro que dominância está ligada à idéia de independência[73], sendo certo que

"... uma empresa que seja capaz de aumentar os preços acima do nível da concorrência, de forma rentável, por um período de tempo significativo, não está sujeita a uma pressão concorrencial efectiva e suficiente e, como tal, pode ser considerada como estando em posição dominante. Na presente Comunicação, a expressão 'aumentar os preços' inclui o poder de manter os preços acima do nível da concorrência e é utilizada para referir as diferentes formas de influenciar os parâmetros da concorrência – tais como, preços, produtividade, inovação, variedade ou qualidade dos bens e serviços – em benefício da empresa em posição dominante e em detrimento dos consumidores" (item 11).

Desse modo, a Comissão procurou conjugar os dois critérios, apresentando o poder de aumentar preços como forte indicativo de independência (itens 10 e 11), bem como referência simplificada a todas as formas possíveis de influenciar a concorrência.

A dominância pode ser individual ou coletiva. Na última hipótese, fala-se em oligopólios. Complementando a noção européia "oficial" de dominância, pode-se

---

[72] Uma análise interessante do conceito de dominância no *Discussion Paper* da Comissão Européia é feita por Giorgio MONTI, professor da London School of Economics. MONTI aponta diversas passagens controvertidas do *Discussion Paper*, e esclarece que a Comissão poderia escolher (de forma mais transparente e objetiv) entre quatro possíveis conceitos de posição dominante, dois deles (os dois primeiros) claramente presentes no *Discussion Paper*: (i) dominância como poder de mercado neoclássico (ou seja, como poder para aumentar preços); (ii) dominância como poder comercial (independência dos demais ofertantes no mercado, e, em última instância, dos consumidores, como em *Hoffman/La Roche* e *United Brands*); (iii) dominância como o poder de excluir concorrentes e ganhar condições para aumentar preços (uma derivação do poder de mercado neoclássico); e (iv) dominância como critério de aplicabilidade do art. 102 do Tratado de Roma (ou seja, como um critério objetivo, definido *ad hoc*, v.g.. um determinado percentual de participação no mercado), sendo este o conceito da preferência do autor. (The concept od dominance in Article 82, cit.)

[73] Na nova Comunicação, a CE define posição dominante como "*...posição de poder económico de que goza determinada empresa e que lhe permite evitar uma concorrência efectiva em determinado mercado ao dar-lhe o poder de ter uma conduta, em larga medida, independente dos seus concorrentes, dos seus clientes e mesmo dos consumidores*"

dizer que, no caso dos oligopólios, as empresas, em conjunto, ou seja, atuando de forma interdependente (interação estratégica), têm a habilidade de aumentar ou reduzir preços, criar ou reforçar barreiras à entrada nos mercados, reduzir inovações, vender produtos de qualidade inferior e adotar práticas comerciais restritivas (v.g., boicotes)[74].

Nos Estados Unidos, o conceito de monopolização está intimamente ligado à existência de "suficiente poder de mercado". As autoridades trabalham com a idéia de *graus* de poder de mercado ("*a lot of market power*" e "*a smaller amount of market power*"), evitando o emprego da expressão "abuso", de difícil caracterização prática.

Sob esse aspecto, a abordagem norte-americana parece-nos mais realista que a européia, na medida em que parte da premissa de que não existe poder de mercado não exercido (enquanto que os europeus, a exemplo dos brasileiros, esforçamse para distinguir uso de abuso). Nos Estados Unidos, a legislação busca coibir a formação de estruturas monopolistas (monopolização ou tentativa de monopolização), porém não tem a pretensão de controlar preços, uma vez já constituídas tais estruturas (a não ser em setores que justificam a regulação específica, tarefa que não está afeta às autoridades de defesa da concorrência)[75].

No Brasil, tal como já mencionado, o direito antitruste está voltado para combater o abuso do poder econômico no mercado (assemelhando-se, quanto a esse aspecto, ao art. 102 do Tratado de Roma no sistema europeu), sendo certo que este não deve ser considerado apenas como poder de elevar preços. A noção de dominância, apresentada acima, parece-nos um bom critério de conceituação de poder de mercado, também para a prática brasileira (e à luz da legislação pátria). Resta saber, então, como identificar o poder de mercado, e, uma vez identificado, que práticas restritivas adotadas por empresas com esse *status* devem ser sancionadas.

Para Calixto SALOMÃO FILHO, o método mais adequado é o da participação

---

[74] Richard WHISH (*Competition law*, cit., p. 191,518-526) esclarece que, a partir do caso *Italian Flat Glass*, a Comissão Européia passou a adotar a idéia de dominância coletiva com interpretação mais ampla (não limitada a empresas integrantes do mesmo grupo econômico). Naquele precedente, a expressão "dominância coletiva" foi aplicada a empresas independentes, com comportamentos paralelos, porém não concertados. O autor pondera, no entanto, que tal posição somente ficou esclarecida de forma definitiva no julgamento dos casos *France v. Commission, Gencor v. Commission* e *Compagnie Maritime Belge Transports v. Commission* pelas cortes européias. No último, estabeleceu-se que a dominância coletiva é exercida por empresas legalmente independentes, mas que se apresentam no mercado como uma entidade coletiva, por possuírem conexões (não necessariamente acordos formais) que excluem a efetiva rivalidade entre elas. No caso concreto, tal conexão ficou caracterizada pela existência de uma conferência de frete. A jurisprudência européia também admite a existência de abuso individual de uma posição coletiva de dominância (v.g., caso *Irish Sugar*).

[75] Marcel CANOY, Patrick REY e Eric VAN DAMME, op. cit., pp. 222-223.

no mercado, que decorre da definição do mercado relevante, para em seguida verificar a participação do agente nesse mercado. O professor ressalva, no entanto, que mesmo empresa com grande participação nas vendas de um produto pode não ter poder para aumentar os preços se existirem *(i)* vários substitutos ao seu produto ou *(ii)* vários concorrentes prontos a entrar no mercado tão logo preços mais altos o tornem atraente. Além disso, há que se considerar diversos outros fatores, entre os quais destacam-se o grau de rivalidade (independência), o poder de barganha compensatório e, especialmente, as barreiras à entrada[76].

No mesmo sentido, Fábio NUSDEO aduz que posição dominante não se afere apenas pela participação de mercado (market share), mas por uma série de outros fatores, como o acesso à tecnologia, a capacidade de penetração em todos os segmentos do mercado, o acesso a crédito, a *existência* de barreiras à entrada[77].

Em suma, o *market share* e critérios derivados[78] não são suficientes para medir poder econômico no mercado (ou poder de mercado).

---

[76] Direito concorrencial: as estruturas, cit., pp. 82-110, 119-122 e 140-167. Sobre barreiras a entrada, vide Joe Staten BAIN (*Barriers to new competition, their character and consequences in manufacturing industries.* Cambridge, Massachussets: Harvard University Press, 1956) e a denominada teoria dos mercados contestáveis de W. BAUMOL, J. C. PANZAR e R. D. WILLIG (*Contestable markets and the theory of industry structure.* New York: Harcourt Brace Jovanovich, 1982). Para os últimos, se *(i)* a entrada no mercado for livre (ou seja, não há barreiras); *(ii)* houver inércia (as empresas estabelecidas não reagem imediatamente a reduções de preços; e *(iii)* a saída for sem custos (custos e investimentos assumidos são reversíveis), não há como exercer poder de mercado (aumentos de preços não serão lucrativos). A simples ameaça de entrada (estratégia de "*hit and run*") é suficiente para disciplinar o mercado, garantindo preços iguais a custos marginais (não há lucro econômico). Ocorre que essa teoria, além de adotar o conceito neoclássico de poder de mercado (muito limitado, conforme já discutido), não atenta para o fato de que não há mercados perfeitamente contestáveis. V.g. os trabalhos de John SUTTON, incorporando custos irrecuperáveis e diferenciação de produtos aos modelos (Vertical product differentiation: some basic themes. *The American Economic Review*, v. 76, n. 2, p. 393-398, maio 1986; *Sunk costs and market structure: price competition, advertising and the evolution of concentration.* Cambridge: The MIT Press, 1992). O assunto foi recentemente abordado em art. de Rodrigo Surcan dos SANTOS (A correlação negativa entre número de empresas e tamanho de mercado na indústria brasileira: uma revisão histórica da teoria de John Sutton. Revista do IBRAC, v. 13, n. 2, p. 91-111, 2006). A respeito de poder de barganha compensatório, vide Daniel GOLDBERG. *Poder de compra e política antitruste.* São Paulo: Singular, 2006.

[77] *Curso*, cit., p. 277.

[78] São índices derivados da participação de mercado a razão de concentração (CR), que consiste na somatória das participações das maiores empresas da indústria (CR_n = somatória das participações das 'n' empresas), sem levar em consideração a distribuição de *share* entre elas, ou seja, a participação relativa) e o HHI (Herfindahl-Hirschman Index), que consiste na somatória das participações ao quadrado (ao elevar as participações ao quadrado, atribuiu-se maior importância às firmas maiores).

Pode-se dizer que o legislador brasileiro adotou um critério misto na Lei 8.884/94, na medida em que cria uma presunção relativa baseada em critério quantitativo (participação de mercado), o qual, contudo, pode ser integrado (ou até refutado) com critérios qualitativos[79].

Tais critérios não apenas podem ser fartamente encontrados na jurisprudência européia sobre os arts. 101 e 102 do Tratado de Roma como também podem ser identificados em precedentes norte-americanos, no Guia para Análise Econômica de Atos de Concentração Horizontal (Anexo à Portaria Conjunta n. 50, de 1º de agosto de 2001, da Secretaria de Acompanhamento Econômico do Ministério da Fazenda e da Secretaria de Direito Econômico do Ministério da Justiça) e nos Anexos à Resolução 20/99 do CADE. Referimo-nos, aqui, à própria estrutura do mercado (oferta e demanda), que inclui considerações sobre o porte econômico dos grupos que ofertam os produtos relevantes (e respectiva saúde financeira) e comportamento dos clientes e dos consumidores finais, às condições de entrada e ao poder de barganha compensatório dos clientes (já mencionados acima) e aos comportamentos pretéritos e presentes no mercado (inclusive preços, mas não se limitando a eles)[80].

---

[79] Paula FORGIONI comenta que a lei antitruste brasileira considera, em princípio, que o poder econômico de uma empresa pode ser determinado pela parcela do mercado relevante que controla (art. 20, § 3.º, da Lei 8.884/94). Entretanto, *"nem sempre o elevado percentual de mercado detido pela empresa significa existência de posição dominante, assim como sua diminuta participação pode não significar ausência de poder"*, fazendo-se necessário não apenas comparar a participação de mercado da empresa investigada com a de seus concorrentes (sendo relativa a presunção legal que remete aos 20%), como também verificar o poder econômico efetivo que detém o agente, permitindo-lhe atuar de forma independente e indiferente em relação a outros agentes. Desse modo, ao lado do critério de *market share*, o legislador brasileiro adotou um critério de *market power* (*Os fundamentos do antitruste*, cit., p. 332-33). Por seu turno, João Bosco Leopoldino da FONSECA entende que a quantificação de 20% fixada pela lei é inadequada, uma vez que na determinação do mercado relevante não interfere somente o critério quantitativo. O autor remete aos paradigmas do Tribunal de Justiça da UE, *Continental Can Company* e o já mencionado *United Brands*, para definir posição dominante com base na adoção de comportamentos substancialmente independentes perante concorrentes, clientes e, em última instância, consumidores (*Lei de proteção da concorrência: comentários à legislação antitruste*, 2 ed., Rio de Janeiro, Forense, 2001, p. 150).

[80] Sobre o último aspecto (comportamentos observados no mercado), uma crítica freqüente à sua utilização diz respeito à alegada circularidade do argumento (nesse sentido, vide Charles F. BARBER. Refusals to deal under the federal antitrust laws. *University of Pennsylvania Law Review*, v. 103, n. 7, pp. 847-885, maio 1955, p. 871). Ou seja, uma empresa só pode ser punida por abusar do poder econômico (em outras palavras, por adotar um comportamento abusivo), se, efetivamente, tiver poder (caso contrário, o comportamento é inócuo sob a ótica concorrencial, no sistema adotado no Brasil). A identificação do poder, portanto, precede o sancionamento da conduta. Se, no entanto, a análise da

Esses elementos, no nosso entendimento, encontram-se incorporados ao conjunto de normas que conhecemos como análise antitruste tradicional, e são perfeitamente aplicáveis à realidade brasileira, coadunando-se com a legislação pátria, em especial com a melhor exegese do art. 20 da Lei 8.884/94.

I.5.4. O papel da eficiência

Nos itens anteriores, discutimos o que é poder de mercado e critérios para identificá-lo. Não basta, porém, identificar o poder econômico nos mercados. É preciso estabelecer critérios para sancioná-lo[81], ou seja, caracterizar o abuso.

Não é aceitável a adoção de concepções simplistas, seja no sentido de que a estratégia dos agentes econômicos é sempre obter o poder de monopólio (Harvard tradicional), seja no sentido de que esses agentes estão invariavelmente em busca de eficiência (Chicago tradicional). A busca pela eficiência existe, mas também há estratégias anticompetitivas. Voltaremos a esse aspecto ao tratarmos das restrições verticais em geral e da recusa de contratar, na segunda parte do livro (Caps. II.1 e II.2).

Também não é suficiente (nem mesmo pertinente), tratando-se de condutas, efetuar simplesmente um balanço entre efeitos anticompetitivos e eficiências, de modo que apenas aquelas práticas resultantes em "saldo final negativo" sejam punidas, tal como preconiza o item 3.3 nas Partes A e B do Anexo II que subsistiu à revogação da Resolução 20/99 do CADE. Segue a explicação:

No direito constitucional pátrio, tendo em vista que a concorrência figura como garantia *institucional instrumental*, voltada para a obtenção de *justiça social* (Magna Carta, art. 170), há pouco espaço para uma exegese utilitária do direito concorrencial.

Com efeito, são claramente incompatíveis com qualquer noção de *justiça* social (efetiva) análises reducionistas de custo *versus* benefício, em especial aquelas ten-

---

conduta passa a integrar a etapa voltada para a identificação do poder, a mesma conduta não poderia ser punida, *a posteriori*, por ser um comportamento abusivo adotado por agente detentor de poder. A análise seria circular, pois o mesmo elemento (a conduta) estaria sendo utilizado para enquadrar o agente em determinada proibição (por ser detentor de poder) e para puni-lo (por abusar do poder). Discordamos da crítica, que acreditamos falsa. Em primeiro lugar, é verdade que apenas quem tem poder consegue implementar certas práticas, de modo que a existência das últimas pode (e deve) ser utilizada como *indicativo de poder* (somado a um conjunto de outras circunstâncias). Em segundo lugar, a análise do abuso de poder não se limita à prova da conduta. A etapa subseqüente da análise, uma vez identificado o poder, é mais abrangente, não implicando sancionamento imediato para a conduta (com base na sua mera existência), mas de um juízo sobre efeitos, justificativas e razoabilidade da prática, conforme veremos no item seguinte.

[81] Calixto SALOMÃO FILHO é muito enfático ao distinguir entre os critérios de identificacão e os critérios de sancionamento do poder econômico (*Direito concorrencial: as estruturas*, cit., *passim*).

dentes a privilegiar, *a priori*, camadas mais favorecidas da população (justamente aquelas que têm êxito em implementar e que se beneficiam dos resultados de práticas restritivas na esfera econômica).

Se, de um lado, a Constituição da República Federativa do Brasil adota o capitalismo como sistema econômico – traindo, segundo COMPARATO, um propósito neoliberal ao separar da ordem econômica a ordem social[82] –, de modo que não se pode suprimir a concorrência entre os agentes econômicos (tal como preconizado por MARX[83]), de outro, ao subordinar a livre concorrência à promoção de *justiça social*, a Magna Carta atribui uma finalidade distributiva ao direito concorrencial, afastando eventual interpretação utilitária que possa ser associada a esse microssistema de normas.

Observa-se, ainda, que a Constituição Federal determinou que a lei ordinária dispusesse sobre a repressão ao abuso do poder econômico, visando à dominação de mercados, à eliminação da concorrência e ao aumento arbitrário dos lucros (art. 173, § 4º).

Dessa forma, a repressão ao abuso do poder econômico é um *instrumento* expressamente adotado pelo legislador constituinte de 1988 para a promoção da livre concorrência e da livre iniciativa estatuídas no art. 170 da Magna Carta e que, portanto, também deve servir à finalidade última de promover a justiça social.

Definido constitucionalmente o escopo do direito da concorrência, não caberia à lei ordinária estipular de forma diversa. Assim, jamais poderia a Lei 8.884/94, que dispõe sobre a prevenção e a repressão às infrações contra a ordem econômica, afastar-se do fim último de *justiça social* atribuído à ordem econômica (ou tratá-lo como algo utópico e inatingível).

Isso significa que não cabe ao direito brasileiro da concorrência perquirir simplesmente se uma determinada conduta (arts. 20 e 21) é eficiente ou não (nenhuma leitura da Lei 8.884/94 em consonância com a Constituição Federal autorizaria essa interpretação), mas sim se é condizente com a promoção de *justiça social*, o que pressupõe, necessariamente, um juízo ético-valorativo muito mais abrangente (não limitado à utilidade econômica).

E, no nosso entendimento, o art. 20 da Lei 8.884/94 não privilegia indevidamente a eficiência econômica ao tratar de controle de condutas. O § 1º ao referido art. deixa claro que a conquista de mercado resultante de *processo natural*, fundado na maior eficiência do agente econômico em relação aos seus concorrentes, não caracteriza dominação de mercado; porém, não isenta de punição os agentes já detentores de posição dominante que adotem *práticas artificiais* e *restritivas* com

[82] Aula ministrada em 13 de outubro de 2005 na disciplina "Ética no Mundo Moderno", no Curso de Pós-Gradução da Faculdade de Direito da Universidade São Paulo.

[83] *Manifesto*, cit., *passim*.

efeitos anticompetitivos (ainda que potenciais), mesmo que estas impliquem redução final dos seus custos, tornando-os, nesse sentido, mais eficientes.

Em outras palavras, a conquista de mercado em virtude de maior eficiência é excludente da dominação por meios restritivos, e vice-versa, de modo que a mera obtenção de eficiência econômica não é (ou pode ser) *justificativa* suficiente para a adoção de comportamentos restritivos. Se houver redução substancial da concorrência, é provável que os fins não justifiquem os meios, afastando-se qualquer exegese utilitária.[84]

Isso não implica estabelecer a ilicitude *per se* de determinados comportamentos – nos moldes, por exemplo, de que "*todos* os acordos entre concorrentes ou *todos* os contratos de exclusividade são ilegais"[85] –, mas levar em conta os seus potenciais efeitos – a serem aferidos no caso concreto, e *não genericamente* – para a *coletividade* (isto é, não apenas para os envolvidos) vis-a-vis justificativas concretas. Não se trata, desse modo, de um simples *"trade off"* entre o que perdem os consumidores ou concorrentes, de um lado, e o que ganha o agente econômico em questão, de outro.

Essas idéias estão intimamente ligadas à própria noção de *abuso* de poder econômico.

O *abuso* pode ser definido como a má utilização do poder econômico, tanto de forma ativa (ou seja, utilizar o poder econômico em prejuízo da coletividade) quanto de forma omissiva (ou seja, deixar de utilizar o poder econômico em benefício da busca pela justiça social ou de "*dar-lhe destino socialmente útil*"[86]).

Como bem esclarece Sérgio Varella BRUNA, não se pretende, com isso, transformar a empresa privada, naturalmente voltada à obtenção de interesses particulares, em serviço público. O que não se admite é o descuido por parte do titular do poder econômico, de modo que, na busca de seus objetivos particulares, exerça tal poder contrariamente ao interesse da comunidade, inviabilizando o desenvolvimento e a luta pela justiça social. Aliás, é justamente porque os agentes econômicos agem usualmente conforme os seus próprios interesses – e, não no interesse público – que existe a necessidade de um conjunto de normas antitruste, disciplinando o abuso do poder econômico.

---

[84] A esse respeito, Calixto SALOMÃO FILHO aduz que "[no] *controle de condutas* (...) [a] *eficiência consiste exatamente em não produção de efeito anticoncorrencial.* (...) *Conseqüentemente* (...), *para que a defesa da eficiência seja aceitável no campo das condutas é necessário demonstrar que o referido ato não pode prejudicar mas, sim, estimular ou favorecer a livre concorrência. Em termos jurídicos, pode-se dizer que a eficiência em matéria de condutas é mais um elemento que permite descaracterizar a materialidade do delito que propriamente uma justificativa pata o ato anticoncorrencial*"(*Direito concorrencial: as condutas*, cit., p. 147).

[85] Tal abordagem poderia implicar a inconstitucionalidade da lei ou da decisão tomada.

[86] Sérgio Varella BRUNA. *O poder econômico*, cit., pp. 173-177.

O autor destaca que, muito embora o poder econômico em si não seja uma anomalia, a ordem jurídica brasileira determina que a livre concorrência seja a regra, e não a exceção. Conseqüentemente, o poder econômico não deve ser exercido de modo a eliminar ou restringir substancialmente a concorrência. Em outras palavras, o exercício do poder econômico que leva à eliminação total ou de parcela substancial da concorrência em um determinado mercado é considerado uma forma de abuso ou desvio de função[87].

Assim, se o agente econômico atua de forma manifestamente restritiva (ainda que em busca da eficiência), prejudicando a coletividade (concorrentes ou consumidores), ou colocando alguns de seus valores em risco, a conduta não pode ser admitida. Igualmente, o agente não pode ser punido por atuar de forma ineficiente (já que o risco e também o erro caracterizam a atividade empresarial), porém *inócua* do ponto de vista concorrencial (ou seja, socialmente neutra, à luz do diploma antitruste).

Cabe reforçar que não se trata de perscrutar, subjetivamente, o ânimo do agente – ou seja, saber se os controladores da empresa tinham a intenção de prejudicar a outrem, ou se simplesmente atuavam conforme seria de se esperar de todo e qualquer empresário[88] (sem um propósito consciente de lesar terceiros) –, mas de verificar, objetivamente, se sua atuação ocorreu conforme os valores tutelados pelo sistema jurídico naquela época e que informam o direito concorrencial de então (historicidade dos valores), os quais não necessariamente coincidem com os interesses particulares e egoístas do agente.

Não se pode negar que existe um limite tênue entre aquilo que é aceitável e até inerente a uma economia capitalista contemporânea e o que constitui abuso do poder econômico. O problema reside justamente em compatibilizar autonomia e intervenção (a exata medida de atuação do Direito), de maneira a preservar a economia de livre mercado e, ao mesmo tempo, buscar atingir o objetivo maior da ordem econômica, de preocupação distributiva, que é promover justiça social.

---

[87] "*O titular de poder econômico, assim, detém a prerrogativa de explorar sua atividade e em contrapartida, a responsabilidade de fazê-lo não só de forma a favorecer o desenvolvimento social, mas também preservando a concorrência e o mercado, elementos indispensáveis do* sistema *dentro do qual se desenvolve tal técnica de produção social*" (BRUNA, *O poder econômico*, cit., p. 177).

[88] Estamos aqui tratando do conjunto de elementos característicos que orientam o comportamento do agente econômico, na sua busca pelo *lucro*. Tal como já mencionado, isso não significa atribuir-lhe racionalidade ilimitada, nem aceitar sem ressalvas que a busca individual egoísta de vantagens econômicas beneficia toda a sociedade. Implica, porém, aceitar que o empresário tem por objetivo a obtenção de vantagens pessoais (ou seja, persegue o lucro), adotando, muitas vezes, comportamentos oportunistas, os quais nem sempre configurarão infração à ordem econômica.

Acreditamos que o exacerbado utilitarismo deve ceder lugar a uma preocupação maior com a *distribuição* da riqueza (ou seja, não apenas com a sua produção), e com a dignidade do ser humano (incompatível com situações de escassez, por vezes absoluta, de certos bens e serviços essenciais ao homem).

Ao propor uma "*avaliação final (ponderação) dos efeitos anticompetitivos e das eficiências econômicas da conduta*", a Resolução 20/99 do CADE passa ao largo dessas preocupações, afastando-se, portanto, do que reza a Lei 8.884/94 e a Constituição Federal Brasileira de 1988.

A Resolução permite, em primeiro lugar, que eficiências meramente *possíveis* (não necessariamente benefícios concretos) sejam utilizadas para fins de ponderação. Em segundo lugar, admite ponderação entre efeitos anticompetitivos e benefícios que, a rigor, pode favorecer exclusivamente o agente econômico engajado na conduta restritiva, em detrimento da concorrência e dos consumidores. Finalmente, propicia a inclusão de aspectos altamente subjetivos – e, arriscamos dizer, impraticáveis – na análise antitruste, especialmente em razão da assimetria de informação que pende a favor do investigado. Em suma, ao dispor sobre o balanço concorrencial final entre efeitos negativos e possíveis eficiências, a Resolução cria um ônus (inexistente na Lei 8.884/94 e incompatível com a Magna Carta) do qual autoridade alguma seria capaz de razoavelmente desincumbir-se, impossibilitando a persecução de condutas restritivas adotadas por empresas dominantes.

Na sequência, voltaremos a esse assunto e trataremos de outros critérios que, sem ferir o arcabouço legal e constitucional, poderiam subsituir o balanço entre efeitos e eficiências, contribuindo para a exegese do termo "abuso", empregado pelo legislador brasileiro.

I.5.5. Ainda o papel da eficiência: abuso, proporcionalidade e análise de justificativas

No item anterior, criticamos o uso do chamado balanço concorrencial para a análise de condutas sob a ótica da legislação antitruste brasileira. O método – que decorre de uma interpretação alargada e, no nosso entendimento, equivocada de uma das versões da regra da razão no direito norte-americano – afronta a Lei 8.884/94 e a Magna Carta, além de impor ônus intransponível e favorecer o detentor de poder econômico, em detrimento dos consumidores e da própria concorrência.

Cabe ressalvar, no entanto, que nossas críticas não se referem à incorporação do argumento de eficiência em si na análise antitruste. As eficiências (em especial produtivas e dinâmicas) exercem papel duplamente importante na avaliação concorrencial de comportamentos, como excludentes de ilicitude, seja (i) no caso de dominação de mercado, quando a posição do agente tiver sido obtida de maneira legítima, seja (ii) como justificativas para condutas restritivas, desde que estas representem a forma mais razoável (ou a única forma) de atingir resultados legítimos, sem que haja prejuízo substancial aos consumidores (proporcionalidade).

Em outras palavras, nossa objeção diz respeito à adoção do balanço concorrencial, e não a argumentos que procurem trazer a eficiência como justificativa para a posição do agente ou para a sua conduta. A diferença pode parecer sutil, mas seus efeitos práticos são consideráveis. Compartilhamos da convicção de que condutas que falseiam ou limitam *substancialmente* a concorrência não podem ser aceitas exclusivamente porque geram para os seus autores economias, já que estas dificilmente serão compartilhadas com os usuários finais, prejudicados em última instância pelas práticas.

Nesse contexto, a melhor exegese para a regra da razão - que, no Brasil, integra a análise antitruste, travestindo-se na figura do *abuso* do poder econômico - é aquela que estabelece uma ponderação entre fins (ou justificativas) e meios (condutas), e não entre efeitos negativos e benefícios (cujos destinatários via de regra não coincidem).

Tal ponderação é proposta por Robert ALEXY e integra a tríade que, segundo o autor, corresponde à proporcionalidade *lato sensu*. Na verdade, os três mandamentos associados a este postulado são perfeitamente aplicáveis à analise antitruste voltada para distinguir o abuso do poder econômico de condutas legítimas (ou de *competition on the merit,* conforme terminologia empregada pelo direito norte-americano e o europeu).

ALEXY afirma que, em primeiro lugar, o meio adotado deve ser idôneo para atingir o resultado pretendido. Em segundo lugar, aduz que o meio empregado deve ser *necessário* para que obtenha o resultado – *"um meio não é necessário se existe um meio atenuado, menos interveniente"*. Por fim, mas não menos importante, aplica-se o postulado da proporcionalidade em sentido estrito, que se traduz na seguinte fórmula: "*quanto mais intensiva é uma intervenção em um direito fundamental, tanto mais graves devem pesar os* fundamentos que a justificam" (adequação entre fins e meios)[89].

A tutela da concorrência tem por finalidade última promover *justiça social*, de modo que o seu fundamento é muito forte. Para que a legislação concorrencial não sancione determinada conduta potencialmente geradora de efeitos anticompetitivos (potenciais ou não), as razões para tanto devem ser igualmente relevantes, além de necessários e adequados os meios.

Embora tais ensinamentos sejam geralmente aplicados à atividade do Estado, ao intervir em direitos fundamentais dos particulares, nada impede que sejam utilizados ao inverso, ou seja, para medir a atuação dos particulares, já que estes também interferem sobre direitos fundamentais de natureza individual, coletiva ou difusa. Assim, quando particulares ou o próprio Estado limitam as liberdades de iniciativa e concorrência, uma forma interessante de analisar esta intervenção é sob a ótica da proporcionalidade.

Vale dizer que, a exemplo do que ocorre na Europa e, em alguns casos, também nos EUA, as autoridades brasileiras já vêm procedendo dessa forma, conforme veremos mais adiante, nos tópicos sobre precedentes (nacionais e estrangeiros) em matéria de recusa de contratar.

Já observamos que nem mesmo a versão atual da regra da razão nos Estados Unidos daria respaldo ao balanço concorrencial proposto pelos anexos da Resolução 20/99 do CADE que, aliás, faz uso infeliz das palavras[90], a despeito de buscar estabelecer uma "análise minuciosa e criteriosa".

No direito antitruste norte-americano, a regra da razão corresponde hoje a uma forma de distribuição de ônus da prova, em que a acusação deve demonstrar que uma conduta tem aptidão para causar substanciais efeitos adversos sobre a concorrência e a defesa deve apresentar justificativas (ou efeitos pró-competitivos). Cabe à acusação, ainda, se comprovadamente justificada a restrição, provar que esta não é razoavelmente necessária para se atingir os objetivos ou efeitos pró-competitivos buscados, ponderando-se, ao final, o resultado. Tal como bem sintetizado por Calixto SALOMÃO FILHO, citando P. AREEDA, *"a regra da razão é hoje composta por três testes: em primeiro lugar é preciso determinar qual o prejuízo*

---

[89] Colisão de direitos fundamentais e realização de direitos fundamentais no estado de direito social. *In: Constitucionalismo discursivo, 2 ed.* revista, trad. Luís Afonso Heck. Porto Alegre: Livraria do Advogado, 2008, p. 67-68.

[90] Quanto a esse ponto, evoluímos relativamente à posição sustentada em dissertação de Mestrado, publicada sob o título *Fixação e sugestão,* cit., em que endossávamos os procedimentos previstos na Resolução 20.

para os consumidores causado pela restrição. Em segundo lugar é preciso verificar qual o objetivo que está sendo perseguido através do ato e se esse objetivo apresenta 'redeeming virtues' capazes de justificar a restrição. Finalmente, deve-se verificar se não existe nenhuma maneira alternativa, menos lesiva à concorrência, de atingir tais objetivos"[91].

É manifesta a semelhança com a doutrina de ALEXY citada acima.

Gerar eficiências não é a única justificativa para uma conduta restritiva, apenas um tipo de justificativa passível de isentar a conduta de ilicitude, descaracterizando o abuso. Nesse contexto, devem as eficiências ser incorporadas à análise antitruste. Não se trata, porém, de benefícios *possíveis*, mas sim de eficiências *concretas, efetivas, razoáveis (necessárias e pertinentes) e proporcionais,* cabendo ao investigado o ônus de demonstrar tudo isso.

O balanço concorrencial entre o que perde o consumidor e o que ganha o agente, por seu turno, é irrelevante para a caracterização do abuso de poder.

I.5.6. Poder econômico, concorrência e parâmetros para a análise da recusa de contratar

Como visto, no Brasil, o legislador constitucional e infraconstitucional adotou o critério do abuso do poder econômico, existindo, portanto, necessidade de identificar o poder para caracterizar a infração à ordem econômica.

A Lei 8.884/94 não é a única que tutela a concorrência no sentido amplo[92], mas, ao contrário de outros estatutos, exige-se que haja poder econômico para que certas condutas dos agentes sejam punidas com base nela. Temos que a proteção da lealdade da concorrência (na ausência de poder) não está presente nesta lei, embora seja tutelada em outros diplomas (como é o caso da Lei de Propriedade Industrial).

O poder econômico, porém, não se confunde com a visão neoclássica de poder de mercado (excessivamente limitada, uma vez que atenta apenas à variável preço e seu aumento). No Cap. 1.5.3 retro discutimos outros parâmetros para a identificação do poder econômico no mercado.

Verificado o exercício de poder (após a delimitação dos mercados), faz-se necessário estabelecer critérios para sancioná-lo, ou seja, para caracterizar o abuso.

Como apontamos no item 1.5.4, no direito constitucional pátrio, tendo em vista

---

[91] *Direito concorrencial:as condutas*, cit., p. 143, nota 6.

[92] A esse respeito, Calixto SALOMÃO FILHO consigna que *"a concentração do dispositivo constitucional* [art. 173, 4º] *na figura do abuso não implica que essa figura seja a única ilícita para a ordem concorrencial. Se assim fosse, não haveria razão para a previsão expressa da liberdade de concorrência no inciso IV do art. 170. É nesse dispositivo que se baseia, por exemplo, a regulamentação da concorrência desleal, que, como visto supra, prescinde da existência de poder econômico"* (*Direito concorrencial: as condutas*, cit., p. 107).

que a concorrência figura como garantia *instrumental*, voltada para a obtenção de *justiça social* (Magna Carta, art. 170), há pouco espaço para uma exegese utilitária do direito concorrencial, que privilegie os ganhos do investigado detentor de poder econômico em detrimento da concorrência e dos consumidores.

No campo das condutas, para selecionar os *comportamentos a serem coibidos*, deve-se, portanto, deixar de lado o tradicional balanço entre efeitos restritivos e ganhos privados do agente econômico. Posteriormente, vimos que as eficiências não são excluídas da análise concorrencial, mas que passam a ser incorporadas na avaliação de justificativas, para distinguir abuso de exercício regular do poder econômico. O balanço *ex post*, no entanto, anularia o objetivo do direito concorrencial de combater o abuso de poder.

No que concerne ao tratamento da obrigatoriedade de contratar à luz do direito brasileiro de defesa da concorrência, a questão-chave é justamente identificar os comportamentos a serem sancionados pelo sistema antitruste, ou seja, separar as situações em que o agente com poder econômico pode exercer a sua liberdade de contratar no sentido de recusar-se licitamente a negociar com outrem, daquelas em que deve ser compelido a celebrar contrato (ou a realizá-lo conforme determinadas regras).

Há que se desmitificar os argumentos que têm a pretensão de emprestar a teorias como a análise econômica do direito rigor e precisão "científicos" - o que não significa afastar preciosas contribuições da Economia para o direito antitruste ou adotar um exacerbado formalismo na análise material de infrações à ordem econômica. Isso significa substituir o balanço concorrencial por um paradigma de conduta que leve em consideração os fundamentos ético-constitucionais do direito antitruste (cujo conteúdo não é matematicamente quantificável).

Ao analisar-se um conjunto substancial de decisões norte-americanas e européias na esfera antitruste, perceber-se-á que preocupações distributivas e relativas à dispersão do poder estão presentes ali, principalmente nas segundas, muito mais do que raciocínios reducionistas e utilitários, de mera quantificação entre o lado que perdeu e o lado que ganhou. Mesmo na esfera do controle de fusões, onde o que se faz é uma análise tipicamente preditiva (naquelas jurisdições), verifica-se que, geralmente, o exame de eficiências tem *alguma* relevância somente nos casos em que os efeitos anticompetitivos das operações não são muito elevados. Em outras palavras, até nos Estados Unidos, pátria da escola de Chicago, a concorrência assume um papel superior à de simples instrumento para maximização da eficiência, denotando-se, de um conjunto significativo de decisões judiciais na área antitruste naquele país, uma preocupação clara com a *pluralidade* de ofertantes e compradores, com a diversidade de produtos e serviços, proporcionando oportunidades de escolha e, principalmente, com a distribuição social de benefícios.

No campo dos contratos, entendemos que a adoção de fundamentos concorrenciais passa pela consideração da sua *função social*, limitando a liberdade de contratar e, em certos casos, determinando a sua *obrigatoriedade*, à luz da legislação de defesa da concorrência.

A função social do contrato não se confunde com a adoção de condutas filantrópicas pelos agentes econômicos, mas certamente limita a sua esfera de atuação livre.

O detentor de poder econômico (justamente em virtude desse fato, e em contraposição àquele que não o detém) possui certas obrigações (relativamente à sociedade) não exigíveis dos demais. Isso não significa, evidentemente, que esse agente estará sempre obrigado a contratar, mas que, ao contrário de outros (não detentores de poder econômico), não poderá, igualmente, a seu bel-prazer, discrição ou conveniência, recusar-se pura e simplesmente (invocando ideologicamente o princípio da liberdade de iniciativa). A sua liberdade é, sim, mais restrita, em contrapartida a uma situação específica desse agente (titular de poder econômico), a qual, por óbvio, também lhe confere vantagens. Isso significa aplicar o postulado da proporcionalidade (vide item anterior) e limitar o conjunto de justificativas admissíveis para a recusa, quando adotada por agente detentor de poder econômico (vide item V.2 da Conclusão).

A seguir examinaremos com maior detalhe a faceta da liberdade de iniciativa relacionada à liberdade de contratar e o conceito de função social incorporado à análise concorrencial das recusas de contratar.

II – O contrato, o Estado e a liberdade de contratar

II.1. Noções de contrato: do conceito jurídico à idéia de contrato como operação econômica

Assim como ocorre com a liberdade de iniciativa, a conceituação de contrato é fundamental para a presente análise e suas conclusões. A depender da acepção de contrato adotada, existe maior ou menor facilidade na aceitação da obrigatoriedade de contratar, quaisquer que sejam as suas justificativas (independentemente de estarem fundadas ou não no direito concorrencial). Para aqueles que, por exemplo, vislumbram no contrato um necessário acordo de vontades, não há que se falar no instituto em situações de negociação compulsória quanto ao seu conteúdo ou no que tange ao próprio ato de contratar ou não.

Não se pretende, aqui, esmiuçar as principais teorias existentes sobre o contrato (de cunho filosófico, jurídico ou econômico), até porque tal tarefa foge ao escopo proposto. No entanto, faz-se útil analisar algumas posições mais tradicionais sobre sua natureza, de modo a justificar o entendimento que será adotado doravante.

O conceito moderno de contrato está intimamente associado à idéia de autonomia de vontade[93]-[94], a ponto de juristas e economistas enxergarem a desregulamentação dos contratos ou a "auto-regulamentação" dos próprios interesses e da respectiva esfera patrimonial como essenciais ao contrato e necessários à alocação eficiente de recursos nas transações.

Tal concepção está fortemente ligada à ideologia liberal-individualista dominante à época do processo econômico de consolidação do capitalismo (vide item II.2 infra), presumindo-se a igualdade entre as partes (igualdade formal). A situação hoje é muito diferente, já que mesmo ao libertário mais ferrenho é difícil olvidar os já referidos processos de fragmentação social e conseqüente multiplicação dos grupos de interesses, acirramento das desigualdades sociais e exclusão que caracterizam o mundo contemporâneo. Esses fenômenos demandam que o Direito busque a igualdade material, a fim de corrigir ou mitigar esses problemas.

---

[93] Essa definição é adotada, por exemplo, no art. 1321 do Código Civil Italiano. A respeito, vide Vincenzo ROPPO. *Il contratto.* Milano: Giuffrè, 2001, pp. 23-25.

[94] Segundo Orlando GOMES, os canonistas contribuíram para o estudo dos contratos com a idéia de consenso, de um lado (abrindo caminho para a autonomia de vontade e para o consensualismo), e com a fé-jurada, de outro (*pacta sunt servanta*). Já a contribuição da escola do Direito Natural, racionalista e individualista, refere-se ao nascimento das obrigações apenas em virtude da vontade livre dos contratantes (*solus consensus obrigat*) (*Contratos.* 24 ed., atual. Rio de Janeiro: Forense, 2001, pp. 5-6). Entre os pandectistas (v.g. SAVIGNY, *Le droit des obligations.* Tradução do alemão por C. Gerardin e P. Jozon. Paris: A. Durand, 1863), a importância conferida à vontade para a formação dos contratos transformou tal elemento em verdadeiro "dogma" (vide crítica de Emilio BETTI em *Interpretazione della legge e degli atti giuridici.* 2 ed. Milano: Giuffrè, 1971).

Desse modo, assim como ocorre com diversos institutos, a noção de contrato como acordo de vontades é ideológica, podendo ser substituída ou suplantada uma vez abandonados os pressupostos nos quais se funda. A esse respeito, tanto Grant GILMORE quanto P. S. ATIYAH demonstram, com base em elementos históricos, como a idéia de contrato como "acordo de vontades" foi construída na *common law*, a partir de questionáveis compilações jurisprudenciais realizadas pelos autores clássicos (fortemente influenciados pela ideologia liberal que fervilhava à época) e de algumas decisões emitidas por juízes igualmente libertários, interpretando de forma bastante controvertida precedentes antigos. Ambos os autores concluem, em apertada síntese, que entre 1770 e 1870, a idéia de contrato como acordo de vontades foi deliberadamente fabricada nos Estados Unidos e na Inglaterra[95].

Justamente para fugir da concepção liberal, que define o contrato como acordo de vontades, Orlando GOMES adota a sua definição como "negócio jurídico plurilateral", destacando que, sob a ótica exclusivamente jurídica, contrato é modalidade de ato jurídico, por seu turno espécie de fato jurídico[96].

Um definição jurídica mais completa estabelece que o contrato é negócio jurídico plurilateral voltado para a criação, extinção e transmissão de direitos na área econômica, *dentro do quadro normativo estabelecido pelo sistema jurídico*[97].

Essa concepção jurídica de contrato, de natureza claramente positivista (e que já reflete a superação da dicotomia entre direito público e privado, pois o Estado concorre com os contratantes particulares como fonte de normas contratuais), contrapõe-se às concepções *jusnaturalistas* (que auxiliaram a construção do insti-

---

[95] Vide Grant GILMORE (*The death of contract*. Columbus: Ohio State University Press, 1995) e P. S. ATIYAH (*The rise and fall of freedom of contract*. Oxford: Clarendon Press, 1979; *An introduction to the law of contract*, 4 ed. Oxford: Clarendon Press, 1989; e Freedom of contract and the new right. In: *Essays on contract*. Oxford: Clarendon Press, 2001, p. 355-385). Para uma análise mais abrangente, englobando a evolução, como um todo, do que conhecemos como "direito privado", vide Franz WIEACKER. *História do direito privado moderno*. 3 ed. Lisboa: Fundação Calouste Gulbenkian, 2004.

[96] *Contratos*, cit., p. 4.

[97] Orlando GOMES. *Contratos*, cit., pp. 14-15. O problema já havia sido enfrentado pelo mesmo autor em 1972, ao tratar dos contratos de adesão, os quais, a despeito das peculiaridades, ainda são reputados contrato. *"A conciliação da iniciativa privada com a intervenção direta do Estado determina nova organização jurídica das relações econômicas. O Estado passou a imiscuir-se nas relações entre particulares, limitando a autonomia privada ao ponto de determinar, em grande parte seu mesmo esquema, como se verifica notadamente nas que têm por objeto a venda de certos bens ou o fornecimento de determinados serviços. (...) A inserção automática das determinações do Estado no conteúdo das relações entre particulares implica a integração, nos seus efeitos, de cláusulas vindas de fora"*, o que GOMES denominou concurso de fontes (Contrato de adesão: condições gerais dos contratos. São Paulo: RT, 1972, pp. 39-40). Além de Orlando GOMES vide, no direito comparado, Luigi FERRI (*La autonomia privada*, cit.).

tuto como acordo de vontades na ideologia liberal), já que o contrato, assim como a autonomia privada que ampara a liberdade de contratar[98], decorre do direito (e não-vice versa). Ou seja, assim como não existe uma autonomia privada inerente aos seres humanos e precedente ao sistema jurídico, não há que se falar em contrato (ou em liberdade de contratar) como direito natural dos indivíduos. O contrato – e o espaço atribuído à liberdade de escolher contrapartes, estabelecer conteúdo e, em última instância, de contratar ou não – é um conceito jurídico, que depende da forma pela qual se encontra disciplinado no ordenamento.

A par de sua conceituação jurídica, no entanto, o próprio Orlando GOMES já propunha que o contrato fosse analisado conforme a sua finalidade e o seu conteúdo lógico, ético-sociológico, político-social e, sobretudo, econômico[99]. Se não houvesse operações econômicas, também não haveria contrato. Em outras palavras, o contrato, que se desenvolveu e se consolidou como um instrumento não apenas voltado para a circulação da riqueza (mecanismo instrumental da propriedade), mas também para a sua criação (mecanismo funcional da empresa) na economia capitalista[100], deve ser encarado predominantemente sob a ótica de sua função econômica e social.

Na acepção de BETTI[101], a função econômica do contrato corresponde à sua

---

[98] Vide Luigi FERRI (*La autonomia privada,* cit., *passim*) e Joaquim de Souza RIBEIRO (*O problema do contrato,* cit., *passim*). Mauro ORLANDI também rechaça a tese de que os interesses privados existem independentemente da tutela do Direito e de que a iniciativa privada provê a todos a titularidade de tais interesses. *"La libertà di determinare il contenuto del contratto parrebbe risolversi in autonomia negoziale nel senso più stretto, ossia in potere di trattare e costruire in modo bilaterale e paritario la disciplina del repporto. Il limite originario dello spazio guiridico autonomo sembra dispendere dalla negoziabilità del contratto e dalla effettiva possibilità, riconosciuta a ciascuna delle parti, de determinare insieme con l'altra il regime dei propri interessi. L'autonomia sembra convertirsi in potere di negoziare, concesso e protetto dallo Stato".* (Autonomia privata e autorità indipendenti. In: Gegorio GITTI. *Autonomia privata e le autorità indipendenti.* Bologna: Il Mulino, 2006, p. 72).

[99] *Contratos,* cit., p. 5. No mesmo sentido, Guido ALPA (Il contratto tra passato e avvenire. In: GILMORE, *La morte del contratto,* tradução italiana de Andrea Fusato, Milano: Giuffré, 1999, pp. XX e XXI) e Vincenzo ROPPO (*O contrato.* Tradução de Ana Coimbra e M. Januário C. Gomes. Coimbra: Almedina, 1977, pp. 7-15).

[100] Nas palavras de ROPPO, *"dentro de um sistema capitalista avançado parece ser o contrato, e já não a propriedade, o instrumento fundamental de gestão dos recursos e de propulsão da economia"* (O contrato, cit., p. 66).

[101] *Teoria generale de negozio giuridico,* Napoli: Edizioni Scientifiche Italiane, 1994, p. 169-207. Nas palavras do autor italiano, "[i]*n ogni negozio, analizzato nel suo contenuto, su può distinguere logicamente un regolamento d'interessi nei rapporti privati, e, concreta in esso (...) una ragione pratica tipica ad esse immanente, una 'causa', un interesse sociale oggetivo e socialmente controllabile, cui esse deve rispondere. Causa, ben s'intende, no già in senso fenomenologico, mas teleologico e deontologico, attinente all'esigenza di socialitá che presiede alla funzione ordinatrice del diritto*". No mesmo sentido, Luigi FERRI (*La autonomia,* cit., pp. 169-170).

causa. Essa causa (o porquê do contrato) não se confunde com os motivos psicológicos que levaram cada contratante a celebrar a avença (ou seja, não se trata de uma causa particular), mas sim à *causa objetiva* (o escopo prático, socialmente valorável pela sua própria constância e normalidade recorrente, associado a todos os contratos da mesma natureza – em outras palavras, o *contrato socialmente típico*)[102]. Assim, por exemplo, a função econômica dos contratos de compra e venda é transferir a propriedade de bens e direitos (ou, em última instância, fazer circular riqueza na sociedade). Voltaremos a tratar da função econômica do contrato ao abordarmos a sua função social (Cap. II.3 infra).

Entre os economistas, Paulo Furquim de AZEVEDO assevera que o contrato é um elemento fundamental para a economia, amparando a troca e as relações econômicas de um modo geral[103].

---

[102] A idéia de contrato socialmente típico encontra-se bastante desenvolvida no trabalho de Maria Helena BRITO. Sustenta a autora portuguesa que existem duas formas de tipicidade contratual: a tipicidade legal, definida pelo legislador (tipos regulados pela lei), e a tipicidade social, que leva em conta justamente a importância de um determinado tipo na realidade social, com base na sua difusão e no interesse econômico que assume. Segundo a autora, a tipicidade social está relacionada àqueles contratos que, malgrado não tenham sido tipificados pelo legislador, encontram-se em tal estado de evolução e difusão na prática negocial e desempenham tão importantes funções econômicas e sociais, que admitem ser tratados como um tipo contratual autônomo (*O contrato de concessão comercial: descrição, qualificação e regime jurídico de um contrato socialmente típico*. Coimbra: Almedina, 1990, pp. 155-184). A doutrina em geral trata apenas da tipicidade legal, classificando como típicos os contratos que se encontram esquematizados na lei, com denominação própria, formando espécies definidas (Orlando GOMES, *Contratos*, cit., p. 81). A idéia de tipicidade social está, no nosso entendimento, intimamente relacionada à função econômica e à *"natureza progressiva do direito comercial"*, expressão utilizada por Fran MARTINS para designar a constante transformação a que se submetem os contratos mercantis – muitas vezes forçados a fugir às regras formais do direito civil – em virtude das *"contingências econômicas, políticas e sociais do mundo"* (*Contratos e obrigações comerciais*. 15 ed. Rio de Janeiro: Forense, 2001, p. 63). Vale destacar que, ao contrário do que ocorre no direito civil, na seara comercial multiplicam-se os contratos atípicos, oriundos do natural desenvolvimento das atividades comerciais.

[103] *"Contratos estabelecem o padrão de comportamento, expresso na forma de um conjunto de deveres, que as partes definem por interesse mútuo. É, portanto, por meio de contratos que as pessoas buscam coordenar as suas ações, realizando ganhos coletivos. Como as transações apresentam custos diversos, um contrato que atenue esses custos resulta em melhora de desempenho econômico das firmas e mercados, com implicações diretas ao desenvolvimento econômico e social."* (Contratos: uma perspectiva econômica. In: Décio ZYLBERSZTAJN e Rachel SZTAJN. *Direito e economia: análise econômica do direito e das organizações*. Rio de Janeiro: Elsevier, 2005, p. 132). Paulo Furquim de AZEVEDO observa, ainda, que, a despeito de sua importância, o contrato foi apenas tardiamente incorporado ao pensamento econômico (na década de 1960). De forma semelhante: Steven SHAVELL (Economic

A existência dos contratos, na teoria econômica, encontra justificativas na criação de *incentivos* para a adoção de comportamentos desejáveis pelas partes, de um lado, e na tentativa de se *coibir* atitudes indesejáveis, de outro. Ao contratar, os agentes econômicos vislumbram ganhos em limitar o seu comportamento individual e independente com o objetivo de alcançar uma situação coletivamente superior[104].

A perspectiva é muito interessante já que, ao contrário de se enxergar no contrato o ápice do exercício da autonomia privada (na sua faceta de liberdade de contratar), vislumbra-se no instituto um *instrumento criado para limitar a esfera de atuação livre das partes.* Daí para a aceitação de que o Estado pode (ou deve) concorrer com as partes para a formação do vínculo ou do conteúdo do contrato abre-se um caminho muito menos tortuoso do que aquele que a ideologia liberal aceitaria admitir.

Dentre as diversas concepções de contrato, consideramos mais acertada aquela que trata do fenômeno como único, porém com diversas facetas ou perspectivas. Seguindo critério identificado em TEUBNER, Joaquim de Souza RIBEIRO[105], que chama a

---

analysis of contract law. Discussion Paper n. 403, Harvard Law School, fev. 2003). Este autor incorpora, no entanto, a idéia de acordo de vontades ao seu conceito, ao estabelecer que o consenso é condição suficiente e necessária para que exista o contrato, criticando, do ponto de vista da eficiência econômica, "certas doutrinas legais" que resultam na vinculação contratual sem que as partes tenham para tanto assentido.

[104] A respeito, vide David SAPPINGTON. Incentives in Principal-Agent Relationships, *The Journal of Economic Perspectives*, v. 5, n. 2, p. 45-66, Spring 1991, *passim*. As principais razões vislumbradas na teoria econômica para a celebração de contratos são arroladas por Steven SHAVELL, quais sejam (i) o futuro provisionamento de bens e serviços (garantia de provisionamento); (ii) a realocação ou repartição de riscos, e (iii) a existência de opiniões ou crenças divergentes sobre eventos futuros (Economic analisys of contract law, cit.). Ainda sobre as razões para a contratação, Bengt HOLMSTROM e John ROBERTS citam diversos exemplos bem-sucedidos de complexas e criativas relações de longa duração entre empresas que lograram reduzir os incentivos para o oportunismo e os obstáculos a investimentos (The boundaries of the firm revisited, *The Journal of Economic Perspectives*, v. 12, n. 14, p. 73-94, Autumn 1998, *passim*). No mesmo sentido: Paul MILGROM e John ROBERTS (*Economics, organizations and management* New Jersey: Prentice-Halls, 1992, Cap. 5).

[105] *O problema do contrato*, cit., *passim*. Em Gunther TEUBNER (*Law as an autopoietic system*. Oxford: Blackwell, 1993. 203 p.): "[n]ot *two but three actions – namely, legal, social and economic – coincide in the institutions of contracts and rights. A contract is always economic communication, since it is an economic transaction; but is also always a legal action, since it not only alters the legal position, but prodevues legal normas. At the same time, as an exchange, it still remains part of the general social communication*" (p. 92). Na doutrina brasileira, posição semelhante é adotada por Antônio Junqueira de AZEVEDO, que distingue três funções do contrato: a função individual, a função econômica e a função social (vide, por exemplo, Ciência do direito, negócio jurídico e ideologia. In: *Estudos e pareceres de direito privado*. Com remissões ao novo Código Civil. São Paulo: Saraiva, 2004, p. 38-54).

sua proposta de construção poliédrica do contrato, propõe a análise do contrato sob três planos principais - de interação entre as partes, de interação com as instituições (inclusive com o mercado) e de interação com a sociedade -, cuja delimitação pode não ser tão nítida, já que as diferentes perspectivas interferem umas sobre as outras, independentemente de outros planos que possam ser identificados.

No plano de interação entre as partes (ou plano individual), por exemplo, tem lugar a análise das obrigações e direitos das partes (v.g., sob a ótica de sua reciprocidade ou equilíbrio econômico financeiro entre as prestações). Tal análise, porém, não pode ser totalmente segregada do plano econômico-institucional, pois este influi nas relações entre as partes, podendo, inclusive, alterar o equilíbrio contratual da avença. Já nas situações de poder econômico, são as obrigações ajustadas entre as partes (por exemplo, uma cláusula de exclusividade), que interferem sobre o mercado e, em última instância, sobre a sociedade com um todo.

Em síntese, o contrato pode ser analisado sob diversos aspectos, sendo possível estratificar a análise em planos, conforme a predominância de tais aspectos.

Esta concepção é particularmente útil para os fins do presente trabalho dado que, sem excluir nenhuma das facetas do contrato, o estudo realizado tem seu foco dirigido para os planos (ou funções) institucional e social do contrato, e não para o contrato como plano de interação entre as partes, embora tal plano seja diretamente afetado pelos demais, como mencionado. Ficam, portanto, excluídas do escopo deste trabalho quaisquer conseqüências do desequilíbrio de poder contratual (dependência econômica) que não estejam relacionadas ao poder econômico. E afastada a tradicional idéia de contrato como acordo ou conjunção de vontades, sobre o qual o Estado não deve interferir.

II.2. Contrato e ideologia: liberdade de contratar e dirigismo contratual

Levando em consideração a apresentação da liberdade de iniciativa como princípio instrumental da ordem econômica, a constatação de que a intervenção estatal na economia, de forma constante e sistemática, é a única maneira de se preservar o sistema de livre mercado (Capítulo I), bem como a acepção de contrato adotada no item II.1 retro não deve causar estranheza a abordagem dada, a seguir, à liberdade de contratar.

Tal liberdade é expressão, na seara dos contratos, do princípio da liberdade de iniciativa.

Não há nenhuma novidade na constatação de que a liberdade de contratar pode sofrer limitações decorrentes da função social da empresa ou do contrato, culminando, inclusive, com a *obrigatoriedade de contratar em certas hipóteses*[106].

Não poderíamos, aqui, deixar de citar o direito antitruste brasileiro (Lei 8.884/94), que arrola, entre as condutas que podem configurar infração à ordem econômica (desde que associadas aos efeitos, ainda que potenciais, descritos no art. 20 do referido diploma), a recusa de contratar: *"recusar a venda de bens ou a prestação de serviços, dentro das condições de pagamento normais aos usos e costumes comerciais"* (art. 21, inciso XIII). A isso voltaremos, no entanto, na segunda parte desse trabalho.

---

[106] Diversos juristas já trataram do assunto, destacando-se as considerações de Orlando GOMES no sentido de que a liberdade de contratar jamais foi ilimitada, estando desde sempre confinada por razões de utilidade social, como a ordem pública e os bons costumes, de modo que "[o] *princípio de que toda pessoa pode soberanamente abster-se de contratar sofre exceções cada vez mais importantes e numerosas. Tais exceções ocorrem quando o indivíduo: a) tem de aceitar, sem alternativa, uma proposta ou oferta de contrato; b) tem de concorrer para a formação de um vínculo contratual. Nessas duas situações, diz-se que há obrigação de contatar. Têm-na: a) os que encarregam da prestação dos serviços públicos, ou dos serviços de assistência vital, também chamados de primeira necessidade; b) os que exercem atividade econômica em caráter de monopólio*" (*Contratos*, cit., p. 27). São dignos de transcrição, também, os ensinamentos de Eros R. GRAU e Paula FORGIONI, que observam que "[d]*esde a segunda metade do século XIX, o* direito dos contratos *é afetado por imposições da* ordem pública (poder de polícia, *a defesa dos* bons costumes, *imposições 'protetivas' do direito do trabalho, a legislação antitruste, v.g.). Essas intervenções prosseguem até a instalação do que se tem referido como a* normatividade do Welfare State, *com impacto marcado sobre a disciplina dos contratos. Estes passam a ser apresentados menos como uma livre construção da vontade humana do que como contribuição da atividade dos agentes econômicos à arquitetura geral da economia, definida pelo Estado. A doutrina elabora a noção de* dirigismo contratual, *emerge o instituto dos contratos coativos*" (Ainda um novo paradigma dos contratos? In: *O estado, a empresa e o contrato*, São Paulo: Malheiros, 2005, p. 21). Sobre as limitações da liberdade de contratar na *common law*, vide P.S. ATIYAH (*An introduction*, cit.; *The rise and fall*, cit.; e *Freedom of contract*, cit.), que identifica um movimento pendular entre períodos de maior e de menor intervenção do Estado no contrato.

Não é possível identificar com clareza uma linha histórica das limitações à liberdade de contratar no direito pátrio. Segundo F. C. de SAN TIAGO DANTAS, provisões limitando a liberdade de contratar já podiam ser pontualmente encontradas na legislação civil e comercial do início do século XIX, mas, comparando-se essa legislação com a que veio a ser editada ao final daquele século e início do século XX, "*é fácil observar o aumento quantitativo e qualitativo das normas imperativas, principalmente através do direito especial*".[107]

A intervenção estatal na esfera dos contratos também está longe de configurar um tema inédito na doutrina brasileira e comparada.

Dentre os autores pátrios, Cláudia Lima MARQUES[108], Eros GRAU e Paula FORGIONI[109] têm dedicado diversos textos ao assunto. Merecem destaque, ainda, os clássicos Orlando GOMES (*Contrato de adesão*, cit., 1972) e Werter FARIA[110], pioneiros na identificação de razões associadas à livre concorrência como limitações à liberdade de contratar.

No direito comparado, merecem destaque as clássicas abordagens de Grant GILMORE e de P.S. ATIYAH (cit.), sobre a liberdade de contratar no direito norte-americano e no ingês, o livro organizado por Anthony KRONMAN e Richard POSNER[111] (incluindo interessante texto de Max WEBER sobre liberdade de contratar e a substituição da coerção estatal por formas nefastas de coerção pelos particulares)[112], bem como compilações mais contemporâneas feitas por Eric POSNER, em texto de maior abrangência[113], Paul MILGROM e John ROBERTS (*Economics*, cit.),

---

[107] Evolução contemporânea do directo contratual. In: *Problemas de direito positivo: estudos e pareceres*. São Paulo: Forense, 1953, p. 13-33. No mesmo sentido, vide Nelson NERY JUNIOR e Rosa Maria Andrade NERY. *Código Civil comentado*. 5 ed. Ampliada e atualizada até 15.06.2007. São Paulo: RT, 2007, p. 476.

[108] Superação das antinomias pelo diálogo das fontes: o modelo brasileiro de coexistência entre o Código de Defesa do Consumidor e o Código Civil de 2002. *Revista de Direito do Consumidor*, v. 51, p. 34-67, jul./set. 2004; Novos temas da teoria dos contratos: confiança e o conjunto contratual, *Revista Ajuris*, n. 100, p. 73-98, dez. 2005; *Contratos no código de defesa do consumidor*. 5 ed., revista, atualizada e ampliada, São Paulo: RT, 2006; *A nova crise do contrato: estudos sobre a nova teoria contratual*. São Paulo: RT, 2007.

[109] FORGIONI. A interpretação, cit.; GRAU e FORGIONI. Ainda um novo paradigma, cit.

[110] *Direito da concorrência e contrato de distribuição*. Porto Alegre: Sergio Antonio Fabris, 1992.

[111] *The economics of contract law*. Boston e Toronto: Little, Brown and Company, 1979.

[112] *Freedom and coercion*. In: Anthony KRONMAN e Richar POSNER. *The economics of contract law*. Boston e Toronto: Little, Brown and Company, 1979, p. 23-233.

[113] E. POSNER faz uma revisão da literatura econômica e não econômica em matéria de contratos e direito contratual (*contract law*) nos países de língua inglesa, para concluir que, se as diversas teorias econômicas não explicam a existência dos contratos e o direito contratual, tampouco o fazem a filosofia, a história e, até mesmo, a psicologia. Quanto à

e Amitai AVIRAM[114].

Entre os autores contemporâneos, Michael J. TREBILCOCK[115], por exemplo, critica o que ele chama de paradigma da ordem privada (que pode ser traduzido como equivalente de "auto-regulamentação" ou tutela dos próprios interesses), aplicado ao contrato.

O paradigma, segundo o autor, encontra-se fundado em diversas razões, tanto econômicas como políticas, incluindo a eficiência e a liberdade individual, oriundas de teorias sobre o papel da propriedade privada e sobre as funções econômicas atribuídas aos contratos (entre as quais a contenção do oportunismo em trocas não-simultâneas, a redução de custos de transação, o preenchimento de lacunas em contratos incompletos e a distinção entre trocas ineficientes e trocas eficientes).

As críticas de TREBILCOCK, em apertada síntese, são da seguinte natureza: *(i)* o "homem econômico" e o paradigma do mercado são construções artificiais (POLANYI e outros); *(ii)* as condições que qualificam a eficiência alocativa (PARETO e KALDOR-HICKS) são indetermináveis; *(iii)* a concepção tradicional de contrato e a ordem privada não levam em consideração o problema da justiça distributiva; e *(iv)* nem todas as preferências devem ser tuteladas, pois algumas podem ser nefastas. De maneira geral, o autor critica a predominância que os aspectos individuais ou internos do contrato assumiram no estudo do direito contratual. Finalmente, ao analisar empiricamente diversas situações em que a ordem privada gerou resultados positivos, o autor conclui que em todas elas havia por trás um *arcabouço legal*.

Desse modo, TREBILCOCK defende que a compreensão do contrato exclusivamente como ordem privada não se sustenta[116].

---

primeira, o autor elogia a sua contribuição para desmitificar o "voluntarismo" contratual, mas aduz que se trata de um feito antigo, não tendo a filosofia contemporânea contribuído com relevância para o estudo dos contratos (Economic analysis of contract law after three decades: success or failure? John M. Olin Law & Economics Working Paper n. 146, 2d series, Chicago, 2002).

114 The paradox of spontaneous formation of private legal systems. John M. Olin Law & Economics Working Paper n. 192, 2d series, Chicago, jul. 2003.

115 *The limits of freedom of contract.* Cambridge, Massachussets e London: Harvard University Press, 1993, p. 9-57.

116 *The limits*, cit., p. 126. Na opinião de TREBILCOCK, o mercado, pelo seus mecanismos, reage ao mérito e à autonomia individuais, e tem condições de libertar vítimas do *status* e da subjugação (ao contrário de reforçar tais condições, como aduzem seus críticos). Por esse motivo, ele prega o acesso às oportunidades do mercado por parte de membros da comunidade que historicamente, como indivíduos ou classes, tiveram tais oportunidades negadas. Ressalva, no entanto, que autonomia e bem-estar não são passíveis de ser obtidos simplesmente por estar estatuídos, devendo ser perseguidos por meio de *políticas públicas* e regulação que minimizem os perigos de escolhas nefastas (p. 56-57). Nesse contexto, políticas que interferem na liberdade de contratar não devem causar estranheza.

Estranhamente, porém, parte da doutrina ainda reage negativamente a essa evolução da ideologia do contrato, em especial à idéia de contrato coativo, tomado como outro instituto. Há, até mesmo, quem fale em "crise" ou "morte" do contrato[117]. Essa visão "fatalista" espalhou-se principalmente entre administrativistas (ou publicistas) que, ao analisar as peculiaridades dos contratos celebrados com o Poder Público[118], desde há muito minuciosamente regulamentados, concluem que os mesmos sequer configurariam contratos[119].

Orlando GOMES esclarece, com propriedade, as *"ambigüidades e confusões"* que estão por trás do que ele chama de *"crise da noção de contrato"*, originada com a decadência do consensualismo (ou voluntarismo) associado à construção do contrato pelos filósofos europeus, cedendo lugar, no curso do século XX, à idéia de *"estatuto imposto"*.

Trocando em miúdos, a *concepção tradicional* de contrato, associada à idéia de autonomia de vontade, está fortemente ligada à ideologia individualista dominan-

---

[117] Nas palavras de Claudia Lima MARQUES (*A nova crise do contrato*, cit., p. 7), os autores franceses Christophe JAMIN e Denis MAZEAUD utilizam a expressão "nova crise do contrato" para denominar o atual momento de insegurança pelo qual passa a teoria contratual (*La nouvelle crise du contrat*. Paris: Dalloz, 2003). A expressão "morte do contrato", por seu turno, é empregada no trabalho de Grant GILMORE justamente na tentativa de desmitificar a idéia de que o contrato passou, ou de que está em perigo (*The death*, cit., *passim*). Na verdade, o autor propõe a reinterpretação do direito dos contratos, fora da premissa de acordo de vontades ou liberdade de contratar, e conclui pela absorção da matéria contratual pelo direito da responsabilidade (*tort law*). Tal como bem observado por Guido ALPA no prefácio ao referido trabalho, "[i]*l titolo è fittiziamente luttuoso: più che della morte, si parla della vita del contratto, anzi, di tutto l'arco, ascendente e discendente, della teoria generale del contratto*" (Il contratto, cit.).

[118] Evitamos, propositadamente, empregar a terminologia "contratos administrativos", uma vez que a tradicional separação entre contratos administrativos, de um lado, e os demais, de outro, remonta à superada dicotomia entre Direito Público e Direito Privado. Nesse sentido, vide Eduardo Garcia de ENTERRIA e Tómas-Ramón FERNÁNDEZ (*Curso de Derecho Administrativo*, v. I. 8 ed, Madrid: Civitas, 1997, p. 663-689); Juan Alfonso SANTAMARIA-PASTOR (*Principios de Derecho Administrativo*, v. II, Madrid: Editorial Centro de Estudios Ramón Arecees, 1999, p. 192-195); e Luís Solano Cabral de MONCADA (O problema do critério do contrato administrativo e os novos contratos-programa. Separata do número especial do *Boletim da Faculdade de Direito de Coimbra - Estudos em Homenagem ao Prof. Dr. José Joaquim Teixeira Ribeiro*, Coimbra, 1979).

[119] Orlando GOMES fornece um panorama bem sintético dessa discussão (Os contratos e o direito público, *Revista da Procuradoria Geral do Estado de São Paulo*, n. 10, jun. 1977, p. 45-55), que também abarcou os chamados contratos de adesão. Waldemar FERREIRA, por exemplo, na esteira da doutrina de Luigi CARIOTA FERRARA, expunha que tais institutos não caracterizam contrato (*Instituições de direito comercial*. 3 ed. São Paulo: Freitas Bastos, 1953, v. 3, pp. 30-31.

te na época de sua cristalização e do processo econômico de consolidação do capitalismo. Por esse motivo, a liberdade de contratar é considerada por muitos autores como elemento essencial do contrato, não havendo que se falar nesse instituto nas situações em que tal liberdade é limitada, no que se refere à parte contratante, ao conteúdo do contrato ou, até mesmo, à decisão de contratar ou não.

Já o contrato no direito contemporâneo encontra-se marcado pelo desequilíbrio (cujo reconhecimento toma o lugar ocupado pela igualdade formal), bem como pela modificação na técnica de vinculação (novos processos de formação do contrato, entre os quais se destacam a massificação, a uniformização de suas condições e a despersonalização dos contraentes) e pela *intromissão do Estado na vida econômica (e no contrato)*, limitando legalmente a liberdade de contratar e encolhendo a esfera de autonomia privada.

Nas palavras de Orlando GOMES, e retomando a idéia já apresentada no capítulo anterior, de "contrato positivado", tem-se que, "[n]*o novo contexto determinado pela política de intervenção do Estado na economia, o contrato sofre duas importantes modificações em sua significação e em sua função: 1) deixa de ser simplesmente expressão da autonomia privada; 2) passa a ser uma estrutura de conteúdo complexo e híbrido, com disposições voluntárias e compulsórias, nas quais a composição dos interesses reflete o antagonismo social entre as categorias a que pertencem os contratantes (produtores e consumidores, empregadores e empregados, senhorios e inquilinos)*"[120].

A evolução histórica da noção de contrato (historicidade) e a sua relatividade não devem causar estranheza, já que o mesmo processo abarca todos os institutos jurídicos, não constituindo o contrato (um dos mais importantes instrumentos do capitalismo) exceção a esse fenômeno[121].

---

[120] Orlando GOMES. *Contratos*, cit., pp. 14-15.

[121] Vincenzo ROPPO trata com propriedade do assunto, ressaltando que a disciplina jurídica do contrato, que resulta definida pelas leis e pelas regras jurisprudenciais, "*corresponde instrumentalmente à realização de objetivos e interesses valorados consoante opções políticas e, por isso mesmo, contingente e historicamente mutáveis*", de modo que "*o próprio modo de ser e de se conformar o contrato como instituto jurídico não pode deixar de sofrer influência decisiva do tipo de organização político-social a cada momento afirmada. Tudo isso se exprime através da fórmula de* relatividade do contrato *(como aliás de todos os outros institutos jurídicos): o contrato muda a sua disciplina, as suas funções, a sua própria estrutura segundo o contexto econômico-social em que está inserido*" (*O contrato*, cit., p. 24). O autor também analisa com detalhe a evolução histórica do direito dos contratos, desde os sitemas econômicos arcaicos, até o presente, passando pela codificação do contrato na França (Código de Napoleão), na Alemanha e na Itália, e deixa claro que não há que se falar em morte do contrato (*op. cit.*, pp. 7-63; 347-348).

Assiste inteira razão a Guido ALPA, desse modo, quando afirma que existem dois modelos fundamentais de contrato: *(i)* aquele que enfatiza o contrato sobretudo como ato de autonomia privada (negócio reservado às partes), no qual a intervenção externa do juiz ou do legislador deve ser considerada excepcional; e *(ii)* aquele em que o "feito" das partes encontra-se sujeito a todas as intervenções externas consentidas pelo ordenamento, podendo ser "criado" pelas Cortes e trabalhado pelo legislador[122].

Assim, a exemplo das considerações que tecemos de maneira geral sobre a mitigação da liberdade de iniciativa, as crescentes limitações no campo da liberdade de contratar não implicam "um novo paradigma" ou a "morte" do contrato, mas apenas o fim de uma certa concepção do contrato, a concepção liberal[123].

Vale mencionar que, no entendimento de Natalino IRTI, foi justamente na esfera do direito comercial (o direito do mercado, segundo o autor, e, por esse motivo, mais impessoal e mecânico) que se introduziram as maiores limitações à autonomia privada[124].

E não poderia mesmo ser diferente, visto que o Direito comercial é o campo por excelência da atividade econômica, por encontrar-se, nas palavras de Tullio ASCARELLI, historicamente ligado, em suas origens, com a economia capitalista,

---

[122] *Il contratto*, cit., p. XV. No mesmo sentido, transcrevendo ALPA, Eros R. GRAU e Paula FORGIONI. Um novo paradigma, cit., p. 18.

[123] Eros R. GRAU e Paula A. FORGIONI, Um novo paradigma, cit., p. 18. No mesmo sentido, Vincenzo ROPPO. *O contrato,* cit., pp. 335-348, e Joaquim de Souza RIBEIRO. *O problema do contrato,* cit. Adotando-se a distinção entre autodeterminação e autonomia privada empregada pelo último autor (vide Cap. I retro), tem-se que ambas são equivalentes apenas na ideologia liberal. Na verdade, a autonomia privada é um instrumento da autodeterminação, mas com ela não se confunde. Isso não impede que autores contemporâneos continuem sustentando, ideologicamente, que a intervenção do Estado na esfera da liberdade contratual deve ser mínima. A título ilustrativo, merecem destaque as seguintes considerações de Alan SCHWARTZ, autor norte-americano que se dedica ao estudo dos contratos incompletos: "*...the state appears to do four things well: enforce contracts; police the contracting process for fraud and duress; supply parties with common vocabularies to use when writing contracts; and supply parties with governance modes for the conduct of transactions or the resolution of disputes. It should do only these things, and not the additional things that it sometimes attempts*" (Contract theory and theories of contract regulation, 2002). De maneira similar, Ian AYRES e Robert GERTNER sugerem restringir a interveção do Estado nas relações contratuais às situações em que tal intervenção é capaz de aumentar a eficiência econômica (Filling gaps in incomplete contracts: an economic theory of default rules, *Yale Law Journal*, October, 1989). Já Anthony KRONMAN admite a utilização do direito dos contratos para fazer justiça distributiva (Contract law and distributive justice. *The Yale Law Journal,* v. 89, n. 3, p. 472-511, jan. 1980).

[124] *Teoria generale*, cit., p. 23.

apresentando seus institutos uma correlação geral com a economia de massa[125].

O fenômeno de maior intervenção estatal na esfera do direito comercial deu origem a diversas disciplinas jurídicas que, independentemente de constituírem ramos autônomos do Direito, fizeram estreitar a própria abrangência do direito comercial. O direito econômico (vide itens I.2, I.3 e I.4 da Parte I) hoje tutela relações que tradicionalmente integravam o direito comercial (v.g., as relações de consumo e as relações de concorrência).

O esvaziamento do direito civil e do direito comercial e a multiplicação dos diplomas especiais (antes extraordinários) faz surgir importante questionamento, bem identificado por Joaquim de Souza RIBEIRO, e que não se limita a simples formalismo classificatório ou metodológico, para fins didáticos: até que ponto é possível e interessante sistematizar e unificar todas as normas interventivas em matéria contratual? Em outras palavras, existe um "direito da intervenção do Estado no contrato" ou, ao inverso, as intervenções estatais devem ser mantidas como exceções (compartimentadas), em um sistema dual, onde a liberdade de contratar, de um lado, é a regra, e as normas especiais, de outro, constituem exceção, de caráter meramente corretivo de anomalias e abusos?

Temos como premissa que não há que se falar em tal sistema dual, já que a intervenção do Estado na esfera do contrato, assim como a intervenção do Estado na economia, de maneira geral é, hoje, a *regra*, e não a exceção, e assim deve ser. Não apenas, como veremos no capítulo seguinte, para manutenção do *status quo*, do próprio sistema de mercado, como bem observado por Eros R. GRAU e Paula A. FORGIONI, mas também, e principalmente, com *fins efetivamente distributivos.*

Por outro lado, a compartimentacão das diversas espécies ou modalidades de intervenção do Estado no contrato – os microssistemas – é válida e interessante, já que certos conjuntos de normas têm a sua própria racionalidade e os seus próprios objetivos. Não pretendemos, por óbvio, analisar, no estreito escopo deste trabalho, a possibilidade de sistematização e uniformização dessas regras sob um fundamento ou conjunto de fundamentos comuns e aplicáveis a todas as modalidades de intervenção no contratos (i.e., um macrofundamento para tal intervenção)[126]. Nosso objetivo, mais modesto, é analisar de forma sistemática a interven-

[125] "*De um lado, por isso*", afirma ASCARELLI, "*os problemas do direito comercial se coadunam com os problemas mais debatidos de nossa época, como os que respeitam ao intervencionismo estatal e à liberdade de iniciativa, à socialização e à propriedade privada; de outro lado, entretanto, a estrutura técnica dos institutos do direito comercial, parece, com freqüência, participar daquela 'neutralidade' que é peculiar à técnica, numa medida maior do que acontece com os institutos do direito civil*" (Evolução e papel do direito comercial. In: *Panorama do direito comercial*, São Paulo: Saraiva, 1947, pp. 47-52).

[126] A propósito de tal unificação, a opinião de Joaquim de Souza RIBEIRO é a seguinte: "[d]*o conjunto das intervenções anteriores ressalta à evidência que a busca de uma fórmula*

ção nos contratos ditada por normas de defesa da concorrência, estabelecendo os limites e objetivos buscados por este microssistema. Não deixaremos, no entanto, de perscrutar, oportunamente, a relação dessas normas, se alguma, com a tão propalada função social do contrato.

O que importa termos claro por ora, de qualquer modo, é que o dirigismo contratual, longe de ameaçar o contrato em geral (e os contratos comerciais, em especial), garante a sua sobrevivência, da mesma forma que a intervenção do Estado garante o sistema de livre mercado.

O dirigismo nada mais é do que a própria proteção do contrato (e de sua função econômica), conforme bem ilustrado por Eros R. GRAU e Paula A. FORGIONI ao tratar do direito ambiental e do direito do consumidor[127].

Conclui-se, assim, que a intervenção do Estado, por meio de leis coativas (imperativas ou proibitivas[128]), na esfera do contrato, é legítima, não implicando a morte do instituto. *Assim, não deve causar estranheza a intervenção das autoridades de defesa da concorrência na esfera contratual, quando da aplicação da legislação de que são guardiãs.*

A única ressalva que fazemos diz respeito, novamente, à questão dos microssistemas: *o legislador há que tomar a devida cautela para não introduzir em determinados sistemas princípios estranhos à sua lógica, comprometendo não apenas a fluência das relações econômicas e o sistema de mercado adotado, mas também a*

unitária, capaz de fornecer um quadro previsional preciso de todos os casos merecedores de uma intervenção tuteladora, é tarefa vã e condenada ao fracasso." Após analisar alguns critérios propostos pela doutrina para tal unificação (v.g., a disparidade de poder contratual ou dependência econômica), o autor conclui que "*a verdade é que não se mostram adequados a fixar os pressupostos de aplicação de um regime limitativo da liberdade contratual, em proteção de uma das partes. Não sendo auto-suficientes para uma justificação global de todas as medidas já positivadas, nem sequer podem aspirar a servir de idéia estruturante de um campo normativo contraposto ao da autonomia privada. De forma que o único ponto de apoio seguro para o critério de intervenção é a constatação empírica de que, em certas áreas ou processos da contratação, o conteúdo do acordo se desvia. De forma típica e sistemática, de uma conformação equilibrada de interesses, sempre em prejuízo da mesma categoria de contraentes*" (*O problema*, cit., pp. 170-171).

[127] Os autores defendem que não existe um novo paradigma do contrato, já que "[a]*s mudanças no ordenamento não são* qualitativas *e tampouco se afastam das premissas que moldaram a teoria geral do contrato por conta do* Welfare State. *A normatização protetiva não advém da solidariedade, como querem alguns, mas da expressão de uma estratégia para a promoção do mercado*" (Um novo paradigma, cit., pp. 22-23).

[128] Vide classificação de Orlando GOMES (*Contratos*, cit., p. 23). Merece destaque, ainda, o pensamento de Tullio ASCARELLI sobre interpretação e atividade legislativa (Funzioni economiche e istituti giuridici nella tecnica dell'interpretazione. In: *Studi di diritto comparato e in tema di interpretazione*, Milano:Giuffrè, 1952, p. 62).

eficácia (e, por que não dizer, a credibilidade) da legislação[129].

Procuramos, na segunda parte desse trabalho, identificar as hipóteses em que a legislação concorrencial impõe ao agente econômico a celebração do contrato (ou as suas condições e termos). Antes, porém, faz-se mister identificar as relações entre a legislação concorrencial e a noção de função social do contrato.

II.3. Dirigismo contratual, função econômico-social do contrato e direito concorrencial

A função social do contrato é um tema em voga na academia. Muito se tem escrito sobre o assunto recentemente[130], sob diversos aspectos, desde a publicação do art. pioneiro de Orlando GOMES[131].

O objetivo deste capítulo é verificar se existe alguma relação entre função social do contrato e obrigatoriedade de contratar por força das normas de defesa da concorrência. Não pretendemos, como já dito, sistematizar todas as hipóteses legais de obrigatoriedade de contratar, em busca de um único fundamento (ou de um conjunto comum de fundamentos) para tais situações, tampouco buscar uma única origem (normativa ou fática) para todas as intervenções do Estado no âmbito dos contratos. A questão que ora se busca responder é: a obrigatoriedade de contratar fundada no direito da concorrência interage, de alguma forma, com a noção de função social do contrato?

A "função social" traz consigo a idéia de introduzir a figura da obrigação na estrutura do direito subjetivo. Tanto que a primeira e mais célebre tradução de "função social" refere-se a uma obrigação pura e simples: "a propriedade obriga" da Constituição de Weimar[132].

---

[129] Nesse sentido, TREBILCOCK, por exemplo, afirma que os chamados monopólios situacionais (derivados de contrato, ou seja, de poder contratual, gerando dependência econômica) devem ser analisados pelo direito contratual, enquanto que os monopólios estruturais (onde há poder de mercado) devem ser analisados pelo sistema social (leia-se, pelo direito concorrencial), encarregado de proporcionar justiça distributiva (*The limits*, cit., p. 101).

[130] Vide, por exemplo, Humberto THEODORO JÚNIOR. *O contrato e sua função social*. 2 ed., Rio de Janeiro: Forense, 2004, e Cláudio L. B. de GODOY. *Função social do contrato*. São Paulo: Saraiva, 2004.

[131] A função do contrato, in *Novos temas de direito civil*. Rio de Janeiro: Forense, 1983, p. 101-109. O autor, no entanto, já havia esboçado algumas idéias sobre função social do contrato ao tratar dos limites estatais à liberdade de contratar em *Contrato de adesão* (cit., de 1972) e, posteriormente, em "Os contratos e o direito público" (cit., de 1977).

[132] Calixto SALOMÃO FILHO. Função social do contrato: primeiras anotações. *RDM*, v. 132, p. 7-24, out./dez. 2003, p. 9.

No direito positivo pátrio, a expressão "função social" apareceu pela primeira vez na Constituição Federal de 1988, associada à propriedade (art. 170, inciso III). E não demorou para que a doutrina passasse a tratar de função social da empresa, que nada mais é do que uma tradução para "função social da propriedade dos meios de produção"[133].

A melhor interpretação para a função social da propriedade continua sendo, a nosso ver, a de impor certas obrigações ao seu detentor. Aliás, esse conceito está perfeitamente em linha, por exemplo, com o estabelecimento de obrigações especiais, pela legislação antitruste, ao titular de poder econômico, conforme discutido no Cap. I.5 da Primeira Parte. A posição ocupada por certos agentes econômicos na sociedade, assim como ocorre com aqueles que ocupam a posição de proprietários, traz consigo contrapartidas, as quais se convencionou chamar de função social.

Essa concepção não é substancialmente diferente daquela que enxerga função social como instrumento para a promoção dos direitos fundamentais, supra-individuais e coletivos, previstos na Constituição Federal[134].

Na verdade, a terminologia mais apropriada para os direitos fundamentais de natureza constucional tutelados pela função social da propriedade é de "garantias" ou "interesses institucionais". Essa nomenclatura é utilizada por Calixto SALOMÃO FILHO, que, no entanto, esclarece que tais interesses devem ser sempre metaindividuais, justamente para distingui-los dos direitos individuais, dos quais os primeiros não são simples extensão[135].

---

[133] A respeito, vide Fábio Konder COMPARATO. Função social da propriedade dos bens de produção. *RDM*, v. 63, p. 71-79, jul./set. 1986. Do mesmo autor: Estado, empresa e função social. *Revista dos Tribunais* São Paulo: RT, ano 85, n. 732. out. 1996. No mesmo sentido: Raquel SZTAJN. *Teoria jurídica da empresa: atividade empresária e mercados*. São Paulo: Atlas, 2004. Na lição de Calixto SALOMÃO FILHO, a idéia de função social da propriedade, estendida à empresa, *"é uma das noções de talvez mais relevante influência prática na transformação do direito empresarial brasileiro. É o princípio norteador da 'regulamentação externa' dos interesses envolvidos pela grande empresa. Sua influência pode ser sentida em campos tão díspares como direito antitruste, direito do consumidor e direito ambiental. Em todos eles é da convicção da influência da grande empresa sobre o meio em que atua que deriva o reconhecimento da necessidade de impor obrigações positivas à empresa. Exatamente na imposição de deveres positivos está o seu traço característico, a distingui-la da aplicação do princípio geral* neminem laedere. *Aí está a concepção social intervencionista, de influência reequilibradora de relações sociais desiguais"* (Função social do contrato, cit., p. 8).

[134] A esse respeito, vide compilação de Paulo Sérgio Velten PEREIRA. Função social da empresa e do contrato, *Revista eletrônica de ciências jurídicas,* maio 2005.

[135] Função social do contrato, cit. O autor esclarece que a expressão "direitos difusos", quando empregada sob uma ótica de direito material (tal como fez CAPPELLETTI, em trabalho pioneiro sobre o assunto: Formazioni sociali e interessi di gruppo davanti alla

Temos que tais direitos são auto-aplicáveis, ou seja, não dependem de normas infraconstitucionais que disciplinem o seu exercício, conforme posição adotada por autorizada doutrina[136].

Assim, resta evidente que a função social, longe de introduzir elementos filantrópicos no direito de propriedade, corresponde à tutela de *interesses institucionais*, bem identificados a partir da Constituição Federal. Por exemplo, o titular de uma propriedade imobiliária em região de Mata Atlântica deve observar as normas de defesa do meio ambiente, adotando ações e omissões socialmente desejáveis para que o seu direito não interfira negativamente sobre a coletividade (o grupo de pessoas potencialmente afetado por eventuais ações e omissões). Da mesma forma, o titular de uma empresa deve observar os direitos trabalhistas, de modo que a sua propriedade sobre certos bens de produção atenda a respectiva função econômica (gerar riqueza, através da produção de mercadorias) e social (proporcionar distribuição da riqueza também àqueles que participam do processo produtivo, embora não sejam titulares da empresa).

Em última instância, a noção de função social coincide exatamente com a visão de liberdade de iniciativa e autonomia privada já apresentada neste trabalho, qual seja, de *institutos* (ou direitos) *limitados, na origem, por um quadro normativo* (constitucional e legal), que direciona a atuação do legislador, demais intérpretes e dos agentes privados em diversas esferas. Observar a função social da propriedade, nesse contexto, nada mais é do que dar à propriedade a utilização prevista e esperada pela Constituição Federal (ou seja, conforme os dispositivos constitucionais que estabelecem garantias institucionais).

Cabe observar que a função social não se dissocia da idéia de função econômica do contrato. Os contratos (típicos e atípicos) existem para atender a determinados

---

giustizia civile. *Rivista di Diritto Processuale* n. 30, p. 361-402, 1975) é sinômima de interesses institucionais, abarcando, inclusive, o que a doutrina processualística distingue como interesses coletivos. A separação entre direitos difusos e coletivos, aliás, não faz nenhum sentido do ponto de vista material para SALOMÃO FILHO. As garantias institucionais são destinadas concomitantemente à proteção de cada indivíduo e da coletividade (seja ela numericamente determinável ou não). Em todos os casos, porém, "*o interesse instiucional é jurídica e economicamente destacável do interesse individual*" (p. 17). No mesmo sentido, vide Paulo BONAVIDES. *Curso de direito constitucional.* 13 ed. SãoPaulo: Malheiros, 2003, p. 560 e ss.

[136] Claus-Wilhelm CANARIS. Direitos fundamentais e direito privado. Coimbra: Almedina, 2003; Joaquín Arce de FLOREZ-VALDÉS, El derecho civil constitucional. Madrid: Cuadernos Civitas, 1991; Judith MARTINS COSTA. *A reconstrução do direito privado.* São Paulo: RT, 2002; Gilmar MENDES. Direitos fundamentais: eficácia das garantias fundamentais nas relações privadas. In: *Direitos fundamentais e controle de constitucionalidade: estudos de direito constitucional*, 3 ed. São Paulo: Saraiva, 2006; Rosa Maria de Andrade NERY. *Noções preliminares de direito civil.* São Paulo: RT. 2000, p. 111 e ss.

propósitos *objetivos* das partes. Consoante já mencionado, o contrato de compra e venda refere-se à transmissão de bens e direitos entre os sujeitos que dele participam, sendo irrelevantes as razões subjetivas que levaram à sua celebração em um determinado caso concreto. É a isso que nos referimos quando tratamos de função econômica do contrato: as razões economicamente relevantes para a existência de uma operação, formalizada por meio de um contrato (expresso ou tácito). Nesse contexto, a função social do mesmo instituto, embora acrescente alguns elementos ao quadro descrito, não pode modificá-lo no sentido de descaracterizar a finalidade econômica objetiva a ele atribuída. Para ilustrar, no caso discutido, pode-se cogitar de normas cogentes voltadas para a tutela da parte mais fraca (como no direito do consumidor), mas que não devem modificar a estrutura do contrato de modo a aproximá-lo de uma doação (ou seja, descaracterizando a onerosidade da compra e venda).

Assim, a função social do contrato corresponde à sua função econômica e a um *plus,* que consiste não apenas em abstenções por parte dos sujeitos contratantes (no sentido de deixar de utilizar o contrato para prejudicar interesses institucionais), mas também em ações, que podem culminar com a própria obrigatoriedade de contratar, quando esta se mostrar necessária para a tutela de interesses institucionais com guarida no ordenamento jurídico.

Em 2002, o Novo Código Civil passou a disciplinar expressamente a função social do contrato, em seu art. 421, estatuindo que "[a] *liberdade de contratar será exercida em razão e nos limites da função social do contrato*".

Na lição de Calixto SALOMÃO FILHO, a função social passa a ser aplicada não apenas às situações estáticas (propriedade), mas também às relações jurídicas interpessoais (dinâmicas), como é o contrato. A função social passa a dirigir-se à influência do comportamento individual (ou plano de interação entre as partes, na leitura da teoria de TEUBNER por Joaquim de Souza RIBEIRO) sobre os diversos grupos sociais, passando o contrato a ser analisado sob as perspetivas de interação com a sociedade e com o mercado.

Estendendo-se à seara dos contratos as considerações efetuadas sobre a função social da propriedade, pode-se dizer que a *fattispecie* de sua aplicação *"deve ser considerada caracterizada sempre que o contrato puder afetar de alguma forma interesses institucionais externos a ele"*[137].

A tutela de tais interesses é direta, difusa e descentralizada, ou seja, não depende de normas legais específicas, podendo fundar-se diretamente no art. 170 da

[137] Função social do contrato, cit., pp. 9 e 22. O autor é claro em excluir do escopo da função social do contrato a tutela de interesses individuais dos contratantes, os quais, no entanto, são tutelados por outros institutos, v.g., o princípio da boa-fé objetiva e a cláusula *rebus sic stantibus.*

Magna Carta, tal como reconhece implicitamente o próprio art. 421 do Código Civil[138]. Tais interesses tornam-se mais claros e concretos a partir da identificação da sua disciplina e dos seus destinatários.

A função social do contrato traz implícito um caráter distributivo (de justiça social), que se encontra perfeitamente alinhado à proposta de atribuir ao direito (de maneira geral, e ao direito contratual, especificamente) um papel revolucionário, voltado para transformar a sociedade, impulsionar o desenvolvimento e reduzir desigualdades sociais, por meio da redistribuição da riqueza[139]-[140].

E nem é preciso ter uma Constituição do tipo intervencionista para que se possa outorgar um caráter reformista ao direito em geral e, particularmente, admitir a função social do contrato (que pode conduzir, em última instância, à transformação social). Mesmo em jurisdições como os Estados Unidos, onde a ideologia liberal é amplamente disseminada (por influência das diversas escolas liberais que nasceram e desenvolveram-se naquele país), a economia é desenvolvida e o sistema jurídico é de *common law*[141], a idéia de função social do contrato não é estranha ou inédita.

Ao analisar as teorias que propõem a utilização do direito dos contratos para gerar justiça distributiva, Anthony KRONMAN, por exemplo, demonstra que, mesmo utilizando explicações liberais para o direito dos contratos, bem como os instrumentos e racionalidade liberais (v.g., a eficiência de Pareto), há sentido na

---

[138] Vide ainda Nelson NERY JUNIOR e Rosa Maria de Andrade NERY. *Código Civil*, cit., p. 475 e ss.

[139] Esse papel revolucionário do Direito é muito defendido por Calixto SALOMÃO FILHO. Vide, por exemplo, Direito como instrumento, cit., onde o autor mostra que ao Direito deve ser outorgado um papel mais ativo, no sentido de transformar a realidade social (superestrutura), ao invés de apenas aguardar e ser transformado por ela.

[140] No que se refere especificamente ao caráter distributivo da função social do contrato, Joaquim de Souza RIBEIRO aduz que o ordenamento jurídico não pode abster-se de corrigir certas formas de desigualdade, já que "*.. um desequilíbrio significativo dos graus de autodeterminação dos sujeitos envolvidos reflecte-se inevitavelmente na desprotecção dos interesses dos menos capazes da sua autotutela. Oferecer a autonomia privada a quem não pode exercê-la com sentido não é prestar um tributo à sua liberdade mas antes deixar os seus legítimos interesses à mercê dos titulares dos interesses contrários.*" (*O problema do contrato*, cit.). Ao contrário de SALOMÃO FILHO, porém, RIBEIRO vislumbra na função social do contrato a tutela da parte mais fraca, posição da qual discordamos.

[141] É possível, até, que nos sistemas de *common law* seja mais fácil conferir ao direito um papel revolucionário, já que a aplicação do direito é ainda mais descentralizada (relativamente aos sistemas de *civil law*), as leis são menos abundantes (já que o sistema se baseia em precedentes) e a democracia política reflete-se, inclusive, na escolha dos juízes (que são eleitos pelos próprios cidadãos). Em outras palavras, as decisões judiciais tendem a refletir melhor o que pensa aquela comunidade e, em última instância, os valores predominantes na sociedade como um todo.

adoção, pelo Estado, de medidas de distribuição de riqueza por meio do direito contratual. O autor defende, explicitamente, que o direito tributário não é (e não deve ser) o único instrumento estatal para fins de justiça distributiva, já que, pelo critério da eficiência, pode ser mais interessante adotar o direito contratual ou uma mistura das duas medidas. A adoção de tais métodos não atenta contra o Estado Liberal, segundo o autor, e pode ser empregada, a não ser que se queira caminhar para um Estado Libertário[142].

Além do caráter distributivo, justamente por ter uma aplicação descentralizada e difusa, conforme preconizado pelo Código Civil, a função social do contrato contribuiu para a descentralização do poder e para a difusão de conhecimento econômico.

Em síntese, as formulações relativas à função social da empresa e do contrato atendem ao importante desígnio de eleger os valores e interesses dignos de tutela pelo ordenamento jurídico (interesses ou garantias institucionais), moldando e delimitando o campo das relações privadas, de forma a melhorar a distribuição dos recursos na sociedade.

O direito antitruste não deixa de ser uma forma (não a única, porém) de realização da função social do contrato, pois é inerentemente distributivo[143]. Já vimos que o microssistema de normas concorrenciais, no sistema jurídico pátrio, busca combater a concentração e o abuso do poder econômico, de forma a promover justiça social (objetivo maior da ordem econômica no Brasil) e disseminar conhecimento econômico.

---

142 *"If one believes it is morally acceptable for the state to forcibly redistribute wealth from one group to another, the only question that remains is how the redistribution should be accomplished. I have described two methods of redistributing wealth, taxation and the regulatory control of private transactions, and have argued that the choice between them ought to be made on the basis of contextual considerations that are likely to vary from one situation to the next. Both methods may be more or less neutral in effect and both are costly to administer. Each necessarily imposes limitations on individual liberty and, on occasion, has incentive effects that make its adoption irrational. These are considerations we must keep in view in choosing between the two methods, but they do not invariably dictate the same choice: instead, they are likely to suggest that sometimes one method, sometimes the other, most often, perhaps, a mix of the two, is the best way of achieving whatever distributional goal we have set for ourselves. I have attempted to show (admittedly, in a casual way) that a blanket preference for taxation is unwarranted, and that contractual regulation will on occasion be the least intrusive and most efficient way of redistributing wealth to those who have a legitimate claim to a larger share of society's resources. If I am right in thinking this is so, distributive considerations should be permitted to influence our choice of contract rules, as circumstances dictate, and should not be fatly excluded from the domain of private exchange for what are alleged to be principled reasons."* (Contract law, cit.).

143 Nesse sentido, vide Cristoforo OSTI (*Nuovi obblighi a contratte.* Torino: G. Giappichelli, 2004), que vislumbra no direito da concorrência cláusula geral de direito civil.

Nesse contexto, o direito antitruste nada mais é do que um conjunto de normas organizadas de forma sistemática, direcionadas à tutela da ordem econômica e baseadas em determinados valores (eleitos pelos legisladores constitucional e infraconstitucional), justificando, por vezes, e observados certos critérios, a intervenção do Estado nas relações privadas entre os agentes econômicos, de modo a direcionar as atividades da empresa e os contratos delas decorrentes, para que eles não se furtem ao preenchimento ou alcance de sua função social[144]. Em outras palavras, não existe contradição entre a função social do contrato e direito da concorrência. Muito ao contrário: a aplicação do direito da concorrência é um dos instrumentos pelos quais a função social do contrato pode ser concretamente realizada.

Identificados os interesses institucionais afetados pela celebração do contrato, ou pela recusa de fazê-lo, por parte de um agente com poder econômico (objeto de tutela do direito da concorrência), quais sejam acesso, difusão de conhecimento e justiça distributiva, a segunda parte deste trabalho encontra-se voltada para analisar e sistematizar as hipóteses em que a recusa de contratar configura infração à ordem econômica, fazendo nascer a obrigação de celebrar o contrato.

---

[144] Essa abordagem é utilizada por Calixto SALOMÃO FILHO ao analisar a recusa de contratar em trabalho mais abrangente sobre as condutas no direito concorrencial. Nas palavras do autor, *"o publicismo da definição da concorrência como interesse institucional já leva à conclusão de que, uma vez bem interpretado e bem aplicado no sentido de proteger um interesse assim definido, o direito concorrencial leve naturalmente à declaração da função social da propriedade de determinados bens (bens de acesso), na medida exata para equilibrar a proteção da concorrência com a liberdade de iniciativa e a função social com a titularidade privada da propriedade"*. (*Direito concorrencial: as condutas*, cit., p. 240-241).

PARTE II

A RECUSA DE CONTRATAR E A LIVRE CONCORRÊNCIA

I - Considerações preliminares: a obrigatoriedade de contratar e as diversas modalidades de recusa

I.1. A obrigatoriedade de contratar como decorrência de recusas horizontais ou verticais anticompetitivas

A literatura antitruste jurídica e econômica tradicionalmente classifica os comportamentos das empresas em *horizontais* e *verticais*.

Conforme se depreende do Anexo I, Parte A, da Resolução 20/99 do CADE, *"as práticas restritivas horizontais consistem na tentativa de reduzir ou eliminar a concorrência no mercado, seja estabelecendo acordos entre concorrentes no mesmo mercado relevante com respeito a preços ou outras condições, seja praticando preços predatórios. Em ambos os casos visa, de imediato ou no futuro, em conjunto ou individualmente, o aumento de poder de mercado ou a criação de condições necessárias para exercê-lo com maior facilidade"*. São exemplos de tais práticas os cartéis, os boicotes e os preços predatórios.

Já as práticas restritivas verticais são definidas na mesma Resolução (Anexo I, Parte B) como aquelas adotadas *"por produtores/ofertantes de bens ou serviços em determinado mercado ('de origem') sobre mercados relacionados verticalmente – a 'montante' ou a 'jusante' – ao longo da cadeia produtiva (mercado 'alvo')"*.[145] São exemplos de tais práticas a fixação de preços de revenda, os acordos de exclusividade e a recusa de negociação.

A recusa de contratar tanto pode manifestar-se como restrição horizontal quanto como restrição vertical à livre concorrência.

Na primeira hipótese, agentes econômicos que concorrem entre si estabelecem algum tipo de acordo ou organização, formal ou informal, excluindo de tal ajus-

---

[145] No mesmo sentido é a posição adotada pelo Departamento de Antitruste da American Bar Association: *"A vertical economic relationship connects two markets in the same chain of manufacture and distribution, usually by linking two firms that either do or could stand in the relationship of supplier and customer"* (*Antitrust law developments*. 6 ed., [Chicago], 2007, p. 131). A OCDE, por seu turno, define relações verticais de forma ligeiramente diferente, considerando desde as transações realizadas entre empresas completamente independentes até a integração existente na mesma empresa, situando, entre os dois extremos, acordos contendo as denominadas *restrições verticais*, que limitam a liberdade de uma ou ambas as empresas situadas a montante (v.g., um produtor) ou a jusante (v.g., um distribuidor) na cadeia produtiva e/ou distributiva: *"vertical relationships range from transactions between completely independent enterprises to the integration of two or more levels within a single enterprise. Between these two extremes fall contractual arrangements which restrict the freedom of action of one or both of the upstream (generally speaking, a manufacturer) or downstream firm (usually a distributor)"* (*Competition and trade effects of vertical restraints*. Paris, 1999, p. 4).

te alguns ou todos os demais concorrentes. É o caso, por exemplo, dos boicotes praticados por associações profissionais ou de produtores, ou por entidades de certificação, padronização e normas técnicas, por exemplo, quando se recusam a aceitar ou certificar novos membros, ou expulsam membros existentes.

Na segunda hipótese, ainda que os agentes econômicos sejam concorrentes, eles também se relacionam verticalmente como fornecedor e adquirente, originando-se daí a restrição à concorrência. Na indústria de telecomunicações, por exemplo, as operadoras concorrem entre si na prestação de diversos serviços de telefonia, mas também possuem relações verticais, tendo em vista que umas demandam certos bens ou serviços de outras que os utilizam como insumos em suas próprias atividades. Desse modo, mesmo que exista uma relação horizontal entre os agentes – que é importante, pois indica a racionalidade de certas restrições à concorrência – os problemas concorrenciais são observados nas relações verticais.

As recusas verticais analisadas sob a ótica concorrencial são *geralmente* unilaterais e adotadas por empresa dominante, embora haja casos de recusas verticais por parte de um conjunto de agentes econômicos (recusas verticais concertadas, portanto). Recusas "horizontais" e "concertadas", por seu turno, são utilizadas como sinônimos na esmagadora maioria dos casos[146].

---

[146] Em seu relatório de 2009, a OCDE expõe visão um pouco diferente da distinção apresentada acima entre as recusas de contratar ("RTD", remetendo a "refusal to deal" no relatório) verticais e horizontais, enfatizando mais os efeitos e menos a posição dos agentes econômicos na cadeia produtiva. Essa abordagem leva o órgão a minimizar a importância prática da distinção: *"There are several ways in which one could define different types of RTDs by using the terms "vertical" and "horizontal". For example, one might propose that the term "vertical RTD" refers to a situation in which a vertically integrated input supplier refuses to deal with its non-integrated downstream rivals. That meaning of the term could also cover situations in which an integrated firm refuses to deal with non-rival downstream customers. (By doing so, it might damage those customers and consequently damage its upstream rivals indirectly by limiting or even completely eliminating downstream demand for their products.) Alternatively, one might propose that it is incorrect to refer to those types of RTDs as "vertical" because a purely vertical RTD would involve a firm that operates in only one market in the chain of production (i.e., the firm is not integrated in contrast to the above case) and refuses to deal with one or more non-rival firms operating at an adjacent level in the chain. That would occur, for example, when the RTD was serving as a tool to achieve exclusive dealing or resale price maintenance. Because exploring those other types of behaviour would broaden the scope of this roundtable very substantially, these kinds of RTDs have been largely excluded from the discussion. In any event, if one accepts the meaning from the proceeding paragraph for a "vertical RTD", then the term "horizontal RTD" would refer only to situations in which the foreclosed company is both an actual or potential customer and an actual or potential competitor. Under that approach, the horizontal/vertical distinction depends on the direction in which the foreclosure effect from the RTD flows – toward a rival or toward a non-rival. Ultimately, the vertical and horizontal labels do not seem to matter a great deal because the labels themselves do not contribute substantially to a better*

A distinção, que parece elementar, não é tão simples, tendo gerado importantes debates nos Estados Unidos e na Europa, jurisdições onde a caracterização do elemento "acordo" e o estabelecimento da sua modalidade (horizontal ou vertical) ainda são importantes para o tipo de análise antitruste a ser efetuada pelas autoridades[147].

No direito comparado norte-americano e no europeu, além da tradicional separação entre práticas horizontais e verticais, é possível distinguir entre *(i)* as recusas em situações de monopolização (EUA, art. 2º do Sherman Act) ou dominância (Europa, art. 102 do Tratado de Roma) e *(ii)* as recusas decorrentes de acordos (horizontais e verticais), onde a demonstração de poder de mercado, *em princípio*, é desnecessária ou mitigada. As últimas encontram-se abarcadas no art. 1º do Sherman Act, nos EUA, e no art. 101 do Tratado de Roma, na Europa, podendo-se ainda, em ambas as categorias, segregar entre restrições de compra e restrições de venda.

Essas distinções encontram-se refletidas não apenas na metodologia tradicionalmente adotada nos livros-texto de direito antitruste nessas jurisdições - vide, por exemplo, HOVENKAMP[148], ELHAUGE e GERADIN[149], e a ABA SECTION OF ANTITRUST LAW (*Antitrust law developments*, cit.), nos Estados Unidos, e

understanding of how to determine whether an RTD is harmful to competition. While it is necessary to take into account whether companies are vertically integrated as well as which market(s) the dominant firm's RTD" (*Refusals to supply.* Paris, 2009, pp. 23-24)

147 É bem verdade que tanto nos Estados Unidos como na Europa observa-se tendência no sentido de tornar o direito antitruste menos formalista e mais orientado para a análise de efeitos no mercado, o que vem ocorrendo gradativamente, inclusive por meio da aproximação entre as análises fundadas na regra da ilicitude *per se* e aquelas amparadas na regra da razão (conceitos discutidos na nota 56 acima). Mencione-se, por exemplo, o procedimento denominado "*quick look rule of reason*" nos Estados Unidos, bem como diversos julgados norte-americanos em que, apesar da menção expressa ao emprego da regra da ilicitude *per se*, a corte não se furtou a analisar a existência de poder de mercado e a avaliar efeitos concorrenciais. Ademais, nas duas jurisdições mencionadas, há uma clara intenção das autoridades antitruste de interpretar a legislação de forma coerente e racional, o que significa, em muitas situações, outorgar tratamento semelhante a restrições horizontais e verticais, unilaterais e concertadas. Esse aspecto será exposto mais adiante. Porém, ainda é possível distinguir entre os diferentes tipos de análise, conforme exposto acima. Nos Estados Unidos, por exemplo, certos acordos entre concorrentes caracterizam infração *per se* às leis concorrenciais.

148 *Economics and federal antitrust law.* Saint Paul, Minnesota: West Publishing Co., 1985; *Federal antitrust policy: the law of competition and its practice.* St. Paul: West Publ. Co., 1994, p. 275.

149 *Global antitrust law and economics.* New York: Foundation Press, 2007.

WHISH (*Competition law*, cit.), GOYDER[150], BELLAMY e CHILD[151], na Europa -, como também em escritos específicos sobre recusas de contratar. Com efeito, autores norte-americanos e europeus que se propuseram a examinar o assunto geralmente se dedicaram *exclusivamente* ou às recusas verticais (OSTI, *op. cit.*, NIVARRA[152]) ou aos boicotes (MARCHETTI[153] e SOBEJANO[154]). O art. de 1955 do norte-americano Charles F. BARBER (Refusals to deal, cit.) constitui uma das poucas exceções, ao examinar criticamente tanto a recusa unilateral quanto a recusa concertada na legislação federal do seu país.

No Brasil, no entanto, não há justificativa para uma separação *a priori* das condutas pelo seu tipo, a não ser por razões didáticas. Como já mencionado, a adoção do sistema da repressão ao abuso resulta *teoricamente* na outorga do mesmo tratamento a todas as infrações, horizontais e verticais, unilateriais e concertadas. Os ilícitos têm invariavelmente como requisito necessário (embora não suficiente) a existência de poder econômico.

Assim, uma análise sistemática das situações em que a legislação antitruste brasileira justifica a obrigatoriedade de contratar não poderia privilegiar as recusas verticais e excluir, por exemplo, os boicotes adotados por associações de classe.

Por esse motivo, neste trabalho, serão analisadas tanto as recusas horizontais quanto as verticais, unilaterais ou não. Porém, por motivos meramente metodológicos (inclusive para fins de apresentação e comentários sobre o direito comparado), apresentaremos, inicialmente, as duas modalidades de forma separada. Ao final, retornando ao contexto brasileiro, avaliamos se é possível, efetivamente, adotar a mesma lógica para ambas em nosso país, o que permitiria um tratamento unificado para todas as formas de obrigatoriedade de contratar quando oriundas da lei concorrencial brasileira.

As próximas sessões estão organizadas de forma a refletir essa proposta metodológica. Mas não é só. Há outras classificações importantes em matéria de recusa de contratar.

---

[150] *EC competition law.* 4 ed. Oxford: Oxford University Press, 2004. Vide, ainda J. GOYDER e A. ALBORS-LLORENS. *Goyder's EC Competition Law*, 5 ed., Oxford: Oxford University Press, 2009.

[151] *Common market law of competition.* 4 ed. London: Sweet & Maxwell, 1993.

[152] *L'obbligo a contrarre e il mercato*. Padova: CEDAM, 1989. No mesmo sentido: Vincenzo MELI. *Rifiuto di contrattare e tutela della concorrenza nel diritto antitrust comunitario.* Torino: Giappichelli, 2003.

[153] *Boicottaggio e rifiuto di contrattare*. Padova: CEDAM, 1969.

[154] *El boicot como acto de competência desleal contraria a la libre conpetencia*. Madrid: Civitas, 2000.

I.2. As recusas de contratar diretas e indiretas

Além de serem horizontais e verticais, as recusas de contratar podem ser diretas (também chamadas de "incondicionais") ou indiretas (também conhecidas como recusas "condicionais" ou "construídas").

No primeiro caso (recusa direta), um agente econômico (ou agrupamento de agentes, formal ou informal) simplesmente se recusa a negociar com outro, podendo ou não apresentar justificativa para tanto.

No segundo (recusa indireta), não há negativa pura e simples, mas as condições com base nas quais a pessoa física ou jurídica admite negociar são consideradas inaceitáveis pela contraparte, seja em razão de preços excessivos, seja em razão de outras condições gravosas[155].

Em relatório publicado recentemente pela OCDE, até mesmo a prática conhecida como *price squeeze* (ou *margin squeeze*) - que consiste na cobrança de preços reputados excessivos (muito superiores aos custos) por um determinado insumo, por parte de uma empresa dominante, quando da comercialização deste insumo no mercado, ao mesmo tempo em que os valores referentes a tal produto ou serviço são substancialmente inferiores quando computados nos custos da própria empresa ou grupo (ou seja, há desproporção entre o preço *upstream* e o preço *downstream*)[156], - foi arrolada como modalidade de recusa de contratar indireta pelos delegados da União Européia.

---

155 "*The term 'refusal to deal' (or 'refusal to supply') describes a situation in which one firm refuses to sell to another firm, is willing to sell only at a price that is considered "too high", or is willing to sell only under conditions that are deemed unacceptable*" (OCDE. *Refusals to supply*, cit., p. 9).

156 Nesse sentido: "... *a margin squeeze is a disproportion between an upstream and a downstream price*" (Decisão da Comissão Européia, datada de 04.07.2007, Case COMP/38.784 – Wanadoo España vs. Telefónica), ou mais especificamente: (i) "[p]*rice squeezing may be said to take place when an undertaking which is in a dominant position on the market for an unprocessed product and itself uses part of its production for the manufacture of a more processed product, while at the same time selling off surplus unprocessed product on the market, sets the price at which it sells the unprocessed product at such a level that those who purchase it do not have sufficient profit margin on the processing to remain competitive on the market for the processed product*" (Trecho da decisão da Corte de Primeira Instância, Case T-5/97 - Industrie des Poudres Sphériques); (ii) "[t]*he maintaining, by a dominant company, which is dominant in the markets for both a raw material and a corresponding derived product, of a margin between the price which it charges for a raw material to the companies which compete with the dominant company in the production of the derived product and the price which it charges for the derived product, which is insufficient to reflect that dominant company's own costs of transformation* [...] *with the result that competition in the derived product is restricted, is an abuse of a dominant position.*" (trecho da decisão da Comissão, Case 88/518/EEC - Napier Brown vs. British Sugar).

Os efeitos das recusas diretas e indiretas são os mesmos, embora a prova de existência da prática possa ser muito mais difícil no segundo caso. A caracterização das duas modalidades é discutida em alguns precedentes nacionais e estrangeiros tratados nos capítulos seguintes e, mais especificamente, ao comentar a legislação antitruste nacional (Cap IV.1 infra).

I.3. As recusas de contratar como restrição-fim ou como restrição-meio

Outra forma de classificação da recusa de contratar refere-se aos propósitos e ao contexto de sua adoção, de modo a caracterizar "restrição-meio" ou "restrição-fim".

A recusa como restrição-meio é utilizada para implementar outras restrições, lícitas ou não, tais como ajustes de exclusividade (de compra, de venda ou recíprocos), sistemas de distribuição seletiva, fixação de preços de revenda, vendas casadas, cartéis e políticas de auto-regulamentação adotadas por associações de classe.

A existência de contratos de exclusividade com terceiros[157], por exemplo, é jus-

---

[157] A palavra "exclusividade" é empregada para designar situações muito distintas. Segundo Paula FORGIONI, "[n]o contrato de distribuição, costuma-se utilizar o termo 'exclusividade' para denominar vasto leque de obrigações que podem tocar tanto os fabricantes quanto aos distribuidores, de forma que a mesma palavra é usada para designar veios contratuais diversos" (Contrato de distribuição, São Paulo, RT, 2005, p. 249). Em apertada síntese, os contratos de compra exclusiva (aprovisionamento exclusivo ou exclusive dealing) são aqueles pelos quais o adquirente se compromete a não comprar determinados produtos senão a um único fornecedor (ou outros fabricantes por ele indicados), enquanto que os contratos de venda exclusiva (também conhecidos como "contratos de fornecimento exclusivo" ou "de distribuição exclusiva", conforme o caso) são aqueles em que o fornecedor atribui algum tipo de exclusividade ao comprador, não sendo necessário, porém, para a caracterização da venda exclusiva, que o fornecedor venda todos os seus produtos para um único comprador (embora isso possa acontecer). O último tipo (exclusividade de venda) "toca mais de perto à divisão de mercado entre os distribuidores, estando relacionada à concorrência intramarca ('intrabrand competition'). Por ela, os distribuidores têm suas atividades confinadas a uma área, onde não atuarão outros da mesma rede" (Paula FORGIONI. Contrato de distribuição, cit, p. 251). As atividades dos distribuidores ou adquirentes nos contratos de distribuição exclusiva ou fornecimento exclusivo podem, ainda, ser limitadas com base no tipo de cliente ou canal de distribuição (v.g., clientes institucionais ou entidades governamentais). É por esse motivo que nos Estados Unidos as cláusulas dessa modalidade são conhecidas como "restrições territoriais ou de cliente". Naquela jurisdição, o uso do termo "exclusividade" é usualmente associado, portanto, aos contratos de compra exclusiva, distinção que não fazemos neste trabalho. O ajuste de exclusividade também pode ser recíproco, ou seja, tanto o comprador se compromete a não adquirir produtos senão do vendedor (ou a não adquirir quaisquer produtos concorrentes), quanto o vendedor se obriga a comercializar seus produtos exclusivamente àquele adquirente, ou por meio daquele distribuidor (ainda que apenas relativamente a determinada área ou a determinados clientes). Finalmente, diz-se que a exclusividade é dirigida quando o comprador não se encontra proibido de adquirir todos os produtos

tificativa recorrente para a recusa de contratar. Se os distribuidores se comprometeram a adquirir produtos somente de um determinado fabricante, eles conseqüentemente recusarão distribuir marcas de terceiros. Da mesma forma, um fornecedor que se obrigou a vender exclusivamente a um distribuidor ou grupo de distribuidores, recusará negociar com pessoas não integrantes do respectivo sistema de distribuição. A exclusividade pode ser explícita ou não – quando não é, diz-se que há exclusividade *de fato*. Na última hipótese, pode manifestar-se por meio de políticas de seleção e descontos.

Igualmente, a recusa de venda pode ser utilizada como sanção ao descumprimento, por parte dos distribuidores, de políticas de fixação de preços de revenda[158], ou como forma de implementação de estratégias de venda-casada, quando o fornecedor de um produto ou serviço se recusa a comercializá-lo separadamente, condicionando a sua aquisição à compra de outro produto ou à prestação de outro serviço, conforme Anexo I, parte B, item 5 da Resolução n.º 20/99 do CADE.

Em acordos de cartel, da mesma forma, recusas de contratar concertadas, na forma de boicotes, podem ser empregadas com vistas a conferir maior estabilidade ao acordo, diminuindo os incentivos para deserção por parte dos seus integrantes, à medida que as barreiras à entrada de novos concorrentes no mercado cartelizado são reforçadas e incrementadas as dificuldades à atuação de eventuais concorrentes que não participem do ajuste.

A recusa como restrição-fim, por exclusão, é aquela que não integra um contexto maior de outras limitações, sejam elas vinculadas a um cartel, a um contrato ou a um sistema de distribuição, sejam elas relacionadas a outras estratégias da parte que adota a recusa (como no exemplo da venda-casada).

Essa modalidade freqüentemente tem lugar nas relações (horizontais ou verticais) entre empresas concorrentes e envolve o acesso a bens essenciais. A recusa que tem por objeto eliminar concorrentes efetivos ou potenciais ou elevar seus custos, e que não está vinculada a um sistema de distribuição ou a um cartel clássico, é geralmente uma infração-fim.

Para fins deste trabalho, não se pretende discutir a recusa de contratar associada a políticas de fixação de preços de revenda ou a estratégias de venda-casa-

---

concorrentes àqueles fornecidos pelo vendedor, mas apenas marcas ou produtos específicos (a respeito: Tércio Sampaio FERRAZ JUNIOR. Conduta discriminatória e cláusula de exclusividade dirigida. Revista do IBRAC, São Paulo, v. 4, n. 1, p. 21-32, 1997. Vide ainda o Regulamento 2790/99 da Comissão Européia).

[158] A propósito, vide trabalho originado em dissertação de Mestrado (Priscila Brolio GONÇALVES. *Fixação e sugestão,* cit.). O trabalho recebeu, recentemente, interessantes críticas e comentários de Rodrigo Surcan dos SANTOS. Resale price maintenance, suggested retail price e o caso Kibon: uma análise crítica do ponto de vista da doutrina e jurisprudência nacional. *Revista do IBRAC*, v. 13, n. 2, p. 113-152, 2006.

da. Quando muito, tais condutas serão abordadas marginalmente. Os potenciais efeitos anticompetitivos e as justificativas da recusa de contratar nessas situações remetem àqueles das condutas principais (restrições-fim) que, embora mereçam referência, fogem ao escopo proposto. A recusa, em tais casos, não é senão um acessório, uma forma (não necessariamente a única ou a mais importante) de garantir ou executar restrições dotadas de racionalidade própria.

Já no que toca aos ajustes de exclusividade (aí incluídos sistemas de seleção de contrapartes, como distribuição seletiva[159]), embora seja restrição-meio, a recusa é da sua natureza. *Pragmaticamente, a celebração desses acordos tem por objeto excluir terceiros* e, muitas vezes, a recusa de contratar é justificada por essa modalidade de política comercial, como veremos mais adiante.

Ademais, as recusas de contratar associadas a ajustes de exclusividade não divergem das outras modalidades de recusa por nós analisadas, quanto aos potenciais efeitos anticompetitivos sobre o mercado (fechamento e elevação dos custos dos rivais)[160], não justificando tratamento autônomo, como acontece, por exemplo,

---

[159] A *distribuição seletiva* implica a escolha de alguns distribuidores pelo fornecedor, por área, com base em critérios objetivos (qualitativos, quantitativos ou mistos). A distribuição seletiva encontra-se associada ao objetivo de excluir certos estabelecimentos, conhecidos por concederem descontos ou por venderem mais barato, de uma rede de distribuição (a esse respeito, vide Giorgio MONTI. *EC Competition Law.* Cambridge: University Press, 2007, p. 347 e ss.). Costuma-se associar a distribuição seletiva a produtos de marca ou de luxo (em que a imagem do estabelecimento é importante), já que a denominação "distribuição seletiva" teria surgido na década de 60, para designar notadamente o comércio de perfumes de luxo, mas o sistema não se limita a tais hipóteses (P. TORNEAU. *La concession commerciale exclusive.* Paris: Economica, 1994, p. 12). Para fins de aplicação da denominada "*doutrina Metro*" (vide item 1.4.2.2 adiante) na Europa, por exemplo, a distribuição seletiva pode englobar 3 tipos de produtos, quais sejam produtos tecnicamente complexos (v.g., carros, eletroeletrônicos, computadores, entre outros), produtos de luxo ou com imagem de marca importante e produtos de vida útil muito curta (v.g., jornais e outros periódicos). A distribuição seletiva também resulta na recusa de contratar, já que distribuidores não credenciados ou autorizados não terão acesso ao produto. Diante da própria natureza do sistema, os contratos de distribuição seletiva geralmente determinam que os distribuidores autorizados comercializem os produtos *somente* a integrantes do sistema ou aos usuários finais. A diferença relativamente a outras formas de exclusividade reside, basicamente, no número de agentes econômicos envolvidos. No primeiro caso, há um único agente econômico, ainda que sua atuação seja limitada a uma determinada região ou mesmo a um único cliente, ou categoria de clientes. O que importa é que apenas um distribuidor atua naquela região ou nicho de mercado (v.g., um distribuidor de equipamentos para fins específicos de licitações públicas no Estado de São Paulo). No segundo caso, existe uma pluralidade de distribuidores (mais de um, pelo menos) para a mesma região ou categoria de clientes.

[160] A esse respeito, vide Douglas MELAMED. Exclusive dealing agreements and other exclusionary conduct: are there unifying principles? *Antitrust Law Journal,* n. 73, p. 375-412, 2005-2006.

com a fixação de preços de revenda. A exclusividade é, freqüentemente, a "outra face" da recusa de contratar.

Assim, neste trabalho tratamos tanto das recusas de contratar como restrições-fim como das recusas-meio associadas à implementação de políticas de exclusividade. Outras práticas, como descontos e políticas de fidelidade, também serão discutidas, pois podem resultar em exclusividade de fato e, conseqüentemente, na recusa de negociar com terceiros.

Vale consignar, por fim, que a exclusividade não se relaciona apenas a relações de distribuição, tampouco este trabalho se limita a discutir as recusas de contratar em tais situações, ainda que estas representem um percentual significativo dos casos concretos, como veremos no Capítulo II adiante.

I.4. Recusa de contratar e dependência (absoluta ou relativa)

Com base na doutrina de Calixto SALOMÃO FILHO[161], distinguem-se três situações distintas em que a recusa de contratar enseja, potencialmente, a obrigatoriedade de celebrar contrato ou a ingerência estatal no que se refere ao seu conteúdo:

(i) recusa de contratar em mercados caracterizados pela existência de bens de utilidade pública (ainda que explorados pela iniciativa privada), sejam tais mercados monopolizados ou não[162];

(ii) recusa de contratar em mercados caracterizados por deficiências de informação (mercados secundários como, por exemplo, de peças de reposição e serviços pós-venda); e

(iii) recusa de contratar nas relações contratuais, contínuas ou não, caracterizando-se a dependência relativa do agente econômico.

Nas hipóteses 'i' e 'ii' acima, o autor caracteriza as situações como de *dependência absoluta*. Na hipótese 'iii', como mencionado, a *dependência é relativa.*

Dessa classificação, portanto, é possível extrair outra importante separação para fins didáticos: de um lado, as recusas que têm lugar em mercados caracterizados por bens essenciais[163], tangíveis e intangíveis (informações, inclusive, como no item 'ii' da classificação proposta), e que, portanto, criam situação de *dependência absoluta* para aqueles que necessitam de tais bens; de outro lado, as recusas que, embora

---

[161] A esse respeito, vide *Direito concorrencial: as condutas*, cit., pp. 11-117 e 198-260, bem como *Regulação*, cit., pp. 51-70.

[162] O autor segrega as situações de monopólio daquelas em que, embora este não esteja presente, a existência de retornos crescentes de escala (indústrias de rede) impõe a obrigatoriedade de contratar.

[163] O conceito de bens essenciais será apresentado e explorado no Cap. IV.3.

relacionadas a bens não essenciais, têm lugar em circunstâncias particulares, que colocam aqueles que necessitam de tais bens em situação de *dependência relativa*.

Em ambos os casos, as recusas podem ser verticais e horizontais.

Os capítulos subseqüentes encontram-se organizados da seguinte forma: inicialmente, examinamos as recusas verticais de contratar, à luz da teoria econômica e dos direitos norte-americano e europeu, em situações de dependência absoluta ou relativa (Cap. II); na seqüência, analisamos as recusas horizontais sob a mesma ótica (Cap. III). O Cap. IV trata das recusas na legislação brasileira. Na Conclusão, propomos tratamento sistemático às diversas espécies de recusa no direito concorrencial brasileiro, inclusive para fins dos remédios adotados, ocasião em que tratamos da insuficiência e do papel do direito antitruste para resolver o problema referente à recusa de contratar em mercados (monopolizados ou não) caracterizados pela existência de bens de utilidade pública (ainda que explorados pela iniciativa privada).

II - A recusa de contratar como modalidade de restrição vertical

II.1. As restrições verticais e sua racionalidade

Em ocasião anterior em que tivemos a oportunidade de analisar as restrições verticais[164], apontamos, na doutrina nacional ou comparada, e em textos legais e diretrizes das autoridades de defesa da concorrência nos Estados Unidos e na Europa, definições de restrições verticais tanto como "*acordos entre empresas atuantes em diferentes níveis da cadeia de produção ou distribuição*[165] quanto como "*condições impingidas por um participante da cadeia vertical sobre outro*" (ou *ações unilaterais impostas*)[166].

Na verdade, a conceituação de restrição vertical acaba decorrendo do enfoque que se quer dar. Quando este enfoque recai sobre acordos ilícitos entre agentes situados em diferentes etapas da mesma cadeia produtiva (Sherman Act, art. 1, nos EUA, e art. 101 do Tratado de Roma, na UE), adota-se a primeira definição. Se o objeto da análise são condutas adotadas por empresas dominantes (Sherman Act, art. 2, nos EUA, e art. 102 do Tratado de Roma, na UE), prefere-se a segunda.

Como já mencionamos, no Brasil não existe tal segregação, já que todas as condutas (inclusive na forma de acordos) demandam a existência de poder para a sua caracterização. Assim, preferimos utilizar uma noção mais ampla de restrições verticais, abrangendo tanto os acordos celebrados entre, quanto as práticas impostas unilateralmente por empresas que atuem em diferentes estágios da cadeia produtiva/distributiva.

As restrições verticais são práticas de efeitos controvertidos sobre os mercados afetados.

Por muitos anos, tais práticas foram condenadas pela legislação antitruste nos Estados Unidos, por serem consideradas instrumentos de limitação da liberdade empresarial, exploração de clientes e criação de dificuldades ao acesso de pequenas empresas ao mercado[167]. Da mesma forma, na Europa, durante praticamente duas décadas (até meados da década de 1980), foram duramente combatidas

[164] Priscila Brolio GONÇALVES. Fixação e sugestão, cit., p. 143 e ss.

[165] Vide, nesse sentido, as *Vertical Restraints Guidelines* norte-americanas, revogadas durante a administração Bill CLINTON, e comentários de R. PITOFSKY. (Vertical restraints and vertical aspects of mergers: a US perspective. In: *24th Annual Conference in International Antitrust Law and Policy*, Fordham Corporate Law Institute, 1997. Vide, ainda, o Regulamento 2790/99 da Comissão Européia. No Brasil: Werter FARIA (*Direito da concorrência*, cit., pp. 15-18).

[166] Nesse sentido, E. FOX e L. SULLIVAN (*Cases and materials on antitrust*. Saint Paul, Minnesota, West Publishing Co., 1989, p. 522).

[167] E. FOX e L. SULLIVAN. *Cases and materials*, cit., p. 522.

como limitações graves à concorrência entre os Estados-membros e à efetivação do mercado comum.

Entre as explicações que sustentavam essa presunção de ilicitude, merecem destaque as denominadas "teorias de monopólio", que interpretam as restrições verticais invariavelmente com base nos seus supostos propósitos ou efeitos monopolistas[168].

Há dois grupos de teorias de monopólio associadas às restrições verticais.

Em um primeiro grupo encontram-se as teorias que consideram que os efeitos anticompetitivos das restrições verticais são direcionados aos compradores, destacando-se a "teoria da discriminação de preços" e a "teoria da alavancagem" ("*leverage theory*"). Os adeptos da "teoria da discriminação" defendem que o poder de monopólio é imutável, sendo a discriminação de preços apenas uma forma de exercício do mesmo, passando a ocorrer no momento em que os vendedores descobrem como valorar as diferenças de utilidade do produto para os consumidores. Já segundo a "teoria da alavancagem", o poder de monopólio pode ser aumentado ou estendido, sendo que as restrições verticais contribuem para tanto.

Em um segundo grupo estão as teorias de monopólio que relacionam os efeitos da utilização de determinadas práticas contratuais com a exclusão dos rivais. Assim, os teóricos do segundo grupo defendem que as restrições verticais permitem ao agente econômico aumentar o seu poder de monopólio através da elevação das barreiras à entrada. Na concepção de Oliver WILLIAMSON, as teorias mais recentes nesse sentido são bastante coerentes, *v.g*, ao relacionar determinadas práticas contratuais ao propósito de aumentar os custos dos rivais[169].

Há quem, no entanto, sustente que as restrições verticais são geralmente benéficas (ou, na pior das hipóseses, inócuas) do ponto de vista concorrencial. Na verdade, a forma como as restrições verticais eram encaradas pelas autoridades de defesa da concorrência nos Estados Unidos teve uma guinada quando a doutrina econômica de Chicago passou a defender que tais condutas se encontram primordialmente voltadas para a geração de eficiências. Para os adeptos da teoria neoclássica, apenas em pouquíssimas ocasiões as restrições verticais podem conduzir a ineficiências (i.e., quando tiverem o condão de facilitar a organização de cartéis ou quando praticadas largamente em mercados oligopolizados com altas barreiras à entrada). Em todas as demais situações, as restrições verticais seriam pró-competitivas[170].

Uma visão alternativa a Chicago, embora ainda predominantemente utilitária,

---

[168] Para um síntese do assunto, vide Oliver WILLIAMSON. *The economic institutions of capitalism (firms, markets, relational contracting)*. New York-London, The Free Press-Collier Macmillan Publishers, 1986, pp. 25-27.

[169] *Ibid*, p. 27.

[170] S. ROSS. *Principles*, cit., 1993, pp. 225-226.

advém da contribuição do próprio WILLIAMSON, que desenvolveu sistematicamente *a teoria dos custos de transação*, atribuindo às restrições verticais o papel de *incentivar e preservar as relações contratuais, reduzindo tais custos*. No entendimento do autor, essa explicação deve permear a análise de qualquer problema relacionado direta ou indiretamente a um contrato[171].

Os custos de transação consistem, basicamente, nos gastos incorridos pelas empresas ao utilizar os mecanismos de mercado, interagindo com outros agentes econômicos a fim de obter os insumos necessários para o desenvolvimento da sua atividade ou a fim de buscar compradores para os seus produtos[172].

A teoria dos custos de transação permite justificar a substituição do mercado (situação em que os agentes econômicos adquirem de terceiros os bens e serviços de que necessitam, de acordo com a lei da oferta e da demanda) pela integração vertical (os bens e serviços utilizados pela empresa são produzidos internamente). Com efeito, as empresas integradas verticalmente beneficiam-se de menores custos de transação e da garantia de disponibilidade dos bens e serviços necessários para a sua atividade. Por outro lado, podem incorrer em maiores custos de produção e distribuição, além de custos administrativos e legais adicionais, relacionados à manutenção de uma estrutura maior e multifuncional.

Uma situação intermediária, *a celebração de contratos de médio e longo prazos de duração com restrições verticais*, possibilita a redução dos custos de transação sem elevar substancialmente outras despesas, como na hipótese de uma integração vertical.

Desse modo, *as restrições verticais estariam voltadas primordialmente para a geração de eficiências, porém de eficiências associadas à redução dos custos de transação* (e não dos custos de produção).

Segundo DOBSON e WATERSON, as restrições verticais continuam, hoje, sendo uma fonte de inesgotáveis debates em matéria de políticas públicas. Não há evidências que suportem que quase todas as restrições verticais devam ser tratadas

---

171 Nas palavras do autor: *"whereas it was once common to approach customer and territorial restrictions and related forms of nonstandard contracting as presumptively anticompetitive, transaction cost economics maintains the rebuttable presumption that such practices have the purpose of safeguarding transactions"* (*The economic institutions*, cit., p. 39).

172 Essa definição de custos de transação, baseada na acepção de COASE, seria, segundo Elizabeth FARINA, Paulo Furquim de AZEVEDO e Maria Sylvia Macchione SAES, excessivamente restrita e, por esse motivo, insuficiente. Segundo os autores, atualmente os custos de transação devem ser definidos não só pelo uso do mercado, mas pelo uso de qualquer forma organizacional, sendo o mercado um caso particular. Assim, custos de transação seriam "*todos os custos não diretamente relacionados à transformação tecnológica do produto*" (*Competitividade: mercado, Estado e organizações*. São Paulo: Singular, 1997, p. 56).

a priori como lícitas (nos moldes propostos por Chicago ou por WILLIAMSON). Os autores reconhecem que tais práticas podem ter efeitos positivos (por exemplo, eliminando distorções de preços, otimizando investimentos e eliminando custos de transação evitáveis), mas ressaltam que também podem gerar fechamento do mercado a novos entrantes e elevação dos custos dos rivais já instalados[173].

No mesmo sentido, ao tratar de contratos de distribuição[174], Valentine KORAH e Denis O'SULLIVAN atribuem às restrições verticais tanto efeitos negativos (fechamento do mercado, preços finais mais elevados para os consumidores, elevação dos custos dos rivais, rigidez e facilitação à colusão, e prejuízo à liberdade de iniciativa, especialmente das pequenas e médias empresas) quanto benefícios (endereçamento de problemas de *free-riding*, proteção de investimentos e geração de incentivos para a prestação de serviços, economia de custos de transação e solução do problema das margens duplas), dependendo da situação em análise[175].

O estudo das restrições verticais constitui, portanto, campo complexo por excelência, não apenas no que se refere à identificação do poder econômico (já que a verificação da existência do poder passa, necessariamente, pela análise de mais de um mercado), mas também no que concerne à adequada avaliação de justificativas e efeitos.

Note-se que as mesmas restrições verticais podem, em alguns casos, reduzir a concorrência e elevar as barreiras à entrada e, em outros, gerar efeitos completamente opostos. É justamente por essa razão que se tem defendido uma análise caso a caso das restrições verticais. A recusa de contratar vertical não deve fugir a essa regra.

---

[173] Vertical restraints and competition policy. In: *Office of fair trading research papers*, n. 12, December 1996. No mesmo sentido, sintetizando tanto os efeitos anticompetitivos de integrações e restrições verticais quanto suas justificativas pró-eficiência, vide Sérgio GOLDBAUM. *Restrições verticais no setor automotivo: barreiras à entrada de novos concessionários*. São Paulo, FGV-SP, 2005 (tese de doutoramento).

[174] Uma discussão do que constituem juridicamente contratos de distribuição encontra-se em Claudineu de MELO (*Contrato de distribuição*. São Paulo: Saraiva, 1987) e em GONÇALVES (*Fixação e sugestão*, cit.). Aqui, porém, trata-se de distribuição de forma ampla, ou seja, como fenômeno econômico, de modo a incluir toda e qualquer relação que tenha por escopo o escoamento dos produtos, ainda que formalmente sob um contrato de franquia.

[175] *Distribution agreements under the EC competition rules*. Oxford e Portland, Oregon: Hart, 2002, p. 17-45.

II.2. Racionalidade e efeitos anticompetitivos da recusa de contratar vertical. Análise crítica sob a ótica da teoria da Organização Industrial

Se o contrato é um instrumento para criar riqueza ou promover a sua circulação na sociedade, viabilizando a economia de mercado, como visto no Cap. II da Primeira Parte, por que, objetivamente, existe a recusa de contratar? Qual é a racionalidade dessa conduta, independentemente dos efeitos que gera na economia?

Deixando de lado enfoques puramente ideológicos, que ressaltam apenas alguns aspectos do contrato e ignoram a sua historicidade - ou seja, que enxergam o contrato e a recusa de contratar como manifestações de uma liberdade quase irrestrita, contexto em que as questões acima sequer fazem sentido -, é natural que se investiguem as razões por trás da recusa de contratar.

Antes de qualquer coisa, há que se repudiar qualquer explicação exacerbadamente reducionista para o fenômeno, incluindo-se a de que a recusa de contratar tem sempre por objetivo criar, aumentar ou estender poder de monopólio (as denominadas teorias do monopólio, citadas no item anterior) e a de que a prática está invariavelmente voltada para a obtenção de eficiências (com poucas exceções)[176].

Sob a ótica exclusivamente privada, a racionalidade da recusa de contratar vertical abrange diversas justificativas, entre as quais destacamos a inadimplência e outras desavenças comerciais, a limitação de capacidade produtiva ou o comprometimento da produção, a incompatibilidade e outras justificativas de caráter técnico ou logístico, alterações de estratégia empresarial e políticas de distribuição e

[176] Dennis W. CARLTON, por exemplo, defende que o papel das autoridades antitruste deveria ser bastante limitado na análise da recusa de contratar vertical. O autor analisa criticamente os precedentes *Aspen* e *Kodak* (controvertidos *leading cases* sobre a conduta nos Estados Unidos), e conclui que ambos os casos representam escolhas perigosas, por gerarem ineficiências (transferência de propriedade dos acusados para os reclamantes). O autor não chega a considerar que a recusa de contratar não deveria ser jamais objeto de restrições pelas autoridades antitruste (ele apoia as decisões da Suprema Corte norte-americana nos precedentes Lorain Journal e Microsoft I), mas consigna que a prática se encontra geralmente associada a *(i)* disputas privadas (Aspen); *(ii)* acordos de exclusividade voltados para uma distribuição mais eficiente de produtos (Standard Fashion); *(iii)* mercados de produtos complementares (Kodak) ou economias de escala; e *(iv)* interdependência dinâmica. Ele salienta que existem efeitos pró-competitivos associados à recusa de contratar nesses casos, quais sejam incentivos para que o fabricante realize treinamento e promoções, desenvolvimento de produtos (*product design*), descontos em quantidade (encorajando pedidos mais eficientes), proteção de propriedade intelectual, redução de custos e inovação. A general analysis of exclusionary conduct and refusal to deal: why Aspen and Kodak are misguided, *NBER Working Paper Series*, Working Paper n. 8105, fev. 2001. CARLTON exclui expressamente de sua análise as recusas de contratar horizontais e coletivas (boicotes), bem como as negativas de acesso a bens essenciais em indústrias reguladas (que caem no escopo da denominada *Essential Facility Doctrine*).

comercialização (v.g., sistemas de distribuição exclusiva ou seletiva).

A importância dos sistemas de distribuição para o escoamento de produtos na economia contemporânea não constitui nenhuma novidade. Diversos autores, entre clássicos e contemporâneos, já trataram do assunto, inclusive sob a ótica jurídica[177].

Existem várias formas pelas quais um produtor ou fornecedor pode fazer com que seus produtos atinjam os consumidores finais. Ele pode participar diretamente de todas as etapas da cadeia produtiva, desde a manufatura até o comércio varejista (integração vertical), atuar por meio de agentes ou representantes comerciais, vender seus produtos a distribuidores independentes ou franqueados, licenciar tecnologia (terceirizando, inclusive, a etapa de produção), comercializar por meio da Internet ou combinar vários métodos[178].

Os contratos de distribuição são campo fértil para restrições verticais[179], cuja racionalidade é geralmente atribuída à melhoria do escoamento dos produtos, atendendo ora a necessidades do fabricante, ora a necessidades dos distribuidores, quando não de ambos.

Em monografia organizada pela Seção Antitruste da American Bar Association, são apontados os seguintes motivos pelos quais fornecedores recusam-se a contratar com distribuidores (recusa de venda): *(i)* existência de distribuição suficiente, segundo o ponto de vista do fornecedor; *(ii)* criação ou manutenção de contrato de distribuição exclusiva, por meio da recusa de credenciar novos distribuidores ou do término do contrato celebrado com distribuidores existentes; *(iii)* disciplinamento de distribuidores que violam restrições de compra ou de venda e implementacão de critérios impostos a distribuidores (tais como imagem, crédito e quotas de vendas); *(iv)* alocação de recursos escassos em períodos críticos; e *(v)* razões não comerciais tais como animosidades ou disputas pessoais[180].

---

[177] Vide, por exemplo, Werter FARIA (*Direito da concorrência*, cit.); Paula FORGIONI (*Contrato de distribuição*, cit.); Claudineu de Melo (*Contrato de distribuição*, cit). No direito comparado, entre muitos outros: Osvaldo MARZORATI. *Sistemas de distribución comercial*. Buenos Aires: Astrea, 1990; Laurence AMIEL-COSME. *Les réseaux de distribution*. Paris: LGDJ, 1995.

[178] Vide Valentine KORAH and Dennis O'SULLIVAN. *Distribution agreements*, cit., p. 3-8.

[179] Nesse sentido, Richard WHISH trata das restrições ancilares, consideradas necessárias para implementar uma atividade comercial, desde que não sejam desproporcionais. Nos sistemas de distribuição, tais restrições encontram-se voltadas, por exemplo, para viabilizar a penetração dos produtos do fabricante em um novo mercado (*Competition law*, cit., 119-121). Vide, ainda, Valetine KORAH e Dennis O'SULLIVAV (*Distribution agreements*, cit., p. 83).

[180] ABA SECTION OF ANTITRUST LAW, Monograph n. 9, *Refusals to deal and exclusive distributorship*, 1983, p. 1-3. De forma semelhante, entre nós, Paula FORGIONI: "*as razões que impelem o agente econômico ao rompimento unilateral do contrato de distribui-*

No que tange à recusa de compra, ou seja, à situação em que os distribuidores se recusam a adquirir de determinado fornecedor, entendemos que, além da existência de exclusividade (imposta ou acordada, tácita ou explícita), as justificativas são igualmente diversificadas, abrangendo desde questões técnicas (incompatibilidade) até questões de logística (por exemplo, dificuldade de administração de estoques), passando pelos já citados problemas comerciais. É evidente que, ao administrar seu negócio, o distribuidor avaliará a rentabilidade daquele, levando em conta a conveniência ou não de trabalhar com uma multiplicidade de marcas e, ainda que opte por um modelo com vários fornecedores, verificará quantas marcas são viáveis e interessantes para estocar e comercializar.

Especificamente no que toca aos contratos de exclusividade, de compra ou de venda, encontram-se geralmente associados à melhoria na distribuição de produtos, ao combate ao problema do *free riding*, à proteção a investimentos específicos do fabricante (ou dos distribuidores) e à redução de custos de transação.

Mas, como anteriormente mencionado, não estamos tratando apenas de contratos de distribuição (ou seja, da relação entre fornecedor e distribuidor), embora seja certamente uma das hipóteses mais comuns de recusa envolvendo bens não essenciais. A recusa de contratar abrange situações em que o vendedor de determinado insumo se recusa a abastecer determinado comprador (ou compradores) e vice-versa. Essas situações, embora sempre digam respeito a agentes econômicos que integram uma mesma cadeia produtiva – relacionando-se verticalmente, caso contrário não caberia a sua análise sob a ótica das "recusas verticais" -, não configuram contratos de distribuição.

De qualquer modo, ainda que a recusa possa ser explicada com base em uma política de distribuição exclusiva, por exemplo, implementada pelo agente econômico com o intuito de reduzir seus custos (ou seja, aumentar a eficiência), há que se verificar se tal política não constitui um ilícito concorrencial, devido à sua potencialidade lesiva[181].

ção [e conseqüente recusa de contratar] *podem ser as mais variadas, por exemplo, visar à manutenção da sua reputação, liberando-se de um distribuidor desidioso ou eliminar* free riders *que incitam o não-investimento pelos demais revendedores. Mas, concomitantemente, a denúncia pode significar uma retaliação contra aquele que não aderiu a um plano anticoncorrencial ou recusou-se a seguir determinações que lhe seriam prejudiciais. Ademais, o fornecedor pode pretender tomar para si ou para outrem o mercado conquistado pelo distribuidor"* (*Contrato de distribuição*, cit., pp. 448-449).

[181] Segundo ASKER, por exemplo, os contratos de distribuição exclusiva de cervejas (que resultam na recusa dos distribuidores em negociar com outros fabricantes e distribuir seus produtos) geram reduções de custos, devendo-se, no entanto, analisar qual é a fonte dessa vantagem. Em se tratando do bloqueio à entrada de outros competidores (fechamento do mercado ou *foreclosure*), devem as autoridades intervir e coibir a prática. Já se a redução de custos for oriunda da eliminação do *free-riding* e da proteção a investimentos específicos

Isso porque, na presença de poder econômico, mesmo quando não existe o objetivo de eliminar rivais ou restringir a concorrência, os efeitos potenciais da prática podem ser anticompetitivos.

No Brasil, como já mencionado, essa abordagem encontra-se respaldada no *caput* do art. 20 da Lei 8.884/94 (vide Cap. I.4 da Parte I retro).

Com as ressalvas feitas na Parte I sobre o descabimento do chamado balanço de efeitos concorrenciais, acreditamos que a teoria econômica e, em especial, a teoria da Organização Industrial podem contribuir de maneira decisiva para a compreensão do comportamento dos agentes econômicos e seus efeitos, e desempenhar um papel importante na análise da recusa de contratar.

Embora sempre exista a necessidade de relativizar (e, às vezes, até desconsiderar) a busca da eficiência[182] à luz de outros valores eleitos pelo ordenamento, a nova economia industrial constitui um avanço relativamente ao pensamento neoclássico ao reconhecer que os mercados não funcionam de forma perfeita[183].

Mais especificamente, a teoria da Organização Industrial afasta a idéia de con-

---

do fabricante ou dos distribuidores, qualquer intervenção poderia piorar a situação dos consumidores e da indústria, mostrando-se, portanto, indesejável. Ao analisar a indústria de cervejas de Chicago, ASKER encontrou evidências de que o uso de contratos de distribuição exclusiva *(i)* diminuiu os custos das empresas, por incentivar investimentos nos canais de distribuição por parte dos fabricantes, *(ii)* incentivou os distribuidores a oferecer melhores serviços, e *(iii)* não teve o efeito de afastar os rivais existentes do mercado (ou de elevar barreiras à entrada). Desse modo, o autor concluiu que se houvesse uma intervenção da autoridade antitruste, esta poderia elevar preços para o consumidor e reduzir a lucratividade da indústria (*Measuring cost advantages from exclusive dealing: as empirical study of beer distribution.* Harvard University, jan. 2004).

[182] Para a teoria da Organização Industrial, as legislações de defesa da concorrência *não* devem prevenir ou reprimir condutas *eficientes* dos agentes econômicos (nesse sentido, vide CHURCH e WARE, *Industrial Organization: a strategic approach.* Boston, Irwin McGraw-Hill, 2000).

[183] Nas palavras de Elizabeth M. M. Q. FARINA, "*a Teoria da Organização Industrial trata da concorrência em mercados concentrados, enfatizando dois aspectos fundamentais das empresas capitalistas modernas: primeiro, as estratégias de concorrência e crescimento determinam e, ao mesmo tempo, são condicionadas pela estrutura da indústria onde se inserem; segundo, é possível a criação e exercício de poder de monopólio em um mundo onde impera a livre iniciativa*" (Programa da disciplina Organização Industrial I, 2º Semestre de 2005). De forma semelhante, CHURCH e WARE enunciam: "*Industrial Organization or Industrial Economics is the study of the operation and performance of imperfectly competitive markets and the behavior of firms in these markets. It is the field of economics concerned with markets and firms where the applicability and explanatory power of the theory of perfect competition is questionable because for some reason there is insufficient competition. And of course determining when and why competition will be insufficient is central to industrial organization*" (*Industrial Organization*, cit., pp. 7-9).

corrência perfeita e também o conceito neoclássico de monopólios; ainda assim, considera possível teorizar sobre o comportamento dos agentes econômicos em mercados concentrados e desenvolver modelos com utilidade prática, lançando luz sobre diversos assuntos (v.g., as teorias mais recentes que propõem abordagens mais realistas sobre preços predatórios, permitindo a aplicação, pelas autoridades administrativas e judiciais, de normas concorrenciais antes consideradas letra morta nesse campo[184]).

Ao analisar a recusa de contratar, a teoria da Organização Industrial distingue as condutas que não têm aptidão para produzir efeitos anticompetitivos (e que se configurariam, portanto, legítimas), daquelas resultantes em impactos negativos no mercado (e que constituem afronta à legislação de defesa da concorrência, se adotadas por agentes detentores de poder econômico).

Daí se depreende que não há lugar para uma análise *subjetiva* de justificativas para a adoção da recusa de contratar vertical sob a ótica da teoria da Organização Industrial. Essa conclusão alinha-se com a proposta anteriormente apresentada neste trabalho, no sentido de interpretar a frase *"por objeto ou efeitos, ainda que não alcançados"* no *caput* do art. 20 da Lei 8.884/94 como a exigência de uma *vontade objetiva* de limitar a concorrência ou dominar mercados, que se traduz, simplesmente, na potencialidade de que tais efeitos sejam alcançados.

Assim, por um lado, os potenciais efeitos anticompetitivos relacionados a tal modalidade de recusa de contratar resumem-se da seguinte forma:

(i) eliminação de concorrentes efetivos (fechamento de mercado, impedindo o acesso a fontes de matéria-prima ou aos canais de distribuição) ou elevação de seus custos (elevação dos custos dos rivais); e

(ii) criação ou elevação artificial das barreiras à entrada de potenciais concorrentes (elevação dos custos para entrada no mercado).

Para a teoria da Organização Industrial é necessário que haja poder para que tais efeitos sejam passíveis de ser atingidos[185], com o que concordamos, conforme

---

184 Vide, por exemplo, Ciryl RITER, Beyond Azko and Brooke Group: why the law of predatory pricing needs a radical rethink, World Competition: Law and Economics Review, v. 27, n. 4, 2004, p. 613-649.

185 Calixto SALOMÃO FILHO discorda e critica essa posição: "[também] *em matéria de recusa de contratar reproduz-se a tão conhecida e cega confiança no poder de mercado como critério básico de ilicitude. Na doutrina e jurisprudência internacionais o poder no mercado, por diferentes justificativas, é o critério essencial para determinação da licitude, ou não, da recusa de contratar. O poder de mercado é, sem dúvida, relevante como critério básico de ilicitude da recusa de contratar. Não é, no entanto, o único, e tampouco um critério suficiente*" (*Direito concorrencial: as condutas*, cit., p. 235). O professor acrescenta que, em matéria de recusa de contratar, *"essa fixação na idéia de poder no mercado traz consigo uma agravante: conduz a uma explicação unitária de um fenômeno por natureza plurívoco"*.

exposto no Capítulo I.5 da Primeira Parte.

Por outro lado, tomando como pressuposto o funcionamento imperfeito dos mercados, a teoria da Organização Industrial admite que a prática esteja direcionada à solução (legítima) dos seguintes problemas[186]:

(i) concorrência predatória (canibalização) entre distribuidores (por meio do estabelecimento de uma rede de distribuidores exclusivos ou de distribuição seletiva, recusando-se o fabricante a negociar com terceiros);

(ii) adoção de condutas oportunistas (*free-riding*) por parte de distribuidores que fornecem maiores descontos (*retail price discounters*) sobre distribuidores que ofertam serviços de pré e pós-venda (e que contribuem para o incremento da reputação do fabricante);

(iii) necessidade de economias de escala na distribuição;

(iv) adoção de condutas oportunistas (*free-riding*) por parte de outros fabricantes sobre a imagem do produto, a propaganda ou os investimentos realizados por um determinado fabricante (inclusive na rede de distribuição); e

(v) concorrência predatória entre fabricantes.

Mais do que justificativas de ordem subjetiva, que implicariam a impossível tarefa de perscrutar o ânimo dos administradores da empresa engajada na recusa, tais explicações devem ser aferidas *objetivamente.* Em outras palavras, não basta que tais circunstâncias sejam invocadas pelos agentes econômicos, há que se demonstrar que os problemas que demandam solução por meio da recusa de contratar (quando adotada por agentes detentores de poder econômico, frise-se novamente) estão efetivamente presentes no mercado em questão e que a recusa (direta ou derivada de um ajuste de exclusividade, por exemplo) é a forma mais adequada e menos onerosa para a sociedade a ser adotada no caso concreto. Ainda assim, haverá situações excepcionalíssimas em que tais justificativas não poderão ser aceitas. A isso voltaremos oportunamente, ao tratar dos mercados caracterizados por bens de utilidade pública no Brasil (Cap. IV.3) e na Conclusão (Cap. V).

Vale repetir que essa análise não passa pelo chamado balanço de eficiências, tal como previsto nos anexos da Resolução 20/99 do CADE, já que, como anteriormente mencionado, a lei antitruste brasileira, em decorrência da própria Constituição Federal (que elegeu a justiça social e não a eficiência produtiva como fundamento da ordem econômica), não estabelece tal procedimento na análise de comportamentos restritivos.

Considerando todos os aspectos relacionados à recusa de contratar vertical, DOBSON e WATERSON propõem a seguinte abordagem para distinguir entre

---

[186] A esse respeito, vide DOBSON e WATERSON. *Vertical restraints,* cit., p. 5 (tabela 2).

condutas legítimas e condutas anticompetitivas: *(i)* identificação de sinais de poder de mercado do fabricante ou do distribuidor (ou seja, no mercado a montante ou a jusante); *(ii)* avaliação dos efeitos da prática sobre a concorrência nos mercados; *(iii)* análise dos indicadores de eficiência.

À luz da legislação brasileira e das considerações acima, referido teste poderia ser aplicado pelas autoridades pátrias, *com a exclusão do terceiro tópico, que deve ser substituído pela análise objetiva de justificativas.* Conforme explicitado no item I.5.1, não se trata apenas de questão semântica. Além disso, a primeira etapa do teste ("identificação de sinais de poder de mercado do fabricante ou do distribuidor") deve considerar diversos aspectos, e não apenas a capacidade de elevar preços.

Abordamos, na seqüência, o tratamento outorgado à recusa de contratar vertical nos direitos da concorrência norte-americano e europeu, culminando com as conclusões exaradas no relatório da OCDE sobre o assunto.

II.3. A recusa de contratar vertical nos Estados Unidos: uniformização da análise em torno da regra da razão

II.3.1. Considerações gerais introdutórias

A legislação antitruste nos Estados Unidos distingue entre condutas restritivas da concorrência decorrentes de acordos, de um lado, e condutas adotadas por empresas detentoras de posição dominante, de outro, estando as primeiras disciplinadas principalmente no art. 1º do Sherman Act e as segundas no art. 2º do mesmo diploma legal.

A despeito da distinção, em alguns casos as cortes norte-americanas procuraram estender o conceito de acordo (art. 1º) a condutas unilaterais derivadas (v.g., precedentes *Parke, Davis & Co.* e *Russell Stover*[187]), embora de forma mais tímida do que na Europa e a despeito do polêmico precedente Colgate, onde uma distinção exclusivamente formalista – tênue e desacompanhada de qualquer análise econômica - entre as duas modalidades foi traçada[188].

É de se observar que, após o julgamento do caso *Bell Atlantic Corp. v. Twombly,* em que a Suprema Corte entendeu que para configurar um acordo à luz do art. 1º do Sherman Act fazem-se necessárias circunstâncias indicativas de um *entendimento* entre as partes, sem o que esforços comerciais deveriam ser reputados neutros, ficou muito difícil inferir a existência de um acordo (horizontal ou vertical) com base em comportamentos unilaterais, ainda que paralelos[189].

---

[187] Em *United States v. Parke, Davis & Co.* (362 U.S. 29), de 1960, por exemplo, a Suprema Corte, limitando a chamada *Doutrina Colgate,* entendeu que condutas adotadas simultaneamente por diversos distribuidores e provas de que os mesmos mantinham contato com o fabricante que, por seu turno, reportava as conversas mantidas a outros distribuidores, garantindo a aderência dos mesmos à sua política, eram elementos suficientes da existência de um acordo. Em *Russell Stover* (1981), a FTC entendeu que uma política anunciada pelo fabricante no sentido de terminar relações contratuais com distribuidores que concediam descontos, juntamente com o amplo adimplemento por partes destes, justificava a conclusão de que existia "*unwilling compliance*", e conseqüentemente, havia um acordo (ABA SECTION OF ANTITRUST LAW, *Refusals to deal,* cit., p. 14-20).

[188] Em *Colgate*, a Suprema Corte norte-americana procurou estabelecer critérios para distinguir entre recusas de contratar tipicamente unilaterais e recusas oriundas de acordos. O precedente é confuso e, embora tenha sido contrariado no seu mérito por *Parke, Davis & Co.* e *Russell Stover,* jamais foi completamente superado. Voltamos a tratar do precedente *Colgate* mais adiante, no item II.3.2.

[189] "*A statement of parallel conduct, even conduct consciously undertaken, needs some setting suggestion the agreement necessary to make out a § 1 claim;without that further circumstance pointing toward a meeting of the minds and account of a defendant's commercial efforts stays in neutral territory*". [127 S. Ct. 1955 (2007)]. A Suprema Corte ainda estabeleceu que as denúncias de violação ao art. 1º do Sherman Act devem ser instruídas com evidências materiais suficientes da existência de acordo ["*enough factual matter (taken as true) to suggest that an agreement was made*"].

No campo da distribuição, doutrina e jurisprudência norte-americanas ainda caminharam no sentido de distinguir entre acordos de compra e de venda exclusivas, não havendo, porém, tratamento específico para os sistemas de distribuição seletiva.

No que tange ao art. 2º do Sherman Act, que trata de monopolização e da sua tentativa, representando o equivalente norte-americano do abuso de posição dominante (vide item I.5.3 da Primeira Parte), a sua aplicabilidade estende-se a acordos, inclusive verticais, e condutas unilaterais.

Vale mencionar que, em setembro de 2008, o Departamento de Justiça norte-americano divulgou relatório sobre condutas unilaterais à luz do art. 2º do Sherman Act (*"Competition and Monopoly: Single-Firm Conduct Under Section 2 of the Sherman Act"* ou, simplesmente, *"DOJ Section 2 Report"*), indicando que adotaria política flexível nessa seara. O relatório foi emitido após diversas audiências públicas conduzidas em conjunto pela divisão antitruste do Departamento de Justiça e pela Federal Trade Commission - FTC em 2006 e 2007. A FTC, no entanto, não aderiu ao relatório, e alguns de seus integrantes chegaram a criticar veementemente seu conteúdo[190].

Poucos meses depois de sua publicação, contudo, com o término do governo Bush e as mudanças nos quadros da administração norte-americana proporcionada pela eleição do democrata Barack Obama, o relatório foi revogado, sob a justificativa de que era extremamente liberal e facilitador das defesas dos acusados de condutas anticompetitivas[191]. A nova administração, como já mencionado, prometeu uma atuação mais firme e agressiva em relação aos abusos praticados pelas empresas dominantes no mercado[192].

Finalmente, vale mencionar o art. 5º do Federal Trade Comission Act ("FTC Act"), que, em apertada síntese, proíbe práticas abusivas (*"unfair"*) e enganosas (*"deceptive"*) no comércio entre os estados norte-americanos.

Uma prática é considerada *abusiva* se gerar dano substancial aos consumidores, sem que possa razoavelmente ser evitada por estes, ou sem que seja compensada por benefícios (aos próprios consumidores ou à concorrência). A doutrina norte-americana diverge quanto à aplicação independente do art. 5º do FTC Act a condutas restritivas da concorrência (ou seja, sem que haja violação também ao Shertman Act ou outro diploma antitruste). É certo, de qualquer modo, que as vozes favoráveis à interpretação mais ampla para o referido dispositivo aumentaram

[190] Vide, nesse sentido: Statement of Commissioners Harbour, Leibowitz, and Rosch on the Issuance of the Section 2 Report by the Department of Justice, 08.set.2008; e Statement of Chairman Kovacic on the Issuance of the Section 2 Report by the Department of Justice, 08.set.2008, disponíveis em: www.ftc.gov/os/2008/09/080908section2stmt.pdf e www.ftc.gov/os/2008/09/080908section2stmtkovacic.pdf

[191] Justice Department withdraws report on antitrust monopoly law. In: www.usdoj.gov, 11.maio.2009.

[192] Administration plans to strengthen antitrust rules. The New York Times.11. maio.2009.

com a publicação do "*DOJ Section 2 Report*", em resposta ao tratamento liberal do relatório no que tange às condutas unilaterais[193].

II.3.2. O art. 1º do Sherman Act e sua interpretação jurisprudencial no que tange às recusas verticais

Com base no art. 1º do Sherman Act, a jurisprudência norte-americana estabelece importante distinção entre acordos verticais *de preços*, historicamente tratados como ilícitos *per se*, até a superação da regra para preços máximos em 1997 (*Kahn*) e, mais recentemente, para preços mínimos (*Leegin*), e os demais acordos verticais (*não-preço*), tratados pela regra da razão desde 1977, com a decisão proferida pela Suprema Corte no caso *Continental T.V. Inc. v GTE Sylvania Inc.*, que versava sobre o término unilateral de uma relação de distribuição, tendo em vista o estabelecimento de um contrato de exclusividade territorial entre o fornecedor e um novo distribuidor.

Os acordos de exclusividade de vendas, entendidos como aqueles pelos quais um fornecedor outorga a um distribuidor o direito de ser o único revendedor de seus produtos ou prestador de serviços em uma determinada área geográfica, são tratados expressamente sob a regra da razão nos EUA desde 1967, com a decisão da Suprema Corte norte-americana no caso *Arnold, Schwinn & Co.* (388 US 365). Naquela decisão, restou consignado, quanto ao mérito concorrencial da prática, que *"o fabricante de um produto cujas marcas substitutas ou equivalentes estejam prontamente disponíveis no mercado pode selecionar os seus clientes, e para este fim ele pode franquear certos distribuidores para os quais, exclusivamente, ele venderá seus produtos. Se a restrição parar nesse ponto – se nada mais estiver envolvido além do confinamento vertical das vendas do próprio fabricante aos distribuidores selecionados -, e se produtos concorrentes estiverem prontamente disponíveis a outros, a restrição, baseada nesses fatos apenas, não violaria o Sherman Act"*.

A decisão encontra-se fundamentalmente respaldada na idéia de liberdade contratual, que daria ao fabricante de um produto o direito de contratar a sua revenda com quem preferisse. Enfatiza-se, ainda, a existência da concorrência intermarcas, ou seja, de produtos substitutos ao produto comercializado pelo fabricante. Em tais condições, portanto, é lícito o acordo que dispõe que o fornecedor não pode estabelecer-se naquela região ou vender a outros distribuidores no mesmo local.

Ocorre que a própria decisão *Arnold, Schwinn & Co.* proibiu restrições territoriais e outras limitações, porque afetavam a liberdade dos distribuidores de dispor dos produtos conforme a sua vontade. Assim, as proibições de revenda dos produtos fora da área designada pelo fabricante ao distribuidor (restrições territo-

---

[193] Vide, por exemplo, Robert H. LANDE, Revitalizing Section 5 of the FTC Act Using "Consumer Choice" Analysis, The antitrust source, Fev. 2009, disponível em www.antitrustsource.com.

riais) ou a revendedores não autorizados (restrições de clientes ou de categorias de clientes) passaram a ser tratadas como ilícitos *per se*.

Dez anos mais tarde, o precedente foi superado pela decisão da Suprema Corte no citado caso *GTE Sylvania*, de 1977. Entendeu então a Corte que estabelecer uma regra *per se* com base na natureza da restrição é geralmente indesejável, bem como que era apropriado o retorno à regra da razão *"que governou as restrições verticais de maneira geral antes de Schwinn"*, precedente que teria gerado uma ruptura *"abrupta e inexplicável"* com a política adotada.

Com isso, restou fixada a regra da razão para a análise de ajustes de exclusividade, inclusive nas situações de restrições territoriais e de clientes. O mesmo raciocínio é aplicado a outras restrições que induzem à exclusividade territorial, tais como cláusulas estabelecendo compensação entre distribuidores por vendas realizadas fora das suas respectivas áreas de atuação.

Com base no precedente *GTE Sylvania*, aliás, as cortes norte-americanas passaram, via de regra, a considerar lícitas à luz do art. 1º do Sherman Act restrições verticais no âmbito da mesma marca, pois estas não afetariam a concorrência entre as diversas marcas de produtos[194]. Em poucos casos, apenas, tais restrições foram consideradas ilegais.

Em Graphic Prods. Distribs. v. ITEK Corp., por exemplo, restrições territoriais impostas por um fabricante com participação de mercado entre 70% e 75% foram consideradas anticompetitivas pelo Décimo-Primeiro Circuito Federal, por enfraquecerem a concorrência intramarca, considerada importante no caso concreto[195]. Em Eiberger v. Sony Corp., restrições adotadas por um fabricante com 12% de participação de mercado foram consideradas desarrazoadas, tendo em vista que, de acordo com o Segundo Circuito, as restrições não tinham justificativas comerciais válidas e não havia pressões competitivas intermarcas que compensassem a redução da concorrência intramarca[196].

Tal como já mencionado, acordos de distribuição exclusiva implicam na recusa do fornecedor em comercializar seus produtos a outros revendedores. Tal recusa também se manifesta quando o fabricante termina o relacionamento comercial com certos distribuidores para contratar exclusivamente com outros. Nos EUA, a análise da licitude da recusa de contratar nessas situações acompanha o tratamento outorgado às restrições verticais que a originaram (restrições-fim), ou seja, submete-se à regra da razão.

---

[194] Em *Kentucky Speedway, LLC v. National Association of Stock Car Auto Racing, Inc.*, por exemplo, a Corte considerou recusa vertical de contratar como *per se* lícita à luz do art. 1º do Sherman Act, com base no entendimento de que uma empresa tem o direito de vender ou não para clientes de sua escolha [2008 U.S. Dist. LEXIS 1076 (E.D. Ky. 2008)].

[195] 717 F.2d 1560, 1578 (11th Cir. 1983).

[196] 622 F.2nd 1068, 1077-81 (2d Cir. 1980).

O mesmo tratamento é outorgado aos *acordos de compra exclusiva*, por meio dos quais um distribuidor concorda, por um período, em adquirir determinados produtos de apenas um fornecedor, deixando, portanto, de comercializar produtos ou marcas concorrentes. Tais acordos existem não apenas quando a exclusividade se encontra explicitamente convencionada entre as partes, mas também quando o distribuidor compromete parcela substancial de suas compras por meio de um contrato com um fornecedor, ou quando adere a uma política de preços ou descontos que desincentiva aquisições de outros fornecedores.

Tais práticas apenas geram preocupação concorrencial nos EUA quanto têm o condão de gerar fechamento do mercado para fornecedores concorrentes, incapazes de recorrer a outras formas de distribuição para escoar seus produtos e serviços sem incorrer em custos adicionais significativos.

Além de violar o art. 1º do Sherman Act, os acordos de compra exclusiva podem enquadrar-se no art. 3º do Clayton Act, se tiverem o condão de "*substancialmente limitar a concorrência*" ou "*tenderem a criar um monopólio*". As previsões do Clayton Act, no entanto, referem-se apenas à distribuição de produtos e não se aplicam à prestação de serviços ou ao acesso a bens intangíveis.

Ademais, aplica-se o art. 5º do *Federal Trade Commission Act* aos acordos de compra exclusivos que não violem o Clayton Act, mas que tenham o condão de fechar o mercado para um número significativo de pontos de vendas.

Assim, recusas de contratar com base em acordos de *compra exclusiva* adotados por empresas não detentoras de poder de monopólio (e que, portanto, não se enquadram no art. 2º do Sherman Act) podem ser questionadas à luz do art. 1º do mesmo diploma legal, bem como com base no Clayton Act (art. 3º) e no FTC Act (art. 5º).

Em apertada síntese, para que uma recusa de contratar possa ser considerada ilegal à luz do art. 1º do Sherman Act, faz-se necessário que *(i)* decorra de um contrato, combinação ou concertação, *(ii)* restrinja desarrazoadamente o comércio[197] ou, conforme a interpretação predominante das cortes nos EUA, tenham o condão de produzir efeitos anticompetitivos. O mesmo se aplica a recusas decorrentes de acordos de compra exclusiva questionados à luz do Clayton Act e do FTC Act.

[197] Douglas BRODER esclarece que a legislação norte-americana estabelece a necessidade de se demonstrar que a restrição em questão afeta o comércio *entre* os estados da confederação; porém, historicamente, são raras as defesas bem sucedidas baseadas na não demonstração de tal efeito (*A guide do US antitrust law*. London: Sweet and Maxwell, 2005, p. 75). Em 2008, Segundo a ABA SECTION OF ANTITRUST LAW da American Bar Association (*2008 Annual Review of Antitrust law developments*, [Chicago], 2008), alguns casos foram arquivados com base nesse argumento, entre os quais *Schlotzsky's, Ltd. v. Sterling Purchasing and National Distribution Co.* [520 F.3d 393 (5th Cir. 2008)] e *Hu v. Huey* [2008 U.S. Dist. LEXIS 544866 (N.D. Ill. 2008)].

Sobre o primeiro requisito, há que se destacar a denominada *Doutrina Colgate*, que remonta à decisão do referido precedente em 1919 pela Suprema Corte (Caso 250 U.S. 300). A recusa de contratar naquele caso derivava de uma política de fixação de preços mínimos de revenda, imposta unilateralmente pela Colgate aos seus distribuidores. Embora não se esteja tratando de fixação de preços aqui, a doutrina é muito importante para a análise de restrições verticais em geral que tenham por conseqüência a recusa de contratar. Restando totalmente descaraterizado o elemento "acordo", a prática não pode ser considerada ilícita à luz do art. 1º do Sherman Act. Ainda poderá ser questionada à luz do art. 2º do mesmo diploma, porém os requisitos para que reste demonstrada a ilicitude são mais difíceis de ser preenchidos.

A despeito das inúmeras críticas a ela dirigidas, em especial o apego a critérios excessivamente formais e o fato de estabelecer distinção muito tênue entre conduta unilateral e conduta concertada[198], a *Doutrina Colgate* não foi completamente superada. Ela continua orientando o comportamento das cortes norte-americanas em situações de recusa de contratar inequivocadamente unilateriais, ainda que decorrentes de acordos verticais preexistentes, e não adotadas por empresas detentoras (ou em busca) de poder de monopólio, situações que se enquadram no art. 2º do Sherman Act e que são excluídas pelo próprio precedente *Colgate:*

"In the absence of any purpose to create or maintain a monopoly, *the act does not restrict the long recognized right of trader or manufacturer engaged in an entirely private business, freely to exercise his own independent discretion as to parties with whom he will deal. And, of course, he may announce in advance the circumstances under which he will refuse to sell*" (nosso destaque).

Não há como negar, porém, que os critérios adotados na decisão Colgate para que se chegasse à conclusão de que a conduta em análise no caso concreto era unilateral foram modificados em decisões posteriores da Suprema Corte, como, por exemplo, *United States v. Parke, Davis & Co.* (362 U.S. 29), de 1960 (vide nota), e *Monsanto v. Spray-Rite Service Corp.* (465 U.S. 752), julgado em 1984. Neste último, após diversas considerações a respeito da prova requerida para enquadrar um acordo vertical de fixação de preços como uma violação ao § 1 do *Sherman Act*, a

---

[198] Herbert HOVENKAMP, por exemplo, pondera que a *Doutrina Colgate* é incoerente e de difícil aplicação prática, já que a distinção entre a fixação unilateral e acordada de preços de revenda não passa de mero formalismo. *"The Colgate doctrine is probably the unforeseen result of a badly drafted indictment, which neglected to 'charge Colgate with selling its products to dealers under agreements which obligated the latter not to resell except at prices fixed by the company'. Rather, the indictment alleged 1) that Colgate entered into sales contracts with retailers; 2) that it separately announced an intention not to make such contracts with retailers who sold for less than Colgate's posted retail prices; 3) that it subsequently refused to deal with price cutters, as it announced. In an age overly inclined toward legal formalism, it was quite easy for the Court to separate the sales contract on the one hand from Colgate's apparent 'unilateral' refusal to deal on the other"* (*Economics*, cit., p. 259, nota 6).

Corte decidiu que a Monsanto havia ido além do quanto permitido em Colgate, de modo que a sua conduta se enquadraria como acordo[199]. Atualmente, porém, depois de *Twombly* e *Leegin,* a mesma prática configuraria comportamento unilateral e seria analisada pela regra da razão.

Já no que se refere à demonstração de efeitos anticompetitivos, a jurisprudência norte-americana houve por bem afastar a ilicitude da recusa de contratar em situações em que, embora restasse caracterizado o *intento* de prejudicar a concorrência, não havia efeitos nesse sentido, e não era concebível que tais efeitos fossem produzidos[200]. Nesse sentido, as cortes levam em consideração as justificativas apresentadas para a prática, mas a acusação ainda pode provar que mesmo objetivos comerciais legítimos constituem pretexto para a eliminação da concorrência.

Efeitos anticompetitivos são geralmente identificados, conforme já mencionado acima, em situações de risco de arrefecimento da concorrência intermarcas (pelo enfraquecimento dos distribuidores que negociavam marcas concorrentes, por exemplo) e apenas excepcionalmente nos casos em que a concorrência intramarca é a única prejudicada. A existência de efeitos anticompetitivos foi expressamente afastada em situações em que o número de distribuidores permaneceu igual (a despeito de terem certos distribuidores sido substituídos por outros e sofrido sérios prejuízos nos seus negócios)[201], em situações de redução do número de distribuidores[202], e mesmo em situações em que não havia fontes alternativas de su-

[199] "[T]*he correct standard is that there must be evidence that tends to exclude the possibility of independent action by the manufacturer and distributor. That is, there must be direct or circumstantial evidence that reasonably tends to prove that the manufacturer and others had a conscious commitment to a common scheme designed to achieve an unlawful objective*" (FOX e SULLIVAN. *Cases and materials*, cit., p. 562).

[200] Vide ABA SECTION OF ANTITRUST LAW. *Antitrust law developments,* cit., pp. 162-163). O trabalho faz referência aos seguintes casos que tramitaram nas cortes federais nos EUA: Jeanery Inc. v. James Jeans, INc., 849 F.2d 1148, 1156 n.7 (9th Circuit, 1988); Fuchs Sugars & Syrups, Inc. v. Amstar Corp., 602 F.2d 1025, 1030 (2d Cir. 1979); Lamb's Pátio Theatre v. Univrsal Film Exch. 582 F.2d 1068. 1070 (7th Cir. 1978); H&B Equip. Co. v. International Harvester Co., 577 F.2d 239, 246 (5th Cir. 1978); Northwest Power Prods. v. Omark Indus., 576 F.2d 83, 90 (5th Cir. 1978); Edward J. Sweeney & Sons v. Texaco, Inc., 478 F. Supp. 243, 264 (E.D. Pa. 1979), *aff'd.* 637 F.2ed 105 (3rd Cir. 1980).

[201] Nesse sentido, vide Burdett Sound, Inc. v. Altec Corp., 515 F.2d 1245, 1249 (5th cir. 1975); Crane & Shovel Sales Corp. v. Bueynis-Erie Co., 854 F.2d 802, 806 (6th Cir. 1988); e Ace Beer Distributors v. Kohn, Inc., 318 F.2d 283 (6th Cir. 1963). No caso Rutman Wine Co. v. J. Gallo Winery, 829 F.2d 729, 735 (9th cir. 1987), itens 734 e 735, a Corte aduz expressamente que as leis antitruste não foram desenhadas para proteger concorrentes. De forma semelhante decidiu a corte em Fine v. Barry & Enright Prods., 731 F.2d 1394, 1398-99 (9th Cir. 1984), ressaltando que a acusação deve provar a existência de prejuízo ao mercado e à concorrência, não bastando que traga prejuízos individuais como prova.

[202] Vide, por exemplo, Electronics Communs. Corp. v. Toshiba Arn. Consumer Prods., 129

primentos e o fabricante decidiu sair do negócio (como em United Brands[203]) ou reduziu a sua capacidade de abastecimento de distribuidores em virtude de uma crise de falta de oferta (como em International Paper e em Mobil Oil Co.[204]).

No que tange à exclusividade de compra, a existência de efeitos anticompetitivos é aferida por meio dos denominados testes de substancialidade.

No precedente *Standard Oil Co. v. United States* (337 US 293, *Standard Stations*, julgado em 1949), a Suprema Corte norte-americana aplicou o teste que ficou conhecido como "teste de substancialidade quantitativo", que media os efeitos anticompetitivos, ou fechamento de mercado, gerados pela exclusividade com base predominantemente no percentual do mercado relevante objeto da prática. Se houvesse substancialidade, o acordo deveria ser considerado anticompetitivo. No caso concreto, o percentual de 6,7% do mercado relevante foi considerado "fechamento substancial", em um mercado relevante onde os demais concorrentes também adotavam a prática. Assim, foi levado em consideração o fato de que o mercado se encontrava sob fechamento de 65%, considerando-se os contratos de todas as grandes empresas petrolíferas[205].

Doze anos mais tarde, a Suprema Corte tomou um caminho diferente ao analisar o caso *Tampa Electric Co. v. Nashville Coal Co.*, adotando teste que ficou conhecido como "de substancialidade qualitativo" ao deixar de considerar anticompetitivo um acordo de exclusividade de compra de carvão no valor de 128 milhões de dólares, pelo prazo de 20 anos. Embora o acordo fechasse apenas 0,77% do mercado relevante, não foi este o elemento determinante para a decisão na Corte ao considerar o acordo lícito, mas sim as condições competitivas do mercado, características das operações das partes e o preenchimento do "interesse público", com o pronto e amplo abastecimento de carvão a diversas utilidades públicas[206].

F.3d 240 (2d Cir. 1997), em que a conduta do fabricante ao substituir uma rede de revendedores por um único distribuidor exclusivo foi considerada lícita à luz do Sherman Act.

[203] International Rys. of Cent. Am. V. United Brands Co., 532 F.2d 231, 239-41 (2d Cir. 1976).

[204] White Bag Co. v. International Paper Co., 579 F.2d 1384, 1386-87 (4th cir. 1974) e Nebraska-Iowa Car Wash, Inc. v. Mobil Oil Corp., 1976-I Trade Cas (CCH).

[205] O mesmo tipo de teste foi utilizado para aferir a ilicitude de uma conduta à luz do art. 5º do FTC Act em *Brown Shoe Co.* (62 FTC 679, julgado em 1963. A Comissão entendeu que a prática da segunda maior fabricante de sapatos nos EUA era anticompetitiva, pois gerava o fechamento de um número substancial de pontos de vendas, que deixavam de ser uma opção para o escoamento de produtos dos concorrentes da referida empresa.

[206] A FTC também passou a adotar o "teste de substancialidade qualitativo" ao analisar condutas à luz do art. 5º do FTC Act. Em 1982, em sua decisão em *Beltone Electronics Corp.*, a Comissão não se satisfez com a análise do percentual de fechamento do mercado (7-8% do total de pontos de vendas e 16% do total de vendas), e houve por bem analisar a duração dos contratos, condições de entrada e a existência de justificativas razoáveis para a exclusividade.

A análise de contratos de compra exclusiva sob a regra da razão a partir de *Tampa Electric* passaram a abranger as seguintes etapas: *(i)* avaliação de evidências de que comprador e vendedor realizaram o tipo de acordo que potencialmente teria efeitos anticompetitivos, não havendo necessidade, porém, de que a exclusividade seja explícita (podendo restar caracterizada simplesmente mediante programas de fidelidade, preferência e descontos, ou pelo comprometimento de parte substancial das compras de um distribuidor ou conjunto de distribuidores); *(ii)* análise do percentual de fechamento gerado pela prática, já que, embora este não seja o principal elemento da análise antitruste, fixou-se um percentual abaixo do qual efeitos anticompetitivos são improváveis (entre 20% e 30%[207]); e *(iii)* análise das condições de mercado (principalmente acesso dos concorrentes existentes aos consumidores e entrada de novos concorrentes), da duração do contrato e das justificativas para a adoção de exclusividade no caso concreto.

Cabe ressalvar que não há necessidade de demonstrar a suscetibilidade de efeitos anticompetitivos para as recusas de contratar (de compra, de venda ou recíprocas[208]) que decorram de ilícitos *per se*, o que, como visto, não acontece com as recusas que advêm de exclusividade.

Trataremos das recusas horizontais de contratar – em que a regra aplicável é a ilicitude *per se* - separadamente. Por ora, discutimos os critérios para que, à luz da jurisprudência norte-americana, um acordo seguido de recusa de contratar seja caracterizado como vertical.

---

[207] Segundo a ABA SECTION OF ANTITRUST LAW, o percentual de 20% de fechamento de mercado, abaixo do qual um contrato de exclusividade de compra estaria resguardado (*safe harbour*), existe desde o início dos anos 1970. Porém, com a decisão *Jefferson Parish*, tal percentual passou a ser de 30%. Abaixo desse patamar, as cortes tenderão a desde logo descartar a ilicitude da prática, sem maior aprofundamento da análise *(Antitrust law developments*, cit., p. 217).

[208] A exclusividade recíproca não se confunde com a prática conhecida como "reciprocidade" (ou "*reciprocal dealing*", nos EUA). Enquanto no primeiro caso tanto o comprador como o vendedor se comprometem a contratar com exclusividade (de modo que o comprador não adquirirá os mesmos produtos de terceiros, e o vendedor não os ofertará a outros compradores), no segundo caso o comprador condiciona a aquisição de produtos junto ao vendedor à condição de que este também adquira produtos ofertados por ele, comprador. A ABA SECTION OF ANTITRUST LAW observa que a reciprocidade jamais foi analisada pela Suprema Corte norte-americana à luz do art. 1º do Sherman Act (ou seja, na ausência de poder de mercado), embora uma operação que representava probabilidade de reciprocidade tenha sido considerada ilegal à luz do art. 7º do Clayton Act. Ademais, nenhuma decisão decretando a ilegalidade da prática foi reportada desde meados da década de 1980. Cortes inferiores, no entanto, chegaram a aplicar a regra da ilegalidade *per se* à reciprocidade, a exemplo do que ocorre com a venda casada, por entender que a lógica seria a mesma nos dois casos (nesse sentido, vide *United States v. General Dynamics Corp.*, 258 F. Supp. 36, 1966). Já a exclusividade recíproca é analisada sob a regra da razão, aplicando-se as regras descritas neste capítulo tanto no que tange à exclusividade de compra quanto no que se refere à exclusividade de vendas.

A primeira questão que surge diz respeito às situações em que o fabricante também atua na etapa de distribuição, ou seja, é verticalmente integrado no mercado à jusante (situação descrita como *dual distributorship* pela doutrina norte-americana e pela européia). Se tal fabricante se recusa a negociar com outros distribuidores, tal recusa é horizontal ou vertical? Atualmente, após o precedente *Sylvania*, a maioria das cortes considera que tal recusa deve ser tratada como vertical nos Estados Unidos, pois ela afeta os interesses e a capacidade do fabricante como fornecedor de produtos, e não como distribuidor, posição com a qual concordamos.

Outra discussão diz respeito às hipóteses em que o fabricante se recusa a negociar com um certo distribuidor depois de outro(s) ter(em)-lhe solicitado a implementação de tal comportamento. Essa situação caracteriza-se como um boicote e a jurisprudência predominante nos EUA recomenda que seja tratada como recusa horizontal.

Em *United States v. General Motors Corp.* (384 US 127), julgado em 1960, o término da relação contratual entre o fabricante e um distribuidor, por insistência de outros, foi analisado como recusa de contratar horizontal. Mesmo quando a resolução do contrato ocorre a pedido de um único distribuidor, a conduta é passível de enquadramento sob uma ótica horizontal, conforme o precedente *Cernuto*[209]. Tal precedente, no entanto, foi questionado pelo Juiz POSNER em *Valley Liquors, Inc. v. Renfield Importers, Ltd.*[210], com base nas dificuldades de se determinar em que circunstâncias o término de um relacionamento comercial resultou de pressões de terceiros e não da própria vontade do contratante.

Segundo POSNER, se dois ou mais distribuidores concordam em pedir a um fornecedor comum para que se recuse a abastecer um terceiro devido ao seu comportamento agressivo em matéria de preços, existe nitidamente uma conspiração horizontal ilícita. Porém, se não há um acordo entre distribuidores, e o fornecedor tem razões para encerrar uma relação comercial independentemente de distribuidores que procuram livrar-se de um concorrente agressivo, trata-se de relação vertical, e a ilegalidade não é *per se*.

Ainda assim, segundo a monografia n. 9 da ABA SECTION OF ANTITRUST LAW, seria possível identificar em *Cernuto* uma seqüência de eventos passível de estabelecer causalidade entre a reclamação do distribuidor e a recusa de contratar por parte do fornecedor, causalidade esta que não existiria em *Valley Liquor*.

O fato é que, nos EUA, a distinção entre condutas horizontais e verticais pode fazer toda a diferença, ao determinar que tipo de análise será adotada no caso concreto. Analisamos criticamente esse aspecto no item V.1. da Conclusão.

---

209 595 F.2d 164 (3d Cir. 1979).

210 678 F.2d 742 (7th Cir 1982).

II.3.3. Monopolização (ou tentativa de) por meio de recusas de contratar

II.3.3.1. Critérios adotados na análise da recusa de contratar à luz do art. 2 do Sherman Act

São dois os requisitos para caracterizar o ilícito de monopolização com base no art. 2º do Sherman Act: a existência de poder de monopólio (vide discussão a respeito no Cap. I.5.3 da Primeira Parte) e a prática de conduta exclusionária. Já para configurar a tentativa de monopolização, parte-se da conduta exclusionária *(i)* para a demonstração de dois elementos adicionais: propósito específico de monopolização *(ii)* e probabilidade efetiva (*"dangerous probability"*) de obtenção de poder de monopólio *(iii)*.

No caso dos acordos verticais, poder-se-ia questionar, em princípio, a própria utilidade de investigações com base no art. 2º do Sherman Act, já que tais práticas podem ser investigadas não apenas à luz do art. 1º do Sherman Act, mas também com base no FTC Act e no Clayton Act, sendo certo que, em princípio, o nível de prova necessário para a condenação em todas essas situações é menor do que aquele exigido sob o art. 2º do Sherman Act. Em outras palavras, pode parecer sem sentido utilizar o art. 2º do Sherman Act para recusas decorrentes de acordos, partindo-se da premissa de que uma condenação seria mais facilmente obtida com base no art. 1º, que não exige a existência de poder e monopólio ou a elevada probabilidade de que tal poder seja alcançado por meio da conduta (e não havendo dificuldades de se demonstrar a existência do acordo)[211].

Ocorre que em casos importantes as cortes norte-americanas entenderam que, a despeito de não restar configurada uma violação ao art. 1º do Sherman Act, a conduta em questão infringia o art. 2º do mesmo diploma legal.

Em *Microsoft* (*United States v. Microsoft Corp.*, julgado em 2001 pela Corte Distrital[212]), por exemplo, restou consignado que o patamar de fechamento de mercado para que um acordo de exclusividade gere preocupações concorrenciais que justifiquem a continuidade de uma análise antitruste à luz do art. 1º do Sherman Act é muito maior do que o patamar de fechamento exigido à luz do art. 2º, justamente porque o art. 1º avalia condutas de empresas sem posição dominante e que, portanto, têm menor potencial anticompetitivo. Nesse sentido, a corte distrital esclareceu que dificilmente percentuais de fechamento de mercado inferiores a 40% ou 50% serão considerados, por si sós, problemáticos à luz do art. 1º do Sherman Act; a situação muda, no entanto, se a empresa for detentora de poder de

---

[211] Na Europa, como visto acima, esse tipo de preocupação tem levado alguns doutrinadores a sugerir a supressão do art. 102 do Tratado de Roma como instrumento de controle dos acordos verticais.

[212] 253 F.3d 34 (D.C. Cir. 2001). A respeito, vide ABA SECTION OF ANTITRUST LAW. *Antitrust law developments*, cit., p. 250.

monopólio e estiver sendo investigada à luz do art. 2º. No caso concreto, porém, a decisão deixou de especificar que percentual do mercado de *browsers* seria objeto de fechamento pela Microsoft.

Na seqüência, o Terceiro Circuito Federal adotou posição semelhante em *LePage's Inc. v. 3M Co.*[213], ao admitir as acusações formuladas em face da 3M com base no art. 2º do Sherman Act, a despeito de ter um júri popular rejeitado as mesmas acusações com base no art. 1º do Sherman Act e no art. 3º do Clayton Act. A corte entendeu que o fechamento de mercado decorrente dos contratos de exclusividade adotados pela 3M era intensificado pela política de descontos da empresa em questão, que claramente detinha posição dominante no mercado.

Tais considerações evidenciam que existe, à luz da legislação antitruste norte-americana, mais especificamente do art. 2º do Sherman Act, uma responsabilidade especial atribuída às empresas dominantes, a exemplo do que ocorre na Europa. Demonstram, ainda, que faz sentido processar com base nesse dispositivo empresas que se recusam a contratar com terceiros no contexto de acordos verticais.

Ambas as conclusões aplicam-se integralmente às recusas fundadas em acordos de compra exclusiva celebrados por empresas com poder de monopólio, em uma ponta ou na outra.

Embora a Suprema Corte nunca tenha esclarecido expressamente os parâmetros para a aplicação do art. 2º do Sherman Act a contratos de compra, muitas cortes inferiores, baseando-se na decisão de *Tampa Electric Co.* v. *Nashville Coal Co.*, que recusou analisar violações ao Sherman Act, arts. 1º e 2º, após ter afastado a incidência do art. 3º do Clayton Act no caso concreto, passaram a considerar lícitos tais acordos à luz do art. 2º, caso não implicassem violação aos arts. 1º do Sherman Act ou 3º do Clayton Act. No entanto, essa posição ficou superada com os julgamentos de *Microsoft* e *3M*, que também envolviam exclusividade, porém de distribuição, de modo que, *mesmo quando o fechamento de mercado não é suficiente para enquadrar uma prática sob o art. 1º (ou no 3º do Clayton Act, no caso de exclusividade de compra), é possível declarar a sua ilicitude à luz do art. 2º, que exige poder de monopólio, porém percentual de fechamento mais modesto.*

Políticas de descontos e programas de fidelidade também podem ser questionados à luz do art. 2º, pois dependendo de suas características, podem implicar exclusividade de fato. O relatório publicado pelo Departamento de Justiça norte-americano em setembro de 2008 e revogado em maio de 2009 sugeria que, via de regra, apenas descontos predatórios teriam efeitos anticompetitivos. Excepcionalmente, porém, reconhecia o relatório, descontos em que todas as unidades vendidas estivessem acima do custo poderiam ser estruturados de modo a restringir a concorrência. Diversos estudiosos do direito da concorrência, por seu turno, dedicaram-se à análise de

---

[213] 324 F.3d 141 (3d Cir. 2003).

descontos não predatórios com efeitos nocivos[214], tema que voltará a ser abordado quando tratarmos do direito concorrencial europeu (item II.4 adiante).

No que tange especificamente à caracterização de uma recusa de contratar (fundada ou não em acordos verticais) como conduta exclusionária para fins do art. 2º do Sherman Act, há grande preocupação nos Estados Unidos em distinguir condutas simplesmente agressivas de condutas anticompetitivas, já que ambas podem ter como efeito eliminar rivais do mercado, mas apenas a segunda deve ser combatida[215]. É possível identificar na doutrina e na jurisprudência norte-americanas duas posições divergentes.

A primeira delas, fundada no precedente Colgate, em especial na frase *"in the absence of any purpose to create or maintain a monopoly"*, defende que empresas detentoras de poder de monopólio, ou que possam alcançar tal poder por meio de condutas exclusionárias, devem abster-se de certas práticas, como é o caso da recusa de contratar, ainda que fundada em acordo vertical com terceiros. Em outras palavras, existiria, para tais empresas, verdadeira obrigação de contratar, decorrente da responsabilidade especial ou qualificada que lhes é imposta como contrapartida da posição que gozam no mercado. Em última instância, essa corrente propõe uma aplicação bastante alargada da doutrina da infra-estrutura essencial, estabelecendo a obrigatoriedade de contratar sempre que uma empresa for monopolista, ou seja, quando seus produtos não tiverem substitutos prontamente disponíveis no mercado, conforme o arrazoado de *Schwinn*.

A segunda corrente sustenta que as empresas monopolistas, assim como quaisquer outras, têm o direito de recusar vendas e dispor livremente de seus produtos e serviços. Tal posição encontra-se endossada no precedente *Byars v. Bluff City News Co.*[216], onde um distribuidor independente de periódicos questionava a lici-

---

[214] Nesse sentido, vide, por exemplo, Einer ELHAUGE, How loyalty discounts can perversely discourage discounting, *Journal of Competition Law & Economics*, v. 5, n. 2, março 2009, p. 189-231. O autor demonstra como descontos por fidelidade podem impactar a eficiência dos rivais, elevando seus custos, gerar fechamento do mercado e, até mesmo, desencorajar descontos.

[215] ABA SECTION OF ANTITRUST LAW. *Antitrust law developments*, cit., p. 241.

[216] 609 F.2d 843, 862 (6th Cir. 1980). Em 1966, Benjamin SHIEBER já repudiava essa interpretação do direito norte-americano. O autor assinala que "[à] *liberdade da empresa de escolher seus fregueses e fornecedores com ou sem razão alguma deve-se contrapor o interesse da comunidade na concorrência. Este interesse, cremos nós, pesa mais do que o interesse pessoal e social na liberdade de cada empresa escolher seus fregueses e fornecedores, particularmente quando se leva em consideração que as empresas de que estamos falando, e cuja recusa em negociar pode resultar em dominação dos mercados ou eliminação da concorrência, não são, na sua grande maioria, empreendimentos pessoais, mas sociedades cujo interesse precípuo, senão único, é produzir, vender e lucrar*" (*Abusos do poder econômico: direito e experiência anti-truste no Brasil e nos E.U.A.* São Paulo: RT, 1966, p. 188).

tude da recusa de fornecimento por parte de um distribuidor concorrente, tendo a corte decidido que mesmo em casos de recusa por parte de monopolistas, há que se analisar as razões comerciais para a conduta. Assim, um monopolista ainda teria o direito de escolher seus clientes e fornecedores, embora seja prudente que quando se recusar a negociar com outrem, faça-o apenas mediante uma justificativa comercial legítima, especialmente se a empresa for a única fonte de um determinado produto[217].

A posição que prevalecia até há pouco tempo nos Estados Unidos era a segunda, mais liberal, embora não houvesse qualquer impedimento para que as cortes e a FTC, voltando a apegar-se ao precedente Colgate, entendessem oportuno endurecer seu posicionamento. A nova administração, aliás, anunciou postura mais rígida como regra geral para a interpretação do art. 2º do Sherman Act, mas é cedo para avaliar as ações e, mais ainda, os resultados da nova política.

Ainda no que tange ao requisito "conduta exclusionária", ou seja, *"adquirir ou manter poder de monopólio por meio de uma conduta exclusionária"*, a jurisprudência norte-americana leva em conta três diferentes aspectos: *(i)* intento; *(ii)* justificativas e *(iii)* efeitos prováveis.

No que tange ao intento, ao contrário do que ocorre nas análises à luz do art. 1º do Sherman Act, trata-se de um elemento que exerce um papel importante nas investigações sob o art. 2º do mesmo diploma legal. No entanto, esse critério vem sendo analisado como sinônimo de *efeitos prováveis sobre o mercado* (confundindo-se, desse modo, com o critério 'iii'), e não sob uma ótica subjetiva, que implicaria perscrutar o ânimo do agente para aferir a sua intenção de monopolizar o mercado ou manter a sua posição de monopólio por meio da conduta.

Desse modo, não resta configurado o *intento* se a empresa não tiver poder de monopólio ou condições de obtê-lo por meio de suas condutas ou, ainda, se as condutas não tiverem capacidade de gerar exclusão.

Quanto às justificativas, há que se verificar se são legítimas, para tanto valendo a mesma observação feita à luz do art. 1º do Sherman Act, no sentido de que objetivos comerciais razoáveis podem mascarar propósitos ilegais. Daí a idéia de que os efeitos prováveis prevalecem sobre as justificativas comerciais em certas circunstâncias, como voltaremos a discutir na Conclusão. Adicionalmente, há que se observar a proporcionalidade entre os objetivos perseguidos e os meios adotados para a sua consecução. Empresas monopolistas devem sempre buscar os meios menos restritivos para atingir os seus objetivos.

Finalmente, voltando à questão dos efeitos, embora respeitável doutrina venha sugerindo a aplicação de uma análise mais simplificada sob o art. 2º do Sherman Act, no sentido de considerar uma conduta como exclusionária ou predatória

[217] ABA SECTION OF ANTITRUST LAW. *Refusals to deal*, cit., p. 42.

sempre que a mesma não fizer sentido econômico para a empresa investigada (senão em virtude da eliminação ou redução da concorrência) ou quando tiver o condão de excluir um rival igualmente eficiente (ou impactar a eficiência de um concorrente)[218], a mais recente jurisprudência norte-americana (v.g., a decisão da corte distrital em Microsoft, em 2003, e a decisão da FTC em *Rambus*, em 2006) continua aplicando testes que, em última instância, efetuam comparação entre efeitos pró e anticompetitivos (ou efeitos anticompetitivos e justificativas) para aferir a licitude de uma prática.

Nesse campo, a ABA SECTION OF ANTITRUST LAW considera que o relatório do DOJ sobre a Seção 2 procurou inovar, ao instituir o chamado "teste da desproporcionalidade", ("*disproportionality test*") que estabelecia que uma conduta com feitos potenciais pró e anticompetitivos somente poderia ser considerada ile-

---

[218] Vide, nesse sentido, Gregory WERDEN, Identifying exclusionary conduct under section 2: the 'no economic sense' test. *Antitrust Law Journal,* v. 73, n. 413, 2006, e R. Hewitt PATE, The common law approach and improving standards for analysing single firm conduct. *Remarks before the Thirthieth Annual Conference on International Antitrust Law and Policy,* out. 2003. Einer EUHAUGE também propõe rever os critérios para a análise da monopolização. Segundo ele, a monopolização como infração ao art. 2º do Sherman Act deveria restar caracterizada sempre que o monopolista, por meio de suas condutas, reduzir a eficiência de seus rivais (independentemente do aumento ou não de sua própria eficiência). O efeito exclusionário pode derivar exclusivamente da maior eficiência obtida pelo monopolista, situação em que não há infração, ou de práticas que reduzem a eficiência dos rivais, aumentando ou não a eficiência do monopolista, situação em que se configura a violação. ELHAUGE entende que, em princípio, o monopolista não deve ser obrigado a dividir a sua propriedade (material ou imaterial) com rivais; porém, também não pode discriminar entre eles. Nas suas palavras, "*... the requirement of proving a causal link between the exclusionary conduct and the relevant monopoly power means that power should not be just over the defendant's own output or prices, but a power to affect marketwide output or prices*". O autor critica os parâmetros existentes para a avaliação da monopolização e de sua tentativa, que se relacionam à própria eficiência e ao sacrifício de lucros no curto prazo, em benefício do longo. No primeiro caso, ele aduz que uma conduta ineficiente pode ser inócua do ponto de vista antitruste (não devendo ser coibida) e, ainda, que a eficiência pode decorrer justamente da exclusão dos rivais (e não da conduta adotada), justificando uma intervenção fundada no diploma concorrencial. No segundo caso, sustenta que o sacrifício de lucros no curto prazo não é por si só uma ofensa ao Sherman Act, podendo resultar benéfica e desejável, da mesma forma que é possível excluir rivais sem necessariamente sacrificar lucros no curto prazo. ELHAUGE entende que o critério alternativo por ele proposto encontra respaldo na jurisprudência da Suprema Corte norte-americana, que vem consistentemente condenando à luz do art. 2º do Sherman Act práticas discriminatórias adotadas por monopolistas (e.g., *Lorain Journal, Kodak* e *Aspen*) e no precedente *Microsoft* (Defining better monopolization standards. *Satanford Law Review* v. 56, p. 253-344, nov. 2003).

gal se seus prejuízos sobrepujassem *substancialmente* os benefícios prováveis[219].

Desse modo, longe de alinhar-se à idéia de proporcionalidade aventada por ALEXY (idoneidade, necessidade e adequação entre meios e fins - ou proporcionalidade em sentido estrito), o teste proposto pelo DOJ no seu controvertido relatório impunha, na opinião da ABA, um ônus mais difícil do que aquele apresentado pela aplicação da regra da razão tradicional. Além de afastar o parâmetro da regra da razão, o DOJ também descartou sugestões de critérios – mais factíveis, segundo os críticos do relatório - que avaliavam (i) se a empresa sacrificou lucros de curto prazo em prol de esforços para manter poder de monopólio e auferir lucros extraordinários posteriormente ("*profit-sacrifice test*"), (ii) se a conduta fazia sentido econômico ("*no-economic sense test*") e (iii) se a conduta era capaz de excluir um rival igualmente eficiente (*"equally efficient competitor test"*).

A revogação do relatório do DOJ em maio de 2009 não teve o condão de arrefecer as discussões sobre a melhor forma de aplicar a regra da razão a condutas unilaterais à luz do art. 2º do Sherman Act. Os estudiosos da matéria mantêm acirrado o debate sobre o teste mais adequado para aferir a ilicitude de comportamentos de empresas detentoras de poder de monopólio, e muitos autores encontram nos próprios precedentes relevantes das cortes norte-americanas argumentos a favor de sua posição.

II.3.3.2. Precedentes relevantes

É possível arrolar diversos exemplos de recusas de contratar analisadas sob o art. 2º do Sherman Act. A ABA SECTION OF ANTITRUST LAW destaca, inicialmente, recusas de negociar com clientes ou fornecedores desleais[220]. Trata-se de uma das práticas mais antigas a gerar processos antitruste com base em restrições verticais à luz do art. 2º, merecendo destaque os casos *Lorain Journal Co. v. United States* (342 US 143), julgado em 1951, e *United States v. Dentsply International* (399 F.3d 181, 3d Cir.), julgado em 2005.

No primeiro, o editor do único jornal em determinada localidade foi condenado por recusar negociar anúncios com empresas que também anunciavam seus produtos e serviços por meio de uma rádio recém-estabelecida na cidade. A Suprema Corte entendeu que o jornal em questão, cujo monopólio havia sido contestado pela entrada da rádio, estava tentando recuperar a sua posição privilegiada por meio de um boicote unilateral e ilegal, imposto aos anunciantes, que não podiam se privar de publicar seus anúncios no jornal.

No segundo caso, um fabricante dominante de dentes artificiais foi condenado por violar o art. 2º do Sherman Act ao proibir seus distribuidores independentes

---

[219] *2008 Annual Review*, cit., p. 40-41.

[220] *Antitrust law developments*, cit., p. 245-247.

de comercializar marcas concorrentes. O Terceiro Circuito, revertendo decisão da corte distrital, entendeu que os distribuidores possuíam fortes incentivos econômicos para continuar comercializando a marca dominante, em detrimento de marcas concorrentes. Mais recentemente, em 2008, uma corte distrital usou argumentos semelhantes ao negar pedido da Dentsply International para arquivar processo movido pela Univac Dental Co. (*Univac Dental Co. v. Dentsply International*)[221].

Entre as recusas associadas a acordos de exclusividade, merece destaque o precedente *Discover Finantial Services v. Visa USA Inc.*, em que a corte distrital acolheu pedido de julgamento sumário formulado pela ré Visa. Esta era acusada de monopolização em razão de acordos celebrados com 13 bancos para a prestação de serviços de processamento de cartões de débito. Os acordos proibiam os bancos de negociar os mesmos serviços com a Mastercard e a autora alegou que implicavam fechamento do mercado de serviços de processamento de cartões de débito. A corte entendeu que os bancos respondiam por apenas 37% do volume de débito processado, percentual insuficiente para gerar fechamento. O argumento mais importante em favor da Visa, porém, foi de que os acordos não afetavam as operações da autora, pois eram dirigidos à Mastercard[222].

A despeito do resultado favorável no caso citado acima, tanto a Visa quanto a Mastercard são investigadas por condutas exclusionárias relacionadas à adoção de ajustes de exclusividade em diversos mercados. Tais ajustes teriam por efeito o fechamento do mercado para rivais como a Discover e a American Express, em razão da recusa das instituições financeiras (incluídas no pólo passivo das investigações) em com elas negociar.

Os efeitos da exclusividade também constituem a preocupação central em *Tele Atlas N.V v. NAVTEQ Corp.*[223], onde, embora não houvesse ajuste expresso, a política da ré, uma fornecedora de dados para mapas digitais, gerava incentivos para que seus clientes deixassem de adquirir produtos de outras empresas, razão que levou a corte a indeferir pedido de julgamento sumário formulado pela NAVTEQ.

Em matéria de recusa de *acesso*, no mesmo ano de 2008, as cortes decidiram dar prosseguimento ao caso *Helicopter Transfort Services v. Erikson Air-Crane Inc.*[224] e arquivar o caso *LiveUniverse, Inc. v. MySpace, Inc.*[225]

Em *LiveUniverse, Inc.* v. *MySpace, Inc.*, a exclusão do *link* existente na plataforma MySpace para a rede rival de relacionamentos sociais LiveUniverse foi considerada insuficiente para o prosseguimento do processo, já que a autora não logrou de-

---

[221] 2008 U.S. Dist. LEXIS 45910 (M.D. Pa. 2008).

[222] 2008 U.S. Dist. LEXIS 63566 (S.D.N.Y. 2008).

[223] 2008 WL 4809441 (N.D. Cal. 2008).

[224] 2008 U.S. Dist. LEXIS 3466 (D. Or. 2008).

[225] 2008 U.S. App. LEXIS 27141 (9th Cir. 2008).

monstrar que o aparecimento do link na plataforma anterior não constituía mera liberalidade de *MySpace*. Mais especificamente, a LiveUniverse teria falhado em apontar relações comerciais preexistentes com a MySpace, ainda que implícitas, e também que a manutenção do link era lucrativa para a última (o que tornaria a sua exclusão irracional e contrária aos interesses de curto prazo da empresa).

Já em *Helicopter Transfort Services v. Erikson Air-Crane Inc.*, o único fabricante norte-americano de helicópteros pesados e suas partes foi acusado de monopolizar o mercado de peças de reposição ao recusar vender partes a um operador de serviços de helicópero (e proibir terceiros de fazer a mesma coisa), bem como ao recusar fornecer especificações para que o operador fabricasse ele mesmo as peças. O fabricante não ofereceu nenhuma razão comercial legítima *racional* para a sua conduta, levando a corte distrital a concluir que o caso deveria ser julgado quanto ao seu mérito.

Vale destacar que recusas verticais de licenciar propriedade intelectual (uma das acusações em *Helicopter Transfort Services v. Erikson Air-Crane Inc.*) não recebem tratamento diferenciado nos Estados Unidos. Trataremos especificamente do assunto no item seguinte.

II.3.3.3. Recusa unilateral de licenciar propriedade intelectual

Embora seja da essência do direito a uma patente, por exemplo, excluir os demais da produção, utilização ou comercialização de uma invenção, sem anuência do seu proprietário, não podendo o direito antitruste estabelecer uma exceção genérica a esse princípio (v.g., uma obrigação de licenciar), o caráter intangível da propriedade intelectual também não pode constituir uma exceção à aplicação do direito antitruste às hipóteses em que tal intervenção é cabível. É essa a principal mensagem contida nas "Diretrizes em matéria de Propriedade Intelectual" da FTC e do DOJ.

Assim, a ABA SECTION OF ANTITRUST LAW consigna que mesmo em situações em que o proprietário de uma patente de invenção com poder de monopólio se recusa a utilizá-la *e* também a licenciá-la a terceiros, não existem razões, em princípio, para estabelecer uma obrigatoriedade de contratar abrangente à luz do art. 2º do Sherman Act.[226]

Nesse sentido, em Hartford-Empire Co. V. United States (323 U.S. 386), de 1945, a Suprema Corte reverteu decisão proibindo que a empresa investigada solicitasse o registro de novas patentes relativamente às quais não tivesse intenção de utili-

[226] *Antitrust law developments*, cit., p. 1124. Nesse aspecto, o direito antitruste norte-americano diverge do europeu, que considera relevante na avaliação da recusa de contratar envolvendo propriedade intelectual a perspectiva de desenvolvimento de produtos e aplicações não explorados pela empresa detentora do direito (vide item II.4.3.5).

zar ou licenciar a terceiros. A mesma racionalidade já havia orientado a Suprema Corte em *Continental Paper Bag Co. v. Eastern Paper Bag Co.* (210 US 405), julgado em 1908.

A exceção fica por conta do *Copyrights Act* norte-americano, que contempla provisões determinando *a priori* o licenciamento compulsório em determinadas situações (17 U.S.C. §§ 111(d), 115 e 116).

Na jurisprudência americana, são raros os casos em que, fora das hipóteses previstas expressamente no *Copyrights Act*, houve determinação de licenciamento compulsório de direitos de propriedade intelectual fundado no art. 2º do Sherman Act.

Uma dessas decisões excepcionais ocorreu no caso *Kodak* (*Image Technical Services* v. *Eastman Kodak Co.*, 504 U.S. 451), julgado em 1992. Ali, além da discussão em torno da definição do mercado relevante e da caracterização da monopolização, que tornou o caso conhecido em sua primeira versão, em 1927[227], e cuja racionalidade foi mantida em 1992, a corte determinou o licenciamento de patentes, rejeitando o argumento da *Kodak* no sentido de que existiria um interesse comercial legítimo associado à recusa no caso concreto. Na verdade, a Corte entendeu que a *Kodak* não tinha, efetivamente, a intenção de proteger suas patentes, ao recusar fornecer e licenciar peças a terceiros, já que, dos milhares de produtos objeto do pleito, apenas 65 eram efetivamente patenteados.

Posteriormente, no caso *United States v. Microsoft Corp.* (253 F.3d 34, D.C. Cir. 2001), o Circuito Federal consignou que *"direitos de propriedade intelectual não conferem um privilégio para violar as leis antitruste"*.

Microsoft refere-se a um conjunto de processos movidos pelo Departamento de Justiça norte-americano e vinte estados da confederação em face da empresa, que foi condenada por ameaçar clientes e fornecedores com recusas de negociar. A corte considerou que as restriçõe estavam voltadas para a manutenção de monopólio no mercado de sistemas operacionais. Com efeito, a Microsoft ameaçou deixar de distribuir a tecnologia da Intel e interromper negociações com a empresa caso esta não suspendesse sua política de cooperação com a Sun e com a Netscape no sentido de desenvolver um ambiente "Java" que a Microsoft considerava concorrente de seu sistema operacional "Windows". A Microsoft ainda ameaçou a Apple

[227] Em 1927, a Kodak, fabricante monopolista de filmes para máquinas fotográficas, tentou conquistar o mercado *downstream* de revenda de filmes no varejo, por meio da recusa de fornecer seus produtos a estabelecimentos independentes (não vinculados à Kodak) neste último mercado. A Corte americana condenou a empresa por entender que a mesma procurava alavancar seu poder de mercado para usufruí-lo no varejo, em detrimento dos seus concorrentes, mantendo tal posicionamento na investigação posterior contra a Kodak, realizada em 1992.

de suspender o desenvolvimento da versão do software "Office para Macintosh", caso a Apple não deixasse de comercializar o browser concorrente "Netscape", devendo distribuir exclusivamente o "Internet Explorer". Em novembro de 2001, a Microsoft celebrou um acordo com o DOJ comprometendo-se com uma política de interface entre seu sistema operacional e produtos concorrentes. A despeito de alguns estados objetarem, o acordo foi homologado em 2004. Cumpre observar que o acordo tinha vigência até 2007, mas acabou sendo prorrogado por dois anos e pende, ainda, de homologação judicial.

Em outro caso envolvendo tecnologia, no entanto, *Intergraph Corp. v. Intel Corp.*, a Intel foi inocentada de uma acusação baseada no art. 2º do Sherman Act, entendendo o Circuito Federal que a sua recusa em oferecer à Intergraph assistência técnica e acesso em primeira mão aos seus novos produtos não era ilegal, tendo como justificativa legítima o fato de a autora estar processando civilmente a Intel. Novas investigações, no entanto, foram instauradas em face da empresa pela FTC (com base no art. 5º do "FTC Act") e pelo Estado de Nova Iorque, com vistas a apurar violações à legislação de defesa da concorrência, especialmente condutas voltadas para a exclusão da AMD, sua rival, do mercado mundial para microprocessadores[228]. A Intel foi condenada por esta prática na Europa, Japão e Coréia do Sul.

[228] NOVA YORK inicia inquérito antitruste sobre Intel. *Reuters*. Nova York, 10 jan. 2008.

II.3.3.4. Recusas de contratar verticais analisadas à luz da chamada doutrina da infra-estrutura essencial (Essential Facility Doctrine)[229]: Aspen e Trinko

A formulação original da doutrina da infra-estrutura essencial nos EUA remonta ao caso *United States* versus *Terminal Railroad Association of St. Louis*, julgado pela Suprema Corte norte-americana em 1912 (224 US 383 [1912]). Naquela ocasião, restou expressamente consignado que a criação de obstáculos ao acesso a determinadas instalações (no caso concreto, uma ponte e um *ferry* para linhas férreas que passavam sobre o rio Mississipi, detidos em regime de monopólio pela associação ré) poderia ser caracterizada como um ilícito antitruste.

Os requisitos para a aplicação do precedente em questão passaram a ser dois: *(i)* a situação de dependência com relação a um bem; e *(ii)* a impossibilidade de superar essa dependência por meio da construção ou aquisição de bens próprios.

O caso *United States* versus *Terminal Railroad Association of St. Louis* é peculiar porque envolve, segundo grande parte da doutrina[230], recusa de contratar concertada e predominantemente horizontal, e não vertical, conforme aplicações posteriores que tornaram a doutrina da infra-estrutura essencial mais conhecida nos Estados Unidos e no restante do mundo.

---

[229] Há quem sustente que não existe uma "doutrina" da infra-estrutura essencial nos Estados Unidos, na medida em que ela não se encontra oficialmente reconhecida pela Suprema Corte norte-americana, embora tenha sido (e continue sendo) reiteradamente aplicada pelas cortes inferiores. A esse respeito, vide os comentários de Vassilis HATZOPOULOS (*Refusal do deal: The EC Essential facilities doctrine* In: Giuliano AMATO e Claus-Dieter Ehlerman. *EC competition law*, cit., p. 333-375). A ABA SECTION OF ANTITRUST LAW consigna que a própria Suprema Corte, ao decidir o caso *Trinko* (540 U.S. 398), em 2004, observou que nunca reconheceu (assim como jamais rejeitou) a doutrina da infra-estrutura essencial no que se refere à recusa unilateral por parte de um monopolista no sentido de negociar com um rival (*Antitrust law developments*, cit., p. 261), ou seja, a aplicação que tornou a doutrina em questão mais conhecida ainda não tem o aval da Suprema Corte, que manteve seu silêncio sobre o assunto na decisão proferida em *Trinko*. No entanto, a partir das formulações iniciais do que viria a ser a referida doutrina pela Suprema Corte em casos de recusas concertadas, conforme esclarecido neste capítulo, os circuitos federais fixaram critérios objetivos para a sua aplicabilidade, que ficaram amplamente conhecidos, não apenas nos Estados Unidos mas em todo o mundo, com o paradigmático caso *MCI Corp. versus AT&T*. E mesmo após a decisão da Suprema Corte em Trinko, muitas cortes federais continuam a utilizar a doutrina da infra-estrutura essencial em casos de recusas unilaterais adotadas por empresas monopolistas. Vide, nesse sentido, MetroNet Servs. Corp. V. Qwest Corp., 383 F.3d 1124, 1129-30 (9th cir. 2004), onde a doutrina foi reconhecida, porém considerada inaplicável ao caso concreto, com decisão confirmada pela Suprema Corte (544 US 1049) em 2005, e *Nobody in Particular Presents, Inc. v. Clear Channel Communs*, 311 F. Supp. 2d 1048, 1113 (D. Colo, 2004), reconhecendo e aplicando a doutrina.

[230] Vide, por exemplo, Vassilis HATZOPOULOS. *Refusal do deal*, cit.

No caso concreto, as empresas participantes da associação investigada detinham vinte linhas férreas e, após utilizar a associação para adquirir a ponte e o *ferry* que constituíam a única forma viável de cruzar o Rio Mississipi a oeste, passaram a ter condições de boicotar terceiros. Em outras palavras, empresas não participantes da associação, inclusive potenciais entrantes, ficariam excluídas do(s) mercado(s) de transporte ferroviário caso o acesso às facilidades adquiridas pela associação lhes fosse negado. Nesse contexto, a Suprema Corte, embora tenha considerado lícita a aquisição dos ativos, determinou que a associação pemitisse *acesso razoável* à ponte e ao *ferry* a ferrovias não proprietárias dos mesmos[231].

A mesma lógica foi aplicada no também horizontal caso *Associated Press* (326 US 1), julgado em 1945, onde uma associação de serviços de notícias recusava-se a admitir a livre filiação de empresas jornalísticas concorrentes. Na verdade, os estatutos da associação outorgavam direito de veto aos participantes que, desse modo, podiam barrar concorrentes de integrarem a associação.

Terminal Railroad Association of St. Louis e *Associated Press* são hoje considerados casos típicos de boicote em grupo (vide Cap. III), o que não impediu, no entanto, que contribuíssem para a construção jurisprudencial da doutrina da infra-estrutura essencial.

Segundo Calixto SALOMÃO FILHO, formulação semelhante foi aplicada pela Suprema Corte em duas decisões subseqüentes, ambas envolvendo recusas verticais, segundo a doutrina – *Otter Tail Power Co.* versus *United States* (410 US 366), e *Aspen Skiing Co.* versus *Aspen Highlands Skiing Co.* (472 US 585), mas o caso tido como paradigmático, e cujo raciocínio informou diversas decisões subseqüentes, só veio muitos anos mais tarde no setor de telecomunicações[232]. Trata-se do caso *MCI Corp. versus AT&T.*

Os critérios para a aplicação da doutrina da infra-estrutura essencial, tal como formulada no caso AT&T, foram:

(i) controle de um bem essencial por uma empresa detentora de posição dominante, sendo tal bem necessário para que outros agentes econômicos possam desenvolver suas atividades nos mercados *downstream*[233];

---

231 ABA SECTION OF ANTITRUST LAW, *Refusals to deal,* cit., p. 37. Vide, ainda, ABA SECTION OF ANTITRUST LAW. *Antitrust law developments,* cit., p. 261.

232 *Direito concorrencial: as condutas,* cit., p. 112. No mesmo sentido, vide HOVENKAMP. *Federal antitrust policy,* cit., p. 275.

233 Verifica-se que tal critério foi considerado preenchido em *Aspen Highlands Skiing Co.* versus *Skiing Corp.*, onde o Décimo Circuito considerou que o acesso a um pacote de *resorts* de esqui vizinhos ao *resort* da denunciante era necessário, já que sem ele nenhum *resort* seria competitivamente viável na região. Já em *McKenzie v. Mercy Hospital,* o mesmo Circuito entendeu que o acesso às instalações de um hospital não era essencial para

(ii) impossibilidade (técnica, econômica ou legal) de duplicação do referido bem pelos agentes econômicos concorrentes ou de fontes alternativas para o fornecimento do bem essencial[234];

(iii) recusa de acesso ao bem essencial por parte de seu detentor, sendo certo que tal recusa pode restar caracterizada indiretamente, por exemplo, por meio do estabelecimento de condições comerciais (inclusive preços) desarrazoadas para o acesso pleiteado; e

(iv) viabilidade de fornecimento do acesso ou ausência de um motivo comercial legítimo para a recusa[235].

Verifica-se, portanto, que *a doutrina da infra-estrutura essencial desenvolvida nos Estados Unidos preocupa-se com a tentativa de "alavancagem" de posição dominante detida em mercados caracterizados pela existência de bens ou instalações essenciais para mercados competitivos, geralmente situados à jusante na cadeia de produção.* Note-se que a doutrina aplica-se sempre a condutas questionadas sob o art. 2º do Sherman Act, já que a existência de poder de monopólio é um dos seus elementos.

Em outras palavras, se o mesmo agente econômico participa de dois mercados verticalmente relacionados, sendo um deles caracterizado pelo controle desse agente sobre bem ou infra-estrutura essencial, para o qual não há bons substitutos, há incentivos para que ele procure estender, mediante a recusa de contratar, o seu poder econômico para o outro mercado, onde atuam empresas que necessi-

---

que um médico pudesse exercer suas atividades de forma competitiva, pois este poderia atender a maioria dos pacientes na sua clínica ou consultório (ABA SECTION OF ANTITRUST LAW. *Antitrust law developments,* cit., p. 263).

[234] Nesse sentido, vide, por exemplo, a decisão do Sétimo Circuito em *Fishman v. Estate of Wirtz* (807 F.2d 520, 7th Cir. 1986), onde o autor pleiteava acesso ao estádio de Chicago para exercer os direitos que lhe outorgava a franquia da NBA sobre o Chicago Bulls. Embora os réus tenham apresentado como evidência da viabilidade econômica de um novo estádio o fato de eles próprios terem acabado de construir uma nova arena em Chicago, a corte entendeu que o estádio não era duplicável senão mediante custos desarrazoados *vis-à-vis* o valor do contrato cuja implementação ele tornaria viável. Não fazia sentido, no caso concreto, esperar que o autor tivesse que ingressar concomitantemente em dois mercados, de modo que o acesso foi outorgado pela corte. Em *Laurel Sand & Gravel, Inc. v. CSX Transportation,* no entanto, o Quarto Circuito deixou claro que não basta que o acesso a uma determinada infra-estrutura seja simplesmente mais econômico que outras alternativas, os custos das alternativas disponíveis devem ser proibitivos para que reste caracterizado o segundo elemento da doutrina da infra-estrutura essencial.

[235] A possibilidade de uma defesa baseada em "razões comerciais legítimas" será discutida na Conclusão. Nos EUA, tais razões foram rejeitadas no caso *MCI v. AT&T,* porém acabaram sendo acolhidas em outro caso envolvendo empresas de telefonia, *Southern Pacific Communications v. AT&T Corp.,* 740 F.2d 980 (D.C Cir. 1984).

tam do bem essencial, em concorrência com o detentor da infra-estrutura. Assim, o principal efeito da recusa de contratar sobre o mercado-alvo, quando não for o fechamento desse mercado, é a elevação dos custos dos rivais da empresa controladora da infra-estrutura.

Note-se, porém, que, mesmo nos casos considerados horizontais, *Terminal Railroad Association of St. Louis* e *Associated Press*, se não é possível vislumbrar tecnicamente dois mercados relevantes distintos, em estágios diferentes da cadeia produtiva, é viável, pelo menos, identificar um insumo essencial (a ponte e o *ferry*, no primeiro caso, e a rede de notícias, no segundo) sem o qual a concorrência por parte de terceiros torna-se impossível, independentemente da regular comercialização de tais bens em regime de oferta e demanda. Assim, temos que, no final das contas, exceção feita ao número de participantes da recusa, não há diferença substancial entre tais precedentes, por exemplo, e o caso *Aspen Skiing Co.*, onde empresa proprietária de três locações para a prática de esqui em Aspen foi compelida pela Suprema Corte a incluir um quarto *resort*, de propriedade de empresa independente, nos pacotes de esqui por ela comercializados.

Ou seja, a existência de dois mercados relevantes (claramente identificados) ou de apenas um, assim como a caracterização da recusa como horizontal (quando adotada coletivamente por integrantes de uma associação) ou vertical (quando adotada individualmente por uma empresa ou grupo) não parecem afetar substancialmente a forma como a doutrina da infra-estrutura essencial é aplicada nos Estados Unidos.

Outros elementos, por seu turno, precisam ser invocados para justificar desfechos tão distintos como aqueles que advieram de *Aspen Skiing Co.* e *Trinko*, dois casos decididos pela Suprema Corte a respeito de infra-estruturas essenciais, embora em nenhum deles se tenha empregado expressamente a doutrina correspondente.

Tanto *Aspen Skiing Co.* quanto *Trinko* discutiram recusas de contratar adotadas por empresa individual com poder de monopólio reconhecido, fugindo das situações descritas anteriormente, de recusas concertadas.

Em *Aspen Skiing Co.*, a Suprema Corte determinou que a empresa detentora de três entre quatro locações para a prática de esqui em Aspen, no Colorado, mantivesse um acordo de comercialização conjunta do acesso às locações com o quarto resort no local, um concorrente de menor porte. As três locações operadas pela empresa com poder de monopólio foram consideradas necessárias para que a *Aspen Highlands Skiing Co.* se mantivesse no mercado, já que a comercialização do acesso às suas instalações, de forma autônoma e independente, era comercialmente inviável. Por diversas temporadas, a *Aspen Highlands Skiing Co.* e a monopolista *Aspen Skiing Co.* ofereceram um pacote aos esquiadores que dava direito a todas as locações de esqui. No entanto, a *Aspen Skiing Co.* decidiu subitamente descontinuar o acordo, sem para tanto apresentar uma justificativa comercial razoável.

Em *Verizon Communications v. Law Offices of Curtis V. Trinko, LLP*, por sua vez, a Suprema Corte decidiu que a recusa da *Verizon* em oferecer acesso a sua rede sob condições razoáveis não implicava um ilícito. É interessante observar que a Suprema Corte afastou o argumento de que haveria imunidade antitruste no caso concreto, por ser o mercado regulado pelo Telecommunications Act de 1996. A despeito disso, consignou que o intérprete deve ser cauteloso ao identificar as circunstâncias pelas quais a recusa de um monopolista contratar com seus rivais pode violar o art. 2º do Sherman Act. Na situação em exame, ao contrário daquela analisada em *Aspen Skiing Co.* (que a Corte não reverteu, mas caracterizou como o "limite da responsabilidade" atribuída a uma empresa monopolista à luz do art. 2º do Sherman Act), a ré não havia voluntariamente celebrado um acordo com seus rivais, permitindo-lhes acesso à sua rede. Em especial, diferentemente dos *tickets* de Aspen, a Suprema Corte entendeu que os serviços relacionados ao acesso que a Verizon alegadamente recusou prestar a seus rivais não se encontravam disponíveis para o público e só poderiam ser prestados a despesas e esforços consideráveis. O argumento mais importante, porém, parece ter sido o de que o mercado já era objeto de regulação específica, que, no caso concreto (e ao contrário de *MCI Corp. versus AT&T*), não impunha à Verizon o dever de dar acesso a concorrentes[236].

A partir de *Trinko,* algumas decisões de instâncias inferiores passaram a considerar que não existe uma obrigação especial por parte de um monopolista relativamente a contratar com seus concorrentes.

A análise paralela dos casos *Aspen Skiing Co.* e *Trinko* pode causar perplexidade. Se considerarmos exclusivamente a natureza dos bens aos quais era pleiteado acesso nos dois casos, bem como a sua necessidade para que houvesse concorrência, *Trinko* parece ser um caso mais adequado para a aplicação da doutrina da infraestrutura essencial que *Aspen Skiing Co.* Neste, os diferenciais certamente foram o histórico (ou seja, o relacionamento preexistente entre as partes) e a ausência de justificativa economicamente racional para a recusa. A despeito disso, é possível sustentar que os concorrentes da *Verizon* necessitavam mais da rede da empresa do que a concorrente da *Aspen Skiing Co.* necessitava do pacote conjunto de *tickets*. No primeiro caso, a concorrência era virtualmente *inviável* sem o adequado acesso à rede, enquanto que, no segundo, embora fosse muito *difícil* para a *Aspen Highlands* concorrer sem participar do pacote em questão (conforme reconhe-

---

236 Mais recentemente, em 2009, a Suprema Corte foi além e, ao julgar o caso *Linkline,* enterrou a idéia de que a prática conhecida como *price squeeze* poderia constituir ilícito concorrencial na hipótese de inexistência de obrigação de contratar. Nas exatas palavras contidas na decisão, *"[w]here there is no duty to deal at the wholesale level and no predatory pricing at the retail level, a firm is not required to price both of these services in a manner that preserves its rivals' profit margins"*. Ao contrário do que ocorre nos EUA, a prática pode constituir ilícito concorrencial na Europa.

cido pela Corte), a concorrência ainda era possível, podendo a empresa reduzir seus preços ou procurar incluir outros diferenciais que tornassem o seu produto mais atraente. Para alguns autores, a decisão em *Trinko* deixa a impressão de que a Corte se arrependeu da decisão em *Aspen*, porém não quis reverter o precedente, esforçando-se, ao revés, para diferenciá-la da situação no novo caso. Outros, por seu turno, consideram *Aspen* e *Trinko* perfeitamente compatíveis, distinguindo-se o último do primeiro não apenas por tratar de mercado especificamente regulado (em que a autoridade antitruste decidiu se ater aos limites da regulação) mas também em razão de haver uma justificativa razoável para a recusa, o que, em *Aspen*, não acontecia[237].

De qualquer modo, a despeito de a doutrina da infra-estrutura essencial continuar sendo aplicada por instâncias inferiores, o seu futuro ainda é incerto. A orientação que se extrai da decisão *Trinko* é de um tratamento mais liberal às recusas de contratar nos Estados Unidos, ainda que adotadas por empresas monopolistas e relacionadas a bens essenciais.

---

[237] Vide, nesse sentido, as transcrições das manifestações exaradas durante as audiências conjuntas conduzidas pela FTC e pelo DOJ em matéria de recusa de contratar (United States Federal Trade Commission and United States Department of Justice Sherman Act Section 2 Joint Hearing: Refusals To Deal Panel, 2006). Merecem destaque as seguintes considerações de William J. KOLASKY sobre *Aspen*: *"the defendant was seeking to exclude rivals on some basis other than efficiency, that is other than through competition on the merits"*; *"as in Otter Tail and MCI, the conduct was not a simple refusal to deal. There was a lot of other conduct going on there, including to me most significantly the fact that Ski Co. discontinued its own three-day, three mountain pass so that the only way somebody could get a discount on a multi-day, multi-mountain pass was to buy a six-day pass, and that meant that if the vacationer wanted to ski the Highlands, they almost certainly had to pay twice, both for the day ticket to the Highlands and the six-day pass to the Highlands. The other thing that's important is that, while the court described Ski Co.'s justification as pretextual, the court also gave fairly close scrutiny to those justifications before reaching that conclusion"*. A sugestão do autor é de que, quanto mais graves forem os efeitos anticomptitivos gerados por uma recusa de contratar, mais detalhado e rigoroso deve ser o escrutínio das justificativas apresentadas.

II.4. A recusa de contratar vertical no direito europeu: em busca de um enfoque menos formalista

II.4.1. Considerações gerais introdutórias

A partir de 1985 e, principalmente, após a reforma realizada em 1999 (e concluída em 2002, com o Regulamento 1400/2002[238], que disciplina especificamente a distribuição de veículos automotores e serviços correlatos), a União Européia vem tratando das restrições verticais associadas a sistemas de distribuição de forma menos rígida e formal.

Na verdade, as autoridades européias passaram a analisar tal modalidade de restrições com um viés predominantemente econômico, que leva em consideração a racionalidade da prática sob a ótica empresarial e seus efeitos sobre o mercado comum, porém sem deixar completamente de lado a idéia de que certas práticas simplesmente não devem ser adotadas (as chamadas restrições *hardcore*).

A tendência de racionalização da aplicação do direito antitruste europeu foi confirmada e reforçada com a edição, em dezembro de 2005, do denominado *Discussion Paper* da Comissão Européia, que trata da aplicação do art. 102 do Tratado de Roma aos chamados "abusos exclusionários". Tal como já mencionado, três anos depois, durante os quais autoridades, estudiosos e práticos do direito antitruste europeu protagonizaram intensos debates sobre o *Discussion Paper*, em dezembro de 2008, a Comissão divulgou Comunicação estabelecendo "Orientação sobre as prioridades da Comissão na aplicação do art. 102.º do Tratado CE a comportamentos de exclusão abusivos por parte de empresas em posição dominante" [C(2009) 864].[239]

Assim, pode-se dizer que depois de um longo período de tratamento rigoroso das restrições verticais de distribuição sob a ótica concorrencial, que incluía o tratamento de um grande número de práticas como ilícitos *per se* ou *hardcore*, sob a justificativa de permitir a formação do mercado comum, as autoridades adotaram um *sistema misto*, que privilegia a avaliação de efeitos, sem, porém, eliminar totalmente a proibição que recai sobre algumas práticas, consideradas particularmente prejudiciais ao mercado comum, mesmo na ausência de poder de mercado, como é o caso das proibições de importações ou exportações paralelas por distribuido-

[238] O Regulamento tem vigência até 31 de maio de 2010 e a Comissão Européia já iniciou consulta pública sobre a sua prorrogação, com alterações pontuais. Conforme o press release divulgado, "*a Comissão considera que estas regras têm funcionado de forma globalmente satisfatória e que não deviam ser fundamentalmente alteradas. As principais sugestões de alteração destinam-se a ter em conta as recentes tendências do mercado, nomeadamente o aumento do poder de compra da grande distribuição e a evolução das vendas em linha pela internet.*"

[239] A versão oficial em português data de 09.Fev.2009.

res situados em determinados Estados-membros[240].

Recusas de contratar verticais associadas a sistemas de distribuição podem afrontar tanto o art. 101 quanto ao art. 102 do Tratado de Roma. Iniciamos pelo art. 101.

II.4.2. Recusas de contratar verticais e o art. 101 do Tratado de Roma

II.4.2.1. (Ausência de) Poder de mercado e práticas isentas de ilicitude

Conforme já mencionado no item I.5.2 retro, o art. 101 do Tratado de Roma proíbe *acordos* que tenham por *objeto* ou *efeito*[241] eliminar ou limitar a concorrência (efetiva ou potencial), sendo certo que desde os primórdios da aplicação do Tratado as autoridades deixaram claro que o dispositivo se aplica aos acordos verticais[242].

A interpretação dada a *acordos* via de regra é extensiva a práticas unilaterais adotadas como decorrência de acordos previamente celebrados entre dois ou mais agentes econômicos, especialmente de distribuição. Desse modo, em diversas ocasiões, a Comissão Européia puniu, à luz do art. 101, recusas de negociar unilateriais tendo como contexto contratos de distribuição exclusiva ou seletiva com cláusulas de limitação territorial à atuação dos distribuidores (vedação a importações paralelas)[243].

---

[240] Houve condenações em virtude dessa modalidade de prática, à luz do art. 101 do Tratado de Roma, entre muitos outros, nos casos *Basf versus Commission* (decisão de 1999, envolvendo medicamentos), *Volkswagen AG versus Commission* e *Opel* (decisões de 2000, envolvendo veículos automotores), *Nathan-Bricolux* (envolvendo materiais educacionais) e *Nintendo.* Restrições indiretas a importações parelelas (por exemplo, incentivos para que os produtos fossem adquiridos apenas de distribuidores autorizados naquele território, como a oferta de garantia) também foram punidas, como no caso *Zanussi.*

[241] Vale reiterar que o legislador europeu elegeu práticas de objeto anticompetitivo, independentemente dos seus efeitos (efetivos ou potenciais). Para tais práticas, a análise de mercado e a própria definição de mercados relevantes são bastante simples, embora ainda seja necessário verificar se a prática limita a concorrência de forma apreciável e se afeta potencialmente o comércio entre os Estados-membros.

[242] Vide, nesse sentido, a decisão do Tribunal de Justiça Europeu no caso *Bosch* (1962). Tal entendimento foi posteriormente confirmado em três casos decididos em 1966: *Société Minière versus Maschinenbau Ulm, Grundig e Consten versus Comissão,* e *República Italiana versus Conselho e Comissão.*

[243] Divergindo da jurisprudência até então, a Corte de Justiça Européia decidiu, no precedente *Adalat* (Casos C-2/01 e C-3/01, *Bundesverband der Arzneitmittel-Importeure EV and Commission of the European Comunities v Bayer AG,* decididos em 2004) limitar a idéia de acordo para fins de aplicação do art. 101 do Tratado de Roma. Segundo Luis F. S. SOUBRIER, a Corte vinha consistentemente reconhecendo a existência de um acordo em afronta ao art. 101 com base em acordos prévios concluídos pelas partes (v.g., um contrato de distribuição) ou na interpretação ampla de aquiescência tácita. Em *Adalat,* porém, a Corte consignou que a mera coexistência entre um ajuste de distribuição prévio

Em princípio, não há necessidade de se demonstrar poder de mercado para que uma empresa possa ser punida com base no art. 101, porém a interpretação corrente da Comissão e das Cortes Européias, espelhada nos Regulamentos em vigor, do Conselho e da Comissão, acabou estabelecendo verdadeiro *teste de dominância*, ainda que simplificado, para a análise de recusas de contratar à luz do art. 101.

I.4.2.2. Isenções por categoria *(block exemptions)*

O Regulamento nº 1215/1999 do Conselho estabelece regras gerais para a adoção, pela Comissão Européia, de normas disciplinando isenções por categoria (*block exemptions*).

Há divergências sobre o efeito exato das isenções, individuais ou por categoria. Manuel SERENS, por exemplo, entende que as isenções declaram aplicável a exceção prevista no art. 101, §3, do Tratado de Roma, considerando válidas práticas que, a despeito de limitar, impedir ou falsear a concorrência no mercado comum (art. 101, §1), contribuem para melhorar a produção ou a distribuição dos produtos ou para promover o progresso técnico ou econômico, reservando aos usuários finais uma parte eqüitativa do lucro daí resultante, sem impor restrições indispensáveis à consecução dos objetivos perseguidos pelas partes ou eliminar de

---

e condutas unilateriais subseqüentes não bastam para caracterizar um acordo; há que se demonstrar o nexo de causalidade entre eles. O entendimento foi confirmado em Volkswagen II (Caso C-74/04, Comission v Volkswagen, decidido em 2006) (The concept of an agreement and beyond: how to block parallel imports of pharmaceuticals to protect the heart of competition. In: Giuliano AMATO e Claus-Dieter Ehlerman. *EC competition law: a critical assessment.* Oxford and Portland, Oregon: Hart Publishing, 2007, pp. 81-142). É cedo, porém, para afirmar que, após a *Adalat* e *VW,* existe um novo parâmetro para identificar acordos à luz do art. 101 do Tratado de Roma. Richard WHISH, por exemplo, vê a mudança com cautela. É possível que a decisão *Adalat* não altere a visão da Corte Européia sobre a exegese do art. 101, mas apenas endereçe preocupações setoriais. No caso da indústria farmacêutica, por exemplo, há substanciais diferenças de política regulatória para medicamentos nos países membros da UE. Os preços do *Adalat* na França e na Espanha eram 40% inferiores aos preços no Reino Unido, fazendo com que a subsidiária local do Grupo Bayer perdesse parcela substancial do seu faturamento para importações paralelas desses países. Em virtude da impossibilidade de aumentar preços na França e na Espanha (devido à regulamentação dos medicamentos nesses países), a Bayer proibiu a sua subsidiária alemã de vender aos distribuidores franceses e espanhóis mais da metade do que estavam acostumados a adquirir, calculando que esse montante correspondia às vendas internas nos dois países. A prática foi questionada pelos distribuidores espanhóis à luz do art. 101 do Tratado de Roma e a Bayer multada pela Comissão. A Corte de Primeira Instância, porém, reverteu o resultado, tendo sua decisão confirmada pelo Tribunal. A prática foi considerada unilateral (e a Bayer não tinha posição dominante para ser processada com base no art. 102). Não foi caracterizada a existência de um acordo tácito entre os distribuidores que cumpriam a nova política de quotas, de um lado, e a Bayer, de outro.

forma substancial a concorrência[244]. Já Richard WHISH defende que as isenções se aplicam tanto a situações em que uma determinada prática incide no art. 101, §1, mas encontra-se excepcionada pelo art. 101, §3, quanto a situações em que a prática sequer incide na proibição do art. 101, §1 (ou seja, não tem objeto ou efeito anticompetitivo)[245].

O que mais importa, no entanto, é compreender que o estabelecimento de regras disciplinando as isenções por categoria – objeto de Regulamentos específicos

[244] *Direito da concorrência e acordos de compra exclusiva: práticas nacionais e práticas comunitárias*. Coimbra: Coimbra, 1993, pp. 57-59. A respeito da exegese do art. 101, §3, Richard WHISH esclarece que a *"melhoria na distribuição ou produção de bens"* ou o *"progresso técnico ou econômico"* devem beneficiar a sociedade como um todo (o mercado comum) e não apenas as partes. A interpretação estreita do dispositivo é no sentido de que somente a eficiência econômica importa para fins do referido dispositivo legal, a ampla permite englobar outros objetivos. Já a determinação de que os ganhos sejam repartidos com o consumidor, segundo WHISH, só pode significar que a concorrência não deve ser substancialmente eliminada, pois é ela que garante que o consumidor não terá prejuízos (via preços maiores ou outras perdas). Finalmente, o art. 101, §3 estabelece que as restrições estabelecidas devem ser indispensáveis para atingir o objetivo perseguido pelo agente econômico, sendo que as chamadas "cláusulas negras" (e.g., atribuição de exclusividade territorial absoluta e fixação de preços de revenda) nunca preenchem tal requisito (*Competition law*, cit., p. 152-156).

[245] *Competition law*, cit., p. 152-156. De uma forma ou de outra, até há pouco tempo atrás, as isenções (individuais ou por categoria) eram a única forma de se aplicarem concretamente as exceções previstas no §3 do art. 101, atribuição exclusiva das autoridades comunitárias, de modo que cortes e órgãos administrativos dos países membros, embora pudessem aplicar o art. 101, §1, não podiam conceder isenções. Diversas reformas foram implementadas nesse aspecto. Inicialmente, a Comissão regulamentou as isenções por categoria de modo a reduzir o grande número de notificações individuais que lhe eram submetidas. Em um segundo momento, com a edição do Regulamento 2790/99, a Comissão passou a dispensar as notificações prévias solicitando isenções individuais para acordos não passíveis de obter o benefício da isenção por categoria. Com isso, as restrições verticais que não se enquadram nas normas previstas no Regulamento da Comissão passaram a admitir uma análise *a posteriori*, no bojo de procedimentos instaurados para apurar violações ao art. 101, §1, sendo as isenções obtidas com efeito retroativo. Mais recentemente, as notificações para fins de obtenção de isenções individuais foram completamente abolidas pelo Regulamento 01/2003 do Conselho (conhecido como *"Modernisation Regulation"* ou Regulamento de Modernização), que entrou em vigor em 1º de maio de 2004. Com essa última modificação (que já estava prevista no *"Livro Branco sobre a modernização das regras de aplicação dos arts. 85º e 86º do Tratado CE"*, publicado pela Comissão em 1999), o art. 101, §3, do Tratado de Roma tornou-se diretamente aplicável, inclusive pelas autoridades e cortes nacionais dos países-membros. Os agentes econômicos que quiserem ter segurança quanto à licitude dos termos dos seus acordos verticais à luz da legislação européia de defesa da concorrência devem elaborar seus contratos de forma a preencher os requisitos previstos no Regulamento 2790/99 ou no Regulamento 1400/2002, conforme o caso.

da Comissão – acabou por estabelecer critérios baseados na existência de poder de mercado à luz do art. 101 do Tratado de Roma (i.e., isentando *acordos envolvendo empresas com participação de mercado inferior a 30%*, entre outros requisitos, quantitativos e qualitativos).

O assunto encontra-se disciplinado no Regulamento 2790/99 da Comissão Européia, que trata dos acordos verticais como um todo, tendo revogado os Regulamentos 1983/83/CEE e 1984/83/CEE, referentes aos acordos de venda exclusiva e compra exclusiva, bem como o Regulamento 4087/88/CEE, que disciplinava os contratos de franquia. O Regulamento 1400/2002 disciplina especificamente a distribuição de veículos automotores e serviços correlatos e segue a mesma racionalidade aplicável aos demais acordos verticais, muito embora enderece algumas preocupações adicionais, específicas do setor.

Em resumo, para os acordos de *compra exclusiva* ou para aqueles em que, ainda que a exclusividade não esteja expressamente ajustada, há previsão de descontos por quantidade ou fidelidade, ou estabelecimento de quantidades mínimas, tornando improvável que o distribuidor comercialize outras marcas[246], incide a isenção por categoria sempre que a participação do fornecedor não exceder 30% (trinta por cento) no mercado no qual venda os bens ou preste os serviços objeto do contrato, e que a participação do comprador não ultrapassar 30% (trinta por cento) no mercado em que adquire bens ou serviços objeto do contrato. Ademais, se houver cláusula de não-concorrência (por exemplo, impedindo que o distribuidor concorra no mercado a montante, onde atua o fornecedor), esta não pode ser superior a cinco anos, para que a isenção seja aplicável.

Nos acordos de *compra exclusiva* elegíveis à obtenção de uma isenção por categoria, o fornecedor pode restringir vendas não passivas[247] de um distribuidor

---

[246] A respeito, vide Valentine KORAH and Dennis O'SULLIVAN (*Distribution agreements*, cit., p. 18).

[247] "Vendas passivas" são aquelas que o distribuidor acaba efetuando sem envidar maiores esforços para tanto, ou seja, o distribuidor não anuncia o produto fora de sua região de atuação e não realiza nenhum investimento no sentido de atrair consumidores localizados ali. As vendas passivas são mais freqüentes nas regiões fronteiriças (v.g., um distribuidor cuja área de atuação é limitada à Alemanha, mas cujo estabelecimento se encontra próximo da França, tende naturalmente a atrair consumidores franceses, que podem adquirir seus produtos sem grandes custos de locomoção), ou no que se refere a consumidores em trânsito (em regiões turísticas, por exemplo). Já as "vendas ativas" são aquelas que o distribuidor conta realizar, para tanto realizando investimentos. Em outras palavras, o distribuidor oferta diretamente seus produtos a um grupo ou em uma região, esforçando-se para ter aquela clientela. A comercialização de produtos e serviços pela Internet pode eliminar a distinção entre vendas ativas e passivas em determinados mercados, fato que não passou incólume à observação da Comissão Européia quando esta colocou em consulta pública o novo regulamento em matéria de distribuição (que entrará em vigor em 2010).

no território exclusivo de outro ou em área reservada para o próprio fornecedor, bem como proibir que atacadistas vendam no varejo; porém, não deve limitar as vendas dos clientes do distribuidor.

Para os acordos de *distribuição exclusiva*, aplica-se o mesmo percentual de 30% como teto de participação de mercado para o fornecedor e para o distribuidor, e a isenção por categoria não será concedida se houver restrições de vendas passivas para consumidores de outras regiões, ou restrição de vendas passivas e ativas em outros territórios, em se tratando de um sistema misto, abarcando contratos de distribuição seletiva e exclusiva.

No que se refere aos contratos de *distribuição seletiva*, as isenções por categoria podem ser aplicadas a hipóteses não enquadradas na chamada "*doutrina Metro*" (que excluiu a aplicabilidade do Art. 101, §1)[248], desde que, além de observado o já mencionado critério de participação de mercado, não haja limitações de vendas passivas ou ativas para usuários finais, nem no que se refere ao fornecimento de produtos entre os membros da rede.

Para obter uma isenção por categoria, os contratos de distribuição seletiva podem conter proibição geral aos distribuidores de vender marcas concorrentes; no entanto tal proibição não deve recair sobre marcas ou concorrentes específicos (exclusividade dirigida). Se houver ajustes desse tipo, a isenção ainda será outorgada, porém não se estenderá a tais pactos, que poderão ser objeto de questionamento específico. O mesmo se aplica a ajustes de não-concorrência.

Também são elegíveis para fins de isenção por categoria contratos de distribuição seletiva que contenham ajustes *(i)* vedando que os distribuidores negociem com revendedores não autorizados, e *(ii)* impedindo os distribuidores de reven-

[248] A "doutrina Metro" foi construída a partir do precedente Metro I (Caso 26/16, julgado em 1977) e estabelece parâmetros para que um determinado contrato ou sistema de distribuição seletiva seja considerado lícito à luz do Art. 101, §1, do Tratado de Roma (ou seja, os contratos que preenchem tais requisitos não se enquadram nas hipóteses de ilicitude do dispositivo em questão). Os parâmetros fixados pela *"doutrina Metro"* são: *(i)* o contrato ou sistema deve abarcar a distribuição de produtos que efetivamente demandam distribuição seletiva (produtos de luxo, produtos tecnológicos ou produtos de vida curta, como jornais); *(ii)* o contrato ou sistema deve contemplar apenas critérios qualitativos para a seleção dos distribuidores e a política adotada deve ser aplicada uniformemente a todos os potenciais clientes, de forma não discriminatória (ou seja, se um determinado distribuidor preenche os critérios, pode aderir à rede, não havendo limitações quanto ao número total de distribuidores por região, ou quanto a aspectos como faturamento, estoques mínimos, etc., geralmente tratados como quantitativos), e *(iii)* as restrições não devem ir além daquilo que for objetivamente necessário para proteger a qualidade do produto (proporcionalidade). Tais fundamentos foram aplicados aos casos *Lancôme SA versus Etos* (1980), *L'Oréal NV versus de Nieuwe AMCK* (1980) e *AG Telefunken versus Commission* (1983), entre outros.

der componentes adquiridos para a prestação de serviços de manutenção diretamente a clientes que possam utilizá-los para fabricar o mesmo tipo de produto do fornecedor. Não é permitido, entretanto, impedir que os distribuidores vendam componentes para empresas independentes que concorram na prestação de serviços de manutenção ou reparação dos produtos.

Em todos os casos (compra exclusiva, distribuição exclusiva e distribuição seletiva), há que se levar em conta o efeito cumulativo, gerado pela existência de redes paralelas (independentes) de contratos de distribuição. De fato, se diversos fornecedores em um mercado oligopolizado adotarem contratos de exclusividade ou outras restrições, o efeito de fechamento será muito semelhante àquele gerado por uma única rede de distribuidores exclusivos de uma empresa dominante. O efeito cumulativo, no entanto, é considerado improvável se a participação dos cinco maiores concorrentes for inferior a 50%. Da mesma forma, a Comissão Européia considera que fornecedores com menos de 5% de participação de mercado não contribuem para o efeito cumulativo, ainda que este exista.

Em nenhuma das situações mencionadas, a isenção por categoria é aplicável se houver restrições *hardcore* nos contratos, tais como fixação de preços de revenda ou proibição de importações ou exportações paralelas.

As isenções por categoria também não se aplicam a acordos verticais entre concorrentes, exceção feita aos acordos não-recíprocos que, nos termos da Comunicação 2000/C 291/01 da Comissão, que estabelece "Orientações relativas às restrições verticais", *"são, por exemplo, os acordos em que um fabricante se torna distribuidor dos produtos de outro fabricante, sem que este último se torne distribuidor dos produtos do primeiro fabricante"* (item 27).

A Comunicação ainda dispõe, nos termos do item 4 do art. 2º do Regulamento 2790/99, que os acordos não recíprocos entre concorrentes são abrangidos pela isenção sempre que *"(i) o comprador tenha um volume de negócios que não exceda 100 milhões de Euros, ou (ii) o fornecedor seja um fabricante e distribuidor de bens, enquanto o comprador é apenas um distribuidor e não igualmente um fabricante de bens concorrentes, ou (iii) o fornecedor seja um prestador de serviços que opera a vários níveis de comércio, enquanto o comprador não fornece serviços concorrentes ao nível do comércio em que adquire os serviços contratuais. A segunda excepção abrange situações de distribuição dupla, isto é, situações em que o fabricante de determinados bens opera igualmente enquanto distribuidor dos bens em concorrência com distribuidores independentes dos seus bens. Um distribuidor que fornece especificações a um fabricante para a produção de determinados bens com a marca do distribuidor não é considerado um fabricante destes bens com marca própria. A terceira excepção abrange situações semelhantes de distribuição dupla, mas neste caso em relação aos serviços, sempre que o fornecedor é também um prestador de serviços ao mesmo nível do comprador"*.

No que se refere especificamente aos contratos de distribuição de veículos automotivos e serviços correlatos, o Regulamento 1400/2002, nos moldes do Regulamento que versa sobre acordos verticais em geral, prevê a outorga de isenção por categoria com base no critério de participação de mercado (estabelecendo teto de 30% para acordos de distribuição exclusiva e de 40% para acordos de distribuição seletiva[249]) e na inexistência de restrições *hardcore*.

O Regulamento, porém, estabelece regime mais rígido do que aquele aplicável aos demais acordos verticais, ao vedar, por exemplo, a combinação de distribuição exclusiva e seletiva, e ao estabelecer diversas obrigações adicionais às partes. Merece destaque a determinação para que as partes permitam que terceiros (os chamados operadores independentes) tenham acesso a informações técnicas, ferramentas, *softwares*, treinamento, programas de diagnóstico, etc., que lhes possibilitem prestar serviços de manutenção e reparação dos produtos, aspecto que não tem equivalente no Regulamento 2790/99[250].

É manifesta, ainda, a preocupação do Regulamento com a independência dos distribuidores de veículos, que têm direito a um site de referência na *Internet*, a vender mais de uma marca no seu *showroom*, a prestar serviços pós-venda a produtos de terceiros e a realizar vendas ativas fora de seus territórios[251].

Rígidos ou liberais os critérios para a outorga de isenções por categoria, o certo é que as recusas de negociar com terceiros baseadas em acordos que se beneficiam

---

[249] A exceção fica por conta dos contratos de distribuição seletiva baseados em critérios exclusivamente qualitativos (nos moldes da "doutrina Metro", vide nota acima), para os quais não há limite de participação de mercado.

[250] Segundo Giorgio MONTI, o Regulamento de distribuição de veículos automotivos e serviços correlatos é claro ao dispor que o fornecedor perde o benefício da isenção por categoria caso se recuse a negociar com terceiros o fornecimento de componentes e informações técnicas (*EC Competition Law*, cit., p. 384 e ss).

[251] O tratamento mais rígido conferido aos contratos de distribuição de veículos na Europa, *vis-a-vis* as regras aplicáveis aos demais acordos verticais, encontra justificativa na dificuldade de integrar os mercados nacionais desses produtos. Richard WHISH observa que, a despeito dos esforços que há muitos anos vêm sendo engendrados pelas autoridades, ainda há significativa diferença nos preços dos veículos automotivos entre os Estados-membros da UE. Tais diferenças são mantidas por meio de diversas práticas restritivas (sob os arts. 101 e 102 do Tratado de Roma), principalmente com vistas a impedir exportações de países com preços mais baixos para países com preços mais altos (*Competition law*, cit.). Valentine KORAH e Dennis O'SULLIVAN observam que mesmo com a política consistente da Comissão e das cortes européias, no sentido de condenar tais restrições - v.g., os casos *BMW* (1979), *Ford* (1985), *Volkswagen* (2000 e 2001), *Opel Netherlands* (2000), *Daimler Chrysler* (2001) e *Triumph Motorcycle* (2000), no último caso atingindo uma empresa com participação de mercado de apenas 5% na UE e 10% no Reino Unido -, as práticas são surpreendentemente repetidas (*Distribution agreements*, cit.).

de tais isenções serão lícitas na Europa. E, para a grande maioria dos casos, a concessão da isenção depende, entre outros parâmetros, de uma *avaliação de poder de mercado*, baseada no critério de participação de mercado, dos envolvidos e dos seus concorrentes.

I.4.2.3. Acordos de menor importância (regra de minimis)

Outra medida que importa a realização de algum tipo de teste de poder de mercado ou dominância à luz do art. 101 do Tratado de Roma é a denominada regra *"de minimis"*, que, basicamente, isenta de ilicitude acordos verticais considerados de menor importância. Tal regra consta genericamente das "Diretrizes em matéria de restrições verticais" (Comunicação 2000/C 291/01, editada pela Comissão na esteira do Regulamento 2790/99), e estabelece que acordos verticais sem restrições *hardcore* firmados entre empresas *cuja participação nos respectivos mercados não ultrapasse 10% (dez por cento)* não violam o art. 101, §1º, do Tratado de Roma.

Decorrido cerca de um ano da publicação das Diretrizes, a Comissão Européia editou a Comunicação 2001/C 368/07, relativa aos acordos de pequena importância que não restringem sensivelmente a concorrência nos termos do art. 101, §1, do Tratado de Roma (*"de minimis"*).

A referida comunicação, aplicável a acordos verticais, a decisões de associações de empresas e a práticas concertadas, mantém os patamares de isenção relativos aos acordos verticais estabelecidos no Regulamento 2790/99 e nas Diretrizes, e ainda estipula que acordos verticais sem restrições *hardcore* firmados entre empresas não concorrentes *cuja participação nos respectivos mercados não ultrapasse 15% (quinze por cento)* beneficiam-se da isenção. Para empresas concorrentes (ou havendo dúvidas a respeito de serem ou não concorrentes), o liminar é de 10%. Adicionalmente, exige-se que não haja efeitos cumulativos, na forma de acordos paralelos ou similares que restrinjam 30% ou mais do mercado. Ainda assim, fornecedores ou distribuidores que individualmente detiverem menos de 5% de participação de mercado não contribuem para o efeito cumulativo.

A Comissão Européia entende que os acordos de menor importância geram impacto insignificante no mercado, devido à posição fraca das partes envolvidas. Nesses casos, portanto, a recusa de contratar fundada em contrato de distribuição com terceiro presume-se lícita. Não obstante, a Comissão reserva-se o direito de analisar tais acordos, se entender que podem gerar algum impacto à concorrência.

Assim, os acordos verticais que preencherem os requisitos aplicáveis terão o benefício das isenções por categoria. Os acordos que não preencherem todos os requisitos para obter a isenção por categoria, mas que estiverem enquadrados na regra *"de minimis"* também se presumem lícitos. Em ambos os casos, recusas de contratar adotadas tendo como panorama acordos de distribuição elegíveis não são ilícitas. Para as demais hipóteses, tem lugar uma análise individual.

I.4.2.4. Demais casos: análise individual

Para fins de análise individual de recusas de contratar à luz do art. 101 do Tratado de Roma, excetuando-se, mais uma vez, as restrições *hardcore* relacionadas à proibição de importações paralelas (e recusas fundadas em tais restrições contratuais), que dificilmente serão aceitas (a despeito das polêmicas decisões das Cortes Européias no caso *Glaxo Spain*, comentadas mais adiante), o fechamento do mercado é avaliado com base nas participações das empresas atuantes, na parcela de mercado afetada, na duração do contrato e na maturidade do mercado[252]. A metodologia de análise adotada pela Comissão encontra-se pormenorizada no item 120 e seguintes das já citadas "Diretrizes em matéria de restrições verticais" (Comunicação 2000/C 291/01).

Para ilustrar, merecem destaque os diversos casos que ficaram conhecidos como "guerra dos sorvetes", envolvendo grandes fabricantes de sorvetes ligados à Unilever, de um lado, e estabelecimentos varejistas situados em diversos países europeus, de outro.

Os fabricantes forneciam geladeiras gratuitamente (em comodato) aos varejistas, exigindo, em troca, que nelas somente fossem acondicionados produtos das suas marcas. Em muitos casos, os varejistas também concordavam em comercializar nos seus estabelecimentos *apenas* as referidas marcas, instituindo-se *contratos de aprovisionamento exclusivo* com os fornecedores Unilever.

Tal sistema foi questionado quando a empresa Mars, que produzia sorvetes em barra, na França, para serem comercializados na Europa, concluiu que a venda dos seus produtos na Alemanha estava sendo dificultada, de forma anticoncorrencial, pelos acordos de exclusividade existentes entre empresas do Grupo Unilever e uma multiplicidade de varejistas. A Mars fez reclamações à Comissão Européia, que iniciou investigações (*Schöller, Langnese-Iglo* e *HB/Van den Bergh Foods Ltd.*).

Em *Schöller Lebensmittel GmbH & Co KG* (Caso 93/405, julgado em 1994), a Comissão Européia condenou a empresa, fabricante de sorvetes, por entender que a exclusividade de produto nos estabelecimentos varejistas feria o art 81, §1, do Tratado de Roma. A Comissão concluiu que restrições adotadas por empresa com participação de mercado superior a 20% na Alemanha produzia efeitos apreciáveis sobre a concorrência entre os Estados-membros da então Comunidade Européia.

Com efeito, em virtude de proibição contratual, os revendedores alemães não podiam adquirir produtos de fornecedores concorrentes da *Schöller*, ficando excluída, por conseguinte, a concorrência entre marcas. As obrigações pactuadas entre fabricante e varejistas dificultavam ou impediam o desenvolvimento de estruturas de comercialização independentes de sorvetes, necessárias para permitir o acesso de novos concorrentes ao mercado em questão ou a consolidação de

[252] Vide Richard WHISH. *Competition law*, cit., p. 602-604.

concorrentes já estabelecidos. Deste modo, os contratos de fornecimento conduziam ao fechamento do mercado alemão em relação aos produtos provenientes de outros Estados-membros, como, por exemplo, os sorvetes da Mars fabricados na França, sendo suscetíveis de afetar substancialmente o comércio.

A *Schöller* afirmava que os contratos de fornecimento produziam efeitos benéficos para ela e para os estabelecimentos comerciais, compensando aqueles que abdicavam da sua liberdade comercial. No entanto, a Comissão entendeu que não bastava que os acordos fossem vantajosos apenas para as empresas participantes; eles deveriam, antes, trazer vantagens objetivas para todos (inclusive consumidores), o que não ocorria no caso concreto.

O dispositivo da decisão proferida pela Comissão Européia não aborda a questão da exclusividade de geladeiras, embora o arrazoado tenha sido hostil a tal restrição.

Idêntico foi o caso Langnese-Iglo GmbH, em que a empresa foi multada por acordar a exclusividade de vendas de seus sorvetes com estabelecimentos comerciais alemães, restando proibida a prática investigada.

No caso *HB Icecream*, outra subsidiária da Unilever, a Comissão emitiu um "statement of objections"[253], com base nos arts. 101 e 102 do Tratado de Roma, consignando que, embora pudesse efetivamente melhorar a distribuição de produtos, a exclusividade de geladeiras excluía completamente a concorrência em estabelecimentos varejistas onde não fosse possível alocar mais de um equipamento. A HB comprometeu-se a modificar a sua política e a Comissão arquivou a investigação.

Seguiu-se um litígio com a Mars, tendo a HB obtido uma liminar na Irlanda para impedir que a concorrente aliciasse varejistas, convencendo-os a colocar seus produtos nas geladeiras da HB, já que poucos estabelecimentos estavam dispostos a desfazer o acordo com esta empresa, que respondia por parcela substancial da demanda. De fato, a HB Ice Cream Ltd. era a principal fabricante de sorvetes na Irlanda, tendo entrado no mercado há muitos anos, enquanto que a Mars passou a comercializar seus produtos naquele país apenas em 1989. À medida que os varejistas começaram a conservar os produtos da Mars em geladeiras concedidas pela HB, esta última passou a exigir o cumprimento da cláusula de exclusividade.

A Mars voltou a reclamar à Comissão, que reabriu as investigações em face da Van den Bergh Foods Ltd., sucessora da HB, e condenou a exclusividade de geladeiras.

---

[253] O "statement of objections" ou comunicação de objeções é um documento escrito que a Comissão Européia endereça a pessoas físicas ou jurídicas antes de adotar uma decisão formal que afete negativamente os interesses daquelas. Trata-se de uma obrigação da Comissão fundada no princípio da ampla defesa, dando às empresas investigadas a oportunidade de apresentar os seus argumentos antes de ser tomada qualquer decisão final (vide, nesse sentido, art. 27 do Regulamento 01/2003 do Conselho da União Européia).

A despeito de reconhecer que a prática melhorava a distribuição de sorvetes, a Comissão concluiu que ela limitava substancialmente a concorrência, pois outorgava uma vantagem indevida às empresas já estabelecidas (as primeiras a adotar a conduta). Em sua decisão, a Comissão Européia considerou, ainda, que a prática restringia a liberdade dos varejistas, na medida em que estes não podiam armazenar produtos de concorrentes em geladeiras patrocinadas pela investigada. A Comissão constatou que geralmente não era viável manter mais de uma geladeira nos estabelecimentos e que era pouco provável que as geladeiras da Van den Bergh Foods fossem substituídas por outras, o que impedia a comercialização dos produtos concorrentes, acarretando fechamento do mercado. Quanto às alegadas eficiências, a Comissão Européia, sem proceder a qualquer análise quantitativa, concluiu que não compensavam os prejuízos que a prática acarretava, e que as vantagens propaladas poderiam ser obtidas *sem* exigência de exclusividade.

Como resultado, a Comissão declarou ilícitas com base nos arts. 81, §1, e 82 do Tratado de Roma as cláusulas de exclusividade de geladeira nos contratos de distribuição celebrados entre a Van den Bergh Foods, de um lado, e varejistas que não possuíssem geladeira própria ou fornecida por outros fabricantes de sorvetes, de outro. A Comissão também declarou inaplicável à espécie a exceção contida no art. 101, §3, do Tratado.

A Van den Bergh Foods ficou proibida de oferecer uma ou mais geladeiras a varejistas que não tivessem nos respectivos estabelecimentos os seus próprios equipamentos (ou equipamentos de terceiros), bem como de manter tais geladeiras sem cobrança direta, devendo a empresa, ainda, notificar os varejistas da decisão e informá-los de que as cláusulas de exclusividade nos contratos celebrados eram nulas.

A Van den Bergh Foods recorreu, mas a decisão da Comissão foi integralmente mantida pela Corte de Primeira Instância, e posteriormente pelo Tribunal de Justiça da Europa.

A questão sobre os efeitos concorrenciais da exclusividade de geladeiras voltou à baila, posteriormente, no mercado de bebidas carbonatadas (refrigerantes). Dessa vez, a solução, embora consensual, foi mais rigorosa do que aquela adotada na decisão de *Van den Bergh Foods*.

Em junho de 2005, foi celebrado um termo de compromisso de cessação de prática entre a Coca-Cola e suas engarrafadoras, de um lado, e a Comissão Européia, de outro (Caso COMP/39.116/B - Coca-Cola), encerrando cinco anos de investigações. Comprometeram-se as investigadas a ceder 20% do espaço em suas próprias geladeiras – quando disponibilizadas sem encargos a pontos de vendas que não possuíssem outros equipamentos equivalentes – para a colocação de quaisquer produtos, inclusive concorrentes da Coca-Cola. Para os espaços de temperatura ambiente, ficou proibida a exclusividade de vendas. Ademais, ficou ajustado que a Coca Cola e suas engarrafadoras cessariam de determinar, nos contratos fechados com pontos de vendas: *(i)* a proibição de o estabelecimento comprar refrigerantes de outras marcas; *(ii)* a fixação de percentagem mínima para aquisição de Coca Cola; *(iii)* a concessão de descontos condicionados pelo atendimento de metas de aquisição ou pela superação das mesmas; e *(iv)* a venda casada entre marcas de refrigerante Coca Cola.

Ainda na seara dos ajustes de exclusividade, em *Nutrasweet,* a Coca-Cola e a Pepsi foram induzidas pela Comissão Européia a abandonar *contrato de compra exclusiva* com a maior produtora mundial de aspartame. Tratava-se de exclusividade de fato, tendo em vista que o contrato previa o fornecimento de quantidades fixas pela Nutrasweet, que, no entendimento da Comissão, provavelmente correspondiam à maioria das compras de aspartame das empresas, se não todas.

De forma semelhante, em *Shotton Paper Co.*, a Comissão persuadiu a empresa investigada a limitar a 85% das suas necessidades as compras de um certo tipo de papel para reciclagem efetuadas junto a dois grandes fornecedores (ou seja, a empresa deveria comprar os 15% remanescentes de um terceiro fornecedor ou grupo de fornecedores), mesmo diante de um fechamento de mercado entre apenas 10 e 15 % e baixas barreiras à entrada.

Em todos os casos citados acima, é possível detectar preocupação com a existência de poder econômico, refletida na análise, ainda que simplificada, das participações de mercado ou do porte das empresas investigadas, vis-à-vis a posição detida por suas concorrentes. Os efeitos das condutas também se mostraram relevantes nas investigações, buscando as autoridades, invariavelmente, coibir o fechamento do mercado, ainda que em percentuais modestos.

Assim, pode-se dizer que recusas de negociar, ainda que unilaterais, fundadas em acordos de fornecimento ou distribuição, são geralmente analisadas à luz do art. 101 do Tratado de Roma com base em algum tipo de avaliação de poder e na potencialidade de efeitos anticoncorrenciais. Essa conclusão é válida para a concessão de isenções por categoria, para a aplicabilidade da regra *de minimis* e para as análises individuais.

Verifica-se, nesse contexto, que a adoção de critérios que não levem em conta esses aspectos, como é o caso da chamada *"doutrina Metro"*, tendem a perder espaço[254].

Mesmo a análise das denominadas restrições *hardcore* - que, por terem *objeto* anticompetitivo, não admitem uma defesa baseada na negativa de efeitos dessa natureza, recebendo tratamento rigoroso - vem sendo suavizada no sentido de admitir um exame, ainda que superficial, do mercado e de efeitos anticompetitivos.

No polêmico caso *Glaxo Spain* (Caso T-168/01, de 2006), a Corte de Primeira

[254] Nesse sentido, Giorgio MONTI sugere que a "doutrina Metro" seja abandonada, em favor da adoção uniforme do Regulamento 2790/99 na análise dos sistemas de distribuição seletiva (*EC competition law,* cit., pp. 369-371).

Instância Européia modificou implicitamente entendimentos anteriores, ao decidir que o critério da razoabilidade deveria ter permeado a análise antitruste no caso concreto, que envolvia restrições territoriais (sistema de *dual-pricing*, ou precificação diversa conforme o território, com limitação de importações paralelas) e recusa de fornecer as quantidades demandadas pelos distribuidores em caso de violação da política comercial adotada.

A Corte assinalou que a decisão levava em conta as particularidades do setor (indústria farmacêutica, regulada em muitos países-membros) e destacou que restrições territoriais ainda são consideradas como práticas de objeto anticompetitivo. Entretanto, apesar de entender que havia acordo no caso concreto, caracterizado pela concordância dos distribuidores com a política da Glaxo, a Corte considerou que a análise não deveria ter parado por aí (como de praxe). O acordo em questão deveria ser analisado à luz do art. 101, §3, do Tratado de Roma, quanto aos seus efeitos anticompetitivos. A Corte entendeu por bem devolver o caso à Comissão para que esta fizesse tal análise. Todas as partes apelaram, mas o Tribunal *ad quem* manteve a decisão[255].

A doutrina e a própria Comissão Européia ficaram inicialmente perplexas com a decisão da Corte de Primeira Instância, e ainda procuram avaliar as suas conseqüências no que se refere à análise de restrições territoriais (especialmente restrições a importações paralelas) à luz do art. 101 do Tratado de Roma, caso a decisão seja confirmada pelo Tribunal Europeu[256]. Seria precipitado, desse modo, concluir

---

[255] Em 2008, a Corte de Justiça Européia (ECJ) já havia analisado processos envolvendo a proibição de importações paralelas pela Glaxo SmithKline, dessa vez pela filial do Grupo na Grécia (Casos C-468/06 a C-478/06, julgados pela Corte em 16 de setembro de 2008, também conhecidos como Sot Lélos kai Sia EE e Outros Others v. GlaxoSmithKline AEVE Farmakeftikon Proïonton, ou simplesmente *Greek Glaxo*). A corte decidiu que empresas dominantes podem proteger seus interesses por meio de restrições às importações paralelas, desde que sejam *razoáveis* e *proporcionais*. Nesse contexto, admitiu-se que a Glaxo grega recusasse vendas a distribuidores quando seus pedidos fossem "incomuns" e voltados fundamentalmente para exportar para outros estados-membros da UE. O caso Glaxo Spain foi julgado em outubro de 2009 pela ECJ, após parecer da Advocacia Geral recomendando a manutenção da decisão da corte de primeira Instância. Como resultado, a Comissão terá que levar em conta os argumentos da Glaxo com base no art. 101, §3, inclusive o de que as restrições comerciais contribuem para a inovação (Global Competition Review, DG Comp ordered to re-examine GSK pricing conditions, 06.Out.2009).

[256] Luis F. Souto SOUBRIER, por exemplo, em art. focado nas restrições ancilares à concorrência na indústria farmacêutica, analisa a decisão com cautela e assinala que, como conseqüências de Glaxo, caso confirmada a decisão da Corte de Primeira Instância, *(i)* restrições territoriais não são *per se* na indústria farmacêutica, *(ii)* mas serão analisadas conforme efeitos sobre o mercado (caso a caso, portanto), segundo parâmetros rígidos ou conservadores ("*low threshold*"), (iii) enfatizando-se o papel a ser desempenhado pelo art. 101 (3). (*The concept*, cit.)

que foi completamente alterada a interpretação do art. 101 quanto às recusas de contratar oriundas de exclusividade territorial na União Européia (proibição de importações paralelas). Vale deixar consignado, porém, que ventos de mudança sopram sobre aquele continente.

II.4.3. Recusas de contratar verticais e o art. 102 do Tratado de Roma

II.4.3.1. Alcance e limitações do art. 102 e as prioridades da Comissão Européia

O art. 102 do Tratado de Roma encontra-se voltado, entre outras coisas, para combater a recusa de contratar vertical, inclusive em decorrência de acordos, quando houver dominância. Assim, pode ser utilizado tanto nas situações em que não é possível caracterizar um *acordo*[257], quanto nas hipóteses de ajustes (v.g, exclusividade de compra ou de venda) passíveis de enquadramento como *atos unilaterais* de empresas dominantes (nesse sentido, vide *Hoffman-La Roche* e *United Brands*)[258], ou ainda como dominância coletiva.

A existência de dominância (já conceituada no Cap. I.5.3 retro) é o critério fundamental para a aplicação do art. 102, exigindo-se, ainda, que a empresa seja dominante em parte substancial do mercado comum. Vale destacar que empresas beneficiárias de isenções por categoria à luz do art. 101 do Tratado de Roma e dos Regulamentos 2790/99 ou 1400/02 não podem ser processadas por abuso de posição dominante com fulcro no art. 102, a não ser que a isenção seja previamente revogada, conforme entendimento da Corte Européia no precedente *Tetra Pak Hausing SA versus Commission* (Caso T-51/89, julgado em 1990).

Cabe ressaltar que nem todas as condutas restritivas adotadas por empresas dominantes constituem abuso punível à luz do dispositivo legal em exame. É certo que a dominância (individual ou coletiva) confere aos seus detentores responsabilidade especial, impondo-lhes obrigações e cautelas que não incidem sobre os demais agentes econômicos, que não gozam de tal posição privilegiada. Porém, tal responsabilidade especial tem limites.

---

[257] Tal como já mencionado, até os casos *Adalat* e *Volkswagen II*, a Comissão e as cortes vinham reiterada e consistentemente condenando proibições de importações paralelas, com destaque para produtos farmacênticos e veículos, utilizando um conceito bem alargado de acordos. As decisões nos dois casos restringiram a interpretação dada a acordos, mas ainda é cedo para afirmar que novos critérios foram estabelecidos.

[258] Em *United Brands*, o produtor recusou-se a vender a um distribuidor não exclusivo que queria engajar-se em campanha publicitária de produtos concorrentes. A Comissão entendeu que havia dominância e que a recusa estava direcionada para desincentivar o distribuidor. Em *Hoffman-La Roche*, a empresa dominante outorgou descontos a inúmeros compradores, obtendo como contrapartida a concordância destes em adquirir dela toda ou a maior parte de sua demanda por vitaminas.

A extensão da aplicabilidade do art. 102 do Tratado de Roma vem sendo objeto de profundas discussões na Europa. Tal como já mencionado, em dezembro de 2005, a Comissão Européia publicou um documento denominado *Discussion Paper*, tratando da aplicação do referido dispositivo a abusos exclusionários, que deu origem, em dezembro de 2008, à Comunicação 864/2009. Além de discutir o conceito de dominância[259] (individual e coletiva), barreiras à entrada, poder de compra compensatório e defesas possíveis à luz do art. 102, o novo documento arrola as diversas práticas que podem ser caracterizadas como abusivas, segundo as prioridades estabelecidas pela Comissão. A Comunicação não tem por objetivo substituir a jurisprudência das cortes européias na interpretação do Tratado de Roma e outros Regulamentos, buscando apenas esclarecer a política da própria Comissão.

Na Comunicação, a recusa de contratar é discutida de forma marginal e indireta nos capítulos sobre exclusividade (tratada sob a rubrica de "*single branding and rebates*") e em capítulo próprio, intitulado "*refusal to supply and margin squeeze*").

No capítulo que trata especificamente da recusa de fornecer por parte de empresas dominantes ("D"), a Comissão distingue, inicialmente, entre recusas que têm por objeto implementar outras práticas, por meio de retaliação, de um lado, e recusas efetivamente exclusionárias, de outro. As primeiras são restrições-meio, voltadas para a implementação de acordos de exclusividade ou políticas de venda casada. Embora reconheça que podem ter efeitos anticompetitivos, a Comissão não as analisa, senão nas seções dedicadas às respectivas condutas-fim, quando adotadas por empresa dominante. As últimas, que a Comissão analisava detalhadamente ao longo do item 9 do Discussion Paper, estão geralmente voltadas para a exclusão de concorrente(s) da empresa dominante e são classificadas em três categorias distintas: *(i)* término de relação comercial pré-existente, *(ii)* recusa de fornecimento de produtos, informações ou licenciamento de propriedade intelectual e *(iii)* recusa de acesso a bens de utilidade essencial (*essential facilities*) ou redes. Na nova Comunicação, a Comissão acrescentou a recusa de contratar com novos clientes no item "i".

Para todas elas, a Comissão informa que a análise antitruste se baseará em um exame detalhado dos fatos e do contexto econômico, bem como de aspectos regulatórios (regulação em sentido estrito) eventualmente aplicáveis ao caso concreto.

---

259 No *Discussion Paper*, a dominância era considerada improvável nas situações em que a participação de mercado da(s) empresa(s) investigada(s) era inferior a 25%, presumida a partir de 40%, e quase certa a partir de 50%. Já na Comunicação de 2009, restou estabelecido que a dominância não é provável se a empresa/grupo detém participação de mercado inferior a 40%, ressalvando, porém, que poderão existir casos específicos de empresas dominantes com *share* abaixo deste limiar (especialmente se os concorrentes não tiverem capacidade de pressionar de forma eficaz a conduta da empresa em razão de limitações de capacidade).

Na nova Comunicação, a Comissão esclarece que analisará prioritariamente as recusas de fornecimento à luz do art. 102 do Tratado de Roma, desde que estejam cumulativamente reunidas as seguintes circunstâncias: *(i)* a recusa incida sobre produto ou serviço objetivamente necessário para a concorrência efetiva em um mercado a jusante; *(ii)* a recusa possa ter como resultado a eliminação da concorrência efetiva no mercado a jusante; *(iii)* a recusa seja suscetível de gerar prejuízo para os consumidores (item 81).

Nos itens seguintes, tratamos inicialmente das orientações e prioridades da Comissão Européia no que tange a cada tipo de prática e, na seqüência, da jurisprudência das cortes.

II.4.3.2. Exclusividade de direito ou de fato e sistemas de descontos com efeito de exclusividade como práticas indutoras da recusa de negociar

No capítulo da Comunicação 864/2009 sobre exclusividade (tratada inicialmente sob a rubrica de "*single branding and rebates*" – vide item 7 do *Discussion Paper*), a Comissão deixa claro que empresas dominantes podem adotar obrigações de exclusividade e sistemas de descontos, desde que estes não acarretem o fechamento do mercado a concorrentes efetivos ou potenciais. A existência de posição dominante por parte de um fornecedor já é suficiente para fazer com que os distribuidores, mesmo na ausência de medidas que incentivem a fidelidade, efetuem a maior parte de suas compras da empresa dominante. Isso porque para uma parcela substancial da demanda nesse mercado, não há bons substitutos para o produto (ou produtos) da empresa dominante. Assim, os distribuidores precisam ter os produtos em estoque, a fim de satisfazer as preferências dos consumidores, seus clientes, e atingir uma escala viável de negócios.

Nesse contexto é que devem ser examinados os efeitos concorrenciais da exclusividade à luz do art. 102 do tratado de Roma. O mesmo tipo de análise proposto para exclusividade explícita abarca práticas que, embora não expressas, induzem ao mesmo resultado (exclusividade de fato), tais como políticas de fidelização e descontos.

No Discussion Paper, a Comissão distinguia entre sistemas de descontos *condicionais* e *incondicionais*. Nos primeiros, os descontos dependem do comportamento de compra do distribuidor (por exemplo, descontos por quantidade) e podem ser aplicáveis a todas as compras (i.e., a partir de um volume determinado, todas as compras efetuadas em um certo período, inclusive aquelas que antecederam a obtenção do volume estabelecido, beneficiar-se-ão de um desconto) ou apenas às compras a partir de um determinado patamar (i.e., o desconto vale para as compras acima do volume estabelecido, não atingindo as anteriores). Nos últimos, os descontos independem do comportamento de compra do distribuidor, como ocorre para descontos oferecidos a certos clientes ou a certos canais de vendas, com os quais o fornecedor pretende estreitar relações ou para os quais dirigiu investimentos, por exemplo.

Nos sistemas de descontos condicionais abrangendo todas as compras (com efeito retroativo sobre as compras que precederam o volume estabelecido), quanto maiores forem o percentual de desconto concedido e o volume de compras necessário para a incidência do desconto, maior a probabilidade de fechamento de mercado. Isso porque os distribuidores procurarão concentrar *todas* as suas compras de um determinado produto no mesmo fornecedor, dominante, a fim de se beneficiarem do desconto, e tendem a deixar de adquirir produtos de outros fornecedores. Geralmente, em situações de dominância, os fornecedores concorrentes da empresa dominante – que já não conseguem disputar a integralidade da demanda de um distribuidor por um determinado produto, pois o distribuidor não abrirá mão de estocar as marcas dominantes -, concorrem justamente pelo fornecimento de quantidades viáveis a clientes individuais. Ou seja, concorrem para ser a segunda ou terceira marca no estabelecimento, ao lado da(s) marca(s) dominante(s). Os sistemas de descontos condicionais sobre todas as compras podem desencorajar a coexistência entre a(s) marca(s) dominante(s) e suas concorrentes, levando os distribuidores a aumentar as suas compras do fornecedor dominante até a totalidade de sua demanda e a *recusar comprar produtos concorrentes*.

O *Discussion Paper* propunha que a melhor defesa para um fornecedor dominante, nesses casos, era demonstrar que o volume estabelecido em sua política de descontos por quantidade não era alto a ponto de desencorajar que os estabelecimentos comerciais adquirissem produtos concorrentes. O mesmo se aplicava ao próprio desconto. A Comissão Européia propunha fórmulas relativamente simples para calcular a probabilidade de fechamento do mercado, incorporando variáveis como preços (com e sem descontos) e quantidades economicamente viáveis do produto a serem adquiridas por um determinado estabelecimento.

Nos sistemas de descontos condicionais que não abrangessem todas as compras, mas incidissem apenas a partir de um determinado patamar (também chamados de sistemas de descontos condicionais incrementais), havia que se verificar, outrossim, o tamanho do desconto e o volume a partir do qual era concedido. Se tal volume fosse próximo àquele que o estabelecimento comercial já adquiria historicamente, o fornecedor estava criando incentivos para que o distribuidor aumentasse suas compras, e conseqüentemente para que *deixasse de comprar produtos concorrentes*. Uma variável importante que a Comissão levaria em consideração na análise concorrencial de tais sistemas era o nível do preço após os descontos, já que tal preço poderia ser predatório.

Um fornecedor dominante poderia, igualmente, oferecer descontos em troca de serviços prestados pelos distribuidores aos seus clientes ou ao próprio fornecedor. Nessas hipóteses, que integravam o contexto dos *descontos condicionais* no

Discussion Paper, consignava a Comissão ser improvável a configuração de abuso concorrencial.

No *Discussion Paper*, ainda, a Comissão afirmava que os sistemas de descontos incondicionais podiam igualmente levar ao fechamento, cabendo, inclusive, perquirir se o fornecedor havia elegido certos distribuidores para se beneficiarem de descontos justamente porque tais distribuidores se encontravam suscetíveis a direcionar suas compras a concorrentes do fornecedor. O exemplo apresentado pela própria Comissão dizia respeito a distribuidores localizados em regiões de fronteiras entre Estados-membros da UE, que podiam mais facilmente adquirir produtos de fornecedores estrangeiros. Nesse caso, a análise da probabilidade de fechamento era qualitativa, abarcando as justificativas para a adoção da política de descontos incondicionais e para a escolha de determinados beneficiários. Nesse contexto, se a política fosse direcionada a todos os compradores, de diversos canais, era menos provável que tivesse por objetivo ou por efeito eliminar a concorrência, a não ser que os descontos fossem predatórios.

Por fim, se a empresa dominante não aplicasse sua política de exclusividade, fidelidade ou descontos, qualquer que fosse ela, a todos os compradores, mas a alguns seletivamente, havia que se averiguar as causas de tal comportamento, especialmente se os compradores atingidos pela política eram particularmente importantes para as possibilidades de entrada ou expansão de concorrentes efetivos, pelo tipo de canal, localização ou forma de distribuição dos produtos, por exemplo. Com isso, podia-se aferir, ainda, se a política estava dirigida a algum cliente ou concorrente específico. No último caso, era provável que restasse caracterizado o abuso.

Na Comunicação 864/2009, a Comissão foi muito mais econômica ao tratar de exclusividade e descontos. A Comunicação limita-se a tratar sinteticamente dos acordos de compra exclusiva e dos descontos condicionais, aduzindo que "*uma empresa dominante pode tentar excluir empresas concorrentes impedindo-as de vender a clientes através da utilização de acordos exclusivos de descontos ou de obrigação de compra, práticas denominadas em conjunto como acordos exclusivos*".

O efeito anticompetitivo que a Comissão associa a ambas as práticas é o fechamento do mercado, sobretudo em situações onde "as empresas concorrentes podem não ter a capacidade para concorrer para o conjunto da procura de um cliente porque a empresa dominante é um parceiro comercial inevitável para, pelo menos, parte da procura existente no mercado devido a, por exemplo, a sua marca ser um 'produto incontornável' preferido por parte significativa dos consumidores finais ou por as restrições de capacidade sobre outros fornecedores serem de tal ordem que uma parte significativa da procura pode apenas ser satisfeita pelo fornecedor dominante". Acrescenta a Comissão que, "se os concorrentes puderem concorrer em condições de igualdade para o conjunto da procura de um cliente, é improvável que as obrigações de compra exclusiva possam ser um entrave a uma concorrência efetiva, a menos que a mudança de fornecedor pelos clientes seja dificultada devido à duração do período da obrigação de compra exclusiva. *Em geral, quanto maior for o prazo da obrigação, maior é a probabilidade de existência de um efeito de fechamento*. No entanto, se a empresa dominante for um parceiro comercial incontornável de todos ou de parte significativa dos clientes, mesmo uma obrigação de compra de curto prazo pode ter por efeito o fechamento anti-concorrencial"[260].

Os descontos incondicionais não são mencionados na nova Comunicação, enquanto que a análise dos descontos condicionais, embora tenha sido muito resumida a partir do *Discussion Paper*, não mudou substancialmente.

No que tange às eficiências, a Comunicação simplesmente estatui que "a Comissão analisará as alegações apresentadas pelas empresas dominantes segundo as quais os sistemas de descontos dão origem a vantagens de custos e de outra natureza, *que são transferidas para os clientes*". Em geral, explica a Comissão, é mais fácil obter vantagens por meio de descontos não individualizados e progressivos. Por fim, a Comissão informa que "analisará as provas que demonstram que os acordos de venda exclusiva beneficiam clientes específicos, se estes acordos forem necessários para que a empresa dominante realize determinados investimentos específicos a essa relação, a fim de estar em condições de abastecer esses clientes".

Sistemas de fidelização de clientes e políticas de descontos foram condenados à luz do art. 102 do Tratado de Roma nos casos *Hoffman-La Roche* (em que a empresa comprometia grande parte dos pedidos dos clientes por meio de descontos por fidelidade, configurando, portanto, um sistema de descontos condicionais) e em *Michelin*.

Mais recentemente, o programa de descontos e fidelização de agências de viagem adotado pela British Airways, maior empresa de aviação no Reino Unido, foi considerado anticompetitivo pelas cortes européias, por induzir os destinatários a comercializar com exclusividade os produtos da referida empresa, em detrimento de concorrente (Caso C-95/04). Além de prêmios e bônus, os agentes de viagem ainda recebiam verbas sob contratos de *merchandising*, de modo que passaram a ter fortes incentivos para deixar de negociar com a referida concorrente.

Finalmente, merece destaque o caso *Intel* (Caso T-457/08 R), em que a empresa foi condenada pela Comissão Européia ao pagamento de multa bilionária, por abusar de sua posição dominante com o objetivo de excluir a sua principal rival (AMD) do mercado, por meio da concessão de descontos aos fabricantes de computadores (sob a condição de que comprassem a totalidade ou quase-totalidade de sua demanda por CPUs x86 da empresa ou retardassem o desenvolvimento de produtos com

---

260 Trechos extraídos da versão oficial em português, adaptada para o idioma tal como utilizado no Brasil.

tecnologia de concorrentes). Segundo a Comissão, a Intel também fez pagamentos diretos aos principais varejistas para que estes apenas estocassem computadores com CPUs x86 da Intel. Tais práticas, no entendimento da Comissão, efetivamente impediram que clientes e consumidores escolhessem produtos alternativos .

II.4.3.3. Término de relações comerciais pré-existentes ou recusa em iniciar novas

Na comunicação 864/2009, a Comissão Européia aduz que "o fato de ser posto termo a um acordo de fornecimento existente será considerado, na maioria dos casos, mais abusivo que uma recusa de fornecimento *de novo*". Isso porque se "a empresa dominante tiver fornecido anteriormente a empresa requerente e esta tiver realizado investimentos específicos destinados a essa relação comercial, por forma a poder utilizar posteriormente o meio de produção cujo fornecimento veio a ser posteriormente recusado, é mais provável que a Comissão considere o produto em questão como indispensável. De igual modo, o fato de o proprietário do meio de produção indispensável ter considerado no passado que era do seu interesse fornecê-lo indica que este fornecimento não acarreta o risco de se vir a traduzir numa remuneração insuficiente do investimento inicial do proprietário. Por conseguinte, incumbe à empresa dominante demonstrar em que medida se verificou uma alteração das circunstâncias a ponto de a manutenção do fornecimento passar a comprometer uma remuneração adequada para si".

No Discussion Paper, restava claro que a recusa de dar continuidade a relações comerciais entabuladas previamente podia ser considerada abusiva do ponto de vista concorrencial à luz do art. 102 do Tratado de Roma caso concorressem quatro requisitos:

Em primeiro lugar, o comportamento da empresa dominante devia ser caracterizado como término de relacionamento comercial, o que incluía não apenas comportamentos explícitos e inequívocos, mas também práticas como o retardamento na entrega de produtos ou na prestação de serviços, a imposição de condições gravosas ou desleais à contraparte ou a cobrança de preços excessivos. A imposição de condições comerciais gravosas à contraparte também caracterizava a recusa de contratar, sendo certo que no *Discussion Paper* tal prática era chamada de *"constructive refusal to supply"* (item 219).

Em *segundo lugar,* como não poderia deixar de ser, a prática devia advir de empresa com posição dominante (individual ou coletiva).

Em *terceiro lugar,* a prática devia ser suscetível de afetar a concorrência. Isso não significa que havia necessidade de demonstrar que a concorrência seria completamente eliminada do mercado, mas devia ser afetada de forma não insignificante. Ainda que o impacto da exclusão de um distribuidor do mercado a jusante fosse aparentemente pequeno (por exemplo, em virtude da existência de diversos outros distribuidores em tal mercado), havia que se analisar se a exclusão daquele agente econômico teria o condão de facilitar a colusão (expressa ou tácita) entre os demais, situação em que ficava caracterizada a suscetibilidade de prejuízo à concorrência.

Por fim, a recusa devia ser objetivamente justificável. Se estivesse fundada, por exemplo, na incapacidade do distribuidor em cumprir as suas obrigações, ela era legítima. Da mesma forma, o fornecedor podia justificar-se com base em eficiências, inclusive se fosse a sua intenção ingressar no mercado a jusante, para melhorar a distribuição do produto e reduzir custos. Nesse caso, porém, teria que demonstrar que os consumidores finais ficariam em melhor situação.

Esse era um dos pontos mais controvertidos, no nosso entendimento, do *Discussion Paper.* Embora a Comissão tivesse incluído a denominada "defesa baseada em eficiências" entre as chamadas justificativas objetivas para uma prática restritiva, tal defesa não tem sido aceita pelas cortes européias (v.g. o caso Microsoft, comentado no capítulo que trata das recusas envolvendo bens essenciais na Europa). Tratava-se de uma proposta da Comissão, no entanto, para sua própria política e também para consideração futura de todos os afetados pela aplicação do direito antitruste na Europa, inclusive pelas cortes, com vistas a uniformizar a aplicação dos arts. 101 e 102 do Tratado.

Na Comunicação, foram poupados maiores esclarecimentos sobre o término de relações preexistentes e, especialmente, sobre a recusa de iniciar novo relacionamento (conduta também inexplorada no *Discussion Paper,* a não ser sob a ótica de licenciamento de propriedade intelectual e acesso a bens essenciais), limitando-se a Comissão a reiterar os critérios de necessidade objetiva do bem, eliminação da concorrência efetiva e prejuízo ao consumidor.

II.4.3.4. Recusa de fornecimento de produtos, informações ou licenciamento de propriedade intelectual e recusa de acesso a bens de utilidade essencial (essential facilities) ou redes

No que se refere à recusa de fornecer produtos, informações ou licenciar propriedade intelectual, bem como de permitir acesso a utilidades essenciais, a Comissão reportava-se a quatro requisitos no seu *Discussion Paper*, sendo três deles equivalentes à situação de término de relação comercial pré-existente (caracterização da conduta como recusa, ainda que indiretamente, dominância e suscetibilidade de prejudicar a concorrência) e o remanescente referente à indispensabilidade do produto ofertado pela empresa dominante.

Verifica-se que a Comissão Européia se volta para a idéia de bens essenciais, que será discutida no item seguinte, ao tratar de recusas de iniciar o fornecimento de produtos. Tal constatação, porém, não deve causar surpresa, se considerarmos que na Europa o conceito de infra-estrutura essencial foi alargado para comportar uma vasta gama de situações não compreendidas na doutrina da infra-estrutura essencial desenvolvida nos Estados Unidos.

De qualquer modo, os requisitos de indispensabilidade do produto e de suscetibilidade de prejuízo à concorrência são traduzidos, nos precedentes europeus, pela reiterada proibição de recusas que possam concretamente resultar na eliminação de empresa no mercado *downstream*. Vide, nesse sentido, os casos *Commercial Solvents versus Commission* (Casos 6/73 e 7/73, julgados em 1974), *Hugin versus Commission* (Caso 22/788, julgado em 1979) e *Napier Brown – British Sugar* (1990). Em *BB/Boosey and Hawkes* (1988), a Comissão Européia condenou empresa que recusou fornecer insumos (equipamentos) a um distribuidor que anunciou sua entrada no mercado a montante. As autoridades, ainda, prestam atenção à identidade do concorrente em risco de ser eliminado[261].

Em sua defesa, as empresas dominantes podem mostrar que o distribuidor ou comprador a quem recusam fornecimento não atenderia as contrapartidas necessárias para integrar a sua rede de distribuição, bem como que a recusa é necessária e razoável para proteger investimentos efetuados.

Na Comunicação 864/2009, a Comissão esclarece que "analisará as alegações apresentadas pela empresa dominante segundo as quais a recusa de fornecimento é necessária para obter um retorno adequado do investimento que é essencial para desenvolver a atividade de fornecimento dos meios de produção, gerando, assim, incentivos para continuar a investir no futuro, levando também em consideração o risco de projectos falhados. A Comissão analisará igualmente as alegações apresentadas pela empresa dominante segundo as quais a sua própria capacidade de inovação será comprometida pela obrigação de fornecimento ou pelas alterações estruturais nas condições de mercado que poderão surgir como consequência desta obrigação, incluindo o prosseguimento da inovação no futuro por parte dos concorrentes". E adiciona: "[s]e uma empresa dominante tiver fornecido anteriormente o meio de produção em questão, isso pode ser relevante para a avaliação de argumentos que tendem a justificar a recusa de fornecimento por motivos de eficiência".

No caso de propriedade intelectual[262], os mesmos requisitos e justificativas devem ser preenchidos, não existindo, *a priori*, uma obrigação de negociar relacionada a tais direitos. O abuso pode ser caracterizado, por exemplo, quando a recusa impede o desenvolvimento de um mercado em que o direito de propriedade intelectual é insumo indispensável, prejudicando os consumidores. Se o concorrente que demandou acesso ao insumo o faz porque pretende desenvolver produtos ou serviços não explorados pela empresa dominante detentora do direito de proprie-

---

[261] Vide, também, Centre Belge d'Etudes de Marche Tele-Marketing SA (CBEM) v Compagnie Luxembourgeoise de Telediffusion SA (CLT), de 1985, envolvendo a recusa de fornecer conteúdo televisivo.

[262] A respeito do tema, vide Laura MARCHEGIANI. *Opere ´utili´ e libertà della concorrenza*. Milano: Giuffrè, 2006.

dade intelectual, é ainda mais provável que se configure um abuso[263]. A recusa envolvendo direitos de propriedade intelectual geralmente é analisada tendo em vista o interesse dos consumidores, que não podem ser privados de inovações a serem trazidas por concorrentes da empresa dominante detentora dos direitos.

No que se refere especificamente a informações, ainda que configurem segredo de empresa ou de indústria, a Comissão entende que empresas dominantes têm a obrigação de fornecê-las nas hipóteses em que forem necessárias para fins de interoperabilidade entre mercados distintos (como em *Microsoft*).

O *Discussion Paper* abordava em detalhes os *mercados secundários*, que compreendem produtos ou serviços complementares, demandados somente após a aquisição de um produto tido como "primário". Exemplos típicos são peças e componentes de produtos duráveis, cartuchos de tinta ou toner para equipamentos como impressoras e copiadoras e softwares de *upgrade*.

A principal discussão envolvendo mercados secundários refere-se à definição do mercado relevante e à influência que preços e outras variáveis competitivas no mercado secundário exercem sobre o mercado primário.

As autoridades preocupam-se com o grau de dependência dos consumidores dos produtos ou serviços secundários, uma vez que tenham adquirido um produto ou serviço primário de um determinado fornecedor. Há situações em que, ainda que o mercado primário seja competitivo, o fornecedor tem condições de exercer poder no mercado secundário. Isso acontece, por exemplo, se o produto secundário do fornecedor for insubstituível e o custo de substituição do produto primário (que não se refere apenas ao preço de um novo produto, mas a outros investimentos como treinamento, instalação, etc.) for elevado. Em tais circunstâncias, os mercados primário e secundário constituem efetivamente mercados relevantes distintos e o fornecedor no mercado primário tem condições de exercer dominância.

O grau de informação disponível para os potenciais consumidores exerce um papel muito importante para se aferir a dominância nos casos concretos de mercados secundários. Se houver grande transparência, potenciais consumidores sa-

---

[263] Nesse sentido, vide caso *Radio Telefis Eireann (RTE)* v. *Commission*, julgado em 1991, onde a Corte de Primeira Instância estabeleceu que a recusa de uma transmissora de televisão irlandesa em conceder licenças a terceiros para que estes pudessesm desenvolver guias semanais de programação (abrangendo as três emissoras na região) era abusiva, por impedir o desenvolvimento de um novo produto e implicar alavancagem de poder para um mercado derivativo. BELLAMY e CHILD contrapõem o caso a *AB Volvo* v. *Erik Veng*, de 1988, onde a Corte entendeu que direitos de propriedade intelectual não estavam sendo exercidos de forma abusiva, pois a Volvo não recusava o fornecimeno de peças a reparadores independentes, apenas proibia a fabricação e comercialização de peças protegidas por desenho industrial de sua propriedade (*Common market law*, cit., pp. 632-633).

berão, de antemão, que, a despeito de os preços de um determinado fabricante no mercado primário serem mais atraentes, a escolha de tal fabricante não necessariamente é a melhor, pois os preços das peças de reposição e serviços de manutenção do produto desse fabricante nos mercados secundários são mais elevados. Em tais condições, os fornecedores no mercado primário preocupam-se com suas respectivas reputações, fator, no entanto, que se pode tornar menos importante se o fornecedor estiver saindo do mercado (embora ainda possa ter preocupação com a sua reputação em outros mercados, nos quais pretenda entrar ou permanecer).

Além das situações apresentadas no *Discussion Paper* e na nova Comunicação, recusas de contratar verticais adotadas por empresas dominantes foram punidas na Europa por resultarem em divisão de mercados e proibição de importações paralelas, como no caso *British Leyland v. Commission*, de 1986, no setor de veículos automotivos. Ali, a investigada foi condenada por abusar de sua posição dominante ao dificultar a reimportação, pelo Reino Unido, de veículos adaptados para a mão inglesa. A British Leyland recusava a emissão dos necessários certificados de adequação dos veículos para a mão inglesa, ou cobrava taxas proibitivas para que fossem emitidos.

II.4.3.5 A formulação da doutrina da infra-estrutura essencial no direito antitruste europeu

Vassilis HATZOPOULOS[264] entende que é possível falar em uma "doutrina" da infra-estrutura essencial na Europa, na medida em que a ela a Comissão Européia se referiu expressamente ao aplicá-la em diversos casos concretos, além de ter em outras ocasiões utilizado seus critérios, embora sem tratar da doutrina explicitamente. O autor reconhece o emprego de uma doutrina européia da infra-estrutura essencial em diversas decisões da Comissão, a partir dos casos envolvendo acesso a infra-estruturas portuárias, *B&I/Sealink* e *Sea Containers/Stena Sealink*, onde o acesso pleiteado pelas Representantes foi outorgado, aplicando-se a mesma política a portos controlados pelo governo. Posteriormente, outras instalações consideradas essenciais foram objeto de acesso compulsório por determinação da Comissão Européia em processos de natureza antitruste: aeroportos (casos *London European/Sabena*, *British Midland/Era Lingus*, *FAG-Flughfen Frankfurt/Main AG*, *Alpha Flight Services/Aéroports de Paris*), ferrovias (casos *Night Services* e *Eurotunnel*, o último revertido pela Corte que, no entanto, não repudiou a doutrina) e direitos de propriedade intelectual (caso *Microsoft*).

As cortes européias, por seu turno, sempre foram mais reservadas quanto a reconhecer expressamente a doutrina. A despeito disso, aplicaram seus critérios em diversos casos (v.g., *Oscar Bronner* e *IMS Health*), além de confirmar decisões da Comissão Européia que a adotavam.

---

[264] *Refusal do deal*, cit.

Ademais, a doutrina da infra-estrutura essencial é aplicada nos Estados-membros da União Européia, destacando-se casos envolvendo a concessão de acesso a dados de usuários para fins de elaboração de listas telefônicas por concorrentes das empresas incumbentes, acesso a instalações aeroportuárias e acesso a bens intangíveis (propriedade intelectual, por exemplo, processo relacionado ao acesso à plataforma da Apple para música digital, negado em virtude de não ser a Apple detentora de posição dominante).

Assim como nos EUA os casos que dizem respeito à doutrina da infra-estrutura essencial foram levados às cortes à luz do art. 2º do Sherman Act, na Europa tais casos são todos relacionados ao art. 102 do Tratado de Roma.

Na Europa, porém, a expressão "infra-estrutura essencial" apareceu na jurisprudência somente em 1992, com o julgamento do caso *Sealink/B&I - Holyhead* pela Comissão. A acusação envolvia uma operadora portuária (Sealink), que também explorava serviços de *ferry* tendo como partida e destino a Irlanda. A concorrente da Sealink, B&I, denunciou que a operadora organizava os serviços portuários de modo a causar o máximo desconforto e inconvenientes para seus clientes-concorrentes no mercado de serviços de transporte via *ferry*, caracterizando tal conduta recusa de contratar indireta. A operadora foi condenada e a Comissão Européia determinou modificações na sua organização.

Segundo Richard WHISH, além da utilização da expressão "infra-estrutura essencial", referindo-se ao caráter dos bens a que se pleiteava acesso no último caso (instalações portuárias), não haveria diferenças entre a doutrina aplicada no caso *Sealink* e o precedente *Commercial Solvents*, também questionado com base no art. 102 do Tratado de Roma.

Em *Commercial Solvents* (Casos 6/73 e 7/73, julgados em 1974, ECR 223 1974), requeria-se acesso a insumos, e não a uma infra-estrutura, mas a idéia por trás da forma como foi aplicado o direito antitruste seria a mesma, segundo o autor[265]. A Zoja, fabricante de uma substância usada no tratamento de tuberculose, dependia do fornecimento de matéria-prima da *Commercial Solvents*, que detinha posição dominante no mercado desse insumo. A fornecedora, porém, passou a recusar-se a fornecer à Zoja quando criou uma subsidiária para atuar no mercado *downstream* e concorrer com a referida empresa. O efeito da recusa seria a eliminação de *toda* a concorrência no mercado *downstream*.

No mesmo sentido, WHISH qualifica o caso *Hughin* v. *Commission* como precussor da doutrina européia da infra-estrutura essencial em setores não caracterizados pela existência de infra-estrutura. Naquele caso, a *Hughin* descontinuou

[265] *Competion law*, cit., p. 670. Já GOYDER é mais cauteloso ao tratar da doutrina da infra-estrutura essencial, limitando-a aos casos onde o acesso negado efetivamente envolvia infra-estruturas (*EC competition law*, cit.).

o fornecimento à empresa *Lipton* de peças de reposição para máquinas registradoras, devido à sua intenção de operar no mercado de serviços de reparo de tais máquinas (assim como em *Commercial Solvents,* a empresa investigada deixou de fornecer insumos quando decidiu verticalizar-se a jusante). A decisão condenatória foi anulada pela Corte de Justiça, que considerou que a Comissão Européia não havia demonstrado que a prática afetava o comércio entre os Estados-membros.

Em *Kyocera,* a Comissão retomou a discussão sobre a obrigatoriedade de contratar em situações envolvendo mercados primários e mercados secundários, concluindo que a forte concorrência no mercado *upstream* impedia comportamentos restritivos no *aftermarket*.

Entretanto, é com base na decisão da Comissão Européia em outro caso envolvendo *infra-estrutura* portuária, *Sea Containers/Stena Sealink,* que são identificados os elementos da doutrina européia da infra-estrutura essencial[266]:

(i) existência de um bem essencial (único ou muito difícil de duplicar, e necessário para qualquer agente que queira atuar em um determinado mercado), não necessariamente uma rede ou infra-estrutura típica;

(ii) distinção entre o mercado da infra-estrutura e o mercado no qual a mesma é utilizada como insumo (e no qual aquele que demanda acesso atua ou pretende atuar)[267];

(iii) recusa injustificada de acesso por parte de seu controlador, podendo tal recusa caracterizar-se inclusive em situações em que o acesso, embora não seja diretamente negado, seja dificultado a ponto de tornar-se inviável;

(iv) suscetibilidade de eliminação da concorrência, em se concretizando a recusa; e

(v) utilização da infra-estrutura em um novo produto ou aplicação.

Relativamente à doutrina norte-americana, verifica-se que os dois últimos elementos são inéditos.

Na verdade, a suscetibilidade de eliminação da concorrência é um elemento que poderia, em princípio, ser dispensado, pois já se encontraria implícito no critério que trata da essencialidade do bem. Se o bem é indispensável para a atuação de um agente econômico no mercado, infere-se que não há bons substitutos, de modo que a concorrência não é viável sem o acesso.

---

[266] Nesse sentido, vide Vassilis HATZOPOULOS. *Refusal do deal,* cit.

[267] Vassilis HATZOPOULOS (*Refusal to deal*, cit.) consigna que esse critério deve ceder lugar a outro, mais realista e econômico, segundo o qual a infra-estrutura não tem necessariamente um mercado no qual é explorada, ou em que os mercados se confundem. Aliás, na Europa, as Cortes já tendem a se afastar da posição tradicional, e a existência de dois mercados perde importância como elemento da doutrina da infra-estrutura essencial, tal como se verifica nos EUA.

Segundo a Comunicação 864/2009, na esteira do *Discussion Paper* da Comissão Européia sobre a aplicação do art. 102 do Tratado de Roma, o produto não será indispensável se houver substitutos ou se for legal ou economicamente possível para outras empresas produzirem-no. A Comissão consigna que, no caso de uma infra-estrutura, resta caracterizada a essencialidade se a sua duplicação for impossível, muito difícil ou economicamente inviável.

Para propriedade intelectual, a essencialidade caracteriza-se pela impossibilidade de os concorrentes voltarem-se para tecnologia alternativa ou inventarem em torno da propriedade existente, situação que é muito provável quando o direito protegido se torna *padrão* ou quando a interoperabilidade é necessária para que a empresa permaneça ou entre no mercado.

A questão associada à concorrência remanescente no mercado, porém, não é tão simples. Imagine-se, por exemplo, um mercado oligopolizado onde os diversos concorrentes se encontram verticalmente integrados à montante, sendo, portanto, controladores das infra-estruturas disponíveis para a prestação de um determinado serviço a jusante. Ocorre que não há outras infra-estruturas disponíveis no exemplo apresentado, de modo que um potencial entrante teria que ter acesso à infra-estrutura de um dos concorrentes para iniciar a sua atuação no mercado a jusante. Em sendo negado tal acesso, qualquer entrada restaria inviável. Porém, o nível de concorrência no referido mercado permaneceria como antes, não havendo eliminação de nenhum dos concorrentes efetivos. Que solução traria a doutrina da infra-estrutura essencial nesse caso? E qual seria o desfecho se, ao invés de diversas infra-estruturas, existisse apenas uma, controlada por um único agente econômico, mas compartilhada por outros concorrentes?

Diante das perguntas acima, uma discussão recorrente no que tange ao critério "eliminação da concorrência" no direito europeu refere-se ao nível de concorrência remanescente, ou, em outros termos, ao nível de concorrência desejada para o mercado a jusante.

"How much competition is enough?", pergunta-se HATZOPOULOS. O próprio autor consigna que o corolário da doutrina é manter *concorrência suficiente* no mercado a jusante, em benefício dos consumidores, levando-se em consideração, para tanto, não apenas critérios quantitativos (quantos concorrentes devem existir no mercado), mas também elementos qualitativos (quais concorrentes e que tipo de concorrência). Esse último aspecto leva em conta, inclusive, as condições relacionadas ao agente que demanda acesso (i.e., se é um agente importante para a concorrência, se é forte o suficiente para criar e manter participação de mercado que justifique a entrada, e se preenche as condições comerciais e técnicas para beneficiar-se do acesso).

Na prática, entretanto, aferir o que é *"concorrência suficiente"* constitui tarefa de grande complexidade e que pode resultar em elevada subjetividade por parte do intérprete. Voltaremos a esse aspecto ao discutir a aplicabilidade da doutrina da infra-estrutura essencial no direito brasileiro e a conveniência da sua utilização.

Já no que tange ao critério que associa a doutrina da infra-estrutura essencial na Europa a novos produtos ou aplicações, HATZOPOULOS considera-o impraticável e incoerente, já que seria muito difícil definir o que é novo, conceitualmente e nos casos concretos. Ademais, não faria sentido estabelecer que uma empresa dominante que controla infra-estrutura essencial seja obrigada a contratar quando houver a perspectiva de inauguração de um novo mercado e não tenha tal obrigação em se tratando de mercados preexistentes, onde seus concorrentes já atuavam. O autor observa que a Microsoft, por exemplo, passou a negar acesso à sua tecnologia apenas quando decidiu ingressar em mercados onde inicialmente não atuava.

Temos, porém, que esse critério, embora adotado no caso IMS Health (vide abaixo, neste mesmo capítulo) não é exigível para todas as situações em que a doutrina é invocada na Europa. Embora tenha desempenhado um papel importante em *Microsoft* e *Oscar Bronner*, sequer foi mencionado em outros casos de acesso, como *Deutsche Telekom* e *Telefônica*. Nesse sentido, Richard WHISH observa que a doutrina de infra-estrutura essencial na Europa se aplica a concorrentes efetivos e novos entrantes[268].

O aspecto mais importante e inovador, no entanto, da doutrina da infra-estrutura essencial na Europa, relativamente à doutrina norte-americana, diz respeito às obrigações que geralmente acompanham a obrigatoriedade de acesso. Com efeito, na Europa, quando a doutrina é aplicada, é comum encontrar, na respectiva decisão, disposições sobre condições de acesso, que devem ser razoáveis e, principalmente, não discriminatórias. É evidente que aquele que pleiteia acesso deve pagar por ele, porém o preço deve ser razoável, sob pena de ser mantida, indiretamente, a recusa de contratar. Além disso, a transparência (quanto às condições técnicas e comerciais relacionadas ao acesso) é uma obrigação recorrente, e as decisões que determinam acesso obrigatório se preocupam em estabelecer regras nesse sentido, quando necessário. Tais regras também estão direcionadas para facilitar o monitoramento das decisões pelas autoridades.

Essas preocupações não existem no direito norte-americano, circunstância que é observada e criticada por Calixto SALOMÃO FILHO, e à qual voltaremos mais adiante.

Ao se analisar a jurisprudência européia sobre a aplicação da doutrina da infra-estrutura essencial, tem-se que pedidos de acesso foram denegados nos casos *Tiercé Ladbroke v. Commission*, *European Night Services v. Commission* e *Oscar Bronner v. Mediaprint*.

---

[268] *Competition law*, cit., p. 607.

No primeiro deles, por exemplo, uma operadora belga de apostas em corridas de cavalo pleiteava acesso a corridas televisionadas na França (som e imagem), para que seus clientes pudessem efetuar apostas sobre elas. As autoridades entenderam que a recusa não eliminava a competição no mercado de apostas, bem como que a atuação da operadora de apostas era restrita ao território belga, de modo que a recusa não afetava o comércio entre os Estados-membros. Ademais, a transmissão das corridas francesas não era essencial para a atividade da operadora de apostas.

Tanto em *European Night Services v. Commission* quanto em *Oscar Bronner v. Mediaprint,* as autoridades entenderam que havia opções para os agentes econômicos que demandavam acesso.

No último, a Mediaprint, controladora dos principais jornais de circulação diária na Áustria, recusou negociar com Oscar Bronner GmbH & Co. KG condições comerciais pelas quais esta poderia utilizar o seu sistema de entrega em domicílio para distribuir o jornal Der Standard (com 3,6% de participação de mercado em termos de circulação e 6% em termos de anúncios). A peculiariade do caso reside no fato de que a Mediaprint distribuía um jornal de outro concorrente. Desse modo, a Oscar Bronner sustentou a existência de discriminação, além de argüir que o sistema de distribuição ao qual demandava acesso era uma infra-estrutura essencial, cuja duplicação era economicamente inviável para uma empresa com pequena vendagem como ela. A Mediaprint defendeu-se com base no argumento de que o jornal de terceiro por ela comercializado não concorria diretamente com seus produtos, mas os complementava. A Corte aceitou a defesa da Mediaprint e considerou lícita a sua conduta, ressaltando que o acesso ao sistema de distribuição em análise não era essencial para que a Oscar Bronner concorresse no mercado, tanto que a empresa vinha aumentando suas vendas, a despeito de não utilizar referido sistema.

Assim, em todos os casos citados, as decisões finais denegando o acesso requerido fundaram-se na constatação de que os insumos não eram essenciais.

Em outras situações, as autoridades estabeleceram a obrigatoriedade de contratar, v.g., nos já citados casos *B&I/Sealink, Sea Containers/Stena Sealink, London European/ Sabena* (envolvendo a recusa de uma operadora aérea em disponibilizar acesso a uma nova entrante ao seu sistema eletrônico de reservas), *British Midland/Era Lingus, FAG-Flughfen Frankfurt/Main AG* (no qual a Comissão Européia determinou que a proprietária e operadora do aeroporto de Frankfurt permitisse a competição no mercado de serviços de movimentação em solo, rejeitando argumento de defesa relativo à interferência indevida em direitos de propriedade), *Alpha Flight Services/ Aéroports de Paris.*

Merecem destaque, ainda, casos em que houve licenciamento compulsório de propriedade intelectual, com base no art. 102 no Tratado de Roma, como *Magill* e, posteriormente, *NDC Health/IMS Health.*

Em *Magill*, três operadoras de televisão (BBC, ITP e RTE) foram condenadas por recusar disponibilizar listas com as suas programações para uma nova entrante no mercado de revistas de programação de TV. Além de aplicar a doutrina da infraestrutura essencial a direitos de propriedade intelectual, a decisão merece destaque por levar em conta a concorrência potencial, atendendo a uma empresa que até então não atuava no mercado.

Em *NDC Health/IMS Health*, a Comissão Européia determinou o licenciamento a concorrentes de *copyrights* sobre o banco de dados da *IMS Health*, do qual a indústria farmacêutica se tornara completamente dependente. A Comissão ressaltou que o banco de dados não era um produto de formato altamente complexo (ou seja, não implicava "grande invenção" por parte da IMS Health) e que os laboratórios farmacêuticos auxiliaram a empresa a construí-lo. O referido banco de dados, porém, tornou-se padrão para toda a indústria e seria muito caro para as empresas farmacêuticas criarem produto alternativo em cooperação com terceiros, de modo que a concorrência com a IMS Health estaria totalmente eliminada caso o acesso aos *copyrights* não fosse outorgado.

Em 1984, a IBM já havia feito um acordo com a Comissão, comprometendo-se a fornecer informações proprietárias a concorrentes, para fins de interface com os produtos dos últimos. Também se relacionavam a informações proprietárias os casos *Decca Navigation System*, no setor de equipamentos eletrônicos para navegação marítima, onde a questão da compatibilidade com equipamentos concorrentes era fundamental, e *Tetra Pak II*, em que a Comissão determinou o fornecimento de especificações para que terceiros produzissem embalagens compatíveis com as máquinas Tetra Pak.

Mais recentemente, na decisão *Microsoft* (confirmada pelo Tribunal Europeu no início de 2007), a Comissão determinou à empresa que disponibilizasse as informações necessárias para que terceiros pudessem desenvolver *softwares* compatíveis com o sistema operacional "Windows". Com isso, a Comissão reconheceu que a Microsoft não poderia utilizar seus direitos de propriedade intelectual e argumentos ideológicos como a liberdade de contratar (vastamente explorados na defesa da empresa) para impedir que terceiros desenvolvessem produtos compatíveis com o "Windows" em mercados complementares. A Microsoft foi punida por procurar estender a sua posição de monopólio, exercida no mercado de sistemas operacionais, a mercados correlatos, onde a concorrência atuava de forma mais eficaz. As eficiências apresentadas pela empresa foram rejeitadas.

Por outro lado, permaneceu protegido o código fonte do sistema operacional "Windows", reconhecendo a Comissão que os esforços da Microsoft na criação de tal produto garantiam à sua proprietária o direito de explorá-lo com exclusividade, ainda que temporariamente, conforme a racionalidade da legislação de propriedade industrial, não cabendo o seu compartilhamento com concorrentes da

Microsoft no mercado de sistemas operacionais, mesmo que mediante adequada remuneração.

Já em *Renault* v. *Erik Veng* e *Volvo* v. *Erik Veng*, terceiros que pleiteavam acesso a direitos de propriedade intelectual da Renault e da Volvo não tiveram sucesso, mas a Corte Européia ressaltou a necessidade de fornecimento de peças a empresas independentes, para que estas pudessem atuar no mercado a jusante de serviços de reparação de veículos.

Finalmente, a jurisprudência da Comissão e das Cortes européias não deixa dúvidas sobre a aplicabilidade da doutrina a setores regulados, conforme decisões em *Deutsche Telekom* e *Telefônica*[269], quando o acesso necessário se encontra de antemão disciplinado na regulação específica, tal como ocorre nas Diretivas do Parlamento Europeu e do Conselho em matéria de telecomunicações (vide Diretiva 2002/19/CE, relativa ao acesso e interligação de redes de comunicações eletrônicas e recursos conexos), eletricidade (2003/54), gás natural (2003/55) e transporte ferroviário (2004/40/EC).

Para concluir, a doutrina da infra-estrutura essencial na Europa não é mera transposição da doutrina norte-americana. Na Europa, parecem existir critérios aplicados com relativa coerência e uniformidade, enquanto do outro lado do Atlântico o futuro da doutrina, no momento, é bastante incerto após a decisão proferida pela Suprema Corte em *Trinko* (vide item anterior).

Ainda que ambas as doutrinas "sobrevivam" conforme suas formulações mais conhecidas (nos EUA, em MCI v. AT&T, e na Europa em Oscar Bronner, IMS Health e Microsoft), a doutrina européia é mais abrangente, menos conservadora e mais completa que a norte-americana, dirigindo-se potencialmente a um número maior de situações (i.e. abarcando insumos e não apenas infra-estruturas) e contemplando soluções mais abrangentes, ao incorporar obrigações adicionais mais severas à obrigatoriedade de contratar.

---

[269] Merece destaque, na decisão da Comissão Européia em *Deutsche Telekom AG, o seguinte trecho: "[a] margin squeeze exists if the charges to be paid to DT for wholesale access, taking monthly charges and oneoff charges together, are so expensive that competitors are forced to charge their end-users prices higher than the prices DT charges its own end-users for similar services. If wholesale charges are higher than retail charges, DT's competitors, even if they are at least as efficient as DT, can never make a profit because on top of the wholesale charges they pay to DT they also have other costs such as marketing, billing, debt collection, etc." (Case COMP/C-1/37.451, 37.578, 37.579 - Deutsche Telekom AG, item 102).* Sobre Wanadoo España vs. Telefônica, vide nota 156.

II.4.3.6. Síntese do tratamento outorgado às recusas verticais na Europa: em direção à convergência entre os arts. 101 e 102?

Após minucioso exame da forma com que vêm sendo interpretados os arts. 81 e 82 do Tratado de Roma no que se refere a recusas de contratar verticais, não há como ignorar a tendência de convergência entre os dois dispositivos no direito comunitário europeu contemporâneo, especialmente no que se refere aos acordos verticais.

O art. 101, em princípio, trata de acordos e dispensa a avaliação de poder de mercado. O art. 102, por seu turno, abarca principalmente práticas unilaterais e impõe a existência de dominância para que haja condenação. Na prática, porém, condutas unilaterais são analisadas à luz do art. 101, que passou a incorporar, para a grande maioria dos casos, um teste de dominância, a exemplo do que ocorre com as práticas sob o art. 102, enquanto que acordos também podem ser analisados à luz do art. 102.

Ainda que os patamares que impedem que uma prática se beneficie das chamadas isenções por categoria à luz do art. 101 sejam menos rígidos que os requisitos necessários para configurar dominância sob o art. 102 do Tratado de Roma, ambas as análises adotam como premissa a avaliação de *market share* e outros critérios tradicionais de medição de poder de mercado.

Para os acordos verticais, a única diferença que permanece entre os dois dispositivos diz respeito à adoção da defesa baseada em eficiências, admissível à luz do art. 101, §3, do Tratado, porém inaceitável à luz do art. 102. Como resultado, em tese, o mesmo acordo poderia ser reputado lícito com base em uma análise antitruste individual fundada no art. 101 e ilícito com base no art. 102 do mesmo diploma. Na prática, porém, essa situação nunca ocorreu e não acreditamos que venha a ter lugar.

Um acordo anticompetitivo à luz do art. 102 do Tratado de Roma jamais preencheria os requisitos do art. 101, §3, como bem apontado por Ekaterina ROUSSEVA. O inverso também é verdadeiro, isto é, um acordo que preenche os requisitos do art. 101, §3, nunca seria considerado abusivo com base no art. 102. A autora entende que, com a modernização do art. 101 e a inclusão de testes de poder de mercado nas análises fundadas nesse dispositivo, passou a existir sobreposição com o que dispõe o art. 102 no que se refere aos acordos verticais. O caso *Van den Bergh Foods* é exemplo claro de tal situação, evidenciando a completa prescindibilidade do art. 102 no que tange a essas práticas. Para ROUSSEVA, o art. 102 deveria ser mantido apenas para coibir práticas puramente unilaterais de empresas dominantes[270].

---

[270] Modernizing by erradicating: how the Commission's new approach to article 81 EC dispenses with the need to apply article 82 EC to vertical restraints. *Common Market Law*

Há, no entanto, aqueles que discordam da *convergência* e, principalmente, da capacidade de a Comissão Européia modificar a sua interpretação do art. 101, passando a efetuá-la de forma mais econômica e racional[271].

É evidente, a nosso ver, que existe uma aproximação entre os arts. 81 e 82 do Tratado de Roma, muito em virtude da regulamentação emanada pela Comissão e da interpretação que Cortes e autoridades administrativas conferem aos dispositivos. Porém, ainda é possível distinguir entre o tratamento outorgado às recusas de contratar verticais, já que

(i) as recusas fundadas em práticas de exclusividade previamente acordadas entre partes não detentoras de posição dominante serão analisadas com base tão-somente no art. 101 do Tratado de Roma, podendo beneficiar-se de isenção por categoria ou, caso não sejam elegíveis, ser objeto de defesa fundada no art. 101, §3, do Tratado de Roma, que admite a realização de um balanço entre efeitos anticompetitivos e benefícios;

(ii) as recusas unilaterais somente poderão ser questionadas à luz do art. 102 do Tratado de Roma, não podendo, segundo a orientação da jurisprudência da Corte de Justiça Européia (e a despeito das críticas de parte da doutrina e das propostas do Discussion Paper e da Comunicação 864/2009), escusar-se com base em eficiências compensatórias.

É imprescindível que algumas questões sejam respondidas para que se possa enquadrar determinada prática em uma das hipóteses acima. Em primeiro lugar, há que se ter clareza sobre os elementos que caracterizam um acordo, para fins de enquadramento da prática na hipótese 'i'. Ademais, é fundamental estabelecer as condições necessárias para caracterizar dominância para enquadramento de uma recusa unilateral sob a hipótese 'ii'.

Review n. 42, p. 587-638, 2005. Em outro texto, Ekaterina ROUSSEVA analisa a reforma proposta para o art. 102 no *Discussion Paper* da Comissão Européia, e conclui que, a despeito da intenção da Comissão de introduzir conceitos como eficiência alocativa e *"meeting competition defence"* no referido dispositivo, sob a rubrica de justificativas objetivas, o tratado não permite tal abordagem, que foi expressamente afastada no recente caso *Microsoft*, ainda que sob protestos de grande parte da doutrina, em especial por entusiastas da análise econômica do direito (*Abuse of dominant position defences: objective justification and article 82. EC in the era of modernization*. In: Giuliano AMATO e Claus-Dieter Ehlerman. *EC competition law*, cit., p. 377-431).

[271] Nesse sentido, vide Maurizio GAMBARDELLA e Francesco Maria SALERNO. Os autores entendem que os novos regulamentos em matéria de acordos verticais da Comissão Européia ainda estão muito presos a formalismos, denotando a continuidade da política que precede a ambos (*Vertical Agreements: was the Commission's response adequate? On the Commission's ability to reform long-standing policies*. In: Giuliano AMATO e Claus-Dieter Ehlerman. *EC competition law*, cit., p. 175-206).

As recusas situadas entre os dois extremos apresentados acima podem ser objeto de investigação tanto sob o art. 101 quanto sob o art. 102 do Tratado de Roma, e diversas questões permanecem em aberto, além daquelas já apresentadas. Sobre as condições aptas para caracterizar a dominância, por exemplo, como lidar com situações em que as participações de mercado das empresas envolvidas excedem, porém não em muito, o patamar de 30%, tornando o contrato inelegível para fins de uma isenção por categoria?

Existe uma zona cinzenta, por exemplo, para os acordos verticais envolvendo empresas com participação de mercado entre 30% e 40%. Embora não sejam passíveis de obter uma isenção por categoria, não necessariamente envolvem participações de mercado elevadas a ponto de invocar um exame sob o art. 102. E, ainda que o art. 102 se aplique, a sua utilização é desnecessária, pois o acordo já enseja uma análise com base no art. 101 e seus parágrafos.

Desse modo, conforme bem observado por ROUSSEVA, não acarretaria nenhum mal a supressão do art. 102 como instrumento concorrencial de controle dos *acordos verticais*, remanescendo, porém, a sua utilidade no que concerne às praticas puramente unilaterais, inclusive as recusas de contratar.

Nessa hipótese, entretanto, é difícil avaliar se os mesmos parâmetros seriam adotados nas análises das recusas de contratar unilaterais e das recusas decorrentes de acordos. A própria autora reconhece que o art. 102 não contempla um balanço de eficiências e outras defesas aceitas pelo art. 101, §3, de modo que o tipo de investigação a ser implementada e os seus resultados possivelmente dependeriam da caracterização ou não de um acordo, ou seja, de um aspecto exclusivamente formal. Voltaremos a essa discussão no item VI.1 da Conclusão.

II.5. A recusa de contratar vertical no relatório publicado em 2009 pela OCDE

Em setembro de 2009, a OCDE publicou relatório contemplando as discussões sobre recusas de contratar havidas em 2007, no âmbito do Comitê de Concorrência da organização[272]. O trabalho da OCDE contempla exclusivamente *recusas unilaterais*. Suas conclusões decorrem em grande parte das contribuições apresentadas por delegados dos Estados Unidos e da Europa, bem como da doutrina e da jurispudência sobre a aplicação do direito antitruste às práticas analisadas nessas jurisdições.

O relatório destaca diversas teorias sobre efeitos anticompetitivos e justificativas/eficiências associadas às recusas unilaterais de contratar, incluindo os debates que tiveram lugar nas audiências públicas promovidas conjuntamente pela FTC e pelo DOJ nos Estados Unidos e a polêmica entre o direito norte-americano e o direito europeu. Trata, ainda, das recusas de negociar relativamente a utilidades essenciais e em mercados objeto de regulação específica.

---

[272] *Refusals to deal*, cit., passim.

Em apertada síntese, a OCDE observou que a relutância de algumas cortes e autoridades administrativas em fixar preços e outras condições comerciais nos casos concretos acabou por gerar critérios rígidos no que se refere ao reconhecimento da recusa de contratar como infração concorrencial. No entanto, autoridades administrativas e judiciais tendem a intervir quando há um histórico de contratação prévia relativamente ao produto ou serviço em questão.

Em todas as jurisdições analisadas - assinala o relatório - os seguintes elementos são necessários para carcterizar uma recusa de contratar ilícita sob a ótica concorrencial: *(i)* posição dominante do agente que se recusa a contratar (embora seu grau varie de jurisdição para jurisdição)[273]; *(ii)* caracterização da recusa em situações em que o agente se nega a praticar condições comerciais apropriadas (reconhecimento da recusa indireta), sendo certo que a definição de "apropriadas" depende do padrão de negociação do agente em situações anteriores, envolvendo outras empresas ou o próprio reclamante; *(iii)* impactos sobre a concorrência em um determinado mercado, em detrimento dos consumidores (eliminação ou enfraquecimento da concorrência, que não se confunde com a eliminação de um concorrente específico); e *(iv)* ausência de justificativa comercial objetiva para a recusa (a inviabilidade da contratação constitui justificativa pertinente).

Quanto aos remédios, conclui a OCDE que devem assegurar que o produto ou serviço seja entregue sob *condições adequadas*. Haverá casos em que bastará a emissão de decisão proibindo determinadas formas de discriminação ou a utilização de certas condições comercais, e outros em que se fará necessária a adoção de regras de preços ou outros mecanismos (arbitragem, por exemplo) para assegurar que os agentes cheguem a um acordo.

---

[273] O relatório não analisou o caso brasileiro, embora o país tenha enviado delegação para os debates. Se o fizesse, teria identificado requisitos similares, sendo que a posição dominante é necessária, no Brasil, para a caracterização de qualquer infração, confome exposto na Primeira Parte.

III - A recusa de contratar horizontal

III.1. Considerações gerais

Após a análise do complexo campo das restrições *verticais* que podem acarretar a obrigatoriedade de contratar, e todas as suas nuances, poder-se-ia imaginar que o exame das recusas *horizontais* seria muito mais simples.

As recusas *horizontais*, como já mencionado (vide Cap. I.1 da Segunda Parte), envolvem acordos entre empresas atuantes no mesmo mercado, sendo os efeitos sobre tal mercado predominantes na respectiva análise. Na verdade, melhor designar tais recusas de *concertadas*[274] (ou de *boicotes coletivos*[275]), já que também vimos que as recusas verticais podem envolver empresas que, embora interajam como compradora e vendedora, são concorrentes em determinada etapa da cadeia. Aliás, não é raro que casos de obrigatoriedade de contratar fundada em recusas verticais envolvam concorrentes.

Exemplos de recusas concertadas são os já mencionados boicotes praticados

[274] Recusas concertadas são definidas pela HARVARD LAW REVIEW como "acordos entre duas ou mais pessoas no sentido de não fazer negócios com terceiros, ou de negociar com eles apenas sob condições específicas" (Concerted refusals to deal under the federal antitrust laws. Harvard Law Review, v. 71, n. 8, p. 1531-1541, jun. 1958).

[275] Alberto Emparanza SOBEJANO esclarece que o termo boicote surgiu na Irlanda, em 1879, para designar o movimento organizado por arrendatários de terras para romper todas as relações econômicas e sociais com o capitão chamado Charles Cunningham Boycott, que representava o proprietário das terras e exercia as suas funções com brutalidade, despertando a repulsa dos arrendatários. O movimento ganhou proporções de uma revolta e levou o capitão Boycott à ruína. A despeito de sua denominação recente, porém, o fenômeno do boicote é anterior à era moderna, remontando à Idade Média (*El boicot*, cit., p. 25-27). O autor conceitua boicote, para fins concorrenciais, como a situação em que um sujeito ou grupo rescinde ou nega iniciar relações com outro sujeito ou grupo, como conseqüência de um pedido nesse sentido recebido de uma terceira parte, cujo objetivo é irrogar prejuízo direto ou indireto ao sujeito ou grupo boicotado (p. 31). O boicote, portanto, é um fenômeno *trilateral*, distinguindo-se por essa razão da recusa de contratar (p. 64). SOBEJANO entende que o boicote pode ser individual ou coletivo, mas que sempre dependerá da *instigação* de um terceiro. Para fins desse trabalho, porém, adotamos conceituação distinta de boicote, tal como consagrada no direito concorrencial, onde o ato pode ser realizado diretamente pelas pessoas que têm interesse nos seus resultados, ou seja, sem envolver terceiros. Nesse sentido, Piergaetano MARCHETTI (*Boicottaggio*, cit., p. 2) define boicote como uma "conspiração contra alguém resultando na recusa de com ele relacionar-se", sendo o boicote econômico aquele que interessa para fins do direito concorrencial (p. 4). Quando adotado diretamente pelos beneficiários de seus efeitos, chama-se boicote direto; quando adotado por terceiros, fala-se em boicote indireto. Embora tal concepção admita boicotes individuais e coletivos, a nomenclatura é geralmente associada a ações da última modalidade.

por associações profissionais ou setoriais, ao recusarem aceitar novos membros ou excluírem participantes, bem como restrições adotadas por entidades de certificação, padronização e normas técnicas, ao negarem certificação ou aprovação de produtos ou serviços.

Ocorre que as recusas horizontais, assim como as verticais, podem ter justificativas e efeitos *dúbios* sobre a concorrência. É justamente por essa razão que, mesmo nos países em que tais práticas são tradicionalmente tratadas com maior rigor pela legislação e pela jurisprudência (como ocorre nos EUA e na Europa), alarga-se cada vez mais o espaço de aplicação da regra da razão. Essa tendência acompanha a compreensão de que nem todos os acordos horizontais são anticompetitivos por natureza[276].

No direito comparado norte-americano e europeu, as recusas concertadas são predominantemente analisadas com base no art. 1º do Sherman Act e no art. 101 do Tratado de Roma.

No entanto, com o alargamento do campo reservado para a regra da razão, têm ganho espaço nos Estados Unidos recusas analisadas à luz do art. 2º do Sherman Act. A doutrina da infra-estrutura essencial naquele país, aliás, tem suas raízes em investigações de recusas concertadas fundadas no referido dispositivo.

Já no que concerne à Europa, a análise das recusas concertadas com fulcro no art. 101 é predominante, ainda que tais práticas possam, em tese, enquadrar-se também na noção de dominância coletiva e ser objeto de investigações baseadas no art. 102. Essa constatação alinha-se com a tendência de uniformização do direito antitruste europeu e na proposta de limitar a aplicação do art. 102 a condutas unilaterais (ROUSSEVA).

---

[276] Essa percepção levou as autoridades de defesa da concorrência na Europa e nos Estados Unidos a elaborar diretrizes para a análise dos impactos competitivos dos acordos de cooperação horizontal. Nos EUA, foi publicado um guia conjunto da Federal Trade Commission e do Departamento de Justiça para a análise de cooperações entre concorrentes ("*Antitrust Guidelines for Collaborations among Competitors*", 2000). Na Europa, o assunto é objeto da Comunicação 2001/C 3/02 da Comissão Européia, que esclarece os Regulamentos 2658/2000 e 2659/2000, sobre a aplicabilidade do art. 101, §3, do Tratado de Roma a certos acordos de especialização e de pesquisa e desenvolvimento, respectivamente.

III.2. A Recusa de contratar horizontal no direito concorrencial comparado

III.2.1. Estados Unidos

Confome antecipado, a análise das *recusas de contratar concertadas* não é mais simples do que o estudo das *recusas verticais*. Neste capítulo, trataremos das recusas concertadas sob o art. 1º, do Sherman Act e de sua interpretação na jurisprudência norte-americana. As recusas concertadas examinadas à luz do art. 2º do Sherman Act foram discutidas separadamente, no capítulo sobre a doutrina da infra-estrutura essencial nos EUA.

Existe uma certa confusão no que concerne à regra aplicável às recusas concertadas analisadas sob o art. 1º do Sherman Act. Embora tais práticas tenham sido caracterizadas como ilícitos *per se* pela Suprema Corte norte-americana nos primeiros casos de aplicação do referido dispositivo legal a boicotes, a mesma Corte, posteriormente, passou a tratar algumas modalidades de recusa concertada sob a regra da razão. Porém, as situações que ensejam a adoção da regra da razão não estão claramente definidas na jurisprudência, sendo certo que as próprias cortes, inclusive a Suprema, adotam posicionamentos por vezes contraditórios ou nebulosos.

A ilicitude *per se* dos boicotes coletivos foi estabelecida em *Klor's Inc.* v *Broadway-Hale Stores* (359 U.S. 207), julgado em 1959, embora a Suprema Corte norte-americana viesse aplicando consistentemente a regra em casos anteriores, tais como *Eastern States Retail Lumber Dealers'Association v. United States* (234 U.S. 600, de 1914), envolvendo recusas concertadas por parte de varejistas no sentido de negociar com atacadistas que vendiam produtos diretamente aos consumidores finais, e *Fashion Originators'*Guild v. *FTC*, relacionado a uma associação que proibia a venda, por parte dos seus integrantes, de bordados a lojas que também comercializassem mercadorias copiando o estilo bordado, bem como a venda de tecidos a fabricantes que vendessem a lojas que copiavam o estilo bordado (312 U.S. 668, de 1941).

No caso *Klor's,* a referida empresa, que comercializava rádios, televisões e outras utilidades domésticas, foi vítima de um boicote por parte dos fabricantes e distribuidores desses produtos, em conluio com a *Broadway-Hale Stores.* A prática foi condenada independentemente de seus efeitos sobre o mercado, ou seja, não foi levado em consideração o fato de existirem outras lojas na região, comercializando o mesmo tipo de produtos, e o grau de fechamento gerado, de modo que os consumidores não seriam prejudicados com o boicote, apenas a empresa *Klor's.*

A Suprema Corte foi muito clara ao consignar que recusas concertadas por parte de comerciantes, boicotando outros comerciantes, sempre se enquadraram como práticas proibidas, que não podem escusar-se com base em alegações sobre a sua razoabilidade no caso concreto, ou pelo insucesso da acusação em demonstrar que as mesmas implicaram fixação de preços, limitação da produção ou deterioração da qualidade de produtos ou serviços. Tais práticas sempre foram banidas, aduziu a Suprema Corte em sua decisão, mesmo quando tinham como objetivo reduzir preços ou temporariamente estimular a concorrência.

Durante os 25 anos que se seguiram à decisão *Klor's*, as cortes aplicaram a regra *per se* a boicotes coletivos.

Todavia, em 1985, ao decidir o caso *Northwest Wholesale Stationers* v. *Pacific Stationery & Printing Co.* (472 U.S. 284), a Suprema Corte afirmou que nem todas as recusas de contratar horizontais devem ser analisadas pela regra da ilicitude *per se*. A discussão em *Northwest Wholesale Stationers* versava sobre a expulsão de um membro da associação, sem explicações, aviso prévio ou oitiva do mesmo. Até então, as cortes vinham decidindo que tais situações deveriam ensejar garantias procedimentais adequadas, outorgadas ao agente que corre o risco de expulsão. Em *Northwest Wholesale Stationers*, porém, a Suprema Corte consignou que, a não ser que houvesse poder de mercado ou algum elemento que evidenciasse prejuízo à concorrência, a expulsão de um associado não poderia ser considerada ilícita *per se*.

A regra criada foi reforçada um ano depois em *FTC* v. *Indiana Federation of Dentists* (476 U.S. 447, de 1986), onde a Suprema Corte afirmou que a ilicitude *per se* atribuída a boicotes coletivos não deveria ser indevidamente ampliada, limitando-se a casos de poder de mercado por parte dos vendedores ou compradores engajados na prática, de modo a desencorajar negócios com um concorrente. No caso em questão foi aplicada uma regra da razão sumária (denominada "quick look") e a Corte entendeu que o boicote (proibição aos membros da associação de apresentar raios-X dos seus pacientes a seguradoras) era ilegal.

Em *FTC* v. *Superior Court Trial Lawyers Association* (493 U.S. 411), julgado em 1990, porém, a Suprema Corte voltou a ressaltar que certos boicotes desenhados para afetar preços e sem justificativas plausíveis no sentido de aumentar a eficiência e tornar os mercados mais competitivos são ilícitos *per se, independentemente da posição ostentada pelas empresas envolvidas na prática*. No caso concreto, o boicote tinha por objeto aumentar a remuneração dos advogados que representavam criminosos indigentes pelos Estados membros da confederação.

Assim, estabeleceu-se uma distinção entre os boicotes coletivos "clássicos" (conforme nomenclatura empregada pelas cortes inferiores a partir de *Superior Court Trial Lawyers Association*), ou seja, aqueles voltados para a implementação de infrações *per se*, como fixação de preços e outros acordos ilegais dirigidos ao enfraquecimento de concorrentes, de um lado, e as demais recusas de contratar concertadas, de outro, sendo apenas os primeiros analisados pela regra da ilicitude *per se*. Nos casos concretos, no entanto, os limites entre as duas situações são muitas vezes tênues[277].

---

[277] A respeito, vide Douglas F. BRODER. *A guide do US antitrust law*, cit. p. 67.

Para ilustrar, entre as práticas que as cortes norte-americanas não enquadram como boicotes clássicos estão as recusas derivadas de acordos de auto-regulamentação, ligas e associações esportivas, boicotes não-econômicos[278] e joint-ventures cooperativas entre empresas concorrentes (resultando na exclusão de terceiros).

A ABA SECTION OF ANTITRUST LAW denomina de "*industry self-regulation*" acordos realizados por meio de associações profissionais ou setoriais com o objetivo de promulgar ou estabelecer padrões para produtos ou serviços.

Nos Estados Unidos, as cortes geralmente analisam tais acordos com base na regra da razão, determinando que regras, critérios e ações disciplinares voltados para a auto-regulamentação de um setor, indústria ou profissão acabam por estabelecer recusas de contratar, que devem ser examinadas *vis-a-vis* a legitimidade do objetivo perseguido e a proporcionalidade entre meios e fins. Tratando-se de padrões e normas técnicas, são analisados com base na sua objetividade, isenção, aptidão para lidar com os problemas propostos e proporcionalidade da medida adotada relativamente à finalidade perseguida.

Em *Allied Tube & Conduit Corp.* v. *Indiana Head Inc.* (486 U.S. 492), julgado em 1988, a Suprema Corte considerou ilegal a conduta de uma associação que, influenciada por um de seus membros, editou código de segurança (relativamente a fogo) considerado não isento, já que contemplava especificações técnicas que beneficiavam indevidamente os produtos da empresa em detrimento dos produtos de concorrentes. No mesmo sentido já havia sido a decisão da Suprema Corte em *American Society of Mechanical Engineers* v. *Hidrolevel Corp.* (456 U.S. 556, de 1982).

Em *United States* v. *American Bar Association,* concluído em 2001, a ordem dos advogados norte-americana acabou celebrando um acordo com o Departamento de Justiça (DOJ) comprometendo-se a abandonar condições e critérios que, no entendimento da acusação, implicavam recusa de negociar e limitavam a concorrência por parte de escolas e universidades não aprovadas pela ABA. Em decorrência do acordo firmado, a ABA efetuou diversas modificações nos seus processos de certificação de faculdades e universidades.

---

[278] Um exemplo típico de boicote não-econômico questionado com base no art. 1º do Sherman Act é o caso *Missouri v. National Organization for Women* (1980), onde um boicote foi organizado contra estados norte-americanos que não ratificaram a *Equal Rights Amendment*. A corte federal entendeu que tal boicote, por fundar-se em razões políticas e sociais, não violava a lei antitruste, encontrando-se sob proteção da Primeira Emenda ou da "*Doutrina Noerr*" (que implica imunidade antitruste limitada a esforços individuais ou coletivos voltados para influenciar a ação governamental – vide ABA SECTION OF ANTITRUST LAW. *Antitrust law developments*, cit., pp. 1284 e ss.). Boicotes alegadamente não-econômicos, entretanto, podem ter efeitos anticompetitivos, como reconheceu a Suprema Corte em *FTC* v. *Superior Court Trial Lawyers*. Neste trabalho, não discutiremos os boicotes motivados por legítimas razões políticas e sociais, analisados sob a "*Doutrina Noerr*".

No que se refere a associações e ligas esportivas, as cortes norte-americanas reconhecem sua legitimidade , inclusive para fins de elaboração de regras e estabelecimento de critérios para disciplinar a conduta de times, jogadores e proprietários de casas de apostas, controlar a utilização de drogas e álcool, estabelecer as regras dos jogos e dos campeonatos, estabelecer critérios para a elegibilidade e o recrutamento de profissionais e determinar a exclusividade de jogadores relativamente aos seus respectivos times[279]. Nesse sentido, em 2008, foram arquivados os casos *Basset v. NCAA*[280]., em que um técnico assistente de futebol acusou a NCAA de boicote após ser proibido de treinar times das escolas por violação dos regulamentos da NCAA e fraude acadêmica (o arquivamento se deu sob o argumento de que as regras questionadas não eram de natureza comercial), *American Needle Inc. v. NFL*[281]., em que a Liga foi considerada como entidade única para fins de licenciamento das próprias marcas e das marcas dos times, e *MLB (Major League Baseball) Properties v. Salvino, Inc.* [282]., também envolvendo o licenciamento dos logotipos dos times e outros direitos de propriedade intelectual

Por outro lado, associações esportivas foram condenadas por violar o art. 1º do Sherman Act em *Law* v. *NCAA* (1998), relativo à remuneração de técnicos de basquete nas ligas universitárias, *Chicago Professional Sports Ltd. Partnership* v. *NBA* (1992), relativo a limitações impostas sobre o número de jogos televisionados (onde a justificativa de evitar o *free-riding* foi aceita, porém as medidas adotadas foram consideradas desproporcionais e desnecessárias), *Los Angeles Memorial Coliseum Commission* v. *NFL* (1984), relativo a limitações territorias impostas aos times, e *Sullivan* v. *NFL* (1994), relacionado a limitações sobre o controle público sobre a franquia do New England Patriots. Em todos eles, boicotes resultavam das restrições estabelecidas.

Finalmente, merecem destaque os processos de investigação de recusas de contratar concertadas no setor de saúde nos Estados Unidos.

São freqüentes os questionamentos em torno de políticas de hospitais (em conjunto com associações ou com o corpo médico), entidades profissionais ou cooperativas, que decidem excluir profissionais de seus quadros, inclusive com base em incompetência ou conduta anti-ética. As cortes vêm reiteradamente afirmando a legalidade de tais recusas (v.g., em *Gordon v. Lewistown Hospital*, de 2005).

---

[279] Para maiores detalhes a respeito, vide ABA SECTION OF ANTITRUST LAW, *Antitrust law developments*, cit., p. 119-122. Vide, ainda, Carlos Emmanuel Joppert RAGAZZO. Sports and the rule of reason, *Revista do IBRAC*. v. 10, n. 3, 2003, p. 237-249.

[280] 528 F.3d 426 (6th Cir. 2008).

[281] 538 F.3d 736 (7th Cir. 2008).

[282] 542 F.3d 290 (2d Cir. 2008).

Da mesma forma, são abundantes as queixas em matéria de códigos de ética e outras normas de conduta editados por associações de profissionais, resultando na exclusão (ou não-admissão) daqueles que não se adaptam aos parâmetros estabelecidos. Tais casos são geralmente analisados com base na regra da razão. Para ilustrar, em *Nilavar* v. *Mercy Health System* (2005), um acordo de exclusividade entre um hospital e um grupo de radiologistas foi considerado lícito, por não prejudicar a concorrência, e em *Bocobo* v. *Radiology Consultants* (2004), a exclusão de um radiologista da associação que congregava médicos dessa especialidade foi mantida, por não acarretar impacto negativo no mercado relevante.

Segundo a ABA SECTION OF ANTITRUST LAW, boicotes que têm por justificativa plausível a contenção de custos e que, portanto, têm o condão de incrementar a eficiência e aumentar a concorrência são geralmente aceitos, enquanto que esforços no sentido de obstruir tentativas ou propostas de redução de custos geralmente constituem ilícito à luz do art. 1º do Sherman Act.

III.2.2. Europa

As recusas de contratar concertadas na Europa são geralmente tratadas como modalidade de cartel[283], embora a doutrina também utilize, ainda que de forma não consagrada como nos Estados Unidos, a palavra boicote.

Richard WHISH[284], por exemplo, define boicotes como recusas de contratar concertadas (ou horizontais), que podem estar associadas a cartéis. O objetivo do boicote, nesse caso, é justamente buscar impedir a entrada de novos concorrentes, o que poderia desmantelar o cartel e reduzir os preços, independentemente da vontade dos participantes do acordo. Assim, os integrantes de um cartel têm incentivos para celebrar contratos de exclusividade com distribuidores, impedindo-os de negociar com terceiros, e para boicotar revendedores que venham a negociar com não-participantes do cartel e eventuais novos entrantes.

GOYDER, por seu turno, destaca o papel das associações de classe nas práticas horizontais, inclusive recusas de contratar concertadas. Ele pondera que, em alguns casos, como aquele que ficou conhecido como investigação "do cimento" (ou *Cement case*) na Europa, uma associação foi criada com o único e exclusivo propósito de implementar e monitorar o cartel[285]. No entanto, outras situações existem, em que as respectivas associações profissionais ou setoriais, ao lado de contribuir para acordos ilícitos entre seus membros, desempenham funções legítimas e necessárias.

---

[283] Nesse sentido, vide D. G. GOYDER. *EC competition law*, cit., p. 140-162.

[284] *Competirion law*, cit.,.p. 499.

[285] *EC competition law*, cit., p. 156.

A jurisprudência européia contempla diversos casos envolvendo a recusa de membros de associações profissionais ou setoriais negociarem com não-membros, impedindo importações e o comércio entre Estados-membros. Tais práticas foram reiteradamente condenadas à luz do art. 101 do Tratado de Roma.

Em *FEG/TU*, julgado em 2000, por exemplo, a Comissão Européia condenou a associação holandesa de equipamentos eletroeletrônicos (*Association of Wholesalers for Electrical Fittings - FEG*) com base no art. 101, §1, por recusar a filiação de empresa britânica (com base na insuficiência de faturamento registrado pela referida empresa na Holanda). A filiação constituía requisito para que as empresas atacadistas pudessem adquirir produtos dos fornecedores individuais de equipamentos (inclusive importadores). Na verdade, a Comissão detectou que a FEG e sua maior e mais influente participante, a TU, utilizavam seu poder de barganha para celebrar contratos de exclusividade de compra com fornecedores de equipamentos e com outra associação, a NAVEG, que congregava os importadores dos produtos em questão. Desse modo, empresas não-integrantes da FEG ficavam totalmente alijadas do mercado, pois não conseguiam adquirir produtos (nacionais ou importados) para revenda.

De forma semelhante, em *FRUBO v. Commission*, julgado em 1975, associações de importadores e atacadistas de frutas que controlavam juntos 75% das vendas de maçãs, pêras e frutas cítricas na Holanda estabeleceram uma rígida política que limitava a importação de tais frutas aos leilões realizados em Rotterdam (exclusividade). Com isso, Rotterdam tornava-se praticamente a única rota de importação dos produtos. Importadores e atacadistas que violassem as regras das associações eram excluídos dos leilões. A política foi considerada ilegal e as associações condenadas.

Nos dois casos, verifica-se que políticas de não-filiação ou exclusão por parte de associações setoriais são consideradas preocupantes do ponto de vista concorrencial na Europa, especialmente se aliadas a ajustes de exclusividade de compra ou de venda obtidos pelas associações, criando uma reserva de mercado para os seus membros.

Recentemente, em outubro de 2007, a Comissão Européia multou a organização VISA por violar o art. 101 do Tratado de Roma, ao recusar admitir o Banco Morgan Stanley nos seus quadros, sem justificativa objetiva. A exclusão do Morgan Stanley foi considerada anticompetitiva por impedir, entre 2000 e 2006, que o banco emitisse cartões de crédito com a bandeira VISA, que responde por cerca de 60% das transações realizadas com cartão de crédito no Reino Unido. Com isso, a VISA limitou a concorrência no mercado altamente concentrado de prestação de serviços relacionados à aceitação de cartões de crédito a estabelecimentos comerciais no Reino Unido, privando tal mercado dos benefícios que seriam proporcionados pela atuação de mais um banco, do porte do Morgan Stanley.

Por sua vez, associações que, a despeito de não limitarem a filiação aos seus quadros por terceiros, demandam de seus integrantes que comercializem seus produtos exclusivamente para elas, ou adquiram insumos apenas delas, também ensejam acusação de recusa de contratar concertada ou boicote, como ocorreu em *Coöperatieve Stremsel-en Kleurselfabriek v. Commission*, julgado em 1981.

Naquele caso, uma cooperativa holandesa de produtores de queijo insistia em que seus membros adquirissem certos insumos exclusivamente junto à cooperativa, sob pena de expulsão. A Corte entendeu que a prática violava o art. 101 do Tratado de Roma, pois os cooperados deixaram de adquirir os insumos de terceiros ou de fabricá-los em suas próprias instalações. Como a cooperativa respondia por 90% do mercado de queijo na Holanda e era virtualmente a única fornecedora dos insumos naquele país, a prática limitava a concorrência entre os Estados-membros, por meio de um boicote "branco" aos fornecedores de insumos para a fabricação de queijo situados em outros países da União Européia.

Há registros, ainda, de boicotes adotados para manter política de fixação de preços de revenda, como em *VBVB e VBBB* v *Commission* (Casos 43/82 e 63/82, ambos julgados em 1984). Na ocasião, ignorando pleitos no sentido de que livros constituíssem uma exceção à rígida política antitruste adotada relativamente à fixação de preços de revenda, a Corte de Justiça condenou um acordo entre duas associações comerciais belgas de editores, estabelecendo preços de revenda dos produtos e recusas de contratar concertadas no que se referia a distribuidores que não observassem tais preços. Muito embora a fixação de preços de revenda de livros fosse então permitida na Bélgica, a Corte entendeu que o referido acordo afetava o comércio entre os Estados membros.

Embora o foco na doutrina e na jurisprudência européias sejam inegavelmente as recusas de contratar concertadas de objeto ilícito, como ilustrado acima, Richard WHISH reconhece que tais práticas podem ter objetivos comercialmente legítimos, v.g., de normalização e certificação. Assim, recusas de contratar perpetradas por associações têm o condão, por exemplo, de impedir que pessoas destreinadas participem de uma determinada profissão ou atividade, que adotem condutas consideradas anti-éticas ou indesejáveis, ou que distribuidores desqualificados trabalhem com certos produtos ou marcas.

Merece destaque, nesse sentido, o caso *Wouters* v *Algemene Raad van de Nederlandse Orde van Advocaten* (C309/99) em que a Corte Européia decidiu em favor da investigada, a ordem dos advogados holandesa, mantendo política daquela entidade no sentido de proibir sociedades mistas de advogados e contadores. A proibição foi considerada razoável e necessária para a correta regulamentação da profissão dos advogados.

Em outro caso, recentemente julgado pela Corte de Justiça Européia (2006), Meca-Medina v. Commission (C519/04), nadadores profissionais acionaram as regras adotadas pelo Comitê Olímpico Internacional em matéria de *doping* com base no art. 101 do Tratado de Roma. Os nadadores haviam sido suspensos por 4 anos das competições, em virtude da utilização de substâncias proibidas.

É importante destacar que a Corte, com base nos precedentes *Walrave* v. *Association Union Cycliste Internationale* (36/74), de 1974, e no próprio *Wouters* v *Algemene Raad van de Nederlandse Orde van Advocaten*, de 1999, conheceu do processo, reconhecendo expressamente que regras *anti-doping* têm efeitos econômicos e concorrenciais, já que esportes também constituem atividade econômica, assumindo a forma de emprego remunerado ou de prestação de serviços mediante remuneração (assim como ocorre com os advogados, por exemplo). Quanto ao mérito, porém, a Corte entendeu que as regras em questão limitavam justificadamente a liberdade de atuação dos nadadores e a sua capacidade de competição, estando fundadas em objetivos legítimos.

GOYDER, no entanto, alerta para o risco de associações profissionais ou comerciais buscarem reduzir a concorrência e elevar barreiras à entrada por meio do controle de *standards* e certificação[286]. Mesmo associações voltadas para objetivos legítimos de saúde e segurança podem ter suas metas desvirtuadas ou abusadas, com efeitos negativos sobre a concorrência.

Ao tratar dos acordos de normalização e dos acordos ambientais na Comunicação 2001/C 3/02[287], a Comissão Européia demonstra estar ciente dos tênues limites entre práticas voltadas para estabelecer regras de compatibilidade, interoperabilidade e segurança (inclusive ambiental), sem impactos concorrenciais negativos, de um lado, e condutas que têm por objeto ou efeitos limitar ou excluir a concorrência (ainda que não tenham sido desenhadas para tal finalidade), de outro.

---

[286] *EC competition law*, cit., p. 159-160.

[287] Os acordos de normalização são definidos pela Comunicação como aqueles que têm por objetivo principal a definição de requisitos técnicos ou de qualidade associados a produtos, processos ou métodos de produção, atuais ou futuros, podendo abranger a normalização de diferentes qualidades ou dimensões de um produto ou especificações técnicas de mercados em que a compatibilidade e a interoperabilidade com outros produtos ou sistemas são essenciais. Condições de acesso a uma marca de qualidade específica ou à autorização por parte de um organismo regulador também podem ser consideradas normalizacão (item 159). Por seu turno, os acordos em matéria de ambiente são aqueles nos termos dos quais as partes se comprometem a atingir uma redução da poluição, em conformidade com a legislação sobre o ambiente ou com os objetivos ambientais, devendo as suas medidas estar diretamente ligadas à redução de um poluente ou de resíduos identificados como tal na regulamentação em causa. Acordos que provocam redução da poluição enquanto efeito secundário de outras medidas não se enquadram na categoria (item 179). A Comunicação não se aplica a normas relativas à prestação de serviços profissionais, tais como as normas de admissão em profissão liberal.

Com efeito, a Comunicação esclarece que acordos ambientais e de normalização dificilmente violarão o art. 101, §1, do Tratado de Roma se a fixação de normas for aberta, não-discriminatória, transparente, neutra do ponto de vista tecnológico, justificável e não acompanhada de restrições que limitem a concorrência efetiva ou potencial. Ademais, os acordos só devem abranger os elementos estritamente necessários à realização dos seus objetivos[288].

A *contrario sensu,* acordos pelos quais associações de fabricantes ou de distribuidores fixam normas (inclusive de natureza ambiental) e exercem pressões sobre terceiros para que não comercializem ou adquiram produtos que não respondam a estas normas são violações quase certas ao referido dispositivo[289]. Acordos ambientais e de normalização não devem servir como instrumento para dissimular práticas que seriam normalmente proibidas, tais como fixação de preços, limitação da produção, repartição de mercados ou exclusão de concorrentes existentes ou potenciais.

Da mesma forma, a Comunicação elucida que acordos ambientais e de normalização podem restringir a concorrência quando impedem as partes de desenvolver normas alternativas ou de comercializar produtos que não respeitam a norma em causa, ou ainda quando outorgam a certos organismos o direito exclusivo de proceder a ensaios de conformidade com as normas.

Acordos ambientais ou de normalização que concedem às partes o controle conjunto sobre a produção ou sobre a inovação, limitando a concorrência entre as partes a partir das características dos produtos, restringindo a diversidade dos mesmos e de processos produtivos ou afetando terceiros (fornecedores ou compradores dos produtos), também são suscetíveis de infringir o art. 101, §1, aplicando-se-lhes, porém, uma análise de poder de mercado e de efeitos prováveis sobre os mercados relevantes, *vis-a-vis* os objetivos perseguidos pelo acordo, nos termos do art. 101, §3. Essa dinâmica é aplicável, inclusive aos acordos pelos quais as partes atribuem quotas individuais de poluição.

---

[288] A Comunicação especifica, por exemplo, que para acordos que impõem normas em um setor em que apenas um outro concorrente propõe solução equivalente, obrigando as partes a boicotarem a alternativa, seria necessário provar claramente a razão pela qual tais normas são indispensáveis.

[289] No caso dos acordos ambientais, por exemplo, a Comissão esclarece que aqueles que definem o desempenho ecológico de produtos ou processos produtivos, influenciando de forma reduzida as decisões de compra, ou mesmo eliminando certas categorias de um determinado produto, imediata ou progressivamente, do mercado, sem, no entanto, atingir parcela substancial do mercado geográfico relevante não são abrangidos pelo art. 101, §1, do Tratado de Roma (item 186). Da mesma forma, acordos que dão origem a uma verdadeira criação de mercado, como acordos de reciclagem, normalmente não restringem a concorrência, se as partes não estiverem em condições de realizar as atividades isoladamente, ou seja, existindo outras alternativas possíveis ou concorrentes (item 187).

Os princípios estatuídos na Comunicação 2001/C 3/02 já vinham sendo consistentemente aplicados pela própria Comissão Européia e pelas cortes.

No caso *Comunidade* v. *Anseau-Navewa*, por exemplo, julgado pela Corte de Justiça Européia em 1982, associações de produtores, importadores e distribuidores de máquinas de lavar na Bélgica, ao lado de uma associação de empresas fornecedoras de água naquele país, foram condenadas por violar o art. 101 do Tratado de Roma. A última associação tinha entre seus objetivos aprovar normas técnicas referentes ao fornecimento público de água, e máquinas de lavar somente poderiam ser instaladas na Bélgica se possuíssem um certificado de atendimento a tais regras, que era outorgado exclusivamente por meio das primeiras associações. Estas, ademais, limitavam a filiação de fabricantes e importadores de máquinas, os quais não tinham condições de obter os certificados. A recusa limitava as importações paralelas de máquinas e não logrou obter uma isenção com base no art. 101, §3. No mesmo sentido, também envolvendo a certificação de lavadoras de roupas e de louças: *IAZ International Belgium NV* v. *Commission*, julgado em 1983.

Decisão semelhante foi adotada no caso *van Marwijk* v. *FNK e SCK*, julgado pela Comissão em 1995, que envolvia a segurança de guindastes. A associação holandesa de operadores de guindastes móveis (*FNK*), que também controlava a agência de certificação de segurança de tais produtos, foi punida juntamente com a última por dificultar o acesso ao mercado holandês por parte de empresas estrangeiras.

Em suma, não há como negar que as associações setoriais ou profissionais podem ser muito importantes para diversas finalidades, especialmente disciplinar um sem-número de profissões e atividades. Ademais, as restrições adotadas por estas associações podem ser necessárias (ancilares) para a obtenção dos objetivos legítimos perseguidos nas situações concretas. Existem, por outro lado, restrições desnecessárias ou excessivamente onerosas. Por essa razão, a Comissão Européia, como as cortes norte-americanas, geralmente analisa os casos à luz da proporcionalidade entre fins e meios, especialmente no sentido de coibir normas discriminatórias que criem reservas nacionais de mercado e afetem o comércio entre os Estados-membros da União Européia. Essa técnica foi adotada em *CECIMO* (1978) e em *British Dental Trade Association* (1988), ambos os casos envolvendo associações condenadas com base no art. 101 do Tratado de Roma por estabelecer regras discriminatórias relacionadas a nacionalidade e reserva de mercado.

Finalmente, há que se destacar que, como bem observado por GOYDER[290], as recusas de contratar concertadas adotadas por associações profissionais ou setoriais praticamente não são analisadas à luz do art. 102 do Tratado de Roma, a despeito de geralmente congregarem empresas que, em conjunto, detêm parcela significativa dos mercados onde atuam. Ou seja, boicotes coletivos poderiam ser

[290] *EC Competition law*, cit., p. 162.

levados às autoridades antitruste com base na idéia de dominância coletiva, já explorada no item I.5.3 da Primeira Parte. No entanto, privilegia-se uma análise à luz do art. 101, na explicação do referido autor, justamente para fugir da necessidade de discutir dominância.

Acreditamos que, propositadamente ou não, uma abordagem à luz do art. 101 beneficia as empresas investigadas, que podem defender-se fazendo uso das exceções previstas no art. 101, 3, inclusive no que se refere a eficiências, defesa que as cortes não aceitam em investigações fundadas no art. 102.

III.2.3. Recusas coletivas envolvendo propriedade intelectual: EUA e Europa

As recusas individuais de licenciar propriedade intelectual no direito comparado foram discutidas entre os casos de dominância (Europa) ou monopolização (EUA), e voltaram à baila no capítulo sobre a doutrina da infra-estrutura essencial européia, já que é nesse contexto que muitas práticas são situadas.

Por seu turno, as recusas de contratar concertadas envolvendo propriedade intelectual são tratadas pela doutrina norte-americana e européia em capítulos ou seções distintas nos manuais de antitruste[291].

Nos Estados Unidos, as recusas concertadas de licenciar propriedade intelectual são analisadas com base no art. 1º do Sherman Act.

Em *United States* v. *Krasnov* (355 U.S. 5, de 1957), duas vendedoras dominantes de acabamentos para móveis fizeram um acordo para encerrar uma disputa referente a violações a direitos de propriedade intelectual. Por meio dele, ambas se comprometiam a não licenciar seus direitos a terceiros sem o prévio consentimento da outra parte. A Corte Distrital, em decisão confirmada pela Suprema Corte, entendeu que o acordo era ilícito, tendo em vista a concorrência de duas circunstâncias: *(i)* poder de veto sobre direitos de licença titulados por terceiro, e *(ii)* ajuste contratual suscetível de limitar a competição e excluir terceiros. A partir de *Krasnow*, a maioria das cortes inferiores passou a tratar recusas concertadas de licenciar propriedade intelectual como um ilícito *per se*.

Merecem destaque, ainda, recusas coletivas que advêm dos chamados "*pools*" de patentes. Os *pools* nada mais são que acordos onde os detentores de diferentes patentes ajustam licenciá-las reciprocamente ou em conjunto a terceiros (não integrantes do *pool* em questão).

Distinguem-se dois tipos de *pools*: de um lado, aqueles que envolvem patentes que não podem ser utilizadas sem a violação da(s) patente(s) de terceiros (as chamadas "*blocking patents*"), de outro, aqueles que envolvem patentes concorren-

---

[291] Nesse sentido, vide ABA SECTION OF ANTITRUST LAW, *Antitrust law developments*, cit., p. 1127 e seguintes, e D.G. GOYDER. *EC Competition law*, cit. p. 312 e seguintes.

tes, que podem ser utilizadas individualmente pelos seus proprietários, ou seja, independentemente de outrem (*"competing patents"*). No primeiro caso, existe *a priori* um objetivo claramente legítimo para a existência do *pool*, enquanto que no segundo as razões devem ser perscrutadas para cada caso concreto.

O que importa consignar, de qualquer modo, é que, na linha da decisão proferida em *Krasnov*, *pools* envolvendo exclusividade, ou seja, que proíbem os seus participantes de licenciar suas patentes a terceiros ou de utilizá-las independentemente do *pool*, violam o art. 1º do Sherman Act, não havendo necessidade de se demonstrar poder de mercado. Foi nesse sentido a decisão da Suprema Corte em *Zenith Radio Corp.* v. *Hazeltine* (395 U.S. 100), de 1969.

A *contrario sensu*, *pools* que apenas disciplinam a utilização e o licenciamento de patentes complementares de forma conjunta pelos seus integrantes, sem limitar a atuação individual dos últimos ou *a priori* excluir terceiros, são lícitos.

Segundo a ABA SECTION OF ANTITRUST LAW, em 2008, o Departamento de Justiça norte-americano emitiu a primeira decisão analisando um pool de patentes desde a publicação do relatório conjunto DOJ/FTC de 2007 sobre a interface entre propriedade intelectual e as leis antitruste. Na decisão, dirigida à RFID Consortium LLC, o DOJ observou aspectos pró-competitivos do *pool* constituído para licenciamento de várias patentes essenciais para a identificação de *Standards* de rádio freqüência, bem como salvaguardas que impediam a criação de efeitos anticompetitivos, e declarou que não tinha intenção de impugnar a operação[292].

Na Europa, por seu turno, D.G. GOYDER dá destaque ao caso *GEMA*, no qual a Sociedade de Direitos de Atuação Alemã (*German Performing Rights Society*, um tipo de associação para coleta de direitos autorais para seus membros), ao lado de uma vasta gama de restrições, proibia que indivíduos estrangeiros integrassem o conselho da sociedade, além de vedar completamente a filiação de gravadoras estrangeiras[293]. Não se trata, porém, de recusa de contratar concertada girando diretamente em torno dos direitos de propriedade intelectual, mas sim de

[292] 2008 *Annual Review*, cit., p. 287, fazendo menção à carta de Thomas Barnett a William F. Dolan e Geoffrey Oliver, datada de 21.Out.2008, disponível em: www.usdoj.gov/atr/public/busreview/238429.pdf. Merecem destaque as salvaguardas existentes: (i) o pool é limitado às patentes essenciais ao *standard* da indústria, assim definidas por um especialista independente; (ii) os *royalties* são alocados aos participantes do pool conforme o número de patentes detidas; (iii) os membros do pool mantêm o direito de licenciar suas patentes independentemente; (iv) o pool dispõe sobre método para eliminar patentes inválidas, inexeqüíveis ou que deixarem de ser essenciais; (v) o pool propõe ofertar licenças a qualquer parte interessada, em bases não discriminatórias; e (vi) a figura de um administrador independente tornava improvável a utilização do pool para colusão entre seus participantes.

[293] *EC Competition law*, cit. p. 313.

conduta adotada por proprietários de tais direitos, como bem salienta GOYDER, com efeitos restritivos sobre a circulação dos últimos entre os Estados-membros da União Européia. De qualquer modo, a Comissão Européia decidiu o caso em 1971, entendendo que em vários aspectos as práticas atentavam contra o art. 102 do Tratado de Roma.

O art. 102 também foi aplicado em face de uma organização estabelecida na Alemanha (GLV v. Commission, de 1983) para a proteção de direitos autorais e coleta de royalties referentes a gravações de som ou imagem de *performances* efetuadas pelos seus membros, que eram compartilhadas em bases equânimes com os fabricantes das respectivas gravações. A GLV era a única organização do gênero na Alemanha e recusava-se a admitir nos seus quadros artistas não residentes no país. Com isso, restringia a livre circulação dos direitos autorais entre a Alemanha e os demais países da UE.

Pode-se afirmar, desse modo, que recusas concertadas envolvendo direta ou indiretamente direitos de propriedade intelectual constituem uma exceção, na Europa, à investigação das recusas horizontais com base exclusivamente no art. 101 do Tratado de Roma.

IV – A recusa de contratar (vertical e horizontal) na legislação concorrencial brasileira, interpretação doutrinária e precedentes

IV.1. Legislação aplicável

No Brasil, a recusa de contratar *pura e simples* encontra-se prevista no inciso XIII do art. 21 da Lei 8.884/94:

"XIII – recusar a venda de bens ou a prestação de serviços, dentro das condições de pagamento normais aos usos e costumes comerciais; (...)"

O dispositivo legal transcrito abarca apenas a *recusa de venda*, sendo certo que a *recusa de compra* também pode configurar infração à ordem econômica. A inexistência de previsão expressa na lei, no entanto, não prejudica a análise da conduta e não compromete a caracterização da recusa de compra como ilícita (se for este o caso), seja porque o rol do art. 21 é meramente exemplificativo, seja porque a conduta em questão pode ser enquadrada sob outros dispositivos legais, como, por exemplo, limitar ou impedir o acesso de novas empresas ao mercado (art. 21, inciso IV), criar dificuldades à constituição, ao funcionamento ou ao desenvolvimento de empresa concorrente ou de fornecedor, adquirente ou financiador de bens ou serviços (art. 21, inciso V) ou impedir o acesso de concorrente às fontes de insumo, matérias-primas, equipamentos ou tecnologia, bem como aos canais de distribuição (art. 21, inciso VI).

A recusa de contratar (do lado do comprador e do vendedor) também se caracteriza quando, embora não haja negativa expressa em negociar, o agente cria dificuldades ou exige condições tais à celebração do contrato que a outra parte se vê compelida a desistir do ajuste. Tal situação encontra-se descrita no inciso XIV do art. 21 da Lei 8.884/94:

"XIV – dificultar ou romper a continuidade ou o desenvolvimento de relações comerciais de prazo indeterminado em razão de recusa da outra parte em submeter-se a cláusulas e condições comerciais injustificáveis ou anticoncorrenciais; (....)"

Ou seja, embora o agente econômico consinta formalmente na celebração do contrato, somente o faz mediante condições desarrazoadas ou desproporcionais, por ele fixadas unilateralmente, de modo que é como se se recusasse a contratar.

Esta conduta é abordada no Anexo I sobre "Práticas Restritivas: definições e classificação", Parte B ("Práticas Restritivas Verticais"), item 4, que subsistiu à Resolução 20/1999 do CADE, no restante revogada pelo Novo Regimento Interno do Conselho (Resolução 45, de 28 de março de 2007), sob o tópico "recusa de negociação":

"o fornecedor ou comprador, ou conjunto de fornecedores ou compradores, de determinado bem ou serviço, estabelece unilateralmente as condições em que se dispõe

a negociá-lo, em geral a um distribuidor/revendedor ou fornecedor, eventualmente constituindo uma rede própria de distribuição/revenda ou de fornecimento".

Note-se que disposições semelhantes constam expressamente da legislação européia de defesa da concorrência, estabelecendo o art. 102 do Tratado de Roma que *"é incompatível com o mercado comum e proibido, na medida em que seja susceptível de afetar o comércio entre os Estados-Membros, o fato de uma ou mais empresas explorarem de forma abusiva uma posição dominante no mercado comum ou numa parte substancial deste"*, sendo que tais práticas abusivas podem, nomeadamente, consistir em *"...[s]ubordinar a celebração de contratos à aceitação, por parte dos outros contraentes, de prestações suplementares que, pela sua natureza ou de acordo com os usos comerciais, não têm ligação com o objeto desses contratos"*[294].

Não faremos distinção de tratamento entre a recusa de contratar pura e simples e a recusa descrita no art. 21, inciso XIV. A classificação apresentada, no entanto, é útil para demonstrar que, no Brasil, *a recusa pode restar configurada mesmo em situações em que não é explícita ou direta.*

Finalmente, no que se refere às recusas concertadas (também conhecidas como recusas horizontais ou boicotes – vide Cap. III.1), além dos dispositivos citados, podem subsumir-se nos três incisos iniciais do art. 21 da Lei 8.884/94, que tratam de forma geral de condutas concertadas:

" I - fixar ou praticar, em acordo com concorrente, sob qualquer forma, preços e condições de venda de bens ou de prestação de serviços;

II - obter ou influenciar a adoção de conduta comercial uniforme ou concertada entre concorrentes;

III - dividir os mercados de serviços ou produtos, acabados ou semi-acabados, ou as fontes de abastecimento de matérias-primas ou produtos intermediários; (...)"

Ao tratar das práticas horizontais, o já referido Anexo I sobre "Práticas Restritivas: definições e classificação" da Resolução 20/1999 do CADE não dedica maiores esclarecimentos sobre recusas concertadas ou boicotes. Tais práticas, conforme antecipamos ao analisar o direito comparado europeu, podem ser simplesmente tratadas como "cartéis", mas as diretrizes do CADE referem-se, ainda, a "ilícitos de associações profissionais", caracterizando-os como "*quaisquer práticas que limitem injustificadamente a concorrência entre os profissionais*". Exemplos foram apresentados ao tratarmos da jurisprudência estrangeira.

A lei que precedeu a Lei 8.884/94, qual seja, a Lei 8.158, de 8 de janeiro de 1991, trazia dispositivos iguais ou muito semelhantes àqueles estabelecidos no diploma atual em matéria de recusa de contratar.

---

[294] A Comissão Européia aplicou tal doutrina, entre outros, nos casos *Istituto/IMC and Angus*, *Almelo*, *Soda-ash/Solvay* e *Van den Bergh Foods*, este analisado acima.

Já a Lei 4.137, de 10 de setembro de 1962 (que criou o CADE), não tratava especificamente da recusa de contratar vertical, embora contivesse normas equivalentes àquelas previstas no art. 21, incisos IV, V e VI da Lei 8.884/94.

Antes da Lei 4.137/62, o Decreto-Lei 869, de 18 de novembro de 1938 proibia, entre diversas práticas consideradas ofensivas à economia popular, a celebração de ajustes que resultassem na exigência de que o comprador não adquirisse produtos de outro vendedor; ou seja, vedada a exclusividade de compra. Benjamin SHIEBER observa, porém, que a despeito da amplitude dos dispositivos do Decreto-Lei, eles não foram executados. Nas palavras do autor *"o decreto-lei n. 869 teve repercussão no campo de regulamentação dos preços e supressão dos artifícios e fraudes na venda de mercadorias, mas não a teve no campo dos abusos de natureza antitruste"* [295]. A exceção ficou por conta do parecer emitido pelo então Consultor-Geral da República, Dr. Aníbal Freire, ao analisar consulta da Standard Oil Company of Brasil. No parecer, o Consultor recomendou a exclusão de cláusulas restritivas contidas nos contratos entre a consulente e postos de gasolina, o que foi acolhido no despacho do Presidente Getúlio Vargas[296].

Finalmente, vale mencionar que tramitam hoje no Congresso Nacional dois projetos de lei (PL 5877, do Poder Executivo, e PL 3937/04, do deputado Carlos Eduardo Cadoca -PMDB-PE, apensados no Senado Federal) em matéria de infrações à ordem econômica.

Os projetos destinam-se a reestruturar o Sistema Brasileiro de Defesa da Concorrência ("SBDC") e prevêem a substituição da Lei 8.884/94 ou diversas alterações à mesma, incluindo o acréscimo de práticas comerciais como infração à ordem econômica, a alteração dos critérios para notificação de atos de concentração, a modificação das autoridades competentes e suas atribuições e modificações processuais. No entanto, quanto ao mérito, não há alterações dignas de nota que digam respeito à recusa de contratar, ou seja, os projetos mantêm os mesmos dispositivos previstos atualmente na Lei 8.884/94.

---

[295] *Abusos do poder econômico*, cit., p. 6.

[296] Trata-se de interessante exemplo da aplicação do direito pátrio, em meados do século XX, ilustrando a intervenção estatal no contrato, por razões concorrenciais. O assunto é abordado de forma teórica no Cap. II da Primeira Parte.

IV.2. Revisão da doutrina nacional

Ao comentar o art. 21, inciso XIII, da Lei 8.884/94, que trata da recusa de venda, Fábio Ulhôa COELHO afirma peremptoriamente que "[n]*as relações de direito comercial (...) continua em plena vigência o princípio da autonomia de vontade. Nenhum empresário é obrigado, por qualquer norma jurídica em vigor no Brasil, a contratar a venda de suas mercadorias ou a prestação de seus serviços com outro empresário intermediário de fornecimento. O fabricante tem o direito de simplesmente não querer vender os seus produtos a determinado comerciante, por motivos subjetivos, particulares, pessoais, que só a este dizem respeito*"[297].

O destaque que o autor confere a "*outro* empresário *intermediário de fornecimento*" justifica-se porquanto é vedado recusar vendas a consumidores (tal como caracterizados na Lei 8.058/90 - Código de Proteção e Defesa do Consumidor), nos termos do que dispõe os arts. 35 e 39, inciso IX, do referido diploma.

Segundo o autor, "*apenas se configura ilícita a recusa de venda se esta for o instrumento de política empresarial restritiva; quer dizer, se, através da recusa, puder se verificar o efeito de eliminação da concorrência, domínio de mercado ou aumento arbitrário de lucros, então haverá infração concorrência. Caso não ocorram esses efeitos, sequer potencialmente, a recusa de venda não tem importância para o direito antiruste*".

Outros doutrinadores brasileiros efetuaram exames mais aprofundados de certas modalidades de recusa.

Tércio Sampaio FERRAZ JÚNIOR, por exemplo, preocupa-se com a recusa de contratar discriminatória, ou seja, aquela associada a cláusulas de exclusividade dirigida, quando adotada por empresas detentoras de posição dominante, mormente oligopólios. Isso porque tal prática, segundo o autor, reduz o número de parceiros possíveis, reforçando a dominância do oligopólio e erigindo (ou incrementando) as barreiras à entrada no mercado[298].

Ao tratar dos contratos de distribuição, Paula FORGIONI[299], por seu turno, distingue a recusa de contratar resultante de abuso de dependência econômica (extinção do contrato, porém sem efeitos externos) da recusa que produz efeitos sobre a concorrência, e que, conseqüentemente, importa para o direito antitruste. O primeiro tipo enseja preocupações de cunho eminentemente privado, em especial no que se refere ao ressarcimento dos investimentos realizados pelas partes (ou seja, compensação da parte lesada). Nessa situação, entretanto, não é possível imaginar a continuidade do contrato, sob qualquer argumento (prevalece a liberdade de con-

---

[297] *Direito antitruste brasileiro*, São Paulo, Saraiva, 1995, pp. 77-78.

[298] Conduta discriminatória e cláusula de exclusividade dirigida, cit.

[299] *Contrato de distribuição*, cit., pp. 493-499.

tratar). O segundo tipo, além de gerar pretensões reparatórias, pode acarretar multa administrativa (art. 23 da Lei 8.884/94) e uma ordem de cessação da prática (que implica verdadeira obrigatoriedade de contratar, na situação examinada).

A professora identifica efeitos concorrenciais intra e intermarcas (ou "entremarcas", nas palavras de FORGIONI). No primeiro caso, os efeitos anticompetitivos estariam condicionados à identificação de um mercado relevante onde atuam os distribuidores, evidenciando-se a posição dominante do fornecedor em seu respectivo mercado, e o abuso mediante a eliminação seletiva (por meio da recusa de contratar) de parte dos distribuidores, com vistas a estabelecer preços de monopólio aos remanescentes (e conseqüentemente aos usuários finais). Ou seja, eliminada ou limitada a concorrência entre os distribuidores da marca do fornecedor (intramarca), este último teria condições de exercer mais facilmente o seu poder de mercado, aumentando os preços pagos pelos usuários finais[300].

No segundo caso, potenciais efeitos nocivos estão associados à eliminação do canal de distribuição, criando-se dificuldades ao escoamento dos produtos de um concorrente ou à elevação dos seus custos (na medida em que o ingresso no mercado a montante fica condicionado à criação de uma rede própria de distribuição, ou seja, ao ingresso concomitante no mercado a jusante), bem como à implementação de políticas anticompetitivas *entre* os fornecedores (v.g., a ruptura é adotada como sanção a distribuidores que deixam de adotar preços de revenda fixados em conluio pelos fornecedores).

Para FORGIONI, a existência de serviços de pós-vendas (mercados secundários), especialmente quando o produto vendido no mercado primário (a montante) é de elevado valor, faz com que o término do contrato de distribuição implique prejuízos potenciais à concorrência entremarcas *e* intramarca. Com efeito, o fornecedor pode ter o intuito de explorar ele mesmo o mercado a jusante (ou seja,

[300] *"Em alguns casos (...), em que há posição dominante no mercado a montante, a ruptura de um contrato de distribuição pode significar a eliminação de um anteparo ao exercício abusivo dessa posição. Tomemos, por exemplo, um fornecedor exclusivo de determinado insumo para a fabricação de plásticos. Se houver vários distribuidores concorrendo entre si, a concorrência intramarca poderá significar benefícios para os consumidores, derivados, inclusive, da pressão dos próprios distribuidores junto ao fornecedor por melhores condições de venda. A eliminação da concorrência intramarca (ou dos distribuidores com maior poder de barganha) poderá facilitar a imposição de preços monopolistas pelo fornecedor. Em suma: o fornecedor elimina a concorrência intramarca (e eventuais benefícios para os consumidores que dela derivam) para explorar o mercado diretamente, de forma monopolista".* (*Contrato de distribuição*, cit., pp. 495-496). A respeito da importância da concorrência intramarca (e seus benefícios nos mercados de bens de consumo), bem como das possíveis correlações (positivas ou negativas) entre a concorrência intramarca e a concorrência intermarcas, vide também R. STEINER (Intrabrand competition: stepchild of antitrust. *The Antitrust Bulletin*, New York, v. XXXVI, n.1, p. 155-200, Spring 1991).

o mercado secundário), eliminando a concorrência intramarca, o que lhe permitiria abusar dos consumidores. Além disso, pode interessar-lhe impedir que seus concorrentes se beneficiem de profissionais especializados nos serviços pós-vendas, elevando, assim, as barreiras à entrada no mercado a montante e restringindo a concorrência intermarcas.

Desse modo, a profa. Paula FORGIONI exalta a importância da concorrência intramarca, ao lado da concorrência entre marcas de diferentes fornecedores.

Calixto SALOMÃO FILHO enumera e classifica as hipóteses em que a recusa de contratar (ilícito da modalidade "negociação compulsória", na classificação por ele proposta para as condutas restritivas da concorrência) pode ser mais prejudicial ao sistema econômico, com base na verificação da natureza do sujeito ativo e na origem dos bens por ele detidos, os quais indicam a gravidade e a reversibilidade da situação de dependência entre os agentes econômicos. SALOMÃO FILHO procura, também, analisar a intenção por trás da recusa de contratar com base na relação jurídica (contínua ou descontínua) entre os agentes, e qualificar as justificativas para a recusa com base na caracterização da relação como horizontal ou vertical[301].

O autor destaca como campo fértil para o estudo da recusa de contratar a relação entre mercados primários e secundários. Até que ponto, inquire, o produtor de um bem é capaz de controlar o mercado de peças de reposição ou o mercado de serviços de manutenção *"através da negativa de venda de peças de reposição ao consumidor sem a aquisição do serviço de manutenção ou então, a negativa de venda de peças a prestadores de serviço de manutenção 'independentes', desse modo promovendo a sua própria prestação de serviços autorizada"*?

Essa discussão constitui o cerne do caso Kodak nos EUA, que, no Brasil, foi praticamente reproduzido no precedente Powertech *versus* MATEC (a esse respeito, vide item V.3.1 adiante). Por trás dela, reside a importância da informação na economia moderna.

Com efeito, em se tratando a prestação dos serviços de manutenção um mero acessório do produto principal (de alto nível tecnológico), é razoável admitir que apenas o produtor tem aptidão e as qualificações necessárias para consertar o próprio produto. A recusa, em tais situações, seria perfeitamente legítima.

Por outro lado, tratando-se de produtos mais simples, não haveria justificativa para que o fornecedor procurasse evitar a prestação de serviços de manutenção por terceiros "não autorizados". A recusa, então, constituiria um meio de dominar os mercados secundários de fornecimento de peças e serviços de manutenção.

Ao contrário de Paula FORGIONI, Calixto SALOMÃO FILHO entende que a questão não se resume à delimitação (ou não) de um único mercado relevante. O

---

[301] *Direito concorrencial: as condutas*, cit., p. 236-246.

autor propõe que em tal situação se investigue *"se existem consumidores que vinham revelando preferência pela existência de provedores independentes de serviços de manutenção"*. Em caso afirmativo, depreende-se que tais serviços têm utilidade para um grupo de consumidores, de modo que a sua supressão denota-se prejudicial a eles, gerando dependência com relação ao fabricante e sua rede autorizada[302].

Desse modo, SALOMÃO FILHO atribui a dependência à desinformação e não ao poder no mercado (em sua definição neoclássica). No entanto, a desinformação é uma evidência de poder no mercado (não em sua acepção neoclássica, mas como definido no Cap. I.5.3 da Primeira Parte). Se houvesse diluição do poder, haveria maior disponibilidade de informação, na medida em que os produtores concorreriam pela qualidade dos produtos e também dos serviços de pós-venda (v.g., maiores prazos de garantia, seguros contra danos causados ao produto, etc.). Acreditamos, dessa forma, que o problema reside, mais uma vez, na concentração do poder, que não pode ser definido conforme a limitada proposta neoclássica. Ou seja, a existência de mercados primários e secundários não altera as questões que devem ser respondidas pela análise antitruste da recusa de contratar, e às quais voltaremos na Conclusão.

À exceção de SALOMÃO FILHO, a doutrina pátria não examinou a recusa de contratar de forma sistemática, ou seja, de modo a englobar as condutas horizontais (boicotes ou recusas concertadas) e as práticas verticais[303].

Quem faz essa análise é Benjamin SHIEBER, professor da Universidade de Louisiana, nos Estados Unidos, que efetuou um estudo comparativo do direito e da experiência antitruste no Brasil e nos EUA[304].

SHIEBER aborda tanto a exigência de exclusividade para revenda quanto os boicotes à luz do art. 2º, inciso I, letra 'g', da Lei 4137/62 (que identifica como forma de abuso do poder econômico a dominação de mercados ou eliminação da concorrência por meio da *"criação de dificuldades à constituição, ao funcionamento ou ao desenvolvimento de empresa"*).

---

302 SALOMÃO FILHO acrescenta que *"a totalidade ou grande parcela dos consumidores não chega sequer a cogitar dos custos de manutenção no momento da aquisição de um bem de consumo. Não têm a possibilidade de saber qual a freqüência e nem o preço da manutenção, o que depende de cálculos complexos que só o próprio produtor ou algum 'consumidor profissional' pode fazer"* (*Direito concorrencial: as condutas*, cit., p. 210).

303 Em dissertação de mestrado, Patrícia Regina Pinheiro SAMPAIO analisa de forma sistemática as recusas verticais (*Recusa de contratar no ordenamento jurídico brasileiro: uma análise à luz do direito da concorrência*. São Paulo: USP, 2006).

304 *Abusos do poder econômico*, cit., pp. 156-159 (sobre exclusividade) e 177-189 (sobre boicotes).

Os acordos de exclusividade de revenda são abordados superficialmente pelo autor, que, em 1966, não dispunha de precedentes nacionais em matéria de exclusividade de revenda para comentar. Assim, ele se limita a analisar a jurisprudência norte-americana da época.

Já os boicotes são analisados com maior riqueza de detalhes pelo professor norte-americano. É importante ressaltar que, para SHIEBER, a expressão "boicote" corresponde tanto a recusas de contratar concertadas como a recusas unilaterais. O autor destaca interessantes exemplos de ambas, como a obstrução à criação de uma empresa produtora de café solúvel para exportação em grande escala (denunciada pelo Vice-Presidente da Federação das Associações Rurais do Estado de São Paulo em matéria publicada no jornal O Estado de São Paulo em 18 de agosto de 1963 - pág. 21), na modalidade boicote coletivo, e a recusa individual de produtores de matérias-primas para as indústrias de medicamentos ou de alimentos venderem a qualquer empresa do ramo, na modalidade unilateral (ensejando proposta de emenda, não aprovada, ao então projeto que passou a ser a Lei 4137/62).

Finalmente, há que se consignar que, desde Benjamin SHIEBER, não existe literatura específica em matéria de recusas concertadas do ponto de vista concorrencial no Brasil, a não ser comentários esparsos sobre casos, especialmente em matéria de ilícitos praticados por associações profissionais no setor de saúde (onde há vasta literatura não-jurídica sobre os efeitos da cláusula de exclusividade adotada por cooperativas médicas, porém poucos textos jurídicos e ainda menos com enfoque efetivamente concorrencial) e comentários gerais em textos tratando de cartéis[305].

---

[305] Sobre a cláusula de exclusividade no setor de saúde brasileiro: Fernando de Magalhães FURLAN. As cooperativas médicas sob o enfoque da defesa do consumidor e da concorrência. In: *Questões polêmicas em direito antitruste*. São Paulo: Lex, 2004, p. 27-33; C. J. WOLF (Regime da unimilitância nas "cooperativas" Unimed. *Jus Navigandi*, Teresina, n. 113, out. 2003; Carlos Octávio OCKÉ-REIS (Novos modelos de gestão na saúde privada. IPEA, Texto para Discussão nº. 1167. Rio de Janeiro, fev. 2006; e E. B. CARVALHO (*A regulamentação dos planos e seguros privados de assistência à saúde no Brasil: a reconstrução de uma história de disputas* [Dissertação de Mestrado]. Campinas: Universidade Estadual de Campinas, 2003). Sobre cartéis, vide os trabalhos de João Paulo G. LEAL (Cartéis. *Revista do IBRAC*, São Paulo, v. 8, n. 8, p. 47-86, 2001); Ivo Teixeira GICO JR (*Cartel: teoria unificada da colusão*. São Paulo: Lex, 2007) e Rodrigo Surcan dos SANTOS. *Condutas colusivas horizontais: uma análise crítica da aplicação de conceitos econômicos na interpretação da legislação de defesa da concorrência no Brasil*. São Paulo: USP, 2006 (dissertação de mestrado).

IV.3. Digressão sobre a recusa de contratar relacionada a bens de utilidade pública na legislação e na doutrina no Brasil

A existência de bens de utilidade pública, especialmente em mercados de monopólios (naturais ou não) ou de economias crescentes de escala (que diferenciam as chamadas "indústrias de rede") dá ensejo à caracterização da mais clássica hipótese de recusa de contratar como ilícito concorrencial.

Em tais circunstâncias, tem lugar o denominado *problema do acesso necessário*, que não passou despercebido a Orlando GOMES. O autor, já em 1973, afirmava que tinham obrigação de contratar os que se encarregam da prestação dos serviços públicos e dos serviços de primeira necessidade, bem como aqueles que exercem atividade econômica em caráter de monopólio[306].

O problema tem duas vertentes: de um lado, o acesso pelos concorrentes do detentor de um bem essencial ao referido bem (os concorrentes precisam do acesso a esse bem para prestar determinados serviços ou oferecer determinados produtos nos mercados à jusante na cadeia produtiva); de outro, o acesso dos consumidores finais a um determinado bem ou serviço considerado essencial (o bem é essencial para o consumo).

A primeira vertente do problema do acesso é aquela que se relaciona com a recusa de contratar do ponto de vista da legislação antitruste (também abarcada em diversas políticas regulatórias *stricto sensu*). Nessas hipóteses, o acesso pode ocorrer por meio da *interconexão* a uma rede, mas não é necessário que assim seja.

A segunda vertente diz respeito à questão da *universalização* de um determinado bem ou serviço. Sob esse prisma, constituem bens essenciais – e, portanto, universais – os direitos individuais e coletivos previstos no art. 5º da Constituição Federal, os direitos sociais à saúde, à educação, ao trabalho, à moradia, ao lazer, à segurança, à previdência social, à proteção da maternidade e da infância e à assistência (CF, art. 6º), os direitos à nacionalidade (CF, art. 12) e os direitos políticos (arts. 14 a 17), na forma e nos limites da Magna Carta Brasileira.

A legislação infraconstitucional reforça o caráter essencial de certos bens ou serviços. É o caso, por exemplo, do art. 6º do Código de Proteção e Defesa do Consumidor (Lei 8078/1990), que dispõe sobre os direitos básicos desse grupo, e do art. 2º, incisos I e II, da Lei Geral de Telecomunicações (Lei 9472/1997), que trata da universalização dos serviços disciplinados naquele diploma. Observa-se que essa vertente do problema do acesso é abordada em diversos modelos de regulação setorial em sentido estrito.

306 *Contratos*, cit., p. 27.

Tal como já mencionado, importa ao direito antitruste a questão do acesso, pelos concorrentes de uma empresa detentora de um bem de utilidade pública, ao insumo em questão, inclusive por meio de interconexão. O tema já foi introduzido nos capítulos sobre recusas de contatar verticais nos EUA e na Europa. O problema do acesso necessário a bens e serviços essenciais pelos consumidores finais (universalização) não constitui um problema concorrencial e não será tratado neste trabalho.

Segundo SALOMÃO FILHO, o conceito de bem ou infra-estrutura essencial (*essential facitity*) diz respeito às "*situações de dependência de um agente econômico com relação ao outro, nas quais a oferta de certos produtos ou serviços não se viabiliza sem o acesso ou fornecimento do essencial*". O autor esclarece que, "[e]*m sua formulação inicial essas hipóteses coincidiam com os casos de monopólio natural ou com outros casos de monopólio decorrentes de razões estruturais e nos quais não há como presumir que o mercado seja capaz, por si, de dar solução a essas falhas*"[307]-[308]

---

[307] *Direito concorrencial: as condutas*, cit., pp. 112-113.

[308] A teoria do monopólio natural, bastante antiga, já tinha sido abordada por STUART MILL, em 1848, quando verificou que certos serviços de utilidade pública não poderiam ser oferecidos de forma competitiva. Outros estudos de economistas do século XIX mencionavam o problema que, contudo, só recebeu tratamento sistemático com o trabalho de R. ELY (*Outlines of Economics*. New York: Mac Milan, 1937, *apud* Calixto SALOMÃO FILHO. *Direito concorrecial: as estruturas*, cit., p. 192, nota 54). Monopólios naturais podem existir por razões físicas ou econômicas. Exemplos de causas da impossibilidade física são a existência de fontes de insumos únicas ou exclusivas ou a existência de tecnologia protegida por patente ou por segredo industrial bem protegido. Por sua vez, a impossibilidade econômica decorre de características particulares inerentes a um determinado ramo da indústria que tornam a competição ruinosa ou autodestrutiva, tais como, por exemplo, os custos irrecuperáveis. A. KAHN conceitua monopólio natural como a situação em que determinada indústria pratica economias de escala, com custos decrescentes decorrentes do aumento da produção, até o ponto em que supre a demanda total, enquanto que TRAIN define a mesma situação como aquela em que os custos de produção justificam práticas de preços em que o mercado é melhor atendido com um único fornecedor (*apud* Isaac BENJÓ. A urgência do aparato regulatório no Estado Brasileiro, *Revista do IBRAC*, São Paulo, v. 4, n. 4, p. 3-14, abr. 1997). De qualquer forma, a teoria econômica moderna considera que, no caso dos monopólios naturais, a entrada de novos competidores, além de inviável, é também desaconselhável, uma vez que a existência de custos irrecuperáveis muito altos faz com que as empresas atuantes tenham interesse em aumentar a produção, e, se a demanda for variável, como normalmente ocorre nesses mercados, haverá certamente crises de superprodução, levando à guerra de preços e concorrência predatória. Assim, o mercado voltaria, naturalmente, à situação de monopólio.

Ocorre que a aplicação da idéia de bem essencial acabou flexibilizando-se para todas as situações nas quais, embora não haja monopólio, os retornos crescentes de escala tornam a duplicação daquele bem impossível (fática ou juridicamente), economicamente inviável ou desprovida de incentivos. Exemplo clássico dessa hipótese diz respeito às redes (naturais ou artificiais, físicas ou virtuais)[309].

Ora, quanto mais usuários tiver uma determinada rede, mais útil ela se torna para seus usuários efetivos e potenciais, reduzindo-se os incentivos para a busca de redes alternativas pelos próprios usuários e, conseqüentemente, para a construção de novas redes pelos concorrentes, diante da redução das perspectivas de retorno ou do alongamento dos prazos para tanto[310].

Cumpre observar que o caráter de infra-estrutura essencial atribuído a um determinado bem pode variar conforme o contexto histórico e as circunstâncias específicas de cada localidade. Um determinado bem pode ser considerado essencial durante um período histórico (curto ou longo) e deixar de sê-lo no período subseqüente, em virtude, por exemplo, de evoluções tecnológicas (e vice-versa). Da mesma forma, um bem pode ser essencial em uma localidade particular e, ao mesmo tempo, não ter essa condição em outra. Para ilustrar, o transporte ferroviário pode ser essencial para o escoamento de certos produtos entre duas regiões brasileiras e não o ser para outras duas, servidas por bacia fluvial ou rodovias em boas condições de uso e capazes de oferecer preços competitivos.

---

[309] Cabe ressalvar que, a despeito da flexibilização ocorrida, a noção de bem essencial não pode ser aplicada sem a observância de critérios rígidos. Foi nessa linha, por exemplo, a decisão do CADE (por maioria) ao deixar de reconhecer a "essencialidade" do canal de TV aberta da Rede Globo, frustrando o pleito da DirecTV nos autos do Processo Administrativo n.º 53500.000359/99, conforme veremos no Cap. V.3.1.

[310] Nas palavras de SALOMÃO FILHO, *"quanto mais consumidores fazem parte da rede, mais útil é ela para o próximo consumidor. Dessa forma, não há qualquer estímulo, seja do ponto de vista do custo ou da utilidade, para o consumidor escolher a rede concorrente (a não ser que a rede concorrente agregue novos serviços, o que vem crescentemente acontecendo). A sua construção é, então, inconveniente. Se assim é, então as redes já construídas passam a desempenhar um papel fundamental. Só nelas poderá se desenvolver qualquer tipo de concorrência e só através delas o consumidor poderá ser atendido. Essas redes são o elemento básico para a dominação dos mercados por parte dos agentes econômicos que as detêm"* (*Regulação*, cit., p. 43).

Em alguns mercados, onde o acesso físico vem gradativamente perdendo importância com o desenvolvimento de novas tecnologias[311]-[312], até mesmo a falta de incentivos para a construção de novas redes pode ser relativizada, e é possível que algum dia as redes (ou grande parte delas) deixem de constituir bem essencial.

Enquanto isso não ocorre, há que se lidar com o problema do acesso. Veremos, no seguinte, como as autoridades brasileiras vêm abordando o assunto, que tem aparecido em alguns precedentes.

---

[311] No setor de telecomunicações em geral, o desenvolvimento de novas tecnologias (v.g., a exploração das microondas, o surgimento da tecnologia digital de transmissão e comutação, a incorporação de recursos computacionais às redes e sua digitalização), fez com que vários segmentos novos surgissem e outros deixassem de ser considerados monopólios naturais, contribuindo para uma significativa diminuição nos custos de investimento na área, com efeitos positivos para a concorrência. No exemplo da telefonia fixa, tem-se a convergência, que consiste na possibilidade (impulsionada pelos avanços tecnológicos) de prestação de diversos tipos de serviços com base em uma única infra-estrutura ou plataforma, por exemplo, a oferta de serviços de TV por assinatura (imagem), Internet de alta velocidade (dados) e telefonia móvel ou fixa (voz), a partir da mesma rede. Já há quem sustente que tecnologias mais novas (sem fio, como Wi-fi e Wi-MAX) seriam capazes de substituir plenamente o acesso físico às redes tradicionais, permitindo que os sinais de telecomunicações cheguem até seu destino, ou seja, até o local específico em que se encontra o usuário (seja uma residência ou uma unidade empresarial), sem passar pela última milha. A alegação é contestada por outros, que consideram que os custos de se instalar equipamentos para transmissão sem fio, de modo a garantir a mesma cobertura das redes tradicionais, embora inferiores àqueles que seriam incorridos na duplicação da rede física, não justificariam os respectivos investimentos.

[312] No direito comparado, VISCUSI, VERNON e HARRINGTON JR apontam estudos divergentes nas décadas de 50, 60 e 70 sobre a continuidade do monopólio natural no setor de telecomunicações, especialmente no que se refere à telefonia fixa de longa distância. Parte desses estudos defendia que era viável o ingresso de novos concorrentes para operar essa modalidade, em virtude do desenvolvimento da tecnologia de rádio (microondas) após a Segunda Guerra Mundial. Outros insistiam no sentido de que os prestadores ainda se beneficiavam com significativas economias de escala, justificando a idéia de manutenção do monopólio natural. No caso dos serviços locais, os autores apontam que ainda não está claro se para os pequenos usuários residenciais (menores volumes e baixas velocidades de transmissão) é viável economicamente adquirir serviços de novos *players* (por exemplo, prestadoras de serviços de TV a cabo), utilizando tecnologias alternativas (*Economics of regulation and antitrust.* 3 ed. Cambridge: The MIT Press, 2000, p. 469).

IV.4. Análise crítica de precedentes nacionais em matéria de recusa de contratar

IV.4.1. Precedentes envolvendo a recusa de contratar vertical

IV.4.1.1. Discussões judiciais incipientes

Nos últimos anos, vimos proliferar decisões judiciais envolvendo demandas relacionadas à recusa de contratar vertical e à ruptura de contratos celebrados entre agentes econômicos por prazo indeterminado[313]. Na maioria das vezes, trata-se de processos voltados para a solução de lides privadas, porém *há registro de casos em que as partes invocaram a Lei 8.884/94 como fundamento para tutelar seus direitos.*

Em 2002, por exemplo, a empresa Apolo Petróleo Ltda. invocou o art. 170, *caput* e inciso IV da Constituição Federal, bem como o art. 21, inciso XIII da Lei 8.884/94, em conjunto com o art. 20 do mesmo diploma, ao ingressar em juízo em face da Petroquímica União S.A. - PQU, pleiteando o fornecimento de certos tipos de solventes, utilizados pela Apolo como insumos. A despeito de ter a PQU apresentado defesa fundada em sua liberdade de contratar e na existência de fontes alternativas de abastecimento para a autora, além de problemas comerciais e regulatórios, o Juízo monocrático emitiu decisão liminar estabelecendo obrigatoriedade de contratar, mantida por maioria pelo Primeiro Tribunal de Alçada Civil do Estado de São Paulo. As seguintes razões integraram o voto condutor da lavra do Juiz Heraldo de Oliveira Silva:

---

[313] Sobre demandas de cunho reparatório referentes à ruptura de contratos de distribuição, destacam-se as seguintes decisões: TJRS. 5ª Câmara Cível. Apelação Cível n.º 590017778. Relator: Ruy Rosado de Aguiar Junior. Julgado em 12.06.1990 (Jurisprudência TJRS, C-Cíveis, v. 1, t-11, p. 249-256, 1990); TJRS. 5ª Câmara Cível. Apelação Cível n.º 596134965. Relator: Araken de Assis. Julgado em 28.11.1996 (Jurisprudência TJRS, C-Cíveis, v. 2, t-28, p. 276-282, 1996); TJRS. 6ª Câmara Cível. Apelação Cível n.º 596024331. Relator: Paulo Roberto Hanke. Julgado em 13.08.1997 (Jurisprudência TJRS, C-Cíveis, v. 2, t-33, p. 75-81, 1997); TJRS. 15ª Câmara Cível. Apelação Cível n.º 70000504258. Maurício Jacobsen Blanco Comércio e Representações e Renner Dupont Tintas Automotivas e Industriais Ltda. Relator: Otávio Augusto de Freitas Barcellos. Julgado em 01.11.2000; TJRS. 15ª Câmara Cível. Apelação Cível n.º 70001354885. Floresta Distribuidora de Bebidas Ltda. e Cervejarias Reunidas Skol Caracu S.A. Relator: Ricardo Raupp Ruschel. Julgado em 20.12.2000. TACMG. 3ª Câmara. Apelação Cível n.º 225.851-7. Relator Juiz Duarte de Paula. Julgado em 11.12.1996 (BAASP 2012/55-56-e, 21 07.1997); STF. 1ª Turma. Recurso Extraordinário n.º 95.052-4-RS. Relator: Min. Néri da Silveira. Julgado em 26.10.1984 (BAASP 1453/257, 22.10. 1986); e STJ. 4ª Turma. Recurso Especial n.º 39.761-8-SP. Kellogg Brasil & Cia., FRA-MI Comercial Ltda e Tigre Distribuidora de Alimentos. Relator: Min. Fontes de Alencar. Julgado em 04.03.1999.

"Evidentemente que existem outras empresas no mercado que produzem esses mesmos produtos (...), mas no Estado de São Paulo a agravante é a produtora desses produtos (...) e a concessão da tutela antecipada visa manter o fornecimento (....). Há que ser levada em consideração a igualdade de participação no mercado, evitando-se que uma única empresa possa ter controle de quem deve ou não receber determinados produtos, e agir de acordo com seus interesses, essa é a interpretação da Lei, e não somente a explanada na inicial do agravo, uma vez que é necessária a dilação probatória, para se aferir a real necessidade de se manter o mercado abastecido de determinados produtos. A preocupação de intervenção estatal no mercado tem grande relevância, tanto é que o constituinte fez inserir na Constituição de 1988 o equilíbrio na produção de determinados produtos, e a manutenção do mercado, nos termos dos arts. 170 e 177 da Constituição Federal, evitando que possa haver distorções ou preponderância de umas empresas para com as outras, e quem sofrerá com toda essa intervenção é a própria sociedade, pois retirar-se-á a concorrência, e se deixará a mercê de poucos a fixação dos preços." (Agravo de Instrumento n. 1.179.750-5, Décima Primeira Câmara, j. 12.06.2003)

Mais adiante, o voto condutor registra que o Judiciário deve estar atento à livre concorrência, evitando que determinadas empresas possam interferir na criação ou extinção de outras, dependentes de certas mercadorias, cuja aquisição em outras fontes é de sabida dificuldade e custo elevado. O voto remete à existência de petroquímicas em diversas regiões do país, inferindo, ainda que implícita e intuitivamente, a existência de diferentes mercados relevantes do ponto de vista geográfico.

Verifica-se que a decisão se afastou claramente da denominada ideologia liberal associada ao contrato e à liberdade de iniciativa, sendo esse um dos seus aspectos mais interessantes. O Tribunal salientou que a discussão sobre a utilidade pública dos produtos em questão deveria ser feita oportunamente nos autos. No entanto, não houve oportunidade para decisão quanto ao mérito da ação, pois a autora acabou desistindo do processo.

A atuação do Ministério Público nessa seara também se faz notar por meio da instauração de inquéritos civis e ações coletivas.

Em 2003, o Ministério Público Federal no Estado de São Paulo promoveu diversas ações civis em face de seguradoras de veículo (individualmente), com vistas a obrigá-las a permitir que seus clientes tivessem livre escolha de oficinas mecânicas. O Ministério Público apurou que tais seguradoras determinavam ou incentivavam os seus segurados e os terceiros envolvidos em sinistros com os seus segurados a reparar seus automóveis em oficinas autorizadas ou credenciadas junto à respectiva seguradora. O fundamento dessas demandas era primordialmente consumerista, porém também foram invocadas marginalmente razões concorrenciais associadas à recusa de negociar com oficinas não credenciadas. Muito embora as seguradoras tenham justificado as suas políticas com base na redução de custos, houve decisões de primeira e de segunda instâncias estabelecendo às seguradoras a obrigação de contratar a reparação de veículos objeto de sinistros com oficinas não integrantes de suas redes autorizadas[314].

O mesmo problema foi levado ao conhecimento do SBDC, nos autos do que hoje constitui o Processo Administrativo 08012.008224/98-38, instaurado em atenção à representação da Associação Brasileira dos Reparadores Independentes de Veículos - ABRIVE em face de diversas seguradoras. A Secretaria de Direito Econômico - SDE, no entanto, rejeitou de plano a acusação de que o credenciamento de oficinas constituía ilícito concorrencial, por excluir ou limitar os serviços prestados por terceiras empresas aos segurados das investigadas. Tal prática somente teria efeitos potencialmente negativos sobre o mercado se as seguradoras adotassem uma política conjunta de credenciamento (recusa concertada de negociar com as oficinas não credenciadas). Assim, a investigação prosseguiu para que se apurasse a existência de estipulação conjunta de critérios de credenciamento de oficinas pelas investigadas, além da fixação conjunta de remuneração paga pelas seguradoras às oficinas e da influência de sindicatos de seguradoras na alegada uniformização.

Vale destacar que, ao afastar do Processo Administrativo a acusação original de recusa de contratar unilateral, a SDE antecipou que aquela não configurava abuso de posição dominante, não apenas porque as seguradoras individualmente não dispunham de poder de mercado, mas também porque tinham apresentado justificativas comerciais e econômicas razoáveis para a prática. No entendimento da SDE, a política das seguradoras no sentido de proceder à seleção das oficinas que poderiam prestar serviços de reparo aos seus clientes visava selecionar parceiros com os quais houvesse concordância sobre preços e condições como capacitação técnica, procedimentos operacionais, tempo de reparo de veículo, etc., atendendo aos objetivos últimos de uniformizar a qualidade dos serviços, reduzir o número de negociações e proteger as seguradoras contra comportamentos oportunistas das reparadoras. Conforme consta da decisão, "*...contando com uma rede já formada de oficinas conveniadas, as seguradoras têm como monitorar a qualidade dos serviços prestados, bem como prever e programar os custos incorridos com indenizações. Nesse sentido, verifica-se que tal prática, quando adotada de forma independente por cada uma das representadas, constitui um fator que gera benefícios ao consumidor, fomentando a concorrência entre as seguradoras por preço e qualidade (concorrência entre marcas). Nesse ponto, deve-se ressaltar que para o consumidor, não só o preço dos prêmios e da franquia importam, mas também a qualidade dos serviços prestados pelas oficinas autorizadas pelas seguradoras é um elemento importante*".

A apuração de recusa concertada por parte das seguradoras não havia sido concluída pela SDE até o momento de entrega desse trabalho.

---

[314] Nesse sentido, vide decisão proferida nos autos do Processo n.º 947644-0/3, Recurso de Apelação, Tribunal de Justiça do Estado de São Paulo.

Ainda em matéria de decisões judiciais versando sobre recusas verticais, mais recentemente, em 2005, as empresas Cobraço - Comercial Brasileira de Aço Ltda. e Cobraço Serviços Ltda., ambas sediadas em Belo Horizonte, ingressaram em juízo em face da Belgo Siderurgia S.A. (Processo nº 0024.06.984815-8, em trâmite perante a 22ª Vara Cível da Comarca de Belo Horizonte), com vistas a obter a cessação de condutas alegadamente restritivas desta última, bem como a reparação dos danos que teriam sofrido em virtude de tais condutas. A ação envolve acusações de cartel entre a Belgo e suas concorrentes no mercado de vergalhões para a indústria de construção civil, no qual as autoras atuam como distribuidora e prestadora de serviços, respectivamente, e denúncias de discriminação via preços, rompimento de relações comerciais e recusa de vendas. A ação encontrava-se longe de solução quanto ao mérito no momento da entrega deste trabalho. No entanto, em sede de tutela antecipada, as autoras obtiveram decisão judicial, confirmada em segunda instância pelo Tribunal de Justiça do Estado de Minas Gerais (Agravo 1.0024.06.984815-8/008), determinando não apenas que a Belgo fornecesse os produtos pleiteados pelas autoras (obrigatoriedade de contratar), nas quantidades desejadas, mas também regulando os preços pelos quais tais produtos deveriam ser comercializados.

IV.4.1.2. Recusas verticais no âmbito administrativo

No âmbito administrativo, a apresentação de reclamações e representações à SDE tendo por objeto a recusa de contratar vertical e a ruptura de relações comerciais de longo prazo não é nova. Embora grande parte dessas denúncias não chegue sequer a se transformar em averiguação preliminar ou processo administrativo – inúmeros procedimentos acabam arquivados no âmbito da própria Secretaria – alguns casos importantes e paradigmáticos chegaram ao CADE para julgamento.

No passado, pelo menos até o final da década de 1990, prevalecia claramente a adoção de pressupostos liberais, havendo nítido receio por parte das autoridades no sentido de limitar a liberdade dos agentes. Com efeito, a jurisprudência do CADE registrou, muitas vezes sem maior aprofundamento da análise antitruste, o entendimento de que o simples rompimento de relações comerciais é irrelevante sob a ótica da Lei 8.884/94[315].

Não estamos sugerindo que todas as decisões anteriores a 2000 sejam permissivas com agentes econômicos detentores de poder ou que as condutas investigadas implicaram efeitos anticompetitivos. Há que se levar em consideração, inclusive, que a implementação do direito concorrencial no Brasil só ocorreu mesmo a partir da Lei 8.884/94 (a despeito do texto das legislações anteriores), data em que o

[315] Nesse sentido, vide votos proferidos nos autos das Averiguações Preliminares 159/88, 08012.005197/98-51, 08012.005197/98-51 e 08000.022244/94-36, bem como nos autos do Processo Administrativo 125/92 e da Representação 131/93, entre outros.

CADE foi alçado a autarquia independente. Parece-nos, no entanto, que as decisões de então, mesmo aquelas posteriores a 1994, são pobres ao arrolar os motivos pelos quais as investigações não prosseguiram, ficando a impressão de que bastaria um agente econômico apresentar uma justificativa comercial razoável para que a recusa fosse considerada legítima.

Mesmo no que se refere a bens que tipicamente caracterizam infra-estrutura essencial, a atuação das autoridades na década de 90 foi tímida.

Um exemplo bem ilustrativo dessa situação é proporcionado pelo exame do posicionamento externado pelo CADE quando da análise da queixa da Petroquímica Triunfo S/A nos autos do Ato de Concentração 54/95, envolvendo a Companhia Petroquímica do Sul (COPESUL), a OPP Petroquímica S/A, a OPP Polietilenos S/A e a Ipiranga Petroquímica S/A. Destacam-se os seguintes trechos do voto proferido pela então Conselheira do CADE, Lúcia Helena SALGADO:

"Em primeiro lugar, a doutrina e a jurisprudência têm indicado que, a princípio, mesmo que detenha poder de monopólio, uma firma não tem o dever de cooperar com suas rivais, fosse assim estaria sendo revertido o significado primeiro do direito da concorrência, tão de perto associado à livre iniciativa.

A ausência desse dever de transacionar é também contrapartida do direito de escolher associados e clientes. Esse direito é, logicamente, qualificado, e nessa qualificação pesam razões econômicas, negociais, que podem justificar a recusa de venda ou exclusão. Além disso, uma conduta não pode ser caracterizada como exclusionária simplesmente considerando seus efeitos sobre o competidor. É preciso considerar os impactos sobre os consumidores e se a competição foi restringida de forma desnecessária".

No referido Ato de Concentração, foi fundamental o argumento de que a eliminação ou enfraquecimento de um concorrente não equivale necessariamente à eliminação da concorrência. A aprovação foi condicionada e houve a assinatura de um compromisso de desempenho pelas requerentes da operação. As obrigações ali contidas, porém, não tiveram o condão de evitar que a Triunfo, outrora importante concorrente nos mercados de produtos petroquímicos de segunda geração, passasse a integrar a franja dos respectivos mercados. Ou seja, em situação concreta em que o CADE excepcionalmente identificou uma recusa de contratar vertical como potencialmente lesiva à luz da recém editada Lei 8.884/94, os impactos da prática sobre a concorrência não foram considerados suficientes para justificar a *obrigatoriedade de contratar*, pelo menos *não com base nas condições almejadas pela Triunfo*, que acabou sendo excluída dos planos de expansão da COPESUL.

Mais recentemente, já na década de 2000, a recusa de contratar no setor petroquímico voltou à baila no SBDC, permeando a análise do Ato de Concentração entre a Copene Petroquímica do Nordeste S.A. e a Odebrecht Química S.A. (AC 08012.005799/2001-92), envolvendo o pólo de Camaçari. Assim como no caso Copesul, as empresas da segunda geração petroquímica que não se tornaram verticalmente integradas com a Copene reclamavam de condutas discriminatórias e da recusa de fornecimento de produtos às condições comerciais usuais e esperadas. As denúncias foram sumariamente arquivadas pela SDE e, nos autos do Ato de Concentração, a decisão do CADE foi mais liberal do que em Copesul, pela aprovação *sem restrições* da operação. As empresas independentes de segunda geração acabaram sendo posteriormente incorporadas pela Braskem, nova controladora da Copene e integrante do Grupo Odebrecht. Com a verticalização, deixou de haver incentivos para a recusa e condutas discriminatórias.

Vale menção, ainda, no mesmo setor, à investigação que trata de discriminação e recusa de contratar indireta adotada pela Petrobrás em face da Refinaria de Petróleo Ipiranga e da Refinaria Manguinhos (Averiguação Preliminar nº 08012.007897/2005-98). A SDE rejeitou as denúncias e descaracterizou a *recusa indireta*, ao aceitar as explicações da Petrobrás e legitimar a sua política de preços, considerada objetivamente justificável. Por ocasião do reexame necessário, o CADE, por maioria, manteve o arquivamento, vencido o relator Luis Fernando Rigatto Vasconcellos (que determinava a abertura de processo administrativo, após identificar indícios suficientes de práticas anticompetitivas adotadas por empresa monopolista).

É interessante observar que a Representante Manguinhos encerrou suas atividades como refinaria em 2005, atribuindo tal circunstância às condições desfavoráveis pelas quais era obrigada a adquirir insumos da Petrobrás, única fornecedora nacional de petróleo. A Petrobrás, por seu turno, argüia que o fechamento da refinaria da Manguinhos se havia dado exclusivamente por ineficiência desta, que teria deixado de investir na melhoria de suas instalações nos últimos anos. O enfoque do caso era a adoção de preços predatórios em alguns mercados *downstream* (de produtos refinados derivados do petróleo) e *margin squeeze*[316]. O CADE, no entanto, considerou que não havia indícios suficientes de predação, bem como que a Representante não havia demonstrado a probabilidade de recuperação, requisito necessário a uma análise tradicional de preços predatórios. Os esforços da Manguinhos em demonstrar que as práticas da Petrobrás tinham o condão de

[316] Se o preço do petróleo intragrupo da Petrobrás fosse o mesmo preço do insumo ofertado para a Manguinhos, dizia esta, a Petrobrás atuaria com prejuízo, pois alguns derivados chegavam a ter preço inferior ao custo. Quanto a esse ponto, os argumentos da Petrobrás eram no sentido de que sua cesta de derivados (produtos obtidos com o refino) era vendida a preços lucrativos, ainda que alguns produtos estivessem abaixo do custo da matéria-prima. Ademais, a Petrobrás negava a venda de derivados abaixo do custo, salientando que havia diferenças substanciais entre o petróleo vendido à Manguinhos e o petróleo utilizados em suas próprias refinarias.

excluir do mercado rival tão eficiente quanto a incumbente (ainda que a própria Manguinhos eventualmente não se enquadrasse nessa categoria) foram em vão.

A verdade é que parece ter influído na decisão final do CADE não apenas o fato de que a política de preços da Petrobrás beneficiava uma categoria representativa de consumidores (já que a gasolina e o *diesel* estavam entre os produtos que a Manguinhos alegava serem comercializados abaixo do custo de produção), mas também a idéia de que, mais do que estratégia exclusionária, os preços da Petrobrás integravam política de governo (instrumentalizada por meio da política de preços da empresa). Nesse contexto, ainda que subsistissem dúvidas sobre a possibilidade de o governo atuar dessa forma, o foro adequado para tal discussão não seria o CADE, e sim o Poder Judiciário.

Outro precedente interessante é aquele em que a Sourcetech, empresa fabricante de sais de pilocarpina, uma substância utilizada em colírios para o tratamento de glaucoma, denunciou a Merck S.A. com base na recusa desta última em lhe vender folhas de jaborandi, insumos essenciais para a fabricação dos sais, também comercializados pela Merck (Processo Administrativo nº 08012.000391/98-86). A Merck seria a única empresa no território nacional atuante no mercado de folhas de jaborandi, de modo que a única opção da Sourcetech à Merck seria ingressar ela própria nesse segmento. O caso desperta particular interesse porque a Merck alegou, em sua defesa, que havia deixado completamente de comercializar folhas a terceiros, pois passou a utilizar a integralidade da produção de forma cativa. Posteriormente, a empresa desfez-se de suas próprias plantações, passando a adquirir as folhas de terceiros. Além de justificativas objetivas para a recusa, a Merck alegou a inexistência de prejuízos aos consumidores finais de colírios, tendo em vista a concorrência existente entre diversos fabricantes de tais produtos, empregando substâncias distintas. O julgamento do mérito do referido processo seria esclarecedor não apenas no que se refere ao tipo de justificativa admissível para a recusa de contratar por parte de uma empresa monopolista, como também no que tange à análise de efeitos gerados sobre a concorrência, em especial se devem ou não ser considerados efeitos gerados em etapas intermediárias da cadeia produtiva, sem impactos aparentes sobre o consumidor final. No entanto, considerando o tempo transcorrido da abertura do processo, o caso acabou sendo arquivado por prescrição, sem que outras considerações sobre o mérito viessem a ser emitidas.

É digno de nota, ainda, o caso DirecTV *versus* Globo (Processo n. 53500.000359/99). Nele se discutiu, entre outros aspectos, a definição de um bem (o canal aberto Globo) como *essencial* ou não.

O caso versava sobre a recusa da Globo de disponibilizar o sinal do seu canal aberto à DirecTV. O mesmo sinal era disponibilizado para concorrentes da DirecTV no mercado de serviços de televisão por assinatura, inclusive empresas que integravam o Grupo Globo[317].

O CADE, por maioria, vencido o Conselheiro Relator João Bosco Leopoldino da Fonseca[318], arquivou o processo.

Em resumo, entendeu o CADE que o sinal da TV aberta Globo era inegavelmente uma vantagem competitiva, porém não constituía insumo essencial para a DirecTV, que vinha conseguindo sobreviver a essa desvantagem concorrencial e competir no mercado de TV a satélite. Conforme se depreende do voto do Conselheiro Thompson Almeida Andrade, acompanhando o voto da Conselheira Hebe Romano[319], favorável aos argumentos da Globo:

"Supor que o insumo é essencial implica em aceitar neste caso que a TV por satélite que não tenha o sinal da Globo não teria condições de fazer uma combinação de canais disponibilizados que gere nos assinantes um nível de utilidade, dada uma restrição orçamentária do assinante e dado o preço da assinatura, pelo menos igual à utilidade produzida, nas mesmas condições, pelo conjunto de canais oferecidos pela SKY. Em outras palavras, não haveria como compensar a inexistência de um canal com o sinal da Rede Globo oferecendo um conjunto de outros canais, seja aumentando o seu número, seja melhorando a qualidade dos disponíveis ou ambos, seja, ainda, reduzindo os custos da assinatura".

---

[317] Em apertada síntese, a DirecTV alegava que a Globo lhe recusava a distribuição da programação de TV aberta sem qualquer justificativa. A Globo não respondia aos reiterados pedidos da DirecTV manifestando interesse em negociar a transmissão do sinal da TV aberta Globo via satélite. Ao mesmo tempo, a Globo autorizava a distribuição do referido sinal pela Sky, empresa em que as Organizações Globo detinham participação acionária e que concorria diretamente com a DirecTV. Sustentava a última que a programação da TV aberta Globo era imprescindível para a sua sobrevivência no mercado de TV por assinatura. Em sua defesa, a Globo aduziu que a recusa de venda se encontrava justificada pela sua política de exclusividade, que por seu turno buscava assegurar a rentabilidade das emissoras locais, cujo faturamento advinha, em sua maior parte, de anunciantes também locais. Além disso, argumentou a Globo que a lei não a obrigava a negociar o sinal de sua TV aberta a transmissoras de TV a satélite e que a programação do referido canal não era imprescindível para a sobrevivência da DirecTV no mercado, não obstante constituísse inegavelmente uma vantagem competitiva. Finalmente, dizia a Globo que não existia nexo causal entre as vendas da Sky e da DirecTV e a transmissão do sinal da TV aberta da Globo.

[318] Sustentava o relator que a programação da TV aberta Globo era um insumo essencial, imprescindível para a sobrevivência da DirecTV no mercado. Em seu voto, João Bosco Leopoldino da Fonseca impunha à Globo obrigatoriedade de contratar com a DirecTV, nas mesmas condições contratadas com a Sky, no prazo de 30 dias, sob pena de multa diária de R$ 1 milhão, além de multa sobre o faturamento da empresa.

[319] Os Conselheiros Afonso Arinos de Melo Franco Neto e Celso Campilongo também concluíram que o sinal da Globo não era essencial para a DirecTV, mas ambos sugeriram que o acompanhamento dos mercados envolvidos seria útil.

Consignou o CADE que ter uma vantagem concorrencial obtida de forma legítima faz parte do jogo da concorrência e que, para que exista concorrência, não é necessário que os concorrentes sejam iguais; aliás, é saudável que sejam diferentes. Ficou claro que o órgão não pretendia alargar o conceito de infra-estrutura essencial, tal como ocorreu em certo período na Europa, filiando-se a autoridade brasileira à concepção norte-americana mais liberal de infra-estrutura essencial. Da mesma forma, não foi considerado determinante o fato de que a Globo disponibilizava o sinal a outras empresas independentes, como a TVA, por exemplo, já que a regulação específica determinava a obrigatoriedade de contratar no caso de prestadoras de serviços de TV por assinatura por cabo, sendo omissa relativamente aos serviços via satélite, como aqueles prestados pela DirecTV. Posteriormente, a DirecTV foi adquirida pela Globo, em operação aprovada pelo CADE. Outras empresas ingressaram no mercado de TV por assinatura via satélite e não temos conhecimento de reclamações quanto à disponibilização do sinal aberto da TV Globo.

Na mesma época de DirecTV *versus* Globo, o CADE também arquivou o Processo Administrativo 08000.022500/96-66, envolvendo denúncias da American Express – AMEX em face da VISA do Brasil Empreendimentos Ltda., pela prática de exclusividade com instituições financeiras, levando-as a recusar negociações com a AMEX e a expulsar do seu sistema bancos que passassem a emitir cartões de crédito com essa bandeira. As denúncias, na verdade, resultavam de processos instaurados contra a VISA no âmbito internacional, e do receio de que as mesmas práticas viessem a ser implementadas no Brasil. A VISA cessou globalmente a prática e emitiu cartas comunicando aos bancos que estes não se encontravam impedidos de emitir ou vender cartões de crédito desenvolvidos por bandeiras concorrentes. Por ocasião do julgamento do caso, em 2002, o CADE entendeu que a prática de exclusividade caracterizava, em tese, abuso do poder econômico, pois eliminava a concorrência entre as empresas emissoras de cartões de crédito e privava os consumidores de uma oferta maior de produtos. Porém, a VISA jamais chegou a implementar a conduta restritiva no Brasil, motivo pelo qual o arquivamento do processo foi decretado.

Já entre as *condenações de recusas verticais de contratar*, citamos os precedentes SDE ex officio *versus* Santos Brasil, Libra e outras, Messer Grieshem do Brasil Ltda. *versus* S.A. White Martins, Power-tech *versus* MATEC e Microsoft.

O primeiro caso, discutido nos autos do Processo Administrativo nº 08012.007443/99-17, versa sobre *recusa indireta de contratar*. A acusação foi inicialmente formulada como uma prática concertada, porém a decisão final do CADE não estabeleceu a existência de conluio, apenas de ações verticais paralelas por parte das empresas investigadas. Na verdade, ao longo do processo, não se falou explicitamente em recusa de contratar[320], embora esse aspecto tenha ficado evidente no voto condutor da decisão final do CADE.

O problema dizia respeito à cobrança de uma taxa aos denominados terminais portuários retroalfandegados ("TRA"), pelas empresas investigadas, para liberar containeres desembarcados de navios atracados nos terminais marítimos das últimas. Os TRAs eram contratados como entrepostos pelos donos das cargas, e prestavam serviços de armazenagem destas no Porto de Santos. Os mesmos serviços eram prestados pelas empresas investigadas, com o diferencial de que elas, por possuírem terminais marítimos onde os navios atracavam, manuseavam as cargas a partir do costado dos navios. As empresas investigadas recusavam-se a entregar as cargas para armazenagem nos TRAs se estes não efetuassem o pagamento de taxas de liberação. Os TRAs reputavam as taxas indevidas e aduziam que estas não correspondiam a nenhum serviço prestado pelas investigadas, existindo apenas para aumentar seus custos e eliminá-los do mercado. Em outras palavras, seria um caso típico de recusa de contratar indireta. O relator Luis Carlos Delorme Prado entendeu que a única razão para a sobrevivência dos TRAs era o processo administrativo em trâmite, que acabou "regulando" as taxas cobradas pelas empresas investigadas, impedindo-as de elevá-las a ponto de excluir os TRAs. O CADE decidiu pela condenação, impondo às representadas a obrigação de contratar, ou seja, de entregar as cargas aos TRAs, *sem a cobrança de nenhuma quantia*. A questão encontra-se atualmente *sub judice*.

No segundo caso (PA 08000.022579/97-05), a White Martins era acusada de abusar de seu poder econômico, por meio da celebração de um contrato com cláusula de exclusividade com a Ultrafértil, recaindo sobre excedentes de gás carbônico (adquiridos pela White Martins junto à Ultrafértil), com a conseqüente recusa de fornecimento de tais excedentes à Representante Messer. Como agravante, a Messer acusava a White Martins de adquirir quantidades de gás muito superiores àquelas que a sua planta produtiva teria capacidade para processar, o que resultaria em um desperdício (açambarcamento) de tais insumos.

A White Martins acabou condenada pelo CADE, que acatou os seguintes argumentos: *(i)* a White Martins era detentora de poder econômico e tinha condições de abusar do mesmo (dadas as condições estruturais do mercado relevante); *(ii)* a aquisição de gás carbônico junto a outras fontes existentes não era impossível, mas implicaria elevados custos para a Messer; *(iii)* a White Martins adquiria excedentes que eram em parte desperdiçados (um comportamento, nas palavras

[320] Às investigadas foram imputadas as seguintes práticas, tipificadas no art. 21, incisos IV, V, X e XXIV, da Lei nº 8.884/94: i) limitar ao acesso de novas empresas ao mercado; ii) criar dificuldades ao funcionamento de empresas concorrentes; iii) regular mercados por meio de acordos para limitar ou controlar a prestação de serviços; e d) impor preços excessivos.

do Conselheiro Relator Celso Campilongo, *"acintosamente antieconômico"*), impedindo, com isso, o ingresso da Messer (e outros concorrentes potenciais) no mercado; *(iv)* não havia eficiências oriundas do contrato de exclusividade entre a White Martins e a Ultrafértil.

A discussão sobre a recusa de contratar envolvendo mercados primários e secundários, por seu turno, foi realizada pelo CADE por ocasião do julgamento do caso Power-tech *versus* Matec (Processo Administrativo n. 08012.000172/98-42). Tratava-se, ali, de analisar se a recusa da Matec em fornecer a prestadores de serviços independentes (inclusive a Power-tech) insumos para que estes fossem capazes de consertar os produtos fornecidos pela Matec (centrais telefônicas PABX) configurava infração à ordem econômica.

Em seu voto, o então Conselheiro Ronaldo Porto Macedo Júnior analisou: *(i)* se os consumidores consideravam o bem (centrais telefônicas) e os serviços de manutenção como produtos distintos ou se os últimos são reputados no cálculo dos custos do primeiro; *(ii)* se as informações necessárias para a aferição dos custos dos produtos estavam disponíveis para os consumidores e os custos associados à sua obtenção eram excessivamente elevados; *(iii)* se existia fechamento do mercado decorrente de altos custos associados à troca dos equipamentos caso ocorresse um aumento dos preços dos serviços de manutenção; e *(iv)* como se dava a competição entre as empresas.

O Conselheiro afastou as justificativas apresentadas pela Matec – eficiências, basicamente associadas à utilização de rede credenciada para prestação de serviços pós-vendas, proteção de direitos de propriedade intelectual e impedimento de condutas oportunistas (por parte das prestadoras independentes relativamente às prestadoras credenciadas e por parte das primeiras relativamente a investimentos realizados pela fabricante) – e entendeu que a prática era anticompetitiva. Isso porque, embora pudessem existir condutas oportunistas (*free riding*), o mercado de prestação de serviços pós-venda não favorecia tais condutas e havia nos autos evidências de fechamento do mercado. Além disso, o combate ao oportunismo, na opinião do CADE, poderia ser feito de forma menos gravosa à concorrência, sem passar pela recusa de vendas.

Por fim, Macedo Júnior usou as lições de Calixto SALOMÃO FILHO para concluir que havia abuso do poder econômico no caso concreto, decorrente da prática de negociação compulsória, associada à dependência econômica não apenas da Representada, mas também dos consumidores finais das centrais telefônicas, relativamente à Matec.

As principais lições que podemos extrair do referido voto são as seguintes:

(i) justificativas baseadas em direitos de propriedade (inclusive intelectual) não são suficientes para afastar uma condenação, caso efeitos anticompetitivos sejam produzidos no mercado; e

(ii) os objetivos buscados pelos agentes econômicos ao adotar práticas restritivas podem ser inferidos a partir dos efeitos das práticas, ainda que potenciais. Se o resultado provável de uma prática for o fechamento do mercado, eventuais eficiências não são suficientes para justificar o comportamento e evitar o seu sancionamento.

No caso Microsoft, por seu turno, julgado em 2004, a referida empresa e sua distribuidora TBA foram condenadas por abusar de suas posições dominantes, ao limitar a distribuição de *softwares* e serviços pós-venda ao Governo Federal. A Microsoft firmou ajuste de exclusividade com a TBA, estabelecendo que a empresa era a única autorizada a distribuir seus produtos para todas as entidades governamentais federais, dentro e fora de Brasília. Com isso, a Microsoft recusava-se a fornecer produtos a outros distribuidores para que estes participassem de licitações federais e, como resultado, tais procedimentos passaram a ser dispensados relativamente às compras de produtos Microsoft. A empresa ainda se recusava a vender diretamente ao Governo.

Conforme o relatório "Lei e Política de concorrência no Brasil: uma revisão pelos pares" (BID, OCDE, 2005), *"ao examinar o arranjo da Microsoft com a TBA, o CADE concluiu que o produto de mercado relevante era a venda ou o licenciamento de software e serviços de informática e que o mercado geográfico relevante era nacional. Neste mercado, constatou-se que a Microsoft tinha uma participação dominante de 90%. Do ponto de vista do CADE, a ação da Microsoft ao criar uma posição exclusiva para a TBA era anticoncorrencial. Ao eliminar procedimentos licitatórios nas vendas ao governo, os benefícios ao consumidor, decorrentes da concorrência entre marcas, foram diminuídos sem eficiências compensatórias suficientes em um mercado onde não havia concorrência entre marcas. Às autoridades governamentais de licitação foi negada a oportunidade de escolher entre competidores que proviam não apenas software da Microsoft, mas também serviços associados. A Microsoft argumentou que poderia escolher integrar a distribuição e vender diretamente ao governo federal, e que, portanto, interpor a TBA como distribuidora exclusiva não causava dano econômico. A resposta do CADE foi que o sistema estabelecido pela Microsoft para vendas ao governo envolveu distribuição por meio de um intermediário exclusivo, não por vendas diretas pela Microsoft. O CADE observou que quando um monopolista vende por meio de um único distribuidor, o preço final é maior e a produção total é menor que quando um monopolista vende diretamente ao comprador. O CADE concluiu que uma decisão de criar uma distribuidora exclusiva obrigava a Microsoft a estabelecer preços máximos de revenda ou de outra forma melhorar o efeito ineficiente de 'duplomonopólio' que surgiria"*.

As eficiências argüidas pela Microsoft (incentivar investimentos pelo distribuidor, evitar o *free riding*) foram afastadas uma a uma pelo CADE, que ainda refutou as justificativas para a exclusividade em relação à TBA, considerando que a Microsoft possuía múltiplos distribuidores em outras regiões e que teria adequado seus critérios de credenciamento para que apenas a TBA tivesse as qualificações necessárias no Distrito Federal. O CADE entendeu que a verdadeira justificativa para a escolha da TBA como única distribuidora para fins de vendas a entidades federais era eliminar a concorrência intramarca, no caso concreto, viável mediante licitações. Ambas as empresas foram multadas, mas o CADE não estabeleceu a obrigatoriedade de a Microsoft estabelecer outros distribuidores ou comercializar diretamente seus produtos para o Governo Federal.

A exemplo do processo em face de Santos Brasil, Libra e outros, o caso foi levado ao Poder Judiciário, encerrando-se, porém, tempos depois, com um acordo entre o CADE e as empresas investigadas, versando sobre a multa aplicada.

Ainda em matéria de recusa de contratar fundada em contratos de exclusividade, vale destacar o Processo Administrativo n. 08012.009991/98-82, que tratou da representação da Participações Morro Vermelho Ltda., controladora do Shopping Center Jardim Sul, em face do Condomínio Shopping Center Iguatemi e do Shopping Center Reunidos do Brasil Ltda., julgado pelo CADE em dezembro de 2003, restando proibida a conduta dos Representados.

O Shopping Center Iguatemi, na cidade de São Paulo, proibia seus lojistas de instalarem lojas em outros shoppings da cidade. Segundo o relatório intitulado "Lei e Política de concorrência no Brasil: uma revisão pelos pares" (BID, OCDE, 2005), *"o Iguatemi tinha uma participação de 30,9% nas rendas provenientes de aluguel de lojas em shoppings no mercado geográfico relevante de São Paulo e uma participação de 29% na renda de vendas em shoppings. O CADE concluiu que o Iguatemi tinha poder de mercado suficiente para limitar a concorrência entre shoppings por meio de dispositivos de exclusividade. Uma multa de 1% do faturamento bruto do Iguatemi foi imposta. O caso foi seguido no início de 2005 por um caso de exclusividade similar contra o Shopping Center Norte (SCN), também localizado na cidade de São Paulo, mas em um diferente mercado geográfico relevante. O SCN, que tinha uma participação de 69,9% no valor do aluguel de lojas e uma participação de 71,6% no faturamento das lojas em seu mercado, proibiu seus lojistas de operar outro ponto de vendas em um raio de mil metros do SCN. O CADE considerou esta condição como indevidamente restritiva e multou o SCN em 1% de seu faturamento bruto"*.

Dentre os fundamentos que embasaram o reconhecimento da infração à ordem econômica no primeiro caso pelo CADE tem-se *(i)* a identificação de posição dominante no mercado *upstream*, *(ii)* a constatação da existência de fechamento de mercado; e *(iii)* o afastamento dos argumentos dos Representados sobre a racionalidade de sua conduta. Destacam-se os seguintes trechos do voto do Conselheiro Roberto Pfeiffer:

"... ao impor cláusula de exclusividade, [o Shopping Iguatemi] subverteu a lógica inerente à autonomia da vontade típica das economias de mercado, impedindo que os lojistas possam voluntariamente instalar-se em shopping centers que (...) identificou como seus concorrentes. Com isto, além de prejudicar os lojistas, que vêem a sua possibilidade de expansão limitada, (...) também trouxe limitações e prejuízos aos shopping centers por ela identificados como concorrentes, uma vez que os impede de contratar uma série de lojistas para compor um tenant mix mais diversificado.

(...) dúvida não há que, em relação às lojas instaladas no Iguatemi e que contém cláusula de exclusividade, o fechamento é completo. Em outras palavras: há um completo impedimento de acesso a determinadas lojas por parte de determinados shopping centers. Como não se faz possível em um mercado tão diferenciado e tão sujeito a sutilezas e subjetivismos, avaliar um grau de substituibilidade perfeito, e como podem ser variadas as estratégias de cada shopping center e o valor que cada um dá à presença de determinada loja, não há como se deixar de concluir que o impedimento de acesso a determinadas lojas já é suficiente para causar limitações e prejuízos à atuação de concorrentes, bem como limitações à atuação dos próprios lojistas".

No mesmo sentido, em 2007, o CADE rejeitou proposta de celebração de termo de compromisso de cessação de prática e condenou o Shopping Center Iguatemi por adotar cláusulas de raio, modalidade de exclusividade dirigida, induzindo lojistas a recusarem contratar com o Shopping Eldorado, localizado nas redondezas.

Problemas relacionados à recusa de contratar também foram endereçados de maneira consensual na esfera administrativa, merecendo destaque o compromisso de cessação de prática celebrado em 2003 entre a SDE e a Helibrás. As investigações contra a última foram instauradas pela SDE a partir das reclamações de que a empresa, distribuidora exclusiva de um certo tipo de helicóptero no Brasil, estaria recusando-se a disponibilizar manuais técnicos e peças de reposição para terceiros prestadores de serviços de manutenção dos produtos. Com isso, os adquirentes dos helicópteros comercializados pela Helibrás ficavam reféns dos serviços pós-venda da mesma empresa, remetendo as mesmas questões que caracterizaram o caso Kodak nos EUA e, posteriormente, Powertech *versus* Matec no Brasil. Nos termos do relatório "Lei e Política de concorrência no Brasil: uma revisão pelos pares" (BID, OCDE, 2005), "[a] *SDE outorgou uma medida preventiva, nos termos do Art. 52, que requeria que a Helibrás fornecesse as peças e manuais necessários a interessados. Após buscar junto ao poder judiciário, repetidas vezes, a reversão da medida cautelar da SDE, a Helibrás manifestou interesse de celebrar um acordo com a SDE, nos termos do Art. 53, comprometendo-se a atender os mesmos provimentos do mandado. A SDE concluiu que o acordo era apropriado, pois nenhuma investigação havia sido realizada em várias questões, incluindo-se se os manuais estariam disponíveis por outras fontes e se havia razões técnicas ou de segurança para a recusa de venda de peças sobressalentes*". O CADE aprovou o acordo em 2004.

Vale mencionar, igualmente, o recente julgamento do caso Associação NeoTV *versus* Globo (Processo Administrativo n. 08012.003048/01-31), em que diversas operadoras de TV por assinatura queixaram-se à autoridades do SBDC a respeito da exclusividade de certos canais de conteúdo esportivo outorgada às empresas integrantes dos chamados "Sistemas Sky" e "Net", com resultante recusa de disponibilizar tais canais a todos os demais concorrentes nos mercados de prestação de serviços de TV paga. O processo foi instaurado para apurar abuso de poder econômico por meio das práticas listadas no art. 21, incisos IV, V, VI, XII e XIII da Lei 8.884/94, quais sejam limitar ou impedir o acesso de novas empresas ao mercado, criar dificuldades ao funcionamento de empresa concorrente, impedir o acesso de concorrente às fontes de insumo, discriminar adquirentes de bens ou serviços por meio da fixação diferenciada de condições operacionais de venda ou prestação de serviços e recusar a venda de bens ou a prestação de serviços dentro das condições de pagamento normais aos usos e costumes comerciais.

Após anos de instrução, o CADE acabou aceitando celebrar compromisso de cessação de prática com a Globo, sendo certo que o seu conteúdo incluiu a determinação no sentido de que a Globo comercializasse, em bases não-discriminatórias, seus canais de conteúdo esportivo, incluindo-os no seu pacote de canais, até o final de 2008, bem como que, até a mesma data, ofertasse às operadoras não integrantes do seu grupo econômico os canais de esportes do sistema *pay-per-view*. O TCC ainda dispunha que a partir de 2009 a Globo não poderia ter exclusividade de exibição sobre mais de dois torneios principais de futebol (ou sobre mais de três, caso não escolhesse simultaneamente o Campeonato Brasileiro e a Copa do Brasil).

No entanto, as reclamações da NeoTV continuaram após o julgamento, tendo havido, inclusive, novo pedido de Medida Preventiva, arquivado pelo CADE.

Um pouco anterior aos casos Helibrás e NeoTV é o termo de compromisso de cessação entre o CADE e a Souza Cruz, porém o caso arrastou-se até 2007, em virtude de denúncias de descumprimento do termo e continuidade das práticas restritivas.

O ajuste resultou de um processo em que a Philip Morris representou em face da Souza Cruz (Processo Administrativo n. 08012.003303/98-25). Naqueles autos, o SBDC analisou os efeitos da exclusividade de vendas (resultando, conseqüentemente, na recusa de estabelecimentos atacadistas e varejistas comercializarem marcas de cigarros fabricadas ou distribuídas pelas empresas concorrentes da Representada) sobre a concorrência e os consumidores. A conclusão pela existência de impactos negativos dessa prática, não compensados por eficiências, é unânime nos pareceres da SDE, da SEAE e da Procuradoria do CADE, bem como no voto proferido pelo então Conselheiro relator Mércio Felski, que precedeu a celebração do TCC. Em apertada síntese, concluiu-se que:

(i) a Representada detinha posição dominante, qualquer que fosse a definição geográfica dos mercados relevantes;

(ii) havia barreiras significativas à entrada de novos fabricantes de cigarros e também empecilhos ao ingresso de varejistas e atacadistas nos mercados de revenda (varejo e atacado);

(iii) a exclusividade de vendas implicava a elevação das barreiras à entrada de novas empresas fabricantes de cigarros, bem como prejuízos diretos à concorrência (bloqueio dos canais de distribuição, excluindo o acesso dos concorrentes aos destinatários finais dos seus produtos) e aos consumidores (privação da marca de sua preferência ou necessidade de procurá-la, afetando o direito de escolha e aumentando os custos associados à obtenção do produto);

(iv) não havia "eficiências" associadas à conduta da Representada que pudessem compensar os efeitos prejudiciais à concorrência e aos consumidores representados pelos contratos de exclusividade de vendas.

Ocorre que, a despeito da opinião exarada pela sua Procuradoria, desfavorável à celebração de um TCC, o CADE optou por deferir o pedido da Representada, promovendo negociações que culminaram com a celebração do compromisso em setembro de 2000. O Conselheiro Relator considerou o TCC como *"caminho mais recomendável"* do ponto de vista do princípio da eficiência que rege a Administração Pública, já que teria o condão de evitar uma demora excessiva na resposta ao mercado sobre as práticas investigadas, diante do tempo já decorrido desde a representação inicial (quase dois anos) e da possibilidade de a Souza Cruz recorrer ao Judiciário, questionando eventual decisão condenatória do CADE. Além disso, havia uma percepção de que a cessação espontânea da prática seria mais eficaz para restaurar a concorrência no mercado do que uma eventual intervenção do CADE em fase de execução de sua decisão.

Com a assinatura do termo, assumiu a Souza Cruz as seguintes obrigações: *(i)* abster-se de exigir ou celebrar acordos (verbais ou escritos) que contenham cláusula de exclusividade de vendas de cigarros com quaisquer estabelecimentos varejistas, incluindo aqueles localizados em *shopping centers*, aeroportos ou terminais rodoviários e ferroviários e, ainda, com os estabelecimentos atacadistas da rede Makro; *(ii)* não impedir a venda e a exposição de produtos concorrentes; *(iii)* não praticar qualquer ação que resulte em boicote aos estabelecimentos varejistas que desejarem adquirir marcas concorrentes de cigarros para revenda; (iv) rescindir cláusulas de exclusividade de venda de produtos nos seus contratos de *merchandising* ou de vendas com todos os estabelecimentos varejistas mencionados; e *(v)* informar semestralmente o CADE das providências tomadas.

Posteriormente, houve denúncias de que a empresa representada continuaria adotando algumas das práticas que se comprometeu a cessar (muitas vezes de forma velada). Em junho de 2006, o processo administrativo foi arquivado definitivamente pelo CADE, apesar de ter o Plenário reconhecido o descumprimento de algumas obrigações pela Souza Cruz. Segundo consta da decisão final exarada da Presidência do órgão, erros incorridos pelo órgão durante a fase do monitoramento do TCC impediriam que a Souza Cruz fosse multada e que o processo retomasse seu curso.

Guarda semelhança com o caso *Philip Morris versus Souza Cruz* o processo que averiguou, a pedido da Cervejaria Schincariol, os efeitos concorrenciais de programa de fidelidade por parte da AMBEV, no setor de cervejas (Processo Administrativo nº 08012.003805/2004-10, referente ao Programa "Tô Contigo"). O programa premiava estabelecimentos varejistas com base nas quantidades de cervejas e refrigerantes AMBEV por eles adquiridas. A conclusão da SDE foi no sentido de que o programa gerava efeitos anticompetitivos, ao estabelecer descontos não-lineares e incentivar que os pontos de vendas adquirissem com exclusividade produtos da AMBEV, ou seja, que se recusassem a adquirir e vender produtos de concorrentes nos seus estabelecimentos. O programa foi caracterizado como exclusividade de fato, a exemplo de precedentes europeus e norte-americanos.

No CADE, a AMBEV apresentou proposta de TCC, que foi rejeitada pelo Plenário. Na sequência, o caso foi julgado e a empresa condenada ao pagamento de multa equivalente a 2% do seu faturamento. O voto condutor destacou inúmeras evidências (muitas delas permanecem sob sigilo) de que os descontos não-lineares eram dirigidos (o programa de fidelização era aplicado em localidades nas quais concorrentes tinham participação mais significativa ou onde houvesse público formador de opinião), implicavam elevação artificial dos custos dos concorrentes e tinham potencial para gerar fechamento de mercado, com a exclusão de rivais tão eficientes quanto a AMBEV. No entendimento do CADE, as justificativas apresentadas não encontravam respaldo na realidade e não foram identificadas eficiências que pudessem beneficiar os consumidores finais. A AMBEV recorreu da decisão e obteve liminar suspendendo a aplicação da pena.

A exclusividade de vendas e práticas correlatas, capazes de gerar exclusividade de fato, são objeto de processos em trâmite na SDE, não apenas no setor de cervejas, mas em outros setores como sorvetes, cigarros e cartões de pagamento (VISA)[321]. A

[321] Em meados de 2009 a SDE instaurou processo administrativo e adotou Medida Preventiva em face de Visa e Visanet, pela exigência de exclusividade (PA 08012.005328/2009-31). O CADE revogou a Medida Preventiva, em razão da ausência de *periculum in mora*, e posteriormente foi objeto de TCC regulamentando o comportamento dos Representados. Pouco antes, a Secretaria havia aberto investigação e imposto Medida Preventiva sobre a Redecard (PA 08012.004089/2008, Associação Brasileira de Internet - ABRANET *versus* Redecard S.A.), proibindo a Representada de descredenciar agentes econômicos conhecidos como "facilitadores" caso estes se recusassem a aderir ao novo modelo de negócio proposto pela empresa. A Redecard recorreu ao CADE, que manteve a Medida Preventiva (Recurso Voluntário 08700.002719/2009-46).

Secretaria, no entanto, não tem privilegiado a análise desses casos nos últimos anos, e muitos deles, a exemplo de processos envolvendo outras modalidades de restrições verticais, já se encontram há alguns anos em fase de instrução.

Finalmente, merece atenção precedente de recusa indireta de contratar envolvendo direitos de propriedade intelectual recentemente arquivado pelo CADE[322]. A Gradiente Eletrônica S.A. e a CCE representaram em face da Philips do Brasil e sua controladora por abuso de posição dominante no mercado de *tecnologia* (insumo) para fabricação de aparelhos leitores e reprodutores de DVDs com o intuito de alavancar participação no mercado *dowsntream* de produção e comercialização dos respectivos aparelhos.

As tecnologias objeto do pleito da Gradiente e da CCE encontravam-se protegidas por patentes de invenção, sendo que seus titulares, entre eles o Grupo Philips, encontravam-se reunidos em dois *pools*. É interessante atentar para o fato de que as Representantes não imputavam à Philips e sua controladora a adoção de conduta concertada (boicote) com os demais integrantes dos *pools*, e sim práticas abusivas unilateriais, na qualidade de administradoras dos *pools*. Embora não tenham sido caracterizadas dessa forma, as condutas imputadas às Representadas preenchem todos os requisitos para sua caracterização como recusa indireta de contratar: cobrança de preços (royalties) abusivos ou em duplicidade, discriminação entre concorrentes, venda casada e abuso quanto ao registro de direitos de propriedade intelectual.

Após discorrer sobre a interface entre os direitos de propriedade intelectual e tutela da concorrência e concluir que, embora não haja antagonismo formal entre ambos, pode existir conflito em razão do abuso de direito (assim como direitos de natureza societária, contratual ou real), gerando responsabilidade na esfera antitruste, o conselheiro Relator Olavo Chinaglia afastou cada uma das acusações imputadas às Representadas, por entender que não se encontravam demonstradas nos autos. O CADE, desse modo, manteve a decisão de arquivamento da SDE por ocasião do reexame necessário da matéria.

[322] Averiguação Preliminar n. 08012.001315/2007-21.

IV.4.2. Precedentes envolvendo a recusa de contratar horizontal

A maioria dos precedentes no Brasil em matéria de recusa de contratar horizontal refere-se a recusas adotadas por associações profissionais no setor de saúde. Talvez essa seja a área em que mais decisões judiciais tenham sido proferidas.

No âmbito administrativo, predomina o entendimento de que a proibição dirigida a médicos e outros profissionais de saúde no sentido de que, uma vez filiados a uma entidade, sejam também membros de outras associações concorrentes ou para eles prestem serviços – a denominada unimilitância – deve ser analisada segundo as circunstâncias do caso concreto e os efeitos prováveis sobre o mercado. Se uma determinada cooperativa ou entidade congrega praticamente todos os profissionais de uma mesma localidade, proibindo-os de prestar serviços a outras cooperativas ou associações, existe risco concreto de fechamento do mercado para concorrentes e a prática é vedada.

A recusa de contratar coletiva no contexto de associações profissionais no setor de saúde, desse modo, surge sempre que (i) profissionais filiados a uma determinada associação recusam-se a prestar serviços a outras entidades ou que (ii) associações de profissionais recusam-se a filiar médicos ou outros prestadores de serviços que prestem serviços a terceiros, ou descredenciem associados por esse motivo.

Embora as restrições adotadas por associações profissionais estejam entre as primeiras práticas reiteradamente condenadas pelo CADE, existe uma tendência recente no sentido de privilegiar a análise econômica, em detrimento de posturas mais formalistas adotadas no passado. Nesse sentido, nos casos que ficaram conhecidos por envolver as "Unimeds", as autoridades vêm definindo os mercados relevantes geográficos com maior rigor – tais mercados são geralmente considerados municipais - e avaliando com detalhe o grau de fechamento gerado pela política.

No já citado relatório "Lei e Política de concorrência no Brasil: uma revisão pelos pares" (BID, OCDE, 2005), tais tendências são assim sintetizadas:

"As Unimeds, encontradas na maioria das cidades do Brasil, são associações cooperativas de médicos que tradicionalmente impediram seus médicos associados de serem contratados por outros planos de saúde. A já tradicional política antitruste do CADE é atacar tais cláusulas onde a participação local de mercado de médicos da Unimed é alta. As decisões do CADE contra as Unimeds desde o último Relatório envolveram associações nas cidades de São Paulo, Araguari, Uberlândia e Macapá. Em um caso de 2002, contra uma Unimed no Estado do Rio Grande do Sul, o CADE concluiu que as multas impostas nos casos anteriores não foram efetivas para dissuadir a imposição de cláusulas de exclusividade. O CADE então impôs uma multa de aproximadamente US$75.000, mais que o dobro das multas anteriores" (p. 23).

Recentemente, o CADE acolheu recomendação de condenação da SDE nos autos do Processo Administrativo 08012.008228/2006-14, em face da Unimed Votuporanga/SP. O processo versava sobre a exclusão de dois médicos que teriam desrespeitado a cláusula de exclusividade na prestação de serviços imposta pela cooperativa. A SDE concluiu pela anticompetitividade da conduta após constatar que, dos 178 médicos registrados junto ao Conselho Regional de Medicina na área de Atuação da Unimed, 118 eram cooperados da Unimed Votuporanga ("*um expressivo percentual de 66%*", segundo a SDE) e proibidos de prestar serviços a outras empresas, bem como que as barreiras à entrada no setor de saúde suplementar em municípios de baixa densidade demográfica são elevadas. Além disso, pesaram para a formação do convencimento da SDE a duração do contrato (por prazo indeterminado), a probabilidade de práticas colusivas e a pouca disponibilidade de médicos na região.

O CADE condenou a Unimed Votuporanga ao pagamento de multa e determinou a imediata cessação da prática (com mudança no estatuto social da Representada e proibição da prática), após concluir que a exclusividade impedia a entrada de novos *players* no mercado e dificultava seu funcionamento.

A recomendação da SDE e suas conclusões quanto aos efeitos anticompetitivos da exclusividade imposta por cooperativas e associações a prestadores de serviços de saúde foram acolhidas pelo CADE em pelo menos três outros casos recentes[323].

Nas cortes federais, por seu turno, a questão ainda é controvertida.

Muitos julgados analisaram a questão com ênfase sobre seus efeitos concorrenciais, exaltando as normas contidas na Lei 8.884/94 e outros diplomas que disciplinam a atuação dos agentes econômicos no mercado, e proibindo a prática sempre que detectado risco efetivo de fechamento de mercado e prejuízos à concorrência como uma instituição[324].

---

[323] Vide Processo Administrativo nº 08012.000629/2006-26, em face de Unimed de Santa Bárbara D'Oeste e Americana Cooperativa de Trabalho Médico, Processo Administrativo nº 08012.008060/2004-85, Ministério Público do Estado de Pernambuco *versus* Cooperativa dos Médicos Anestesiologistas de Pernambuco COOPANEST/PE; e Processo Administrativo nº 08012.010712/2005-22, Agência Nacional de Saúde Suplementar *versus* Unimed de Assis - Cooperativa de Trabalho Médico.

[324] Nesse sentido, vide julgado do Tribunal Regional Federal da Terceira Região (TRF-3), ao decidir ação civil pública ajuizada em face da UNIMED de Bauru, com objetivo de compeli-la a não aplicar determinação contida no seu regimento interno, impondo aos médicos cooperados o dever de exclusividade e impedindo a sua filiação a outros convênios, planos de saúde ou seguro-saúde, sob pena de exclusão da cooperativa (AC 754268 - 200103990560535/SP, Rel. Juiz Mairan Maia, Sexta Turma, DJ de 27/11/2006). Em apertada síntese, a Turma entendeu que "[p]*or força da cláusula de exclusividade, dos 511 médicos inscritos no Conselho Regional de Medicina, 474 são sócios cooperados da UNIMED, num total de 90% da totalidade dos médicos da região*", sendo certo que a "*conduta tipifica infração à ordem econômica, por prejudicar a livre concorrência, dominar o mercado relevante de prestação de serviços médicos, por exercer de forma abusiva posição dominante e por impedir o acesso de novas empresas no mercado*". De forma similar, em meados de

Por outro lado, diversas decisões privilegiaram os aspectos privados das relações examinadas, ao consagrar a dicotomia público *versus* privado[325], e manifestaram entendimento no sentido de que o profissional que adere a uma cooperativa médica submete-se ao seu estatuto, podendo atuar livremente no atendimento de pacientes que o procuram, sendo lícita, porém, a proibição de vinculação a outra entidade congênere. Esse é o posicionamento do Superior Tribunal de Justiça (STJ), em todas as suas decisões até o momento.

No Recurso Especial 261.155/SP, julgado em 10.03.2004 pela Segunda Seção do STJ, por exemplo, a Ministra Nancy Andrighi adotou a regra da razão e consignou que:

"Primeiro, a Unimed, em suas diversas cooperativas formadas para a prestação de serviços médicos por meio de planos de saúde, compete no Brasil com rivais formidáveis em tradição, qualidade e porte financeiro; umas derivam da sua penetração no mercado do tempo em que atuam no setor; outras derivam de alianças firmadas com instituições financeiras e congêneres de porte, isso quando não representam,

2007, o Juiz da 5.ª Vara da Justiça Federal em Brasília proferiu sentença confirmando a legalidade da decisão do CADE que impôs sanções à Unimed Rio Claro, em virtude da prática da cláusula de exclusividade entre seus médicos associados. A Unimed Rio Claro pretendia anular a decisão do CADE, sob o argumento de que a cláusula de exclusividade obedece ao princípio da fidelidade cooperativista, não estando sujeita à legislação concorrencial. Ao julgar improcedente o pedido da Unimed, o Juiz destacou que a adoção de exclusividade por um plano de saúde com posição dominante acabaria por relegar outros planos a uma posição periférica no mercado. No Tribunal Regional Federal da Primeira Região (TRF-1), a jurisprudência dominante é mais rígida e formalista, na medida em que considera a exigência de exclusividade ilegal sob a ótica da concorrência, independentemente de uma análise mais aprofundada do mercado. Nesse sentido: AMS 2000.34.00.007656-9/DF, Rel. Desembargador Federal Fagundes De Deus, Quinta Turma, DJ de 16/10/2003, e AMS 2000.34.00.007650-2/DF, Rel. Desembargador Federal Souza Prudente, Sexta Turma, DJ de 04/12/2002).

[325] Nesse sentido, vide decisão do TRF-1, estatuindo que "a relação entre a cooperativa e o profissional que a ela se filia é regulamentada pelos seus estatutos, que contêm normas fundamentais sobre organização, direitos e deveres das partes, impostas àqueles que se filiam à cooperativa", sendo perfeitamente *"possível que a cooperativa, visando à concorrência, estipule, em seus estatutos, a exclusividade do profissional em relação a outras entidades concorrentes"*. Sobre a liberdade de contratar, a decisão deixou consignado que *"é matéria atinente ao interesse privado e deve ser irrestrita até o momento em que se configure o domínio de mercado, uma vez que o interesse privado não pode se sobrepor ao público. Há, portanto, que se manter as relações privadas como tal, sem ingerência externa, até que suas ações atinjam o interesse público, em violação ao princípio da livre concorrência, quando então devem ser limitadas pelo órgão competente (Lei 8.884/94, art. 20, I)"* (AMS 1999.34.00.030902-1/DF, Rel. Desembargador Federal Fagundes De Deus, Quinta Turma, DJ de 23/05/2003).

claramente, empresas criadas e geridas pelo próprio grupo financeiro já consolidado. Disso resulta concluir ser acirrada a competição no setor.

Segundo, a competitividade existente no mercado de serviços de plano de saúde implica reconhecer a necessidade de prestação desse serviço em âmbito nacional, porquanto coberturas meramente estaduais ou regionais são, cada vez mais e mais, insuficientes ao atendimento das necessidades do consumidor, dado que: (a) certos tratamentos médicos são oferecidos apenas nos grandes centros urbanos, e (b) a modalidade crescente das pessoas, decorrente da facilitação dos meios de transporte e da conjuntura do mercado de trabalho, torna exigível a prestação em âmbito nacional.

Terceiro, considerando que a prestação em âmbito nacional é essencial à manutenção da competitividade da prestadora de plano de saúde, deve-se concluir que a Unimed, cuja penetração de mercado está concentrada em determinados centros regionais, possui baixo grau de competitividade no setor, em especial se comparada com sociedades prestadoras de plano de saúde em âmbito nacional.

Do exposto, pode-se concluir que a cláusula da exclusividade exigida pela Unimed não caracteriza abuso de posição dominante, nos termos dos arts. 20 e 21 da Lei 8884/94, porquanto tal prática não inviabiliza a entrada de concorrentes de porte na região indicada no processo em análise (interior do Estado de São Paulo).

Ao contrário, bem aplicada a regra da razão na hipótese, deve-se concluir que a cláusula de exclusividade adotada pela Unimed mais propicia do que restringe a competitividade no setor, porquanto aumenta a rivalidade econômica existente entre a Unimed e as prestadoras de plano de saúde de porte, em especial aquelas que atuam em todo o mercado nacional e que, por esta razão, não deixarão de ingressar a atuar de forma competitiva nos mercados regionais onde a Unimed se faz presente com maior grau de atuação".

A decisão deixou de lado a dimensão geográfica do mercado sob a ótica da demanda, enfatizando que a concorrência se dá no âmbito nacional, e afastou as dificuldades de entrada de novos concorrentes em municípios onde a maioria, senão a totalidade dos profissionais, encontra-se comprometida com uma determinada prestadora de serviços médicos. Não abordou, ademais, possíveis prejuízos dos consumidores situados em município dominado pela Unimed, impossibilitados que estariam de adquirir planos de abrangência local de outras operadoras[326].

Outras decisões do mesmo tribunal fundam-se no argumento de que a exclusividade se coaduna com o cooperativismo. Em outras palavras, em sendo o coope-

[326] No mesmo sentido foram as decisões proferidas nos autos dos Recursos Especiais 431106/SP (relatado pelo Ministro Fernando Gonçalves, Quarta Turma, DJ 14.02.2005), 261.155/SP (relatado pelo Ministro Carlos Alberto Menezes Direito, DJ 03/5/2004), 126.391/SP (relatado pelo Ministro Waldemar Zveiter, Terceira Turma, DJ 27.09.1999), e 367.627/SP (relatado pela Ministra Nancy Andrighi, Terceira Turma, DJ 24.06.2002).

rado sócio, não se pode exigir que concorra consigo mesmo. Temos, no entanto, que julgados que se apóiam exclusivamente em tais razões ignoram o diploma antitruste, furtando-se à mais importante discussão nessa seara, que pressupõe analisar a exclusividade à luz do princípio instrumental da liberdade de iniciativa e da garantia institucional da liberdade de concorrência e de interpretar os dispositivos constitucionais e legais que vedam o abuso do poder econômico. Tais decisões sequer permitem efetuar um balanço entre efeitos positivos e negativos da prática debatida, conforme seria esperado de uma análise antitruste fundada em pressupostos liberais[327].

Finalmente, vale mencionar que o Supremo Tribunal Federal (STF) ainda não se manifestou sobre o assunto. Ou seja, ainda há muito campo para debate no que se refere às recusas de contratar concertadas decorrentes de cláusulas de exclusividade ou unimilitância adotadas por associações profissionais no Brasil, especialmente no setor de saúde.

Ainda neste setor, deixando de lado, porém, as recusas concertadas decorrentes de cláusulas de unimilitância, o CADE arquivou caso interessante envolvendo acusações de boicote de empresas seguradoras e operadoras de planos de saúde a hospitais no Rio de Janeiro. O caso é peculiar porque as acusadas, impossibilitadas de negar o boicote comprovado nos autos, defenderam-se praticamente em uníssono com base no argumento de que a prática ocorrera em resposta a um aumento concertado dos preços dos serviços médicos e hospitalares naquele estado da federação, fato também claramente demonstrado no processo. Deu-se

[327] Nesse mesmo sentido, vide decisão proferida pelo Tribunal de Justiça do Rio Grande do Sul nos autos da Ação Ordinária de Obrigação de Fazer movida pela Golden Cross Assistência Internacional de Saúde Ltda. em face da Unimed Porto Alegre Cooperativa de Trabalho Médico, que se encontra assim ementada: "*o Estatuto da entidade UNIMED está em consonância com a Lei de regência das sociedades cooperativas (Lei 5.764/71), sendo a ela, neste aspecto inaplicável a Lei 9.656/98, pois que o contrato mantido não envolve relação de credenciamento entre os profissionais e a cooperativa, mas de sociedade. Traço distintivo entre a figura do contratado ou credenciado por empresa operadora de planos ou seguros de assistência à saúde. Os médicos não são empregados e nem credenciados da UNIMED, sim membros titulares da sociedade. Entre duas sociedades concorrentes, o associado de uma não pode fazer jogo anético junto à outra. A "GOLDEN CROSS' e a 'UNIMED' são duas gigantes do mesmo ramo, por isso mesmo concorrentes entre si e a concorrência é salutar à população, mas esta deve ser leal (arts. 170-IV e 173, § 4.º, Constituição Federal). A Ordem Pública manda estimular o sistema cooperativista como boa forma de associativismo, porque sem fins lucrativos (Arts. 174, § 2.º e 199, § 1.º, Constituição Federal). A livre concorrência, prevista na Constituição, importa no livre exercício de qualquer trabalho, ofício ou profissão, com observância, no entanto, das regras que a lei estabelecer (art. 5.º, XIII, Constituição Federal)*" (TJRS, Agravo de Instrumento n.º 70005528237, Quinta Câmara Cível, relator Desembargador Clarindo Favretto, j. 27.02.03).

o arquivamento em virtude de prescrição, de modo que os argumentos de mérito não foram analisados. Teria sido uma excelente ocasião, de qualquer modo, para avaliar até que ponto o CADE acataria defesa fundada em poder de barganha compensatório, em se tratando de restrição horizontal, cujos efeitos sobre o mercado e sobre os consumidores finais eram dúbios. Isso porque, se de um lado, as empresas investigadas evitaram que os preços dos seus serviços tivessem que ser corrigidos em virtude do aumento dos seus custos, de outro, podem ter contribuído para a redução na qualidade dos serviços prestados.

Ao final de 2007, o CADE teve a oportunidade de analisar argumento idêntico, em caso de recusa de compra em outro setor. Com efeito, nos autos do Processo Administrativo nº 08012.002911/2001-33, instaurado em face da Federação Nacional do Comércio de Combustíveis e Lubrificantes - FECOMBUSTÍVEIS e do Sindicato do Comércio Varejista de Derivados de Petróleo de Campinas e Região – RECAP, o CADE condenou boicote adotado pelos postos de combustíveis de Campinas à aceitação de cartões de crédito. A conduta, confessada pelos sindicatos investigados, foi justificada como uma reação ao que FECOMBUSTÍVEIS e RECAP entendiam como um "cartel das operadoras de cartões de crédito". O CADE entendeu, por unanimidade, que havia posição dominante e que a conduta possuía efeitos deletérios, gerando perda de bem-estar do consumidor, que acabou privado de uma modalidade lícita de pagamento. No voto, o relator Conselheiro Luis Fernando Schuartz afastou o argumento do poder de barganha compensatório, por considerá-lo inaplicável a restrições *hardcore,* e rejeitou defesas mais ideológicas, que invocavam o princípio da liberdade de contratar e a doutrina *Noerr,* oriunda do direito norte-americano e aplicável a boicotes não econômicos.

Na mesma indústria de combustíveis, o CADE já havia multado, em 2004, a Associação de Revendedores de Combustíveis de Brasília, por incitar acordo entre seus membros para que estes deixassem de comercializar certos tipos de diesel especialmente refinados. Trata-se, pois, de caso de recusa de vendas, além de outras acusações. Conforme consta do relatório "Lei e Política de concorrência no Brasil: uma revisão pelos pares" (BID, OCDE, 2005), *"a motivação para tal acordo foi uma portaria baixada pelo Departamento Nacional de Combustíveis exigindo que o diesel refinado fosse vendido pelo mesmo preço do diesel comum sempre que este não estivesse disponível em um posto de abastecimento. Os revendedores acordaram em parar de vender diesel refinado imediatamente para evitar vendê-lo pelo preço do diesel comum".*

A recusa concertada de vendas também foi e é objeto de processos na indústria de cimento. No Procedimento Administrativo nº 10168.003455/2002-06, por exemplo, a SEAE emitiu parecer alertando para a existência de uma estratégia de fechamento de mercado, implementada por meio de uma recusa concertada, por parte das cimenteiras, de vender certos tipos de cimento usualmente adquiridos pelas concreteiras independentes, prejudicando-as ao elevar seus custos. A SDE, por seu turno, instaurou processo administrativo a partir da opinião da SEAE para investigar as condutas das cimenteiras.

Paralelamente, a SEAE e a SDE manifestaram-se desfavoravelmente ao então Projeto ABNT NBR 12655, que recentemente veio a se tornar norma da ABNT, por proibir adições minerais ao cimento, sob justificativas técnicas e de segurança (rechaçadas pelas Secretarias com base em laudos independentes), beneficiando as cimenteiras e impedindo que cimentos mais baratos continuassem a ser adquiridos pelas concreteiras[328]. A aprovação da referida norma institucionalizou a recusa de venda de tais cimentos por parte das cimenteiras, mas não temos notícias de medidas das autoridades em face da ABNT.

No setor automobilístico, por seu turno, foi arquivada investigação em face da Anfavea, da General Motors do Brasil Ltda., da Volkswagen do Brasil Ltda., da Ford Motor Company Brasil Ltda. e da Fiat Automóveis S.A. por abuso de posição dominante envolvendo, entre outras práticas, a recusa de contratar referente à suspensão de linhas de financiamento às concessionárias (AP 08012.000487/2000-40) [329].

Entre os casos envolvendo recusas concertadas de contratar cujo julgamento foi concluído no final de 2007, merecem destaque os Processos Administrativos 08012.005669/2002-31 (Ministério Público Federal *versus* Associação Nacional das Empresas Transportadoras de Veículos – ANTV e Sindicato Nacional dos Transportadores Rodoviários Autônomos de Veículos e Pequenas e Micro Em-

---

[328] Do documento emitido pela SEAE e pela SDE consta que "*na medida em que as concreteiras, especialmente as independentes, para atender as especificações requeridas por seus clientes, tenham que comprar cimentos com as adições já incorporadas, estas correm o risco de pagarem preços mais elevados do que o fariam se elas mesmas pudessem fazer as adições na fabricação do concreto. Atualmente, as concreteiras contam com a vantagem de poderem negociar o preço da escória de alto forno, cinzas volantes, dentre outras, com seus próprios fornecedores. O risco que se corre com a implantação da nova NBR 12655 é de que esta patrocine uma redução da competitividade das concreteiras por meio de elevação de seus custos. Além disso, as cimenteiras podem também ter seu poder de mercado elevado perante os fornecedores dos materiais destinados às adições, com um possível exercício de poder de mercado, em seus respectivos mercados relevantes geográficos. A julgar pela estrutura concentrada do mercado de cimento, já descrita por esta Seae em pareceres referentes a atos de concentração e condutas, pode-se presumir que a indústria cimenteira não tem incentivos para repassar adiante possíveis reduções de custos decorrentes de reduções dos preços das matérias -primas utilizadas na fabricação do cimento*" (Nota Técnica Conjunta nº 07 SEAE/MF - SDE/MJ, Brasília, 31 de janeiro de 2006).

[329] Vide a respeito Thompson A. ANDRADE e Roberto Teixeira ALVES. Distribuidoras de veículos vs. montadoras: condutas anticompetitivas e relações verticais. In: César MATTOS (org.). *A revolução do antitruste no Brasil: a teoria econômica aplicada a casos concretos.* São Paulo: Singular, 2003, p. 347-364.

presas de Transporte Rodoviário de Veículos – SINDICAM) e 08012.009088/99-48 (Conselho Regional de Farmácia do Distrito Federal *versus* Abbot e outros, também conhecido como "caso dos genéricos").

No primeiro, os investigados eram acusados de duas modalidades mais amplas de práticas, na síntese do Conselheiro Relator Luis Fernando Schuartz: condutas concertadas visando restringir a concorrência entre as empresas filiadas, de um lado, e condutas concertadas com vistas a obter o fechamento do mercado para concorrentes das empresas filiadas, de outro. Na última categoria, incluía-se a conduta, imputada à ANTV e ao SINDICAM, de não filiar terceiros em seus quadros. A recusa de filiação, por seu turno, teria o condão de impedir que empresas independentes prestassem serviços de transporte para as principais montadoras do país. O processo foi arquivado por falta de provas das condutas, inclusive no que se refere ao boicote. Na decisão, não foram analisados os efeitos da prática, pois o CADE, por unanimidade, entendeu que não havia evidências de que terceiros haviam pleiteado filiação aos quadros da associação e do sindicato investigados, e que, ademais, existiam provas de que empresas não-filiadas efetivamente prestavam serviços de transporte a grandes montadoras.

Na esfera judicial, porém, onde o assunto começou, a questão ainda não se encontra resolvida, mas há decisões de primeira e segunda instâncias (em sede de tutela antecipada) estabelecendo a obrigatoriedade de contratar na ação promovida pelo Ministério Público Federal em face da ANTV, do SINDICAM e da General Motors do Brasil Ltda. O comando dirige-se à General Motors do Brasil, e fixa percentuais mínimos (quotas) de serviços a serem adquiridos junto a transportadores de veículos não filiados à ANTV e ao SINDICAM (entre 10% e 15%, dependendo da planta da General Motors).

No segundo caso, diversos laboratórios farmacêuticos foram condenados por maioria no CADE, pela suposta tentativa de boicotar produtores e distribuidores de medicamentos genéricos. A conduta imputada às empresas foi depreendida a partir de um documento que teria sido lavrado em reunião entre os gerentes dos laboratórios. A SDE concluiu que os laboratórios estavam preparando um boicote que, porém, não tinham tido oportunidade e tempo hábil de implementar, tendo em vista que o processo administrativo foi iniciado poucos dias após a reunião em questão. A Secretaria sugeria a condenação por tentativa e aplicação de multa mínima, pois os efeitos da alegada conduta – o boicote em si – já teriam sido estancados mediante a prolação de uma Medida Preventiva, estabelecendo a obrigação de "não-boicotar". No CADE, porém, os dois conselheiros e a presidente, que compuseram a maioria, defenderam que alguns atos já haviam sido praticados pela ABIFARMA, então associação que congregava os laboratórios farmacêuticos, por meio de propaganda alegadamente contrária aos medicamentos genéricos. No voto condutor, da lavra do Conselheiro Luis Fernando Rigato Vasconcellos, foram arroladas, ainda, razões que explicariam a racionalidade anticompetitiva da conduta. Em apertada síntese, as empresas investigadas, ainda que tivessem, em alguns casos, interesse na produção e distribuição de medicamentos genéricos, teriam o objetivo comum de barrar a comercialização dos produtos fabricados por outras empresas, e com isso reduzir a concorrência e manter as suas margens de lucro. Assim, as empresas foram condenadas e recorreram ao Poder Judiciário, onde já tramitava uma ação civil pública com objeto idêntico ao do processo administrativo. A decisão condenatória encontrava-se suspensa até a conclusão desde trabalho.

IV.4.3. Síntese e orientações da jurisprudência em matéria de recusa de contratar no Brasil

Antes de discutirmos a jurisprudência apresentada nos itens anteriores para buscar tendências (ou apontar a falta delas) e efetuar críticas, é importante fazer algumas ressalvas.

A aplicação do direito concorrencial é relativamente recente no Brasil, tendo-se intensificado a partir da edição da Lei 8.884/94, que transformou o CADE em autarquia federal. As autoridades administrativas de defesa da concorrência intensificaram as suas atividades a partir de 1997-1998, conforme demonstram relatórios anuais de gestão e outros documentos públicos contendo estatísticas oficiais. Por volta do ano 2000, aumentou o número de *decisões de mérito* de casos importantes no campo das *condutas*, sendo possível apontar como marco o julgamento, em outubro de 1999, do Processo Administrativo n.º 08000.015337/94-48 (SDE *ex officio versus* CSN, COSIPA e USIMINAS), envolvendo acusação de cartel no setor de aços planos. Tal decisão provavelmente corresponde à primeira condenação importante do CADE, não apenas em razão do porte das Representadas, mas também em virtude da qualidade dos argumentos de acusação e defesa, caracterizando uma típica investigação antitruste. Até então, a esmagadora maioria dos casos acabava sendo arquivada por vícios processuais, falta de provas (em virtude de uma instrução deficiente, muitas vezes inexistente) ou por prescrição na esfera administrativa[330].

---

[330] Tais problemas ainda não se encontram completamente sanados. Recentemente, a SDE remeteu diversos processos ao CADE, no setor de saúde, com decisões de arquivamento baseadas na prescrição. As decisões foram mantidas pelo CADE, por ocasião do reexame obrigatório dos casos. No entanto, são nítidos os esforços das autoridades no sentido de *(i)* separar acusações de natureza concorrencial (que merecem a abertura de investigações) daquelas que apenas veiculam lides privadas, e *(ii)* instruir e dar andamento aos processos e averiguações instaurados, e *(iii)* conferir solução aos casos, não apenas por meio de decisões quanto ao mérito, mas também pela via consensual. Tais esforços encontram-se refletidos não apenas no número de investigações concluídas por ano, mas também nas atividades e normas internas da SDE e do próprio CADE, estabelecendo mecanismos com vistas a agilizar os procedimentos e criar canais de cooperação, inclusive com outras autoridades. Ainda assim, nos próximos anos, espera-se que muitos casos, especialmente envolvendo restrições verticais, sejam arquivados em virtude de prescrição ou problemas relacionadas à instrução.

É possível afirmar, desse modo, que a atuação constante das autoridades administrativas de defesa da concorrência, tendo à frente a persecução de objetivos claros e não relacionados à proteção da economia popular, tem apenas uma década de existência, ou seja, um pouco menos que a Lei 8.884/94.

Ademais, há grande rotatividade não apenas entre as autoridades com poder de decisão (os Conselheiros do CADE, por exemplo, exercem seus mandatos por no máximo quatro anos, e muitas vezes permanecem apenas por dois) como também no corpo de funcionários. Para ilustrar, apenas recentemente o CADE passou a contar com um quadro próprio de gestores concursados. Vale lembrar, ainda, que precedentes (administrativos ou judiciais) não vinculam decisões posteriores do CADE. E, ao contrário do que ocorre em outras jurisdições, no Brasil não há o costume de se editar diretrizes que, mesmo não sendo vinculativas, acabam, em última instância, sendo observadas pelo menos pelas autoridades que as promulgaram e servindo de parâmetro para os agentes econômicos.

Como resultado de tudo isso, além de não existir uma grande amostragem de decisões administrativas com base nas quais é viável identificar tendências ou orientações claras, não há grande continuidade na aplicação de políticas antitruste pelas próprias autoridades. Em outras palavras, não se pode afirmar categoricamente que o CADE e outras entidades do SBDC posicionam-se de uma ou outra maneira no que se refere aos assuntos discutidos nesse trabalho. Feita essa ressalva, tem-se que, ainda assim, *alguns padrões mais gerais podem ser observados nas decisões veiculadas acima e serão apontados mais adiante*.

Na esfera judicial, o cenário não é mais promissor.

A atuação tímida e recente das autoridades administrativas, a relativa juventude da Lei 8.884/94 (comparativamente à idade dos diplomas em outras jurisdições), a falta de experiência ou o desconforto de muitos advogados especializados em contendas judiciais com o direito antitruste, e a falta de confiança, de advogados e agentes econômicos, na capacidade do Poder Judiciário para solucionar tais questões ainda contribuem para que poucos casos sejam discutidos judicialmente.

Embora não seja necessário o ingresso na esfera administrativa para posterior discussão judicial de condutas sob a ótica da concorrência, existe, no nosso entendimento, uma relação positiva entre a atuação das autoridades do SBDC e a quantidade de demandas judiciais em matéria antitruste.

Por exemplo, casos de práticas horizontais, inclusive de cartéis clássicos, têm aumentado gradativamente nas cortes e juízos estaduais e federais, fenômeno que se deve, aparentemente, ao fato de que as próprias autoridades têm processado e condenado diversas empresas nos últimos anos. O aumento do rigor nas análises e das decisões condenatórias tem, de um lado, suscitado questionamentos judiciais por parte das próprias investigadas e de terceiros e, de outro, incentivado não apenas demandas buscando ressarcimento, como também o ingresso de outros agentes em juízo, em diversos setores.

Acreditamos que o mesmo ocorrerá com a recusa de contratar vertical e outras práticas dessa natureza quando as autoridades administrativas lhes dedicarem mais tempo. E, no que mais e mais decisões judiciais forem proferidas, a confiança de advogados e partes na habilidade do Poder Judiciário, assim como a própria habilidade e experiência tendem a crescer também, aumentando, por seu turno, as demandas fundadas na lei antitruste. Desse modo, como já ocorre na Europa, as autoridades administrativas no Brasil poderão, quiçá dentro de alguns poucos anos, escolher com critério os casos aos quais pretendem se dedicar (e direcionar os seus escassos recursos), deixando para a iniciativa privada a discussão judicial dos demais. A cultura da concorrência no Brasil somente estará disseminada com a desconcentração da análise e julgamento dos processos em matéria antitruste, como já acontece nos Estados Unidos e, de certa forma, na Europa, cabendo aos tribunais superiores a tarefa de uniformizar a jurisprudência.

Hoje, porém, são proporcionalmente poucas e esparsas as decisões judiciais sobre práticas restritivas à luz da legislação de concorrência. Assim, ainda que seja possível capturar menções aos arts. 170, caput e inciso IV, e 173 §4º da Constituição Federal, ao próprio diploma antitruste em vigor e a argumentos concorrenciais em diversos julgados do Poder Judiciário, não há que se falar em tendências uniformes e coerentes.

Se limitarmos nosso exame às decisões dos tribunais superiores (STJ e STF), apenas uma modalidade de recusa de contratar, entre as diversas aqui discutidas, tem sido reiterada e consistentemente analisada e decidida pelo Poder Judiciário, qual seja, aquela pertinente às recusas concertadas envolvendo cooperativas médicas, constituindo a única hipótese em que se pode falar em "jurisprudência".

Os diversos julgados do STJ discutindo boicotes a outras entidades de saúde por cooperativas como as Unimeds e a exclusão de profissionais que se recusaram a cumprir a denominada cláusula de unimilitância (ou exclusividade) não nos permitem, no entanto, antecipar qualquer conclusão a respeito de futuros posicionamentos das cortes (e do próprio STJ) no que se refere a outras modalidades de recusa, ainda que horizontais. Vale notar que parte considerável das decisões analisadas funda-se exclusivamente na natureza das cooperativas investigadas e na legislação especial que delas trata, dedicando menos atenção ao direito concorrencial.

Isso não nos impede de acompanhar com atenção certas decisões judiciais bastante arrojadas, estabelecendo a obrigatoriedade de contratar em situações controvertidas, como nos casos PQU e Belgo, e nos processos judiciais envolvendo seguradoras de automóveis.

Entre os casos originados na esfera administrativa, encontram-se *sub judice*, além daqueles envolvendo as Unimeds, os processos discutindo cláusulas de exclusividade e de raio adotadas por *shopping centers*, bem como as condenações nos setores de terminais de carga no Porto de Santos e o caso dos genéricos. Em Messer Grieshem do Brasil Ltda. *versus* S.A. White Martins e Power-tech *versus* MATEC, as acusadas pagaram as multas que lhes foram aplicadas sobre os respectivos faturamentos. No caso Microsoft/TBA, as empresas fizeram acordo com o CADE e pagaram as suas multas com redução em juízo. Os casos que se encontram em juízo, por seu turno, aparentemente estão longe de uma decisão final quanto ao mérito. Alguns correm o risco de ter suas decisões anuladas em virtude de vícios processuais e cerceamento de defesa verificados durante a fase administrativa, de modo que o posicionamento do Poder Judiciário quanto às questões de fundo pode jamais vir a ser conhecido.

Voltando à seara administrativa, ao examinarmos um conjunto de precedentes das autoridades antitruste nacionais em matéria de recusa de contratar vertical, observamos que

(i) há poucas decisões enfrentando o problema da recusa de contratar quanto ao mérito em mercados especificamente regulados. Além do caso DirecTV, citado acima, a recusa indireta chegou a ser abordada tangencialmente no setor de telefonia, porém acabou sendo objeto de compromissos de cessação entre as empresas investigadas e a ANATEL, posteriormente homologados pelo CADE[331];

(ii) até 2000, prevalece a adoção de pressupostos liberais (tanto para a identificação quanto para o sancionamento do poder de mercado), havendo claro receio de limitar a liberdade dos agentes (nesse sentido, citamos o precedente Triunfo *vs.* Copesul). Os casos de arquivamento nesse período caracterizam-se por decisões pobres quanto aos motivos pelos quais as investigações não prosseguiram e

[331] Referimo-nos aos Processos Administrativos 53500.002288/2001, 53500.002287/2001 e 53500.005770/2002, todos suspensos e posteriormente arquivados em virtude de compromisso de cessação de prática firmado entre a ANATEL e as respectivas Representadas. Cabe destacar que no Brasil houve diversos litígios envolvendo as operadoras de telecomunicações em torno da interconexão às redes. Inicialmente, as operadoras de longa distância pleitearam acesso às redes das concessionárias locais, as quais apresentaram justificativas técnicas para a recusa (vide Processos 53500.004370/2002, 53.500.006.798/2002, 53500.004458/2002, e 53500.000492/2003), mas a disputa logo evoluiu para a alegada adoção de condições discriminatórias, em detrimento dos concorrentes nos mercados *dowstream* de serviços telefônicos e de transmissão de dados (v.g., Processos Administrativos 53500.001821/2002, 53500.001823/2002 e 53500.001824/2002, todos arquivados pelo CADE por insuficiência de provas, além dos processos encerrados com TCC referidos acima). Atualmente, os problemas predominantes dizem respeito ao acesso às redes móveis, pendendo de parecer na SDE investigação em que as principais operadoras móveis são acusadas de *price squeeze*.

ampla aceitação de justificativas comerciais para a recusa (mesmo em mercados caracterizados por infra-estruturas essenciais);

(iii) no casos após 2000, as autoridades identificaram a existência de poder de mercado em Amex *vs.* VISA, DirecTV *vs.* Globo, Messer *vs.* White Martins, Philip Morris *vs.* Souza Cruz (cf. pareceres da SEAE, da SDE e da procuradoria do CADE, bem como voto do Relator), Power-tech *vs.* Matec, Shopping Jardim Sul *vs.* Shopping Iguatemi (e demais processos envolvendo *shopping centers*), NeoTV *vs.* Globo (cf. pareceres da SEAE e da SDE), Schincariol *vs.* AMBEV e o caso dos terminais portuários. Para tanto, combinaram o critério da participação de mercado, barreiras à entrada, e outras circunstâncias dos casos concretos. No caso dos terminais portuários, foi nítida a preocupação com a capacidade das representadas para exercerem poder econômico por meio do aumento de preços; nos demais, outras variáveis foram igualmente ou mais importantes (v.g., a diversificação dos produtos ou serviços nos casos envolvendo shopping centers, cigarros e conteúdo televisivo, e proteção da concorrência por meio da tutela de concorrentes igualmente eficientes em Schin *vs.* AMBEV);

(iv) a Lei 8.884/94 não privilegia indevidamente o balanço concorrencial ao tratar de controle de condutas em geral, e da recusa da contratar em especial. Em algumas decisões condenatórias ou casos encerrados com acordo, as autoridades adotaram a premissa de que a conduta analisada não apresentava um "balanço positivo" entre efeitos anticompetitivos e eficiências compensatórias (nesse sentido, Philip Morris *vs.* Souza Cruz e Microsof). Em outros casos (v.g. Messer *vs.* White Martins, Power-tech *vs.* Matec e Schin vs. AMBEV), a *ausência de justificativas objetivas* para a recusa (ou para a exclusividade ensejadora da recusa), patente nos votos condutores, teve preferência sobre o *balanço concorrencial.*

(v) em alguns casos, as autoridades acataram a premissa de que os objetivos buscados pelos agentes econômicos ao adotar práticas restritivas podem ser inferidos a partir dos efeitos das práticas, ainda que potenciais. Se o resultado provável de uma prática for o fechamento do mercado, eventuais eficiências não são suficientes para justificar o comportamento e evitar seu sancionamento. Nesse sentido: Power-tech *vs.* Matec, Microsoft e, em certa medida, Shopping Jardim Sul *vs.* Shopping Iguatemi. Esta orientação alinha-se mais à nossa proposta (vide Cap. I da Primeira Parte e Conclusão) do que o tradicional balanço de efeitos;

(vi) entre 2000 e 2009, as autoridades acolheram soluções consensuais em casos importantes de restrições verticais (Souza Cruz, Helibrás e NeoTV *versus* Globo), mas levaram a julgamento um número maior (DirecTV *versus* Globo, Amex, Santos Brasil, Powertech *versus* Matec, Messer *versus* White Martins, Microsoft, *shoppings*, Gradiente e Schincariol *vs.* AMBEV). Do total de quinze casos explorados acima, três resultaram em compromisso de cessação, quatro em arquivamento e oito em condenação. Entretanto, em pelo menos dois dos

casos com Compromisso de Cessação de Prática (Globo e Souza Cruz), as reclamações sobre práticas restritivas prosseguiram após a celebração do compromisso, suscitando dúvidas sobre a adequação e o sucesso da solução consensual naquelas hipóteses concretas.

Finalmente, no que se refere às recusas horizontais, verifica-se um abandono de posições mais formalistas no passado, que privilegiavam aspectos pouco importantes do ponto de vista concorrencial, caminhando-se em direção a um tratamento mais racional das práticas, refletido no maior cuidado no que se refere à definição dos mercados relevantes e à análise de efeitos sobre o mercado. Algumas práticas ainda tendem a ser analisadas como restrições *hardcore* (v.g., os casos FECOMBUSTÍVEIS e Genéricos), mas espera-se que mesmo para estas as autoridades acabem flexibilizando a análise e abandonando a regra da ilicitude *per se*. Não existe, a rigor, uma diferença substancial entre Amex e FECOMBUSTÍVEIS, especialmente se o foco desviar-se da distinção vertical *versus* horizontal e recair sobre os efeitos das práticas.

Em síntese, pode-se afirmar a respeito das recusas horizontais no Brasil que

(i) recusas concertadas adotadas por associações profissionais no setor de saúde têm sido reiteradamente condenadas pelo CADE. Uma vez superadas posições mais formalistas, as condenações têm-se baseado nos efeitos de fechamento de mercado gerados por tais práticas nas localidades em que são implementadas;

(ii) as cortes analisaram diversos casos de unimilitância e suas decisões demonstram, além do apego a argumentos privatistas, que as autoridades tendem a interpretar os dispositivos constitucionais e legais em matéria de concorrência de forma excessivamente ideológica, traindo as convicções políticas dos julgadores, e evitando discussões mais técnicas, infelizmente ainda não enfrentadas;

(iii) as recusas concertadas consideradas "boicotes clássicos" são tratadas de forma rigorosa, sendo que as autoridades, além de não considerar eficiências para fins de balanço (como geralmente o fazem para as demais modalidades de recusa), deixam de lado (a nosso ver indevidamente) as justificativas apresentadas pelos agentes econômicos (v.g., a decisão em FECOMBUSTÍVEIS).

V – Conclusão

V.1. Análise convergente de condutas: o mérito do sistema brasileiro

Ao adotar o sistema do abuso do poder econômico para caracterizar todos os ilícitos concorrenciais, o direito pátrio foge de algumas ciladas enfrentadas hoje nos Estados Unidos e na Europa, cujas legislações de defesa da concorrência distinguem entre ilícitos decorrentes de acordos, de um lado, e outras práticas anticompetitivas, unilaterais ou não, adotadas por empresas detentoras de poder de mercado, de outro.

Tanto nos EUA quanto na Europa, tal distinção é histórica, porém faz cada vez menos sentido do ponto de vista prático, acarretando, por outro lado, que recursos e esforços sejam despendidos em tarefas como demonstrar a existência de um ajuste, horizontal ou vertical, ao invés de se conferir maior enfoque aos potenciais efeitos de uma determinada prática sobre o mercado, que independem de ser esta objeto de consenso.

Nos Estados Unidos, por exemplo, as cortes norte-americanas procederam a complicado "malabarismo jurídico" para evitar tornar letra morta o art. 2º do *Sherman Act* em situações em que a prática objeto de investigação também se enquadrava no art. 1º, como é o caso da recusa de contratar resultante de contratos de distribuição com exclusividade. Nesse sentido, nos precedentes *United States v. Microsoft Corp* e *LePage's Inc. v. 3M Co.*, discutidos acima, as cortes estabeleceram que acordos de exclusividade não violam o art. 1º *do Sherman Act*, a não ser que impliquem elevado patamar de fechamento de mercado. Ao mesmo tempo, patamares muito inferiores foram suficientes para que se reconhecesse a ofensa ao art. 2º da mesma lei. Desse modo, empresas dominantes como Microsoft e 3M acabaram sendo inocentadas com base no art. 1º e condenadas com base no art. 2º. É certo que a preocupação das cortes era sinalizar que acordos de exclusividade entre empresas não detentoras de poder econômico dificilmente afrontarão o diploma antitruste. Porém, é difícil compreender que uma prática que preenche os requisitos de subsunção ao art. 2º não o faça com relação ao art. 1º, onde a exigência em matéria de provas é menor.

As autoridades européias têm fugido desse tipo de distinção entre os arts. 101 e 102 do Tratado de Roma. Normalmente, acordos condenáveis com base no art. 102 também o são à luz do art. 101 (v.g., o caso *Van den Bergh Foods Ltd.*,), embora o contrário não seja verdadeiro.

Verifica-se na Europa, aliás, tentativas recentes de uniformizar a interpretação das diversas normas do Tratado de Roma, para que práticas condenáveis à luz de mais de um dispositivo legal, como ocorre com as recusas de contratar, não recebam tratamento contraditório, gerando insegurança jurídica[332].

Nesse contexto, práticas até recentemente consideradas anticompetitivas pelo seu objeto, com base no art. 101 do Tratado de Roma, passam hoje por uma análise, ainda que superficial, de poder de mercado e de efeitos potenciais sobre a concorrência entre os Estados-membros da União Européia. E, embora o art. 102 não admita o denominado balanço entre efeitos anticompetitivos e eficiências compensatórias como excludente de ilicitude, ainda é possível analisar as eficiências em uma etapa anterior, para distinguir comportamentos exclusionários de condutas lícitas e legítimas. Continuam existindo ilícitos *hardcore* condenados com base no art. 101, mas cada vez em menor número e com mais amplas possibilidades de defesa.

Assim, ambos os arts. 81 e 82 do Tratado de Roma comportam análise de poder de mercado e permitem, em algum momento, que sejam consideradas justificativas e eficiências de uma prática (no art. 102, como excludente da anticompetitividade dos efeitos da conduta, e não como circunstância compensatória).

No que concerne especificamente às recusas de contratar na Europa, viu-se que práticas unilaterais, como é o caso de recusas de fabricantes no sentido de comercializar seus produtos a distribuidores engajados em importações paralelas, situação muito comum nas indústrias farmacêutica e automobilística, já foram analisadas e condenadas sob o art. 101 do Tratado de Roma, em virtude da extensiva interpretação conferida jurisprudencialmente a acordos. Da mesma forma, acordos verticais já foram objeto de questionamento e condenação à luz do art. 102. Recusas concertadas também podem ser questionadas à luz de ambos os dispositivos e devem receber tratamento uniforme.

O movimento não passou despercebido à doutrina, aos advogados e economistas especializados em direito concorrencial europeu, e aos próprios aplicadores da lei (cortes e autoridades administrativas), e não faltam propostas de unificação do conteúdo dos arts. 101 e 102 do Tratado de Roma, em reforma muito mais abrangente do que a recentemente proposta pela Comissão Européia. Economistas mais entusiasmados tendem a pregar a completa eliminação do art. 101 (e das complexas nuances jurídicas que foram criadas em torno de conceitos abertos estabelecidos na referida norma), enquanto que juristas mais pragmáticos propõem a eliminação do art. 102.

---

[332] Não podemos deixar de mencionar tentativas no sentido oposto, principalmente, buscando manter a distinção entre os arts. 101 e 102 do Tratado de Roma. São nesse sentido interpretações que atribuem ao art. 102 o combate à denominada "superdominância" (nesse sentido, D. G. GOYDER, *EC Competition*, cit.), nos moldes da interpretação dada pelas cortes norte-americanas ao art. 2º do Sherman Act. De maneira geral, porém, os esforços são no sentido de compatibilizar os citados dispositivos legais, como evidencia o *Discussion Paper* e a Comunicação 864/2009da Comissão Européia.

A tendência à adoção da regra da razão ou mecanismos equivalentes ou semelhantes também é muito clara na jurisprudência européia e na norte-americana.

Se aceitarmos como fato a flexibilização do tratamento às restrições relativas a importações paralelas na Europa, o resultado é que todas as recusas verticais são analisadas segundo tais critérios, nos Estados Unidos e naquela jurisdição, tanto sob os arts. que tratam de acordos (art. 1º do Sherman Act e art. 101 do Tratado), quanto sob aqueles que tratam de monopolização ou abuso de posição dominante (Art. 2º do Sherman Act e 82 do Tratado de Roma). As recusas horizontais que ainda são consideradas ilícitos *per se* nos EUA ou de objeto anticompetitivo na Europa vêm-se tornando mais raras. Na Europa, alguns tipos de boicotes, quando detectados, ensejam exaustiva avaliação à luz do art. 101, §3. Nos Estados Unidos, apenas os boicotes clássicos ainda são ilícitos *per se*.

No Brasil, vale repisar mais uma vez, todas as práticas exigem como requisito a existência de poder econômico e não existe, em princípio, a preocupação de se demonstrar o preenchimento de critérios formalistas como a caracterização de um acordo ou o enquadramento de uma prática como horizontal ou vertical. Tal circunstância encontra-se destacada no relatório "Lei e Política de concorrência no Brasil: uma revisão pelos pares" (BID, OCDE, 2005):

"A prática analítica de se dividir as condutas anticoncorrenciais em cinco categorias (acordos horizontais per se e não per se, acordos verticais per se e não per se e conduta unilateral envolvendo monopólio ou abuso de posição dominante) não é empregada no Brasil. Como observado, a distinção per se/não per se não aparece porque o CADE requer que haja poder de mercado para que haja infração. Além do mais, acordos verticais são efetivamente eliminados como classe porque o CADE não faz distinção (como na lei antitruste americana) entre o grau ordinário de poder de mercado necessário para enquadrar violações verticais envolvendo empresas não-dominantes, e o aumento de poder necessário para enquadrar um abuso monopolista" (pp. 20-21).

Assim, no que tange especificamente às práticas que ensejam obrigatoriedade de contratar fundada da legislação concorrencial, nada impede que tenham tratamento uniforme e coerente em território nacional, independentemente de resultarem de acordo ou serem unilaterais, e de serem caracterizadas como horizontais e verticais. Basta que haja poder econômico (cuja identificação já foi discutida no item I.5.3 da Primeira Parte) e que haja suscetibilidade de efeitos prejudiciais à ordem econômica (vide itens I.5.4 e seguintes da Primeira Parte). O mérito do sistema brasileiro é justamente esse, possibilitar a convergência.

Discutiremos, a seguir, se tal uniformização é viável e de que forma deve ocorrer.

V.2. Proposta de tratamento sistemático para as recusas de contratar no direito concorrencial brasileiro

Conforme já exposto, a análise da recusa de contratar (assim como de quaisquer outras práticas) à luz da Lei 8.884/94 e do art. 173, §4º, da Constituição Federal Brasileira, pressupõe a existência de poder econômico.

Esse poder não se limita à capacidade de elevar preços, mas abrange diversas outras facetas, entre as quais citamos a capacidade de controlar o nível de inovação da indústria, a capacidade de atuar independentemente de clientes, fornecedores e da reação de concorrentes, e a capacidade de coordenação (no caso dos oligopólios).

Os agentes detentores de poder econômico, justamente por usufruírem tal *status*, têm sua liberdade de iniciativa limitada em grau superior àquele relativo aos demais agentes, o que equivale, no Brasil, à mesma idéia de "responsabilidade especial da empresa com poder econômico" do sistema europeu e, em certa medida, de interpretações menos liberais do art. 2º do Sherman Act norte-americano (v.g., SHIEBER).

A referência à Europa e aos Estados Unidos, porém, não pode resultar na necessidade, em nosso país, de que os agentes detenham participações de mercado elevadas a ponto de caracterizar a chamada "super-dominância" (que corresponde a participações de mercado no mínimo superiores a 50%), na Europa, ou "monopolização" na sua acepção mais liberal, nos Estados Unidos.

Não devemos olvidar que nessas jurisdições condutas de empresas sem elevada participação de mercado são coibidas e sancionadas pelos arts. 81 do Tratado de Roma e 1º do Sherman Act, respectivamente, caso não possam ser caracterizadas como dominância ou monopolização, enquanto que no Brasil não existe essa alternativa. Desse modo, o legislador brasileiro acertou ao estabelecer o patamar de 20% de participação de mercado para a presunção relativa de dominância em território nacional, acrescentando que esse percentual deve ser adequado (para mais ou para menos) conforme as características do setor.

Mas não basta que a recusa de contratar seja adotada por agentes com poder econômico para que se justifique o sancionamento da conduta. Há necessidade de se caracterizar o abuso.

Para tanto, não cabe a realização de um balanço entre efeitos anticompetitivos e eficiências associadas à recusa de contratar no caso concreto. Impõe-se, ao revés, a adoção de um juízo ético-valorativo para orientar a análise dos processos em matéria concorrencial, baseada na aplicação da regra da proporcionalidade, tal como descrita por ALEXY (vide item I.5.5 da Primeira Parte).

A lei distingue entre a dominação de mercado que resulta de maior eficiência daquela que decorre de condutas anticompetitivas, ainda que o agente, posteriormente, passe a atuar de forma mais eficiente. Assim, a eficiência deve ser causa da posição ostentada pelo agente, e não conseqüência. Até porque a eficiência pode resultar tanto da própria prática adotada (por exemplo, da forma com que foi organizada a distribuição), como da eliminação da concorrência ou da aquisição de poder econômico (estando apenas indiretamente relacionada à prática).

Assim, nem sempre a obtenção de eficiência econômica constitui *justificativa suficiente* para a adoção de comportamentos restritivos por parte de empresas dominantes. Há hipóteses em que os fins não justificam os meios, afastando-se qualquer exegese utilitária que, definitivamente, não foi acolhida pelo art. 20 da Lei 8.884/94; ao contrário, aliás, do que ocorre com o art. 54 do mesmo diploma ao tratar do controle de concentrações, que admite de forma limitada o chamado balanço concorrencial[333]-[334].

Ao introduzir os Anexos I e II, que tratam, respectivamente, da definição e classificação das práticas restritivas e dos critérios básicos para a sua análise, a Resolução 20/99, cujos anexos subsistem, nos termos do Novo Regimento Interno do CADE, alinha-se com um pensamento excessivamente liberal, dispondo que, ao se analisar uma prática sob a ótica concorrencial (arts. 20 e 21 da Lei 8.884/94), *"é preciso considerar não apenas os custos decorrentes do impacto, mas também o conjunto de eventuais benefícios dela decorrentes de forma a apurar seus efeitos líquidos sobre o mercado e o consumidor."* Ou seja, conforme consta do Anexo II, *"de acordo com o princípio da razoabilidade, deverão ser condenadas as condutas cujos efeitos anticompetitivos não sejam suficientemente contrabalançados por possíveis benefícios/eficiência compensatórios"*.

Trata-se de dispositivos ilegais, na medida em que tornam o art. 20 excessivamente condescendente com práticas restritivas[335]. Tal como já mencionado, a

---

[333] A disparidade de tratamentos outorgados às condutas e aos atos de concentração não é, de forma alguma, incoerente. O controle de fusões é geralmente prévio à realização dessas, e as autoridades efetuam uma análise perspectiva sobre os efeitos decorrentes da operação em exame. Faz sentido, desse modo, avaliar efeitos negativos e eficiências, daí obtendo um saldo que orientará a decisão final sobre a aprovação ou não do ato. Já o controle de condutas ocorre *a posteriori*, de modo que as autoridades analisam retrospectivamente os efeitos sobre o mercado (ou examinam-nos no momento em que estão ocorrendo). Se os efeitos forem anticompetitivos, a existência de eficiências é irrelevante para fins de exclusão da ilicitude da prática.

[334] A respeito dos limites da análise de eficiências em sede de atos de concentração, vide Luis Fernando SCHUARTZ. Quando o bom é o melhor amigo do ótimo: a autonomia do Direito perante a Economia e a política da concorrência. *RDA*, v. 245, maio/ago. 2007.

[335] Tal circunstância não foi vislumbrada quando de nossa dissertação de Mestrado, que discutia a fixação e a sugestão de preços de revenda nos contratos de distribuição (*Fixação*, cit.). Naquele trabalho, aceitávamos, sem questionamento, a proposta da Resolução 20/99 do CADE.

eficiência deve ser levada em conta como *excludente* da dominação de mercados e, eventualmente, como justificativa para práticas restritivas, desde que as últimas sejam idôneas, necessárias e adequadas à obtenção das primeiras. A conquista de mercado resultante de *processo natural*, fundado na maior eficiência do agente econômico em relação aos seus concorrentes, não caracteriza dominação de mercado; *a contrario sensu*, a conquista de mercado que não resulta de maior eficiência do agente, mas de *práticas artificiais, restritivas* e desarrazoadas configura infração à ordem econômica.

Se o saldo líquido alegadamente positivo de uma prática não pode ser o critério a orientar a caracterização ou não do abuso do poder econômico, há que se buscar outros valores, ou seja, um paradigma adequado de conduta.

Temos que a caracterização ou não do *abuso* do poder econômico encontra-se estreitamente relacionada às *justificativas admissíveis para certas práticas*. Algumas justificativas são perfeitamente aceitáveis em se tratando de agentes econômicos não detentores de poder. Já aqueles que o detêm precisarão de mais para justificar as suas práticas, se estas tiverem o condão de gerar efeitos anticompetitivos. Essa idéia encontra paralelo no direito europeu, mais precisamente no art. 102 do Tratado de Roma, que introduz o conceito de *conduta objetivamente justificável*. No Brasil, essa concepção advém diretamente do art. 173, §4º, da Constituição Federal.

Com efeito, se todas as condutas restritivas adotadas por agentes com poder econômico fossem ilícitas, a noção de abuso restaria completamente esvaziada. Imagine-se, por exemplo, que, em virtude de graves problemas técnicos em uma de suas plantas produtivas, uma empresa monopolista não seja capaz de honrar suas obrigações, deixando desabastecidos clientes no mercado a jusante. A recusa de contratar, nessa hipótese, não pode configurar infração concorrencial, pois não existe abuso. Há, portanto, que se perquirir sempre as razões para o comportamento adotado pelo agente, os quais devem ter respaldo nos fatos e, além disso, atender à proporcionalidade.

Pela ótica exclusivamente privada, a racionalidade da recusa de contratar abrange diversas justificativas, entre as quais destacamos a inadimplência e outras desavenças comerciais, a limitação de capacidade produtiva ou o comprometimento da produção, a incompatibilidade e outras justificativas de caráter técnico ou logístico, a padronização e a segurança de produtos e serviços (v.g., normas que impeçam a comercialização de determinados produtos ou que os tornem menos competitivos), o controle de atividades profissionais (como nos exemplos envolvendo advogados e atletas – vide item III.2.1 retro), alterações de estratégia empresarial e políticas de distribuição e comercialização (v.g., sistemas de distribuição exclusiva ou seletiva).

A análise de justificativas deve observar a proporcionalidade para não sobrepujar o exame dos *efeitos* (ainda que potenciais), ou seja, a potencialidade lesiva da recusa de contratar sobre o mercado. Ainda que a recusa possa ser explicada com base em uma política de distribuição exclusiva, por exemplo, há que se verificar se tal política não constitui ela mesma um ilícito concorrencial, por ser desarrazoada. Quanto mais graves forem os efeitos associados a uma prática, mais cuidadosa deve ser a análise de justificativas. Precedentes nacionais e internacionais evidenciam que justificativas técnicas aparentemente razoáveis podem esconder políticas comerciais com objetivos e efeitos potenciais de impedir ou eliminar a concorrência.

De maneira geral, se o agente econômico investigado tem dificuldades de demonstrar as razões de uma prática comercial, recorrendo, para tanto, a pareceres pouco críveis, elaborados *a posteriori*, e contratados exclusivamente para fins de defesa administrativa ou em juízo, as suas justificativas devem ser tomadas com cautela. Justificativas construídas posteriormente, contemplando explicações que os próprios executivos não são capazes de fornecer, ou que os documentos da empresa não estão aptos a demonstrar, deveriam ser consideradas inócuas para fins de uma investigação antitruste.

As justificativas para a recusa, ademais, devem guardar estreita relação com os efeitos potenciais da prática. Isso significa observar a *proporcionalidade* em sentido estrito entre objetivos perseguidos e meios adotados para a sua consecução. Já tivemos a oportunidade de afirmar que empresas monopolistas devem sempre buscar os meios menos restritivos para atingir os seus objetivos, ainda que legítimos.

Na verdade, quaisquer justificativas devem passar pelo crivo da verossimilhança e da razoabilidade (idoneidade e necessidade), e levar em conta a *legitimidade social* dos objetivos perseguidos pelo agente, paradigmas de comportamento social vigentes à época e, como mencionado, a proporcionalidade *stricto sensu* – deixando de lado, no entanto, a idéia de que se deve evitar uma intervenção no mercado ou no contrato privado a todo custo.

A intervenção estatal, quando cabível, atua tanto no sentido de resguardar o sistema de mercado quanto de forma a orientá-lo para a concretização da justiça social. E, consoante já explicitado no Cap. II.3 retro, o direito concorrencial é justamente uma forma de realizar a função social da empresa e do contrato.

A análise antitruste da recusa de contratar pode assumir contornos bastante complexos, especialmente porque a adequada avaliação de justificativas e efeitos pode ser intrincada. Quanto ao último aspecto, vale observar que as mesmas restrições podem, em alguns casos, reduzir a concorrência e elevar as barreiras à entrada e, em outros, gerar efeitos completamente opostos. A doutrina e a jurisprudência analisadas deixam isso muito claro.

No campo das restrições verticais, por exemplo, identificamos contribuições que a teoria da Organização Industrial pode trazer para a compreensão do comportamento dos agentes econômicos detentores de poder e seus efeitos em se tratando da recusa de contratar.

De um lado, a referida teoria aponta como potenciais efeitos anticompetitivos relacionados à prática a eliminação de concorrentes efetivos (impedindo o acesso a fontes de matéria-prima ou aos canais de distribuição) ou a elevação de seus custos (elevação dos custos dos rivais), e a criação ou elevação artificial das barreiras à entrada de potenciais concorrentes (elevação dos custos para entrada no mercado).

De outro, tomando como pressuposto o funcionamento imperfeito dos mercados, a teoria da Organização Industrial admite que a recusa de contratar esteja direcionada à solução legítima de problemas como concorrência predatória entre distribuidores, adoção de condutas oportunistas (*free-riding*) por parte de distribuidores e fornecedores, necessidade de economias de escala na distribuição, concorrência predatória entre fabricantes, etc.

O mesmo vale para as recusas horizontais, que às vezes servem para manter a estabilidade de cartéis, mas também podem ter justificativas legítimas, como disciplinar a atuação de atletas e profissionais liberais.

Se excluirmos a possibilidade de um balanço *a posteriori* entre prejuízos concorrenciais e eficiências (que invariavelmente implicam tranferência de riqueza dos consumidores para os produtores ou fornecedores envolvidos nas práticas), é possível adotar muitos dos argumentos explorados nos escritos de Organização Industrial para avaliar a recusa de contratar vertical.

Uma proposta abrangente para a análise de todas as recusas de contratar (horizontais e verticais) deve, a nosso ver, contemplar as seguintes etapas: *(i)* caracterização da recusa e avaliação preliminar das justificativas para tanto; *(ii)* identificação do(s) mercado(s) relevante(s); *(iii)* identificação do exercício de poder de mercado (levando em consideração, inclusive, a estrutura do mercado como um todo, o porte ou situação do agente investigado, barreiras à entrada e rivalidade, conforme esperado de uma análise antitruste tradicional); e *(iv)* análise aprofundada dos efeitos e justificativas para a recusa no caso concreto.

A primeira etapa permite a realização de uma triagem inicial, afastando-se desde logo casos mais óbvios, que claramente escapam ao escopo da legislação antitruste (v.g., problemas evidentes de inadimplemento). Em havendo dúvidas, no entanto, a análise deve prosseguir. Cabe observar que a caracterização da recusa pode ser complexa nas situações em que é indireta.

A segunda e a terceira etapas permitem verificar se o agente investigado é suscetível de responsabilização com base na lei de defesa da concorrência. Se não houver poder econômico, as investigações não devem ter seguimento.

A quarta etapa corresponde à análise dos efeitos da conduta propriamente ditos. Se os efeitos (ainda que potenciais) forem anticompetitivos, e não justificáveis com base em uma explicação verossímil e proporcional (ou seja, não cabe qualquer explicação comercial para afastar a ilicitude da recusa, como preconizava a jurisprudência mais antiga do CADE), a conduta deve ser condenada. Não deve haver espaço, como já mencionado, para um balanço entre efeitos potenciais e eficiências, por todas as razões já expostas, e porque essas dificilmente são repartidas com os usuários finais na presença de poder econômico e de práticas restritivas. A presença de concorrência é a única forma de garantir que usuários finais se apropriem de eficiências, qualquer que seja a sua natureza.

Essa etapa pode ser fracionada em duas. Se não houver suscetibilidade de efeitos anticompetitivos, a investigação acaba. Se houver, volta-se às justificativas, porém estas devem ser encaradas com rigor. Tal como já mencionado acima, a idéia de *abuso* refere-se justamente à impossibilidade ou descabimento das justificativas apresentadas.

Note-se que propositadamente não se efetuou distinção entre recusas horizontais e verticais. Isso decorre do fato de não se vislumbrarem razões para tratamento diferenciado, mesmo no que diz respeito aos boicotes conhecidos como "clássicos" (e que não passam de recusas de contratar concertadas associadas a acordos *hardcore* entre concorrentes). Tais práticas somente serão ilícitas na presença de poder econômico dos seus participantes (em conjunto) e se puderem resultar efeitos potencialmente lesivos ao mercado. A única diferença no que se refere a todos os demais casos de recusa diz respeito à maior facilidade de se demonstrar a potencialidade lesiva (já que tais práticas têm a si historicamente atribuídos efeitos negativos) e às dificuldades de se apresentar justificativas razoáveis e verossímeis, que tenham condições de ser pelo menos investigadas.

É preciso escapar da tentação de criar parâmetros muito rígidos e definitivos, os chamados "testes" de licitude ou ilicitude, pois isso tende a engessar e prejudicar a análise dos casos concretos, fundada, em última instância, no princípio do livre convencimento do julgador. Explicações que em determinadas circunstâncias se afiguram plausíveis para justificar a recusa de contratar, em outras situações denotam-se forçadas ou inverossímeis. Por outro lado, as análises não se podem estender por tempo indeterminado ou perder-se em discussões jurídicas e econômicas ("guerras de pareceres", como muitas vezes acontece), impossíveis de verificação prática, pois há um momento em que deixam de resultar úteis.

V.3. Obrigatoriedade de contratar e outros remédios

O tema central desse trabalho é a obrigatoriedade de contratar. A imposição de semelhante obrigação é o principal remédio que se espera seja adotado em situações de recusa de contratar, salvo nas hipóteses em que o decurso do tempo impede completamente a sua efetividade, v.g., em situações em que a concorrência – mais concretamente, a(s) empresa(s) vítima(s) da recusa de contratar - já se encontra alijada do mercado e impossibilitada de a ele retornar, não restando outra alternativa às autoridades senão a aplicação de multa, de modo a desestimular comportamentos futuros, sem prejuízo da reparação dos damos causados a ser buscada em juízo pelos intreressados.

A seguir discutiremos a efetividade da imposição da obrigatoriedade de contratar como remédio em mercados caracterizados por bens essenciais (utilidade pública) e em outras situações, bem como o alcance de remédios complementares ou alternativos.

V.3.1. Obrigatoriedade de contratar e bens de utilidade pública

V.3.1.1. A superioridade da regulação ex-ante relativamente à obrigatoriedade de acesso derivada do direito concorrencial

Ao tratar especificamente da formulação norte-americana da doutrina das *essential facilities* (vide item II.3.3.4), Calixto SALOMÃO FILHO aduz que o seu ponto fraco repousa justamente na falta de exigência para que seja fornecido acesso em *igualdade absoluta de condições*, dando ensejo à utilização de uma série de justificativas pelos agentes econômicos, de natureza subjetiva ou de difícil aferição prática, entre as quais se destaca o sempre presente argumento da eficiência alocativa. Além disso, a *"tradicional aversão da doutrina concorrencial à invasão das liberdades – contratual e de iniciativa – do particular"* levaria à compensação da disciplina considerada excessivamente 'interventiva' da *essential facility doctrine* pela *"amplitude desmesurada e assistemática atribuída à discriminação lícita entre concorrentes"*[336].

O problema é endereçado pelo direito antitruste europeu, que, como mencionado no item acima, contempla a não-discriminação e a transparência como elementos associados à doutrina da infra-estrutura essencial naquela jurisdição. Em outras palavras, a doutrina européia não padece da incompletude associada à doutrina norte-americana, uma vez que prevê, além do acesso obrigatório, outras medidas voltadas para tornar tal acesso efetivo.

Ainda assim, por permitir a adoção de justificativas por vezes subjetivas e dar ensejo a argumentos de cunho excessivamente liberal, a doutrina da infra-estru-

[336] Vide Calixto SALOMÃO FILHO. *Regulação*, cit., pp. 52-55.

tura essencial, assim como o próprio direito antitruste, são insuficientes, nos dois continentes, para resolver o problema do acesso em mercados caracterizados pela existência de bens de utilidade pública, que constituem, portanto, *campo da regulação por excelência*[337].

Note-se que, segundo SALOMÃO FILHO, o objetivo da regulação, nessa hipótese, não é o de corrigir uma falha de mercado, mas o de estabelecer uma pluralidade de escolhas e permitir amplo acesso ao conhecimento econômico, proporcionado pela garantia institucional da concorrência.

Desse modo, a regulação (desde que, evidentemente, bem elaborada, aplicada e fiscalizada), implicando justamente o reconhecimento da função social da propriedade do bem em questão, afastaria não apenas a possibilidade de discriminação no que se refere ao acesso, garantindo, ativamente, condições equânimes de uso de um bem essencial, geralmente uma rede, mas também a utilização de argumentos de cunho exacerbadamente ideológicos ou subjetivos a justificar a negativa de acesso nos casos concretos.

Existem, ainda, outras razões para que se considere que a regulação específica é instrumento mais apropriado que a aplicação do direito antitruste para lidar com a questão do acesso em mercados caracterizados por bens de utilidade pública. O assunto foi discutido com maior detalhe em artigo de nossa autoria, em outubro de 2007[338]. Em suma, entendemos que a regulação se encontra apta, em tese, a proporcionar soluções mais céleres e eficazes aos problemas gerados pela atuação dinâmica dos agentes econômicos, inclusive em virtude das condições estruturais dos próprios mercados.

Com efeito, a regulação opera *ex ante*, prevenindo situações que podem ser extremamente gravosas em se tratando da negativa de acesso a bens essenciais,

---

[337] *Direito concorrencial: as condutas*, cit., p. 236. A mesma conclusão não se aplica ao problema do acesso da população aos bens e serviços essenciais, que anteriormente foram caracterizados como de "universalização". Em tais situações, além da prestação do serviço ou oferta do bem diretamente pelo Estado, haveria necessidade, segundo SALOMÃO FILHO, de políticas públicas ativas, as quais, diante da inércia dos Poderes Executivo ou Legislativo, poderiam, inclusive, ser determinadas pelo Poder Judiciário. Tal questão é deveras instigante, mas não a analisaremos pormenorizadamente aqui, parecendo-nos, em princípio, tratar-se de matéria afeta à intervenção do Estado na economia e também à regulação (em sentido amplo e em sentido estrito), porém alheia ao escopo do direito antitruste. Como visto retro, este microssistema tutela a *escolha* (ou seja, a competição, com todos os valores a ela associados), enquanto que a idéia de universalização está ligada a uma etapa anterior: dar acesso à população aos bens e serviços considerados fundamentais para a sua existência digna e para o seu desenvolvimento.

[338] Defesa da concorrência nos mercados de telefonia fixa local no Brasil: 10 anos de coexistência entre o diploma antitruste e a Lei Geral de Telecomunicações. *Revista do IBRAC*, v. 15, n. 1, 2008.

enquanto que o direito antitruste atua predominantemente *ex post*, podendo, em certos casos, resultar intempestivo, com prejuízos irreparáveis ou de difícil reparação ao processo competitivo e aos consumidores.

Embora não se possa descartar a possibilidade de as agências reguladoras demandarem períodos igualmente longos para garantir acesso a um bem essencial ou tomar as providências necessárias para evitar que tal acesso seja negado de forma indireta (por meio de práticas discriminatórias e pouco transparentes, por exemplo), é difícil imaginar que a implementação e a fiscalização de políticas regulatórias efetivamente exijam mais tempo do que um processo antitruste, cercado das necessárias garantias do contraditório e da ampla defesa.

Já tivemos oportunidade de consignar que *"a regulação é o meio mais adequado para a apresentação de respostas imediatas às dificuldades que surgem e à inegável capacidade de adaptação dos agentes econômicos a novas situações"*[339], inclusive o aperfeiçoamento de práticas anticompetitivas.

Ademais, endereçando a questão da adaptação dos agentes econômicos e do aperfeiçoamento de práticas restritivas, cabe mencionar que as agência reguladoras, como destinatárias iniciais da legislação da indústria que tutelam, bem como de seus próprios regulamentos e normas infralegais, podem aperfeiçoá-los quando necessário, e interpretá-los de maneira a neutralizar o oportunismo dos agentes regulados.

As autoridades reguladoras geralmente têm sobre as cortes e autoridades antitruste administrativas as vantagens da maior especialização e da proximidade com o mercado e com os agentes regulados. Embora tal proximidade possa trazer consigo o risco da "captura"[340], a solução, uma vez verificado o problema, não é simplesmente substituir a regulação pelo direito da concorrência, e a agência reguladora pela autoridade antitruste, mas criar mecanismos que eliminem ou

---

[339] Defesa da concorrência, cit. A esse respeito, merece destaque a indústria de telecomunicações, no Brasil e no mundo. A jurisprudência do setor encontra-se repleta de exemplos de recusas de contratar que evoluíram de formas mais diretas para modalidades bastante complexas, em que a negativa pura e simples de acesso cedeu lugar a práticas discriminatórias que, embora tecnicamente ainda caracterizem recusa, são geralmente de difícil verificação ou comprovação prática. Vide, nesse sentido, a evolução das práticas adotadas pela AT&T nos Estados Unidos, a partir dos antecedentes do citado caso *MCI v. AT&T* em Joseph D. KEARNEY (From the fall of the Bell System to the Telecommunications Act: regulation of telecommunications under Judge Greene, *Hastings Law Journal*, v. 50, p. 1395-1472, August 1999).

[340] Ao comentar sobre a doutrina das *essential facilities* na Europa, por exemplo, VASSILIS HATZOPOULOS (*Refusal do deal*, cit.) deposita pouca confiança na isenção das agências regulatórias naquela jurisdição, em contraposição às autoridades de defesa da concorrência. Na percepção do autor, o problema não se repete nos EUA, onde a tradição das agências é mais forte e mais arraigada do que na Europa.

mitiguem o problema, fortalecendo a instituição. Não nos parece que haja, aprioristicamente, razões que justifiquem defender a maior neutralidade das autoridades antitruste (cortes, inclusive) face às agências reguladoras.

As agências reguladoras também têm o papel de compatibilizar concorrência e outros objetivos presentes em setores caracterizados pela existência de bens essenciais, se isso for necessário, enquanto que as autoridades antitruste geralmente não possuem tal competência. A concorrência e outros possíveis objetivos da regulação dificilmente estarão em conflito, mas a possibilidade não pode ser descartada.

Pelas razões arroladas, entendemos que a regulação específica, aplicada por agências criadas e aparelhadas para tal finalidade, oferece às situações de recusa de contratar envolvendo bens essenciais solução superior à simples aplicação do direito antitruste (por meio da doutrina da infra-estrutura essencial ou qualquer outra fórmula)[341].

Em outras palavras, a doutrina em debate, mesmo na acepção mais abrangente assumida no direito europeu, é insuficiente para a tutela da concorrência em tais mercados, já que se baseia na análise antitruste tradicional e não endereça adequadamente o problema do acesso. E o legislador europeu está ciente disso, já que a maioria dos setores tipicamente caracterizados pela existência de infra-estruturas de utilidade pública (telecomunicações, eletricidade, transporte e gás) é objeto de regulação *stricto sensu* que contempla o acesso e suas condições naquela jurisdição.

Finalmente, deve-se destacar que o ordenamento brasileiro contempla soluções capazes de coibir a recusa de contratar lesiva à concorrência.

Com efeito, a legislação brasileira adotou a figura do *abuso do poder econômico*, que, embora intrincada, tem potencial para conduzir o intérprete pelos caminhos de uma análise adequada das condutas infratoras da ordem econômica (entre elas a recusa de contratar). Não há motivos, portanto, para que nossas autoridades se socorram de doutrinas alienígenas sem maior reflexão, principalmente da formulação norte-americana, mais conhecida, porém menos próxima do direito nacional.

Tanto nos Estados Unidos quanto na Europa as legislações de defesa da concor-

---

[341] Posição divergente é sustentada por VASSILIS HATZOPOULOS (*Refusal do deal*, cit.), que situa a doutrina européia da infra-estrutura essencial em uma zona intermediária entre o controle *ex-ante* de concentrações (e, acrescentamos por nossa conta, da própria regulação em sentido estrito) e o controle *ex-post* do art 82 do Tratado de Roma. O autor defende que a doutrina é capaz de evitar que abusos ocorram, tornando-os impossíveis, de cuja posição discordamos. No nosso entendimento, apenas a regulação, quando bem desenhada e fiscalizada por autoridades atentas e capazes, tem o condão de evitar (ou minimizar) o risco de abusos. A doutrina da infra-estrutura essencial aplica medidas ex-post, após o abuso ter ocorrido (e o acesso ter sido negado). Aliás, a caracterização da recusa de acesso é um dos elementos exigidos na própria formulação da doutrina, seja nos EUA, seja na Europa.

rência divergem do sistema pátrio por distinguir, pelo menos *a priori*, entre práticas resultantes de acordos ilegais *per se* (EUA) ou de objeto anticompetitivo (Europa), de um lado, e práticas adotadas por empresas dominantes ou com poder de monopólio, de outro. Assim, em ambas as jurisdições, as autoridades podem-se dar ao luxo de interpretar de forma mais condescendente os arts. 2º do Sherman Act e 82 do Tratado de Roma, já que práticas restritivas que daí escaparem provavelmente serão sancionadas com base nos arts. 1º e 81 dos citados diplomas. Na Europa, inclusive, vimos que há propostas de analisar certas modalidades de recusa de contratar apenas com base no art. 101, dispensando-se o art. 102.

No Brasil, diferentemente, se as autoridades empregarem uma análise muito liberal e condescendente relativamente à recusa de contratar adotada por empresas com posição dominante, adotando, por exemplo, critérios do direito comparado sem maior cautela, não há como sancionar a conduta com base em outro dispositivo da lei antitruste.

O simples fato de não figurar o nosso país entre as nações mais adiantadas e desenvolvidas do globo já é motivo suficiente para que apliquemos com rigor o direito antitruste nacional e façamos uso de políticas regulatórias específicas. *A experiência brasileira já mostra que a concentração do poder econômico e condutas daí decorrentes não proporcionam ao país riqueza ou desenvolvimento nas áreas econômica e social.*

Ademais, a mera substituição de critérios fundados na legislação brasileira por doutrinas alienígenas traz os riscos de *(i)* interpretação inadequada dos parâmetros que estão sendo efetivamente utilizados no direito comparado (e das razões que justificaram a adoção dos mesmos), e *(ii)* conferir excessivo crédito a formulações que, mesmo nos países de origem, encontram-se sob questionamento e modificação.

Nos Estados Unidos, por exemplo, a doutrina em debate não é, até o momento, reconhecida pela Corte Suprema.

Além da figura do abuso do poder econômico (que ainda carece de uma interpretação exaustiva, reiterada e consistente pelas autoridades administrativas e, principalmente, pelo Poder Judiciário), há que se fazer uso no Brasil da idéia de função social da propriedade (arrolada expressamente no art. 1º da Lei 8.884/94) e do contrato, ao tratarmos da recusa de contratar nos mercados caracterizados pela existência de bens essenciais.

A aplicação conjunta desses conceitos – abuso do poder econômico e função social –, não apenas no que se refere à recusa de contratar, mas de forma extensiva a outras condutas restritivas, certamente delimitaria um campo muito interessante de aplicação do direito da concorrência em um país como o Brasil.

Em síntese, ainda que a melhor solução para os mercados caracterizados pela existência de bens essenciais seja a regulação específica, a inexistência da mesma não deve constituir motivo para a admissão de condutas restritivas de acesso ou discriminatórias quando de sua concessão.

Em tais hipóteses, o direito antitruste brasileiro, reforçado pela concepção mais ampla de função social da propriedade e do contrato, deve ser aplicado de maneira a resolver efetivamente o problema do acesso, ainda que isso implique uma intervenção ativa das autoridades no mercado em questão. Assim, *a aplicação da legislação brasileira de defesa da concorrência, dentro de um panorama mais abrangente de "função social" dos bens de utilidade pública e dos contratos relacionados a esses bens, é uma solução bastante superior à simples justaposição da doutrina da infra-estrutura essencial (especialmente da formulação norte-americana) ao nosso sistema.*

Conclui-se, portanto, que a doutrina da infra-estrutura essencial aplicada às situações de recusa de contratar nos mercados caracterizados pela existência de bens de utilidade pública:

(i) não é suficiente para introduzir satisfatoriamente a concorrência nesses mercados, configurando-se a regulação específica (devidamente elaborada, aplicada e fiscalizada) como solução superior, inclusive, à própria aplicação do direito antitruste;

(ii) mesmo para os mercados não regulados – nas situações em que o governo deixou de atentar para a importância da regulação específica ou, por qualquer motivo, decidiu não fazer uso de tal ferramenta –, tal doutrina é inferior aos princípios abarcados na legislação pátria, que contempla as idéias de abuso do poder econômico e função social.

V.3.1.2. A obrigatoriedade de contratar relativa a bens essenciais em decorrência do direito concorrencial

Pelas razões expostas acima, a aplicação do direito antitruste é inferior à adoção de regulação específica nos mercados caracterizados pelos bens de utilidade pública ou essenciais. Isso não significa que não possam surgir problemas concorrenciais. Se esses problemas aparecerem (em virtude de falta de regulação específica ou lacunas nela existentes), eles devem ser endereçados pelas autoridades concorrenciais, até porque a recusa de contratar nessas hipóteses tem *grande probabilidade* de gerar efeitos negativos sobre o mercado.

Por outro lado, há que se ter cuidado com a indevida ampliação da idéia de bens ou serviços de utilidade pública. A doutrina da infra-estrutura essencial na Europa, por exemplo, assumiu conotação mais abrangente do que nos Estados Unidos. No Brasil, o conceito já foi utilizado de forma bastante controvertida na tentativa de caracterizar bens como conteúdo televisivo. Justamente porque a recusa de contratar relativamente a bens de utilidade pública praticamente goza de uma "presunção relativa" quanto aos seus efeitos anticompetitivos, não cabe alargar sobremaneira o conceito de tais bens. Acreditamos, porém, que não deve haver distinção com base na tangibilidade de tais bens. Insumos como informações e direitos de propriedade intelectual, assim como bens tangíveis, podem ser de utilidade pública. Nos casos *Kodak II* (EUA), *IMS* (Europa) e *Microsoft* (EUA e Europa), por exemplo, direitos de propriedade intelectual foram considerados essenciais para a concorrência em mercados correlatos e para o desenvolvimento de novos produtos de interesse geral.

No direito europeu, HATZOPOULOS propõe, ainda, que sejam efetuadas as seguintes questões adicionais para permear a análise sobre o acesso obrigatório a um bem ou infra-estrutura essencial: *(i)* a facilidade foi construída com recursos privados? *(ii)* a facilidade é essencial devido a esforços do proprietário?

Tais questões referem-se às justificativas passíveis de ser acolhidas em situações de recusa. O autor entende que bens construídos com recursos próprios e que resultaram de uma invenção do proprietário merecem maior proteção. Estabelecer a obrigatoriedade de contratar em tais hipóteses seria uma forma de coibir investimentos, inclusive em pesquisa e desenvolvimento, deixando-se de premiar a criatividade. Nesse sentido, ELHAUGE, nos EUA, defende a legitimidade da recusa, a não ser que haja discriminação, ou seja, que o proprietário permita o acesso a uns, mas não a outros. A discriminação seria irracional e indicaria objetivo anticompetitivo (Aspen), enquanto que a recusa ampla e irrestrita (Trinko) não. O autor sintetiza bem seu raciocínio quando aduz que devem ser coibidas práticas que reduzam a eficiência dos rivais, pouco importando se aumentarão ou não a eficiência do próprio agente.

O argumento é tentador. Em um sistema de livre mercado, há que se premiar esforços inovadores, permitindo-se que alguém goze, ainda que temporariamente, de um monopólio sobre um bem ou bens tangíveis e intangíveis. Para muitos, a concorrência é isso mesmo, SCHUMPETER sendo o maior expoente dessa corrente. Tal raciocínio autorizaria uma política mais condescendente com relação à recusa de contratar envolvendo certos insumos essenciais, especialmente aqueles de natureza intangível, desde que não compartilhados com concorrente algum. Não foram suficientes, porém, para absolver a *Microsoft* nos Estados Unidos e na Europa.

As perguntas sobre a origem dos recursos e sobre os motivos associados à essencialidade de um bem ou serviço referem-se a justificativas suscetíveis de manter uma recusa, e já expusemos nosso entendimento no sentido de que tais justificativas, na presença de poder econômico *e* efeitos anticompetitivos, devem ser muito bem analisadas e *proporcionalmente* sopesadas.

No caso *Oscar Bronner*, por exemplo, foi mais importante para a formação do convencimento da Corte Européia o fato de que a rede de entrega em domicílio da Mediaprint não era essencial para que a denunciante concorresse no mercado de jornais diários do que a constatação de que tal rede havia sido desenvolvida com recursos exclusivos da empresa dominante investigada. O último aspecto foi levado em conta, mas não parece ter sido o diferencial desse caso para *IMS* ou *Microsoft*.

Não basta, dessa forma, que o agente invoque direitos de propriedade e o princípio da liberdade de contratar. Porém, a recusa pode estar fundada em investimentos e na necessidade de exploração exclusiva de um bem por um período limitado de tempo, de modo a amortizá-los e compensá-los. Nesse contexto, ELHAUGE tem razão ao apontar que não faz sentido compartilhar o bem com algumas empresas independentes e não com outras, a não ser que a empreitada tenha sido conjunta (v.g., uma *joint-venture*). A *Microsoft*, por exemplo, licenciava seus produtos a terceiros, de modo que, quando se recusou a disponibilizá-los a algumas empresas, suas concorrentes mais próximas ou mais "ameaçadoras", a *justificativa para a recusa* não pôde ser aceita. No caso da *IMS*, foi determinante o fato de os softwares terem sido desenvolvidos com a reiterada colaboração da indústria farmacêutica (ou seja, os esforços e investimentos não eram exclusivamente da IMS e fazia sentido determinar o seu compartilhamento).

Há situações em que mesmo que os investimentos tenham sido efetuados exclusivamente por uma empresa, a utilidade pública do bem (uma ferrovia, por exemplo) é tal que o acesso por concorrentes se torna obrigatório, o que não significa que não ocorrerá mediante adequada remuneração. Tais hipóteses são aquelas em que geralmente haverá regulação, mas as autoridades de defesa da concorrência devem estar preparadas para intervir se necessário for. O mesmo se aplica a uma tecnologia ou a normas de certificação que, pelos esforços dos seus proprietários, tenham adquirido papel fundamental para a atuação em uma determinada indústria.

Em suma, a origem dos investimentos ou recursos e o fato de um bem essencial ter-se tornado assim mediante esforços criativos do proprietário não podem, por si sós, justificar a recusa de contratar. Tais argumentos podem constituir boas justificativas em certos casos, mas não devem invariavelmente ser considerados aptos a suplantar a importância dos efeitos anticompetitivos, analisada caso a caso, e a responsabilidade especial que se atribui o detentor de poder econômico.

As autoridades administrativas podem e devem estabelecer a obrigatoriedade de contratar (e os meios para a sua concretização) nos mercados regulados, se a regulação em sentido estrito for deficiente e possibilitar problemas de acesso que caracterizem infração concorrencial, substituindo, inclusive, medidas regulatórias específicas (até que estas sejam implementadas ou modificadas pelas agências competentes). O mesmo vale para as autoridades judiciais.

Partindo-se da concepção instrumental de liberdade de iniciativa adotada neste trabalho, em consonância com a nossa Constituição Federal, que não vê a concorrência como um limite à liberdade, mas sim como uma forma de concretizá-la, em busca da justiça social, não é difícil aceitar que as autoridades de defesa da concorrência podem, sim, intervir de maneira mais ativa nos mercados, ainda que regulados. Tal posição é ainda mais justificável quando tratamos de mercados caracterizados pela existência de bens essenciais, considerado o acesso questão fundamental.

Não há um valor único e absoluto para a regulação em sentido estrito, assim como não existe um único objetivo imediato para o direito antitruste. A despeito disso, toda a regulação estatal, inclusive o próprio direito antitruste, devem estar voltados para a promoção de justiça social, perseguida em qualquer hipótese. E a justiça social não prescinde dos efeitos distributivos que, certamente, estão longe de ser alcançados em situações de monopólio associadas a bens essenciais, em que os agentes econômicos recusam ou dificultam o acesso necessário. Nesses casos, regulação em sentido estrito e direito da concorrência constituem dupla garantia para a sociedade.

V.3.2. Obrigatoriedade de contratar relativa a bens não essenciais e 'enforcement' (remédios complementares)

Nos setores não caracterizados por bens essenciais, sempre que uma recusa de contratar, horizontal ou vertical, tiver o condão de privar concorrentes de insumos ou canais de distribuição, a imposição da obrigatoriedade de contratar deveria depender do grau de fechamento do mercado (ou de elevação dos custos dos rivais, caso estes, muito embora tenham condições de permanecer no mercado, para tanto incorram em custos muitos superiores), que deve ser demonstrado pela acusação. Não existe um número mágico, devem ser levados em conta aspectos quantitativos e qualitativos. A experiência européia aponta, ainda, para a importância dos efeitos cumulativos, quando o agente não tem posição dominante mas outros *players* adotam práticas restritivas paralelas (dominância coletiva).

No que tange às justificativas, devem ser analisadas caso a caso, em sua razoabilidade e verossimilhança, assim como ocorre em mercados de bens essenciais.

Para ilustrar, tratando-se da distribuição de produtos, justificativas razoáveis para contratos de compra exclusiva (e conseqüente recusa dos distribuidores carregarem produtos concorrentes) referem-se à complexidade dos bens (que pode explicar a necessidade de especialização dos distribuidores) ou à necessidade de o fabricante efetuar investimentos substanciais na distribuição, que não devem ser apropriados por concorrentes ou distribuidores que não investiram. Em assim sendo, geralmente haverá um número razoável de distribuidores, mas não um excesso de lojas. O excesso de lojas indica a tentativa do fornecedor de tomar totalmente uma região para si, impedir o acesso de concorrentes (atuais ou potenciais) ao mercado ou elevar seus custos, e não apenas segurar os investimentos. Em suma, a exclusividade de compra voltada para incentivar investimentos e evitar o *free-riding* geralmente é necessária quando se trata de produtos mais complexos, e não no que tange a produtos perecíveis[342]. Causa estranheza, desse modo, a exclusividade de compra pactuada com estabelecimentos revendedores de sorvetes, bebidas e cigarros, que são no mais das vezes multimarcas. Por seu turno, a prática é mais facilmente justificável no setor automobilístico.

---

[342] Nesse sentido, vide DOBSON e WATERSON (*Vertical restraints*, cit.,) e GOLDBAUM (*Restrições verticais*, cit.)

Nos ajustes de venda ou distribuição exclusiva, o fornecedor não abastece todos os pontos de vendas, apenas alguns, de acordo com sua política. A prática usualmente se relaciona com a proteção da marca do fabricante ou com a necessidade de prestação de serviços pré e pós-venda. São situações em que geralmente importa quem é o distribuidor. Muito embora os problemas decorrentes de ajustes de distribuição exclusiva encontrem-se limitados em grande parte a disputas entre diferentes elos da cadeia produtiva, não afetando consumidores finais, há situações em que estes podem ser prejudicados, como mostra o caso envolvendo a Microsoft e a TBA no Brasil. Ali a nomeação de um distribuidor exclusivo tinha o condão de elevar o preço dos produtos finais, segundo apurado pelas autoridades, sendo inferior sob a ótica concorrencial à comercialização direta dos produtos pela própria Microsoft.

De maneira geral, nossa proposta para análises antitruste envolvendo sistemas de distribuição com algum tipo de exclusividade é de que sejam abandonadas posturas condescendentes e ideológicas, fundadas em interpretações equivocadas dos princípios da liberdade de iniciativa e de concorrência, dirigindo-se o foco aos efeitos (atuais ou potenciais) causados por práticas restritivas adotadas por empresas dominantes. Isso significa, do ponto de vista prático, que se o agente com poder econômico escolheu a forma mais onerosa do ponto de vista concorrencial para implementar o contrato e atingir objetivos comerciais legítimos, as autoridades podem e devem intervir para corrigir o problema. Ou seja, *o agente com poder econômico não tem discricionariedade para escolher a forma concorrencialmente mais onerosa para a sua distribuição, pois isso caracteriza abuso, vedado pela legislação.* Nesse contexto, cabe a aplicação da obrigatoriedade de contratar.

Finalmente, cabe analisar a distinção entre as relações contratuais contínuas e descontínuas[343] e suas conseqüências (se alguma) para a análise das justificativas

[343] Na década de 1960, Ian MACNEIL, inspirado em alguns trabalhos prévios de MACAULAY, desenvolveu a importante abordagem relacional dos contratos (em contraposição à abordagem tradicional ou "discreta"). O enfoque relacional propõe analisar o contrato não mais como um ajuste pontual, bilateral e sinalagmático entre as partes, e sim levando em consideração um contexto muito mais amplo: o ambiente em que as transações se desenvolvem, o histórico das relações entre as partes e suas expectativas, o contexto econômico. Em outras palavras, o contrato deixa de ser visto meramente como fruto de um encontro entre oferta e demanda no mercado, e passa a ser visto como relação. (Relational contract theory: challenges and queries, *Northwestern University Law Review*, Spring 2000). No Brasil, os contratos relacionais foram analisados detalhadamente por Ronaldo Porto MACEDO JR. Na acepção deste autor, as *relações descontínuas* caracterizam-se pelo fato de que cada uma das transações realizadas é "*separada das transações a ela anteriores, contemporâneas ou subseqüentes*", de modo que "*cada ato contratual é considerado um ato isolado, independente e autônomo, pois que tem em si todos os seus elementos essenciais constitutivos*". As relações descontínuas são também impessoais, pois "*nenhuma importância é conferida à qualidade das partes contratantes, sua pertinência a classe, status, grupo, família ou situação social*". Ademais: "[t]*odos os elementos essenciais*

para a recusa de contratar e para o remédio adotado.

Segundo Calixto SALOMÃO FILHO, nas relações contínuas, existe sempre a dependência, que pode ser absoluta (v.g., o fornecedor é um monopolista) ou relativa. No entanto, temos que a dependência, por si só, não contribui para o exame do abuso de poder econômico. Sem poder econômico (que deve ser exercido no mercado e não na relação contratual), a dependência não é relevante para fins de uma análise antitruste, devendo ser discutida em outras esferas.

De qualquer modo, para o autor a diferença é concorrencialmente relevante porque, enquanto que nas relações contratuais preexistentes, *"o rompimento unilateral, injustificado por qualquer razão contratual ou econômica, é elemento indicador de uma intenção de exclusão"* (cabendo ao agente econômico que se recusa a contratar a demonstração das razões pelas quais age dessa forma, ou seja, a prova de que seu objetivo não é anticompetitivo), o mesmo não ocorre nas relações descontínuas, cabendo ao prejudicado o ônus de demonstrar os efeitos anticompetitivos (ainda que potenciais) da prática contra si dirigida.

Em outras palavras, o autor entende que deve ser estabelecida uma presunção relativa de ilicitude para as situações de rompimento de relações contínuas.

Embora concordemos que há necessidade de distinguir entre a recusa adotada no âmbito de relações contratuais preexistentes (em especial aquelas de longo prazo) daquela que é praticada em relações descontínuas ou por iniciar, divergimos de SALOMÃO FILHO quanto à presunção de ilicitude.

Se, de um lado, a preexistência de relações contratuais evidencia que em algum momento houve interesse naquele contrato, descartando ou reduzindo a força, por exemplo, de argumentos sobre a irracionalidade ou ineficiência da relação contratual, de outro, não se pode simplesmente presumir, ainda que de forma relativa, que o rompimento foi impulsionado por razões anticompetitivas.

O que distingue, no nosso entendimento, a análise da recusa de contratar em relações contínuas e descontínuas não é a presunção de ilicitude no caso da primeira, e sim a *natureza das justificativas* apresentadas (e sua plausibilidade no caso concreto) e o *exame dos efeitos potenciais nos mercados envolvidos*.

No primeiro caso (relações contínuas), a recusa pode razoavelmente fundar-se em motivos derivados da própria relação contratual (inadimplemento de obrigações, violação do dever de boa-fé objetiva, problemas de relacionamento, etc.) e em outras razões econômicas mais genéricas (alterações substanciais no mercado, im-

---

e termos constitutivos do contrato são estabelecidos no presente, nenhuma importância ou relevância substantiva se conferindo à performance *das partes na definição dos efeitos da quebra o descumprimento contratual"* (*Contratos relacionais e defesa do consumidor*, São Paulo, Max Limonad, 1998, p. 106).

pondo uma modificação das estratégias comerciais de uma das partes ou de ambas), reorganização empresarial (em virtude de fusão ou aquisição, ou de razões *interna corporis*), reposicionamento estratégico de uma das partes (ou de ambas) no mercado. Não cabem, por outro lado, justificativas associadas ao comprometimento da produção, à medida que relações de longo prazo presumem, justamente, o planejamento e o comprometimento comercial das partes (não cabe, por exemplo, o fornecedor recusar-se a abastecer um distribuidor habitual com contrato de longo prazo, alegando simplesmente que a sua produção foi integralmente alienada a outrem; tal justificativa é tão pouco plausível nesse caso que depõe contra a legitimidade da recusa do fornecedor). Além disso, o histórico do relacionamento das partes pode, com riqueza de detalhes, lançar luz sobre o real objetivo dos agentes econômicos. No que se refere aos efeitos, as autoridades antitruste devem-se perguntar se o rompimento acarretará a eliminação de agente econômico do mercado, bem como, em caso afirmativo, qual o impacto da referida exclusão.

Já no segundo caso (relações descontínuas), não cabem justificativas baseadas na relação preexistente entre as partes (que não ocorre); porém, cabem justificativas referentes à reputação comercial e outras motivações de natureza econômica (inclusive o comprometimento da produção ou ausência de capacidade ociosa, a não ser quando adotadas estrategicamente pela empresa que se recusa). Quanto ao exame dos efeitos, há que se verificar, principalmente, em não havendo relação contratual preexistente, quais os impactos sobre a concorrência potencial.

Novamente, os argumentos acima aplicam-se tanto às relações verticais quanto às horizontais. Desse modo, a expulsão de um agente econômico de associação profissional que integrava até então (relações horizontais contínuas e preexistentes) será lícita do ponto de vista concorrencial por razões muito diferentes daquelas que justificam a rejeição legítima de um novo integrante pela mesma associação (relações descontínuas).

Quanto ao remédio, embora a obrigatoriedade de contratar seja aplicável a todas as situações, o seu emprego em relações que exigem cooperação entre as partes, por períodos médios ou de longa duração (v.g., contratos relacionais), demandando interação constante entre representantes dos agentes, pode ser complicado.

Se quando contratam espontaneamente os agentes já enfrentam problemas de relacionamento, o que não dizer de situações em que a negociação é compulsória? Essas dificuldades, porém, não justificam a não-aplicação do remédio discutido quando necessário para garantir a concorrência no mercado. Em casos extremos, há que se considerar a pertinência da nomeação de *mediador* (independente) para solucionar controvérsias.

Para concluir, a análise concorrencial de todas as modalidades de recusa de contratar, sejam elas horizontais ou verticais, depende da existência de poder econômico e do exame de efeitos e justificativas. Os efeitos, ainda que potenciais, são necessários para que se configure uma infração, porém não são suficientes. As justificativas distinguem, em última instância, condutas *abusivas* de condutas *legítimas*, razão pela qual devem ser verossímeis, razoáveis e proporcionais.

A obrigatoriedade de contratar deve ser adotada como remédio sempre que um agente com poder econômico engajar-se em recusa direta ou indireta, gerando (ou com potencial de gerar) efeitos negativos sobre a concorrência no mercado, sem apresentar justificativa plausível ou aceitável para tanto. Em tais circunstâncias, a obrigatoriedade de contratar não constitui ingerência infundada ou excessiva sobre a esfera privada dos indivíduos e coaduna-se com o princípio instrumental da liberdade de iniciativa (inclusive no âmbito das relações contratuais), com a garantia institucional da concorrência e com a função social da propriedade e do contrato.

Definidas as situações em que a obrigatoriedade de contratar é cabível como remédio concorrencial, analisaremos, a seguir, alguns aspectos práticos relacionados à sua implementação e alternativas existentes.

V.3.3. Obrigatoriedade de contratar e 'enforcement' (remédios complementares)

As autoridades administrativas e judiciais têm meios para fazer cumprir medidas como a obrigatoriedade de contratar, uma vez impostas.

Convém observar que tanto para decisões administrativas quanto para decisões judiciais, a legislação aplicável (Código de Processo Civil e Lei 8.884/94) prevê a tutela específica das obrigações de fazer e não-fazer, de modo que a sua conversão em perdas e danos somente terá lugar se a execução específica ou a obtenção do resultado prático perseguido tornarem-se impossíveis.

Em primeiro lugar, é possível impor multa diária, compelindo o agente econômico a executar especificamente a sua obrigação. Essa penalidade não se confunde com a multa aplicada sobre o faturamento da empresa, que tem caráter punitivo. A multa diária deve ser aplicada e efetivamente exigida (ou seja, cobrada) pelas autoridades, de maneira que seu valor tenha o condão de induzir o comportamento esperado por parte do agente econômico. Por essa razão, ela não constitui *bis in idem* relativamente à multa sobre o faturamento. Na verdade, a aplicação de multa diária é cabível e necessária mesmo nos casos solucionados consensualmente, na esfera administrativa ou judicial, em que geralmente não há imposição de multa sobre o faturamento.

Em outras palavras, nos mesmos moldes da reforma processual civil realizada entre 1994 e 1995 na seara da execução das obrigações de fazer e não fazer[344], a

[344] A respeito da referida reforma processual, Araken de ASSIS comenta que "*[o] advento do Código Civil francês consagrou o adágio* nemo potest cogi ad factum, *princípio ideológico basilar daquele ordenamento, o qual vedou, na execução do* facere, *o emprego de constrições pessoais sobre o devedor. Em conseqüência, a efetivação específica desta classe de obrigações*

multa diária da Lei 8.884/94 não tem por escopo punir[345], mas sim garantir que o administrado cumprirá obrigações assumidas perante a autoridade antitruste ou por ela impostas.

No cálculo da multa diária aplicada em um determinado caso concreto, portanto, deve-se levar em consideração, além dos limites legais, o objetivo de evitar que o agente econômico faça um cálculo aritmético e que conclua, a partir dele, ser mais interessante a manutenção da prática anticompetitiva. A lei antitruste brasileira traz mecanismos para evitar isso, prevendo multas diárias em torno de 100 mil reais, bem como a possibilidade de que venham a ser dobradas em caso de reincidência. No caso de multas impostas diretamente pelo Poder Judiciário, o Código de Processo Civil não prevê qualquer piso ou teto, mas deixa claro que o

---

restou inviabilizada. O inadimplemento do obrigado gerava apenas perdas e danos. Contra as repercussões práticas dessa regra, os tribunais franceses desenvolveram o expediente de aplicar, em casos tais, multa de valor extraordinário, extremamente gravosa, com o fito de premir a vontade do obrigado. Tal sanção indireta ao inadimplemento, atuando o princípio psicológico do menor esforço, conduz, na maioria das vezes, ao cumprimento pontual. Tem razão, pois, José Frederico Marques, para quem 'a sanção pecuniária é instrumento executivo, meio e modo de forçar o cumprimento da obrigação', e em que pese cooptar a vontade do obrigado. Ela provoca intercâmbio patrimonial e, por isso, refoge ao âmbito dos poderes cautelares do órgão judiciário. Segundo Jean Vincent, comentando a disciplina legal posteriormente outorgada à astreinte, *nela ocorreu a absorção das 'soluções adquiridas na jurisprudência'. Em França, a* astreinte *é definitiva – insuscetível de revisão – ou provisória (cominatória), quer dizer, é ou não limitada no tempo e, portanto, tem valor final determinado, e aplicada de ofício pelo juiz da execução. Liquida-se a pena tão- logo constatado o atraso ou o descumprimento, total ou parcial, do devedor. Se provisória a pena, o órgão judiciário poderá suprimi-la e moderá-la, adequando-a, assim, à expressão econômica da obrigação. Mas, definitiva a astreinte, o obrigado somente se livrará do pesado ônus em virtude de força maior ou e caso fortuito, porque a pena possui valor adrede estabelecido, tenha ou não o credor obtido, entrementes, o adimplemento* in natura. *Nesses termos, aduz René Savatier, a* astreinte *coíbe 'uma situação ilícita, p. ex., as precipitações poluentes de certa indústria em águas públicas* (non facere)*', ou coage 'o poeta a compor o prometido soneto* (facere), *mediante a virulência da pena pecuniária'. Todavia, alcançado o adimplemento ou tornando possível esse resultado, ao juiz se faculta diminuir a pena, evitando o enriquecimento injustificado do credor. (...) De qualquer modo, a* astreinte *representa meio executório poderoso, aplicável vantajosamente para executar de modo específico obrigação de fazer infungível. Só indevida resistência à esta imprescindível técnica executiva pode deturpar e refrear sua aplicação*" (*Manual do Processo de Execução*, 4 ed., São Paulo, RT, p. 427).

[345] Nas palavras de Ada Pellegrini GRINOVER, "[a] *imposição dessas multas não configura medida de execução forçada, entendida esta como constrição sobre o patrimônio do obrigado. Trata-se, isto sim, da chamada execução indireta, caracterizada por atos de pressão psicológica sobre o devedor, para persuadi-lo ao adimplemento da obrigação*" (Tutela jurisdicional nas obrigações de fazer e não fazer, *Revista da Ajuris*, v. 22, n. 65, p. 13-30, nov. 1995).

valor fixado deve ser adequado para garantir o cumprimento da obrigação (nesse sentido vide arts. 461 e 461-A).

Ainda que a simples condenação (desde que mantida, evidentemente) já possua um elemento dissuasório, e que agir em desconformidade com uma decisão administrativa ou judicial sempre represente um ônus para a reputação do agente econômico – o que evidencia a importância de medidas que lidam com a opinião pública, como fazer publicar a decisão condenatória (ou seu extrato) em jornais de grande circulação – , *a imposição de multa diária em valor que efetivamente desencoraje a continuidade de uma prática anticompetitiva, bem como a sua execução, se cabível, é fundamental para a efetividade da decisão.*

Em não gerando resultados a aplicação da sanção cominatória, o Poder Judiciário poderá, relativamente à decisão administrativa ou judicial, substituir o ato da parte, ou adotar as providências que assegurem resultado prático equivalente ao do adimplemento. Entre tais providências, poderá o juiz determinar a busca e apreensão de bens, a remoção de pessoas e coisas e o desfazimento de atos jurídicos (por exemplo, tornando sem efeitos a expulsão de membros por uma associação ou o rompimento de um contrato).

Se, ainda assim, não for possível implementar a decisão administrativa ou judicial determinando a obrigatoriedade de contratar, circunstância que dependerá das particularidades do caso concreto, o Poder Judiciário ainda tem a seu dispor a possibilidade de determinar intervenção na empresa (cf. Lei 8.884/94, art. 63, dispondo que a execução será feita por todos os meios, inclusive mediante intervenção na empresa, quando necessário). No Brasil, esse tipo de atuação é inédita em matéria concorrencial, mas determinações semelhantes foram determinadas pelas autoridades européias para garantir a implementação da decisão proferida no caso Microsoft, para ilustrar.

A intervenção implica a nomeação de um interventor pelo Poder Judiciário, e a indicação clara e precisa das providências a serem tomadas por tal pessoa e respectivo prazo (não devendo, porém, exceder 180 dias), podendo ser revogada antes do prazo estabelecido, uma vez comprovado o cumprimento integral da obrigação que a determinou. O interventor é remunerado conforme valor arbitrado pelo Poder Judiciário (e pago pela empresa executada) e fica responsável por suas ações e omissões, especialmente em caso de abuso de poder e desvio de finalidade. Durante a intervenção, o Juiz poderá afastar de suas funções os administradores da empresa que, comprovadamente, obstarem o cumprimento das providências de competência do interventor, substituindo-os conforme estabelecido no contrato social da empresa. Em situações excepcionais, se a maioria dos responsáveis pela administração da empresa recusar colaboração ao interventor, o juiz determinará que este assuma a administração total da empresa. O interventor é responsável pela elaboração de relatórios periódicos, por meio dos quais prestará contas de seus atos.

Em hipóteses ainda mais extremas, restando infrutífera a intervenção ou sendo esta inviável por qualquer razão, pode-se ainda recorrer a medidas estruturais, como *"cisão de sociedade, transferência de controle societário, venda de ativos, cessação parcial de atividade, ou qualquer outro ato ou providência necessários para a eliminação dos efeitos nocivos à ordem econômica"* (art. 24, V, da Lei 8.884/94).

Acreditamos que tais medidas não devem ser impostas de plano, porém devem ser consideradas em casos de reincidência ou nos quais o agente econômico venha, comprovadamente, frustrando há tempos a execução de decisão administrativa ou judicial que estabeleça a obrigatoriedade de contratar, concorrendo para tanto a estrutura integrada da empresa ou grupo econômico. De qualquer modo, devem ser observadas as circunstâncias do caso concreto. No precedente norte-americano *AT&T*, por exemplo, o desmembramento da empresa investigada foi pactuado após sucessivas investigações e medidas regulatórias, todas incapazes de solucionar definitivamente o problema da recusa de contratar em setor caracterizado por infra-estrutura essencial, reconhecendo-se que a estrutura verticalmente integrada da *AT&T* gerava incentivos praticamente "irresistíveis" para a continuidade dos ilícitos.

Desse modo, observadas a legalidade e a proporcionalidade, adequando-se meios e fins (Lei 9.784/99, art. 2º), as autoridades não devem recear que as medidas por elas adotadas sejam consideradas excessivamente interventivas ou "usurpadoras" da liberdade de iniciativa.

Uma última questão associada à obrigatoriedade de contratar e *enforcement* refere-se à necessária distinção, para fins de execução da decisão, entre as situações em que a obrigatoriedade alcança a própria empresa investigada e aquelas em que envolve terceiros, que não foram sujeitos no processo.

Por exemplo, quando um grupo seleto de distribuidores de um determinado fornecedor se recusa a negociar com um concorrente do último, em virtude de ajustes de exclusividade, não é difícil processar a todos e executar especificamente a decisão em questão. No caso Microsoft/TBA, por exemplo, a primeira foi investigada juntamente com o seu distribuidor exclusivo. Há casos, porém, em que uma política de exclusividade, explícita ou tácita, implica a recusa de contratar por parte de um sem número de agentes econômicos. Isso ocorreu nos processos que ficaram conhecidos como "guerra dos sorvetes" na Europa e em Philip Morris *versus* Souza Cruz e Schin *versus* AMBEV no Brasil. O mesmo raciocínio aplica-se a associações e outras entidades coletivas, se houver necessidade de punir ou estabelecer obrigações diretamente aos seus membros.

Se, de um lado, pode parecer muito complexo processar a todos os envolvidos, porque isso causaria excessiva delonga e tumulto processual, de outro, é inadmissível impor a terceiros que não participaram do processo a obrigatoriedade de contratar, pois isso implicaria alterações na sua esfera jurídica e econômica, sem a observância da garantia constitucional do devido processo legal. Adicionalmente, a experiência mostra que a opção de processar exclusivamente a empresa que se beneficia da exclusividade pode resultar inócua. Tanto no caso dos sorvetes como no processo em face da Souza Cruz, as empresas fabricantes foram obrigadas a expedir cartas aos varejistas, liberando-os da obrigação de exclusividade e autorizando-os a comercializar produtos de terceiros. Em ambos, no entanto, os resultados ficaram aquém do esperado, permanecendo os estabelecimentos receosos de comercializar produtos concorrentes, conforme expressamente reconhecido pelas autoridades européias no último caso no mercado de sorvetes (*Van den Bergh Foods*). Não podemos nos esquecer de que (i) as investigadas tinham poder econômico e elevado *market share* (o que tornava seus produtos praticamente indispensáveis para os varejistas e elevava o seu poder de barganha), (ii) a exclusividade perdurou anos, gerando benefícios privados para os estabelecimentos, e (iii) práticas veladas e difíceis de detectar poderiam facilmente ter sido implementadas. Assim, seria até ingênuo esperar que a revogação de cláusulas explícitas de exclusividade resolvesse o problema da recusa de contratar. Natural, sim, verificar que os processos viraram verdadeiras "guerras", arrastando-se por anos, sem solução definitiva.

A questão merece maiores reflexões e não constitui o objeto deste trabalho. Achamos merecido, no entanto, apontá-la, bem como deixar consignado que não nos parecem existir outras alternativas que não passem

(i) ou pela inclusão dos agentes responsáveis pela recusa no processo instaurado em face da empresa efetivamente responsável por aquela, ainda que isso inicialmente gere delongas e tumulto nos autos. Tais agentes, ainda que não individualmente detentores de poder econômico, podem exercer dominância coletiva (conforme melhor interpretação do art. 102 do Tratado de Roma, na Europa), por meio de condutas paralelas, nos moldes do que ocorre em um cartel. Desse modo, se houver condenação, cabe a eles a imposição de obrigatoriedade de contratar, bem como a execução específica de tal obrigação. É viável, nesse contexto, o estabelecimento de quotas ou percentuais de compras a serem efetuados pelos distribuidores, nos moldes do que ocorreu em *Shotton Paper Co.* na Europa e no processo judicial envolvendo a General Motors no Brasil. Por outro lado, recomenda-se que a punição aplicável a esses agentes se limite à obrigatoriedade de contratar sempre que restar demonstrado que foram compelidos, jurídica ou economicamente, a acatar cláusulas restritivas, excluindo-se a multa sobre o faturamento,

(ii) ou pela imposição de penalidade exemplar aos fornecedor, criando incentivos para que este adote todas as medidas que estiverem ao seu alcance para liberar os agentes econômicos de seus vínculos anteriores e tornar claro que as restrições deixaram de existir, além da tradicional emissão de cartas e publicação da decisão em jornal de grande circulação, quantas vezes forem necessárias.

Por fim, há que se considerar que o CADE tem agido de forma tímida no que se refere à imposição da obrigatoriedade de contratar em processos de sua competência. Nos processos julgados em matéria de recusa vertical, a obrigatoriedade constou claramente de 2 (dois) termos de compromisso de cessação, nos processos NeoTV *versus* Globo e Helibrás. Constou, ainda, das condenações em face das empresas operadoras portuárias em Santos e da White Martins. Não constou, porém, dos casos MATEC e Microsoft. Nos processos envolvendo exclusividade com varejistas (Philip Morris *versus* Souza Cruz e os casos dos *shopping centers*), até por estes não integrarem o pólo passivo do feito, o CADE limitou-se a determinar, ou ajustar, a eliminação das respectivas cláusulas contratuais e a emissão de cartas pelas empresas acusadas aos estabelecimentos, liberando-os formalmente da obrigação. No entanto, como já mencionado, a efetividade de tais medidas é limitada, não havendo que se falar em obrigatoriedade de contratar por parte dos estabelecimentos.

Nos casos horizontais, à exceção daqueles envolvendo as Unimeds, onde as condenações geralmente determinavam o restabelecimento das relações contratuais entre médicos expulsos e as cooperativas, também não houve imposição de obrigatoriedade de contratar. Pode-se dizer que a medida não era aplicável, pois os boicotes analisados ou foram temporários (nos casos dos combustíveis) ou nunca foram implementados efetivamente (no caso dos genéricos).

Conforme explicitado ao longo do trabalho, não há razão para que o CADE deixe de exigir a execução especifica das obrigações que pactua ou impõe, sempre que decidir pelo cabimento da obrigatoriedade de contratar.

VI – Bibliografia

ABA SECTION OF ANTITRUST LAW. *Vertical restrictions upon buyers limiting purchases of goods from others.* American Bar Association Section of Antitrust Law Monograph n. 8. [Chicago], 1982.

__. *Refusals to deal and exclusive distributorships.* American Bar Association Section of Antitrust Law Monograph n. 9. [Chicago], 1983.

__. *Antitrust law and economics of product distribution.* [Chicago], 2006.

__. *Antitrust law developments.* 6 ed., [Chicago], 2006. v. 1 e 2.

__. *2008 Annual Review of Antitrust law developments,* [Chicago], 2008.

ADMINISTRATION plans to strengthen antitrust rules. The New York Times. 11.maio.2009.

AGATHOKLIS, Andrea. In their own words: predicting enforcement under Varney and Leibowitz. *Antitrust*, v. 23, n. 3, p. 5-13, Summer 2009.

ALEXY, Robert. Colisão de direitos fundamentais e realização de direitos fundamentais no estado de direito social. *In: Constitucionalismo discursivo, 2 ed.* revista, trad. Luís Afonso Heck. Porto Alegre: Livraria do Advogado, 2008, p. 55-69.

ALPA, Guido. Il contratto tra passato e avvenire. In: Grant GILMORE. *La morte del contratto*, tradução italiana de Andrea Fusato, Milano: Giuffré, 1999, p. IX-XXVII.

AMIEL-COSME, Laurence. *Les réseaux de distribution.* Paris: LGDJ, 1995.

ANDRADE, Thompson A., ALVES, Roberto Teixeira. Distribuidoras de veículos vs. montadoras: condutas anticompetitivas e relações verticais. In: MATTOS, César (org.). *A revolução do antitruste no Brasil: a teoria econômica aplicada a casos concretos.* São Paulo: Singular, 2003, p. 347-364.

AREEDA, Phillip, KAPLOW, Louis. *Antitrust Analysis: problems, text, cases.* 4 ed. Boston: Little, Brown and Company, 1988.

ARENDT, Hannah. *Da violência*, tradução de Maria Claudia Drummond Trindade. Brasília: Ed. Universidade de Brasília, 1985.

ASCARELLI, Tullio. A idéia de Código no Direito Privado e a tarefa da interpretação. In: *Problemas das sociedades anônimas*, São Paulo: Saraiva, 1946, p. 8-16.

__. Premissas ao estudo do direito comparado. In: *Problemas das sociedades anônimas*, São Paulo: Saraiva, 1946, p. 1-13.

__. Evolução e papel do direito comercial. In: *Panorama do Direito Comercial*, São Paulo: Saraiva, 1947, p. 11-52.

__. Funzioni economiche e istituti giuridici nella tecnica dell'interpretazione. In: *Studi di diritto comparato e in tema di interpretazione*, Milano: Giuffrè, 1952, p. 55-78.

ASKER, John. *Measuring cost advantages from exclusive dealing: as empirical study of beer distribution*. Harvard: Harvard University, 2004. 45 p. Disponível em: http://pages.stern.nyu.edu/~jasker/Paper2_ExclusiveAdvantages.pdf.

ASSIS, Araken de. *Manual do Processo de Execução.* 4 ed., São Paulo: RT, 1997.

AVERITT, Neil W, LANDE, Robert H. A escolha do consumidor: uma razão prática para o direito antitruste e o direito de defesa do consumidor. Tradução de Lucas Farias Annes e Fernanda Girardi. *Revista do Consumidor,* São Paulo, n. 45, ano 12, p. 27-49, jan./mar. 2003.

AVIRAM, Amitai. The paradox of spontaneous formation of private legal systems. John M. Olin Law & Economics Working Paper n. 192, 2d series, Chicago, jul. 2003.

ATIYAH, Patrick Selim. *The rise and fall of freedom of contract.* Oxford: Claredown Press, 1979.

__. *An introduction to the law of contract*, 4 ed. Oxford: Claredown Press, 1989.

__. Freedom of contract and the new right. In: *Essays on contract.* Oxford: Clarendon Press, 2001, p. 355-385.

AYRES, Ian e GERTNER, Robert. Filling gaps in incomplete contracts: an economic theory of default rules. *The Yale Law Journal*, v. 99, n. 1, p. 87-130, out. 1989.

AZEVEDO, Antonio Junqueira de. Ciência do direito, negócio jurídico e ideologia. In: *Estudos e pareceres de direito privado*. Com remissões ao novo Código Civil. São Paulo: Saraiva, 2004, p. 38-54

__. Interpretação do contrato pelo exame da vontade das partes (parecer). In: *Estudos e pareceres de Direito Privado.* Com remissões ao novo Código Civil. São Paulo: Saraiva, 2004, p. 159-172.

AZEVEDO, Paulo Furquim de. Contratos: uma perspectiva econômica. In: Décio ZYLBERSZTAJN e Rachel SZTAJN. *Direito e economia: análise econômica do direito e das organizações*. Rio de Janeiro: Elsevier, 2005, p. 112-136.

BAIN, Joe Staten. *Barriers to new competition, their character and consequences in manufacturing industries*. Cambridge, Massachussets: Harvard University Press, 1956.

BANCO MUNDIAL, OECD. *A framework for the design and implementation of competition law and policy*. Washington-Paris, 1999.

BANDEIRA de MELLO, Celso Antônio. *Curso de Direito Administrativo*. 17 ed., São Paulo: Malheiros, 2004.

BAPTISTA, Luiz Olavo. Origens do direito da concorrência. *Revista da Faculdade de Direito da Universidade São Paulo*, São Paulo, n. 91, p. 3-26, janeiro/dezembro 1996.

BARBER, Charles F. Refusals to deal under the federal antitrust laws. *University of Pennsylvania Law Review*, v. 103, n. 7, pp. 847-885, maio 1955.

BARNETT, Randy E. *The structure of liberty: justice and the rule os law*. Oxford: University Press, 2007. Livro eletrônico. Disponível em www.oxfordscholarship.com.

BAUMOL, William, PANZAR, John C., WILLIG, Robert D. *Contestable markets and the theory of industry structure*. New York: Harcourt Brace Jovanovich, 1982.

BELLAMY, C. W., CHILD Graham D. *Common market law of competition*. 4 ed. London: Sweet & Maxwell, 1993.

BENJÓ, Isaac. A urgência do aparato regulatório no Estado Brasileiro, *Revista do IBRAC*, São Paulo, v. 4, n. 4, p. 3-14, abr. 1997.

BETTI, Emilio. *Interpretazione della legge e degli atti giuridici*. 2 ed. Milano: Giuffrè, 1971.

__. *Teoria generale de negozio giuridico*. Napoli: Edizioni Scientifiche Italiane, 1994.

BID, OCDE. *Lei e Política de concorrência no Brasil: uma revisão pelos pares*. Paris, 2005.

BONAVIDES, Paulo. *Do Estado liberal ao Estado social.* São Paulo: Saraiva, 1961.

__. *Curso de direito constitucional.* 13 ed. SãoPaulo: Malheiros, 2003.

BORK, Robert H. *The antitrust paradox: a policy at war with itself.* New York: The Free Press, 1993.

BRITO, Maria Helena. *O contrato de concessão comercial: descrição, qualificação e regime jurídico de um contrato socialmente típico*. Coimbra: Almedina, 1990.

BRODER, Douglas F. *A guide do US antitrust law.* London: Sweet and Maxwell, 2005.

BRUNA, Sérgio Varella. *O poder econômico e a conceituação do abuso em seu exercício,* São Paulo: RT, 2001.

__. *Agências reguladoras: poder normativo,consulta pública, revisão judicial.* São Paulo: RT, 2003.

BRUNO, Anibal. *Direito penal, tomo 2.* 4 ed. Rio de Janeiro: Forense, 1984.

CANARIS, Claus-Wilhelm. *Direitos fundamentais e direito privado.* Coimbra: Almedina, 2003.

CANOY, Marcel, REY, Patrick, VAN DAMME, Eric. Dominance and monopolization. In: Manfred NEWMANN e Jürgen WEIGAND, *The international handbook of competition.* Cheltenham-Northamptom: Edward Elgar, 2004, p. 210-289.

CAPPELLETTI, Mauro. Formazioni sociali e interessi di gruppo davanti alla giustizia civile. *Rivista di Diritto Processuale* n. 30, p. 361-402, 1975.

CARLTON, Dennis W. A general analysis of exclusionary conduct and refusal to deal: why Aspen and Kodak are misguided. In: *NBER Working Paper Series,* Working Paper n. 8105, fev. 2001. Disponível na página do National Bureau of Economic Research na Internet: http://www.nber.org.papers/w8105

CARNELUTTI, Francesco. La certezza del diritto. In: OÑATE, Flavio Lopez de. *La certezza del diritto*. Milano: Giuffré, 1968, p. 191-206.

CARVALHO, E. B. *A regulamentação dos planos e seguros privados de assistência à saúde no Brasil: a reconstrução de uma história de disputas*. Campinas: Universidade Estadual de Campinas, 2003. (dissertação de Mestrado)

CARVALHO DE MENDONÇA, J. X. *Tratado de direito commercial brasileiro,* v. VI, livro IV, parte 1. 3 ed., Rio de Janeiro: Freitas Bastos, 1939.

CHURCH, J., WARE, R. *Industrial Organization: a strategic approach*. Boston: Irwin McGraw-Hill, 2000.

COASE, Ronald H. The nature of the firm. In: *The firm, the market and the law*, Chicago: The University of Chicago Press, 1990. p. 33-55

__. The problem of social cost, *The firm, the market and the law*, Chicago: The University of Chicago Press, 1990, p. 95-156.

COELHO, Fábio Ulhôa. *Direito antitruste brasileiro*. São Paulo: Saraiva, 1995.

COLLINS, Hugh. *The modern law of contract*, 2 ed. London: Butterworths, 1993.

COMISSÃO EUROPÉIA. *Livro branco sobre a modernização das regras de aplicação dos arts. 85º e 86º do Tratado CE: programa da Comissão n.º 99/027*. Bruxelas, 1999.

__. DG Competition Discussion Paper on the application of Article 82 of the Treaty to exclusionary abuses, 2005.

COMPARATO, Fábio Konder. O indispensável direito econômico. In: *Ensaios e pareceres de direito empresarial*, Rio de Janeiro: Forense, 1978, p. 453-472.

__. Função social da propriedade dos bens de produção. *RDM*, v. 63, p. 71-79, jul./set. 1986.

__. Ordem econômica na constituição brasileira de 1998. *Revista de Direito Público*, São Paulo, v. 23, n. 93, p. 263-276, jan./mar. 1990.

__. Estado, empresa e função social. *Revista dos Tribunais* São Paulo: RT, ano 85, n. 732. out. 1996.

__. Regime constitucional do controle de preços no mercado. In: *Direito público: estudo e pareceres*, São Paulo: Saraiva, 1996, p. 99-115.

__. *Afirmação histórica dos direitos humanos*. São Paulo: Saraiva, 4 ed., 2005.

__. Sociedade e poder. In: COMPARATO, Fábio Konder, SALOMÃO FILHO, Calixto. *O poder de controle na sociedade anônima*. 4 ed. Rio de Janeiro: Forense, 2005, p. XV-XVII.

__. *Ética: direito, moral e religião no mundo moderno*. São Paulo: Cia das Letras, 2006.

COMPARATO, Fábio Konder, SALOMÃO FILHO, Calixto. O *poder de controle na sociedade anônima*. 4 ed. Rio de Janeiro: Forense, 2005.

DEPARTAMENTO DE JUSTIÇA NORTE-AMERICANO. *Competition and Monopoly: Single-Firm Conduct Under Section 2 of the Sherman Act*, 2008.

__.Justice Department withdraws report on antitrust monopoly law. In: www.usdoj.gov 11.maio.2009.

DELRAHIM, Makan. Oversight and overwork: what the change in the control of Congress means for antitrust enforcement and policy. *Antitrust*, v. 21, n. 2, p. 17-20, Spring 2007.

DG COMP ordered to re-examine GSK pricing conditions. Global Competition Review. 06.Out.2009.

DOBSON, Paul W. e WATERSON, Michael. Vertical restraints and competition policy. In: *Office of fair trading research papers*, n. 12, dez. 1996.

DUTRA, Pedro. Preços e polícia. *Revista do IBRAC*, São Paulo, v. 4, n. 4, p. 15-20, 1997.

ELHAUGE, Einer. Definig better monopolization standards. *Stanford law review*, n. 56, p. 253-344, nov. 2003.

__. How loyalty discounts can perversely discourage discounting, *Journal of Competition Law & Economics*, v. 5, n. 2, março 2009, p. 189-231

ELHAUGE, Einer, GERADIN, Damien. *Global antitrust law and economics*. New York: Foundation Press, 2007.

ENTERRÍA, Eduardo Garcia de, FERNÁNDEZ, Tómas-Ramón. *Curso de Derecho Administrativo*, 8 ed, v. I, Madrid: Civitas, 1997, p. 663-689.

FARIA, Werter. Constituição econômica: liberdade de iniciativa e de concorrência. Porto Alegre: Sergio Antonio Fabris, 1990.

__. *Direito da concorrência e contrato de distribuição*. Porto Alegre: Sergio Antonio Fabris, 1992.

FARINA, Elizabeth Maria Mercier Querido, AZEVEDO, Paulo Furquim de, SAES, Maria Sylvia Macchione. *Competitividade: mercado, Estado e organizações*. São Paulo: Singular, 1997.

FEDERAL TRADE COMMISSION. Statement of Commissioners Harbour, Leibowitz, and Rosch on the Issuance of the Section 2 Report by the Department of Justice, 08.set.2008.

___. Statement of Chairman Kovacic on the Issuance of the Section 2 Report by the Department of Justice, 08.set.2008.

FEDERAL TRADE COMMISSION, DEPARTAMENTO DE JUSTICE NORTE-AMERICANO. Sherman Act Section 2 Joint Hearing: refusals to deal panel, 2006.

FERRARESE, Maria Rosaria. *Diritto e mercato.* Torino: G. Giappiachelli, 1992.

___. Mercati e globalizzazione: gli incerti cammini del diritto. In: *Le istituzioni della globalizzazione*, Bologna: Mulino, 2000. p. 57-99.

FERRAZ JUNIOR, Tércio Sampaio. Lei de defesa da concorrência: origem histórica e base constitucional. *Arquivos do Ministério da Justiça,* Brasília, v. 45, n. 180, p. 175-185, jul./dez. 1992.

___. *Conduta discriminatória e cláusula de exclusividade dirigida. Revista do IBRAC,* São Paulo, v. 4, n. 1, p. 21-32, 1997.

FERREIRA, Waldemar Martins. *Instituições de direito comercial.* 3 ed. São Paulo: Freitas Bastos, 1953, v. 3.

FERRI, Luigi. *La autonomia privada.* Madrid: Editorial Revista de Derecho Privado, 1969.

FLOREZ-VALDÉS, Joaquín Arce de. *El derecho civil constitucional.* Madrid: Cuadernos Civitas, 1991.

FONSECA, Antonio. *Lei de proteção da concorrência: comentários à legislação antitruste.* 2 ed. Rio de Janeiro: Forense, 2001.

FONSECA, João Bosco Leopoldino da. *Direito Econômico.* 2 ed. Rio de Janeiro: Forense, 1998.

FORGIONI, Paula A. *Os fundamentos do antitruste.* São Paulo: RT, 1998.

___. A interpretação dos negócios empresariais no novo código civil brasileiro, *RDM*, n. 130, p. 7-38, abr./jun. 2003.

___. *Contrato de distribuição.* São Paulo: RT, 2005.

FOX, Eleanor M. The battle for the soul of antitrust. *California Law Review*, v. 75, n. 3, p. 917-923, maio 1987.

FOX, Eleanor M., SULLIVAN, Lawrence A. Antitrust retrospective and prospective: where are we coming from? Where are we going? New York University Law Review, v. 62, p. 936-988, 1987.

__. *Cases and materials on antitrust.* Saint Paul, Minnesota: West Publishing Co., 1989.

FRANCESCHINI, José Inácio Gonzaga. *Introdução ao direito da concorrência.* São Paulo: Malheiros, 1996.

FURLAN, Fernando de Magalhães. As cooperativas médicas sob o enfoque da defesa do consumidor e da concorrência. In: *Questões polêmicas em direito antitruste.* São Paulo: Lex, 2004, p. 27-33.

FURTADO, Celso. *Formação econômica do Brasil.* 32 ed. São Paulo: Companhia Editorial Nacional, 2003.

__. *Formação econômica da América Latina.* Rio de Janeiro: Lia, 1969.

GALBRAITH, John Kenneth. *O novo Estado Industrial,* tradução de Álvaro Cabral. Rio de Janeiro: Civilização Brasileira, 1968.

GAMBARDELLA, Maurizio, SALERNO, Francesco Maria. Vertical Agreements: was the Commission's response adequate? On the Commission's ability to reform long-standing policies. In: Giuliano AMATO e Claus-Dieter Ehlerman. *EC competition law: a critical assessment,* Oxford and Portland, Oregon: Hart Publishing, 2007, p. 175-206.

GEROSKI, Paul, GRIFFITH, Rachel. Identifying antitrust markets. In: Manfred NEWMANN e Jürgen WEIGAND. *The international handbook of competition.* Cheltenham-Northamptom: Edward Elgar, 2004, p. 290-303.

GICO JUNIOR, Ivo Teixeira. *Cartel: teoria unificada da colusão.* São Paulo: Lex, 2007.

GILMORE, Grant. *The death of contract.* Columbus: Ohio State University Press, 1995.

GITTI, Gregorio. Autonomia privata e le autorità indipendenti. Bologna: Il Mulino, 2006.

GODOY. Cláudio Luiz Bueno de. *Função social do contrato.* São Paulo: Saraiva, 2004.

GOLDBAUM, Sérgio. *Restrições verticais no setor automotivo: barreiras à entrada de novos concessionários.* São Paulo, FGV-SP, 2005 (tese de doutoramento).

GOLDBERG, Daniel. *Poder de compra e política antitruste.* São Paulo: Singular, 2006.

GOMES, Orlando. *Contrato de adesão: condições gerais dos contratos.* São Paulo: RT, 1972.

__. Os contratos e o direito público, *Revista da Procuradoria Geral do Estado de São Paulo*, n. 10, junho 1977, p. 45-55.

__. A função do contrato. In: *Novos temas de direito civil.* Rio de Janeiro: Forense, 1983, p. 101-109.

__. *Contratos.* 24 ed., atualizada por Humberto Theodoro Junior. Rio de Janeiro: Forense, 2001.

GONÇALVES, Priscila Brólio. *Fixação e sugestão de preços de revenda em contratos de distribuição: análise dos aspectos concorrencias.* São Paulo: Singular, 2002.

__. Defesa da concorrência nos mercados de telefonia fixa local no Brasil: 10 anos de coexistência entre o diploma antitruste e a Lei Geral de Telecomunicações. *Revista do IBRAC,* v. 15 n. 1, 2008.

GOYDER, D. G. *EC competition law.* 4 ed. Oxford: Oxford University Press, 2004.

GOYDER, Joanna, ALBORS-LLORENS, Albertina. *Goyder's EC Competition Law,* 5 ed., Oxford: Oxford University Press, 2009.

GRAU, Eros Roberto. *A ordem econômica na Constituição de 1988: interpretação e crítica.* 8 ed., revista e atualizada. São Paulo: Malheiros, 2003.

GRAU, Eros Roberto, FORGIONI, Paula A. Ainda um novo paradigma dos contratos? In: *O estado, a empresa e o contrato,* São Paulo: Malheiros, 2005, p. 15-23.

__. *O estado, a empresa e o contrato,* São Paulo: Malheiros, 2005.

GRINOVER, Ada Pellegrini. Tutela jurisdicional nas obrigações de fazer e não fazer, *Revista da Ajuris,* v. 22, n. 65, p. 13-30, nov. 1995.

HARVARD LAW REVIEW. Concerted refusals to deal under the federal antitrust laws. *Harvard Law Review,* v. 71, n. 8, p. 1531-154, 01.jun.1958.

HATZOPOULOS, Vassilis. *Refusal do deal: The EC Essential facilities doctrine* In: Giuliano AMATO e Claus-Dieter Ehlerman. *EC competition law: a critical assessment.* Oxford and Portland, Oregon: Har Publishing, 2007, p. 333-375.

HOLMSTROM, Bengt, ROBERTS, John. The boundaries of the form revisited, *The Journal of Economic Perspectives,* v. 12, n. 14, p. 73-94, Autumn 1998.

HOVENKAMP, Herbert. *Economics and federal antitrust law.* Saint Paul, Minnesota: West Publishing Co., 1985.

__. *Federal antitrust policy: the law of competition and its practice.* St. Paul: West Publ. Co., 1994.

IRTI, Natalino. *L'etá della decodificazzione*. Milano: Giuffrè, 1999.

__. Teoria generale del diritto e problema del mercato. In: *L'ordine giuridico del mercato*. 4 ed. Roma: Laterza, 2003, p. 57-95.

JACOBS, Michael. An essay on the normative foundations of antitrust economics, *North Carolina Law review,* v. 74, p. 119-266, 1995-1996.

JAMIN, Christophe, MAZEAUD Denis. *La nouvelle crise du contrat*. Paris: Dalloz-Sirey, 2003.

JOUVENEL, Bertrand de. *Du pouvoir: histoire naturelle de sa croissance.* Paris: Hachette, 1972.

KEARNEY, Joseph D. The fall of the Bell System to the Telecommunications Act: regulation of telecommunications under Judge Greene, *Hastings Law Journal,* v. 50, p. 1395-1472, ago. 1999.

KORAH, Valentine, O'SULLIVAN Dennis. *Distribution agreements under the EC competition rules*. Oxford e Portland, Oregon: Hart, 2002.

KOVACIC, William. The modern evolution of U.S. competition policy enforcement norms. *Antitrust law journal,* v. 71, p. 377-478, 2003.

KOVACIC, William E., SHAPIRO, Carl. Antitrust policy: a century of economic and legal thinking. *Journal of economic perspectives,* v. 14, n.1, p. 43-60, Winter 2000.

KRONMAN, Anthony. Contract law and distributive justice. *The Yale Law Journal,* v. 89, n. 3, p. 472-511, jan. 1980.

KRONMAN, Anthony, POSNER, Richard. *The economics of contract law* (org.). Boston e Toronto: Little, Brown and Company, 1979.

LANDE, Robert H. Revitalizing Section 5 of the FTC Act Using "Consumer Choice" Analysis, *The antitrust source,* Fev. 2009, disponível em www.antitrustsource.com.

LARENZ, Karl. *Base del negocio juridico y cumplimiento de los contratos*, tradução espanhola de Carlos Fernandez Rodriguez. Madrid: Editorial Revista de Derecho Privado, 1956.

LEAL, João Paulo G. Cartéis. *Revista do IBRAC*, São Paulo, v. 8, n. 8, p. 47-86, 2001.

LUHMANN, Niklas. *Poder*, tradução de Martine Creusot de Rezende Martins. Brasília: Ed. Universidade de Brasília, 1985.

MACEDO JR. Ronaldo Porto. *Contratos relacionais e defesa do consumidor.* São Paulo: Max Limonad, 1998.

MACNEIL, Ian R. Relational contract theory: challenges and queries, *Northwestern University Law Review*, Spring 2000.

MARCHEGIANI, Laura. *Opere 'utili' e libertà della concorrenza.* Milano: Giuffrè, 2006.

MARCHETTI, Piergaetano. *Boicottaggio e rifiuto di contrattare.* Padova: CEDAM, 1969.

MARKOVITS, Richard S. Antitrust alternatives to delegalization. In: Gunther TEUBNER (ed.). *Juridification of social spheres: a comparative analysis in the areas of labor, corporate antitrust and social welfare law.* Berlim, New York: Walter de Gruyter, 1987, p. 332-369.

MARQUES, Claudia Lima. Superação das antinomias pelo diálogo das fontes: o modelo brasileiro de coexistência entre o Código de Defesa do Consumidor e o Código Civil de 2002. *Revista de Direito do Consumidor,* v. 51, p. 34-67, jul./set. 2004.

___. Novos temas da teoria dos contratos: confiança e o conjunto contratual, *Revista da Ajuris*, n. 100, p. 73-98, dez. 2005.

___. *Contratos no código de defesa do consumidor.* 5 ed., revista, atualizada e ampliada, São Paulo: RT, 2006.

___. *A nova crise do contrato: estudos sobre a nova teoria contratual.* São Paulo: RT, 2007.

MARQUES NETO, Floriano Peixoto de Azevedo. *Regulação Estatal e interesses públicos.* São Paulo: Malheiros, 2002.

MARTINS, Fran. *Contratos e obrigações comerciais.* 15 ed. Rio de Janeiro: Forense, 2001.

MARTINS COSTA, Judith. *A reconstrução do direito privado.* São Paulo: RT, 2002.

MARX, Karl, ENGELS, Friedrich. *Manifesto do Partido Comunista. In: Obras Escolhidas*, v. 1, São Paulo, Editora Alfa-Omega, p. 21-47.

MARZORATI, Osvaldo. *Sistemas de distribución comercial.* Buenos Aires: Astrea, 1990.

MATTOS, Paulo e outros. *Regulação econômica e democracia: o debate norte-americano*, São Paulo, Editora 34, 2004.

MELAMED, Douglas. Exclusive dealing agreements and other exclusionary conduct: are there unifying principles? *Antitrust Law Journal,* n. 73, p. 375-412, 2005-2006.

MELI, Vincenzo. *Rifiuto di contrattare e tutela della concorrenza nel diritto antitrust comunitario.* Torino: Giappichelli, 2003.

MELO, Claudineu. *Contrato de distribuição.* São Paulo: Saraiva, 1987.

MENDES, Gilmar. Direitos fundamentais: eficácia das garantias fundamentais nas relações privadas. In: *Direitos fundamentais e controle de constitucionalidade: estudos de direito constitucional,* 3 ed. São Paulo: Saraiva, 2006.

MENEZES CORDEIRO, Antonio Manuel da Rocha e. *Da boa-fé no direito civil.* Coimbra: Almedina, 1997.

METCALFE, J. S., RAMLOGAN, R., UYARRA, E.. Economic development and the competitive process. *Centre on regulation and competition Working Paper Series,* Paper n. 36, University of Manchester, dez. 2002.

MILGROM, Paul, ROBERTS, John. *Economics, organizations and management* New Jersey: Prentice-Halls, 1992.

MONCADA, Luís Solano Cabral de. O problema do critério do contrato administrativo e os novos contratos-programa. Separata do número especial do *Boletim da Faculdade de Direito de Coimbra - Estudos em Homenagem ao Prof. Dr. José Joaquim Teixeira Ribeiro*, Coimbra, 1979.

MONTI, Giorgio. The concept of dominance in article 82. *European Competition Journal* [pendente de publicação], 2006. Disponível em em http://www.lse.ac.uk/collections/law/ staff/monti/ECJdominancepaper.pdf.

__. *EC Competition Law.* Cambridge: University Press, 2007.

MURIS, Timothy J. How history can inform practice in modern U.S. competition policy. *Law and Economics Working Paper Series.* George Mason University School of Law, 2004. Disponível em http://ssrn.com/abstract_id=545184.

NERY JUNIOR, Nelson, NERY, Rosa Maria Andrade. *Código Civil comentado*. 5 ed. Ampliada e atualizada até 15.06.2007. São Paulo: RT, 2007.

NERY, Rosa Maria de Andrade. *Noções preliminares de direito civil.* São Paulo: RT. 2000.

NIVARRA, Luca. *L'obbligo a contrarre e il mercato*. Padova: CEDAM, 1989.

NOVA YORK inicia inquérito antitruste sobre Intel. *Reuters*. Nova York, 10 jan. 2008. Disponível em http://br.reuters.com/article/internetNews/idBRN1020358720080110.

NUSDEO, Fábio. *Fundamentos para uma codificação do direito econômico.* São Paulo: RT, 1995.

___. *Curso de economia: introdução ao direito econômico.* 3 ed., São Paulo: RT, 2001.

OCKÉ-REIS, Carlos Octávio. Novos modelos de gestão na saúde privada. IPEA, Texto para Discussão nº. 1167. Rio de Janeiro, fev. 2006. Disponível em http://www.ipea.gov.br/pub/td/2006/td_1167.pdf).

OECD – Organization for Economic Co-operation and Development. *Competition and trade effects of vertical restraints.* Paris, 1999.

___. Bundled and Loyalty Discounts and Rebates. Paris, 2008.

___. *Refusals to deal.* Paris, 2009.

OLIVEIRA, Gesner. *Concorrência; panorama no Brasil e no mundo.* São Paulo: Saraiva, 2001.

ORLANDI, Mauro. Autonomia privata e autorità indipendenti. In: GITTI, Gegorio. *Autonomia privata* e le autorità indipendenti. Bologna: Il Mulino, 2006, p. 65-89.

OSTI, Cristoforo. *Nuovi obblighi a contratte.* Torino: G. Giappichelli, 2004.

PATE, R. Hewitt. The common law approach and improving standards for analysing single firm conduct. *Remarks before the Thirthieth Annual Conference on International Antitrust Law and Policy,* out. 2003. Disponível em www.usdoj.gov/atr/public/ speeches/202724.pdf.

PEREIRA, Paulo Sérgio Velten. Função social da empresa e do contrato. *Revista Eletrônica de Ciências Jurídicas,* maio 2005. Disponível em: www.pgj.ma.gov.br/ampem/ampem1.asp.

PITOFSKY, Robert. *Vertical restraints and vertical aspects of mergers: a US perspective.* In: *24th Annual Conference in International Antitrust Law and Policy,* Fordham Corporate Law Institute, 1997. Disponível em www.ftc.gov/speeches/pitofsky/ fordham7.htm.

__. Antitrust at the turn of the twenty-first century: a view from the middle. *Saint John's Law Review,* v. 76, p. 583-594, 2002.

POLANYI. *A grande transformação: as origens da nossa época.* 8 ed. Rio de Janeiro: Campus, 2000.

POSNER, Eric A. Economic analysis of contract law after three decades: success or failure? *John M. Olin Law & Economics Working Paper n. 146* (2d series). Disponível em: http://www.law.uchicago.edu/Lawecon/index.html.

POSNER, Richard. *Economic analysis of law.* 4 ed. Boston: Little, Brown and Company, 1992.

__. Values and consequences: an introduction to economic analysis of law, University of Chicago Law School, Program in Law and Economics Working Paper n. 53, 1998. Disponível em www.law.uchicago.edu/Lawecon/WkngPprs_51-75/53.Posner.Values.pdf.

POSSAS, Mario. *Dinâmica e concorrência capitalista: uma interpretação a partir de Marx.* São Paulo: Hucitec-Unicamp, 1989.

__. *Concorrência schumpeteriana.* In: KUPFER, David, HASENCLEVER, Lisa (org.). *Economia Industrial: fundamentos teóricos e práticas no Brasil.* Rio de Janeiro: Elsevier, 2002, p. 415-429.

POSSAS, Mario, FAGUNDES, Jorge, PONDÉ, João Luiz. *Política de defesa da concorrência e práticas restritivas verticais. Revista do IBRAC,* São Paulo, v. 8, n.3, p. 3-46, 2001.

__. Defesa da concorrência e regulação de setores de infra estrutura em transição. *Revista do IBRAC,* São Paulo, v. 8, n.8, p. 99-121, 2001.

PRIEST, George. The origins of utility regulation and the "theories of regulation debate". *The Journal of Law and Economics,* v. XXXVI, n. 1, p. 289-323, April 1993.

RAGAZZO, Carlos Emmanuel Joppert. Sports and the rule of reason, *Revista do IBRAC,* v. 10, n. 3, 2003, p. 237-249.

RÁO, Vicente. *O direito e a vida dos direitos.* 5 ed., atual. São Paulo: RT, 1999.

RIBEIRO, Joaquim de Souza. *O problema do contrato: as cláusulas contratuais gerais e o princípio da liberdade contratual.* Coimbra: Almedina, 1999.

RITER, Ciryl. Beyond Azko and Brooke Group: why the law of predatory pricing needs a radical rethink, *World Competition: Law and Economics Review, v. 27, n. 4, 2004, p. 613-649.*

ROPPO, Vincenzo. *O contrato,* tradução portugusa de Ana Coimbra e M. Januário C. Gomes. Coimbra: Almedina, 1977.

___. *Il Contratto.* Milano: Giuffrè, 2001.

ROSS, Stephen F. *Principles of Antitrust Law.* Westbury: The Foundation Press Inc., 1993.

ROUSSEVA, Ekaterina. Modernizing by erradicating: how the Commission's new approach to article 81 EC dispenses with the need to apply article 82 EC to vertical restraints. *Common Market Law Review* n. 42, p. 587-638, 2005.

___. Abuse of dominant position defences: objective justification and article 82. EC in the era of modernization. In: Giuliano AMATO e Claus-Dieter Ehlerman. *EC competition law: a critical assessment.* Oxford and Portland, Oregon: Hart Publishing, 2007, p. 377-431.

ROWLEY, Charles, RATHBONE, Anne. *Political economy of antitrust.* In: Manfred NEWMANN e Jürgen WEIGAND, *The international handbook of competition.* Cheltenham-Northamptom: Edward Elgar, 2004, p. 173-209.

SALGADO, Lucia Helena. As políticas de concorrência (ou antitruste): um panorama da experiência mundial e sua atualidade para o Brasil. *Série Texto para discussão, Instituto de Pesquisa Econômica Aplicada.* Brasília, 1992 (mimeografado).

___. *A economia política da ação antitruste.* São Paulo: Singular, 1997.

SALOMÃO FILHO, Calixto. *Direito concorrencial: as estruturas.* São Paulo: Malheiros, 1998.

___. Direito empresarial público. *RDM,* n. 112, p. 9-18, out./dez. 1998.

___. *Regulação da atividade econômica: princípios e fundamentos jurídicos.* São Paulo: Malheiros, 2001.

___. *Recusa de contratar: disciplina jurídica.* In: *Regulação e concorrência: estudos e pareceres.* São Paulo: Malheiros, 2002, p. 137-150.

___. *Direito concorrencial: as condutas*. São Paulo: Malheiros, 2003.

___. Direito como instrumento de transformação social e econômica. *RDPE*, ano 1, n.1, p. 15-44, jan./mar. 2003.

___. Função social do contrato: primeiras anotações. *RDM*, n. 132, p. 7-24, out./dez. 2003.

___. Poder econômico: a marcha da aceitação. In: COMPARATO, Fábio Konder, SALOMÃO FILHO, Calixto. *O poder de controle na sociedade anônima*. 4 ed. Rio de Janeiro: Forense, 2005, p. 3-23.

SAMPAIO, Patrícia Regina Pinheiro. *Recusa de contratar no ordenamento jurídico brasileiro: uma análise à luz do direito da concorrência*. São Paulo: USP, 2006 (dissertação de mestrado).

SANTAMARÍA-PASTOR, Juan Alfonso. *Principios de Derecho Administrativo*, v. II. Madrid: Editorial Centro de Estudios Ramón Arecees, 1999.

SAN TIAGO DANTAS. F. C. de. Evolução contemporânea do directo contratual. In: *Problemas de direito positivo: estudos e pareceres*. São Paulo: Forense, 1953, p. 13-33.

SANTOS, Rodrigo Surcan dos. A correlação negativa entre número de empresas e tamanho de mercado na indústria brasileira: uma revisão histórica da teoria de John Sutton. *Revista do IBRAC*, v. 13, n. 2, p. 91-111, 2006.

___. Resale price maintenance, suggested retail price e o caso Kibon: uma análise crítica do ponto de vista da doutrina e jurisprudência nacional. *Revista do IBRAC*, v. 13, n. 2, p. 113-152, 2006.

___. *Condutas colusivas horizontais: uma análise crítica da aplicação de conceitos econômicos na interpretação da legislação de defesa da concorrências no Brasil*. São Paulo: USP, 2007 (dissertação de mestrado).

SAPPINGTON, David E. M. Incentives in Principal-Agent Relationships, *The Journal of Economic Perspectives*, v. 5, n. 2, p. 45-66, Spring 1991.

SARKOZY scraps competition clause from new Treaty. *Spiegel Online International*. 22 jun. 2007. Disponível em: http://www.spiegel.de/international/europe/0,1518,490136, 00.html.

SCHUARTZ, Luis Fernando. O direito da concorrência e seus fundamentos: racionalidade e legitimidade na aplicação da Lei 8884/94. *RDM*, n. 117, p. 57-86, jan./mar. 2000.

__. Haverá lugar digno para o 'jurídico' na teoria e prática do direito antitruste? *Revista do IBRAC*, São Paulo, v. 13, n. 2, p. 153-182, 2006.

__. Quando o bom é o melhor amigo do ótimo: a autonomia do Direito perante a Economia e a política da concorrência. *RDA,* v. 245, maio/ago. 2007.

SCHUMPETER, J. *Teoria do desenvolvimento econômico*. Rio de Janeiro: Fundo de Cultura, 1961.

__. *Capitalismo, Socialismo e Democracia*. Rio de Janeiro: Fundo de Cultura, 1961.

SCHWARTZ, Alan. Contract theory and theories of contract regulation, 2002. Disponível em: http://esnie.u-paris10.fr/pdf/textes_2002/Schwartz_indus.pdf.

SERENS, Manuel Couceiro Nogueira. *Direito da concorrência e acordos de compra exclusiva: práticas nacionais e práticas comunitárias*. Coimbra: Coimbra, 1993.

SHAVELL, Steven. Economic analysis of contract law. Discussion Paper n. 403, Harvard Law School, fev. 2003.

SHIEBER, Benjamin M. *Abusos do poder econômico: direito e experiência antitruste no Brasil e nos E.U.A.* São Paulo: RT, 1966.

SIDAK, J. Gregory. The failure of good intentions: the WorldCom fraud and the collapse of American Telecommunications after Deregulation, *Yale Journal on Regulation,* v. 20, p. 207-260, 2003.

SILVA, José Afonso da. *Curso de direito constitucional positivo*. 16 ed. São Paulo: Malheiros, 1999.

SMITH, Adam. *The wealth of nations*. New York: The Modern Library, 2000.

SOBEJANO, Alberto Emparanza. *El boicot como acto de competência desleal contraria a la libre conpetencia*. Madrid: Civitas, 2000.

SOUBRIER, Luis F. Souto. The concept of an agreement and beyond: how to block parallel imports of pharmaceuticals to protect the heart of competition. In: Giuliano AMATO e Claus-Dieter Ehlerman. *EC competition law: a critical assessment,* Oxford and Portland, Oregon: Hart Publishing, 2007, p. 81-142.

STEINER, Robert L. (Intrabrand competition: stepchild of antitrust. *The Antitrust Bulletin,* New York, v. XXXVI, n.1, p. 155-200, Spring 1991.

STIGLER, George J. The theory of economic regulation. *The Bell Journal of Economics and Management Science*, v. 2, n. 1, p. 3-21, Spring 1971.

SUTTON. John. Vertical product differentiation: some basic themes. *The American Economic Review*, v. 76, n. 2, p. 393-398, maio 1986.

__.*Sunk costs and market structure: price competition, advertising and the evolution of concentration*. Cambridge: The MIT Press, 1992.

SZTAJN, Raquel. *Teoria jurídica da empresa: atividade empresária e mercados*. São Paulo: Atlas, 2004.

THEODORO JÚNIOR, Humberto. *O contrato e sua função social.* 2 ed., Rio de Janeiro: Forense, 2004.

TEUBNER, Gunther. *Law as an autopoietic system.* Oxford: Blackwell, 1993.

TORRE-SCHAUB, Marthe. *Essai sur la construction juridique de la catégorie de marche.* Paris: LGDJ, 2002, p. 1-14.

TORNEAU, Philippe le. *La concession commerciale exclusive.* Paris: Economica, 1994.

TREBILCOCK, Michael. *The limits of freedom of contract.* Cambridge, Massachussets e London: Harvard University Press, 1993.

VISCUSI, W.; VERNON, J., HARRINGTON JR., J. *Economics of regulation and antitrust.* 3 ed. Cambridge: The MIT Press, 2000.

WATERFIELD, Bruno, JONES, George. Blair outmanoeuvred by Sarkozy on Treaty. *Daily Telegraph.* Bruxelas, 23 jun. 2007. Disponível em: http://www.telegraph.co.uk/ news/main.jhtml?xml=/news/2007/06/22/weu622.xml.

WEBER, Max. *Law in economy and society*, tradução inglesa de Edward Shils. Cambridge: Harvard University Press, 1954.

__. *Freedom and coercion.* In: Anthony KRONMAN e Richar POSNER. *The economics of contract law.* Boston e Toronto: Little, Brown and Company, 1979, p. 230-233.

WERDEN, Gregory. Identifying exclusionary conduct under section 2: the 'no economic sense' test. *Antitrust Law Journal,* v. 73, n. 413, 2006.

WIEACKER, Franz *História do direito privado moderno.* 3 ed. Lisboa: Fundação Calouste Gulbenkian, 2004.

WILLIAMSON, Oliver E. *The economic institutions of capitalism: firms, markets, relational contracting.* New York-London: The Free Press-Collier Macmillan Publishers, 1986.

__. Why Law, Economics, and Organization, UC Berkley School of Law, Public Law and Legal Theory, Working Paper n. 37, 2000. Disponível em: http://papers. ssrn.com/paper.taf?abstract_id=255624.

WHISH, Richard. *Competition law.* 5 ed. Oxford: Oxford University Press, 2005.

WOLF, C. J. Regime da unimilitância nas "cooperativas" Unimed. *Jus Navigandi*, Teresina, n. 113, out. 2003. Disponível em http://jus2.uol.com.br/doutrina/texto.asp?id=4213).